中國古代地理總志叢刊

讀史方輿紀要

五

〔清〕顧祖禹撰
賀次君 施和金 點校

中華書局

讀史方輿紀要卷四十八

河南三

河南府，東至開封府三百八十里，東南至許州三百三十里，南至南陽府三百里，西南至陝西商州八百八十六里，西至陝西華州五百七十里，西北至山西絳州五百里，北至山西澤州二百八十里，東北至懷慶府一百四十里，自府治至京師一千八百里，至布政司見上。

禹貢豫州之域，周舊都也。秦置三川郡，秦莊襄王元年置郡，以河、洛、伊三川爲名。漢置河南郡。俱置洛陽。東漢都於此，改爲河南尹，兼置司隸。魏、晉相繼都之，並置司州。改司隸爲司州，河南尹如故。其後劉聰置荆州，石虎爲洛州，慕容暐亦置荆州於此，苻秦曰豫州。劉宋初亦置司州，治虎牢。後魏改爲洛州，初置南雍州，後改洛州。太和十七年自代徙都之，亦曰司州。郡守仍爲河南尹。東魏復曰洛州，改河南尹爲洛陽郡。西魏得之又改司州，北齊復曰洛州。後周曰東京。大成初以洛陽爲東京，治洛陽宫。隋初罷郡曰洛州，煬帝徙都此，曰豫州，復曰河南郡。初爲東京，大業五年又改爲東都。王世充亦置司州於此。唐初又爲洛州，置都督府。顯慶二年建東都，光宅初改神都，神龍初復曰東都。開元初改洛州爲河南府，〔一〕天寶初定爲東京。龍紀初置佑國節度治焉。五代梁謂之西都，後唐都此復曰東都，石晉亦曰西京。宋仍爲西京、河南府。金廢西京而府如故，兼置德昌軍，興定初號中京，改爲金昌府。元曰河南路。明朝曰河南府。領州一，縣十三。

府河、山控帶，形勝甲於天下。武王謂周公：「南望三塗，三塗山，見嵩縣。一云三險塗也，謂虎牢、轘轅、崤澠。北望嶽鄙，〔二〕孔穎達曰：「太行、恒山之迹，鄙都邑也。」又平陽府霍山，一名太岳。顧瞻有河，粵瞻伊、洛。」此言洛陽形勝之祖也。史記：「吳起謂魏武侯：『夏桀之居，左河、濟，右太華，即華山。伊闕在南，羊腸在北。』」羊腸在懷慶府北，太行山南。漢高祖初定都，羣臣謂：「洛陽東有成皋，西有崤澠，背河鄉伊、洛，其固足恃。」景帝時七國反，桓將軍說吳王曰：「願大王所過城不下，直去，疾西據洛陽武庫，食敖倉粟，阻山、河之險以令諸侯，雖無入關，天下固已定。」武帝時淮南王安謀反，謂伍被曰：「今先據成皋之口，下潁川兵塞轘轅、見鞏縣。伊闕見洛陽。之道，發南陽兵守武關，見陝西重險。河南太守獨有洛陽耳。」元帝時翼奉上書：「願徙都成周，左據成皋，右阻澠池，前鄉崧高，後介大河，建滎陽，扶河東，南北千里以爲關，而入敖倉；見前河陰縣。地方百里者八九，〔三〕足以自娛；東厭諸侯之權，西遠羌人之難。」及光武中興，乃定都焉。班固云：「崤、函有帝王之宅，河、洛爲王者之里。」張衡賦東京有曰：「泝洛背河，左伊右瀍，西阻九河，東門于旋。旋門陂，見開封府汜水縣。盟津達其後，大谷通其前，大谷見洛陽縣。迴行道於伊闕，邪徑捷於轘轅。太室作鎮，揭以熊耳，熊耳見盧氏縣。底柱輟流，鐔以大岯。」此以成臯爲大岯也。靈帝光和七年，以黄巾賊亂，從河南尹何進言置八關都尉官。八關者，函谷、廣成、見汝州，本河南梁縣。伊闕、大谷、轘轅、旋門、小平津、見孟津縣小平城。孟津是也。曹魏、西晉亦都之。陸機洛陽記：「左成臯，右函谷，前有伊闕，後背盟津。」謂之洛陽四關。又江統賦云：「帶以河、洛，重以崤阻。」張華博物志：「周在中樞，三河之分，風雨所起，四險之國也。」晉永嘉五年洛陽爲劉聰所陷，王彌説劉曜曰：時聰遣王彌、劉曜共陷洛陽。「洛陽天下中，山河四塞，城池宫室，不假修營，宜爲都邑。」曜不用彌策而焚之，彌欲曜轉白聰徙都洛陽，曜以天下未定，洛陽四面受敵，不可守，遂不可彌策。彌罵曰：「屠沽子，豈有帝王之意耶！」太和四年桓温伐燕，屯枋頭，見北直濬縣。燕請救於苻堅，王猛謂堅曰：「燕雖强大，慕容評非温敵也。若温舉山東，進屯洛邑，收幽、冀之兵，引并、豫之衆，觀兵崤、澠，則大事去矣。」魏高歡犯順，宇文泰言：「長河萬里，扞禦爲難，一處得渡，大事去矣。」洛陽蓋恃河爲險也。唐初世民攻鄭，至新安進至慈澗，遣史萬寶自宜陽南據龍門，即伊闕。劉德威自太行東圍河内，王君廓自洛口斷其餉道，黄君漢自河陰攻回洛城，見孟津縣。大軍進屯北邙以逼洛陽，既而洛陽降下。宋初，周昭義節度使李繼筠昭義，今潞安府。舉兵南向，其從事閭丘仲卿説筠曰：「公孤軍舉事，其勢甚危。大梁甲兵精鋭，難與争鋒，不如西下太行，直抵懷、孟，塞虎牢，據洛邑，東向而聲大義於天下，計之上也。」筠不能用而敗。孔穎達曰：「洛陽處澗、瀍之中，天地交會，北有太行之險，南有宛、葉之饒，東壓江、淮食湖海之利，西馳崤、澠據關、河之勝。」李文叔曰：「洛陽處天下之中，挾崤、澠之阻，當秦、隴之襟喉而趙、魏之走集，蓋四方必爭之地也。天下當無事則已，有事則洛陽必先受兵。」明太祖命徐達，亦言：「先取山東，次及河、洛。」蓋英雄舉事，類以洛陽爲標準矣。

今府城，隋大業初所營東都也。昔武王克商，定鼎於郟鄏，鄭玄曰：「郟，山名；鄏，邑名。」司馬貞曰：「郟鄏，陌也。」見後。時未有城，成王營洛爲王城，謂之東都，在今地西偏。平王東遷居於此。靈王時穀、洛鬬將毁王宮，齊莊公遣師城郟，郟陌也。左傳襄二十四年：「城郟。」即王城也。亦曰河南城。周書作雒解：「周公立城，方千六百二十丈，郛方七十二里，南繫於洛水，北因乎郟山，一作「邙山」。以爲天下大湊。」王城面有三門，凡十二門。南城曰圉門，左傳莊二十一年：「子頹之亂，鄭、虢定王室，鄭伯將王自圉門入。」東城曰鼎門，以九鼎自此而入也。又洛陽西南洛水北有鼎中觀，亦以九鼎而名。北城門曰乾祭。左傳昭二十四年：「子朝争立，晉使士伯立于乾祭，而問于介衆是也。」又爲下都城，在王城東四十里。在今城東二十里。下都居殷民，與王城俱曰成周。敬王以子朝之亂，出居狄泉，狄泉在故洛陽城中，詳見後。晉定公使魏舒率諸侯之大夫會於狄泉，城之而居敬王，即下都也。春秋昭三十二年：「城狄泉。」亦曰洛陽城。帝王世紀：「城東西六里十步，南北九里七十步，俗稱九六城。秦因周城而益大之，建宮闕於洛陽。漢高五年置酒南宮，即秦故宮也。東漢初定都於此，城郭益以宏壯，魏、晉亦相繼都焉。」漢雒陽城凡十二門：魏、晉因之。晉永安初成都王穎入京，師還鄴，其黨石超率兵屯十二城門是也。後魏都洛，亦因前制。南面四門，正南一門曰平門，亦曰平城門：魏、晉以後曰平昌門，永嘉末劉聰將呼延宴等寇洛陽，攻平昌門克之，遂焚東陽門及諸府寺。其東曰開陽門：光武以琅琊開陽縣城門柱飛至而名，魏、晉以後因之。其西曰小苑門，亦曰謻門：謻門，冰室門也，門内有兵室。〔四〕魏、晉以後爲宣陽門。水經注：「宣陽，漢之小苑門也，對閶闔門，南直洛水浮橋。」永嘉末劉聰將王彌逼宣陽門，尋克之，入南宮，升太極前殿，縱兵大掠。元魏時塞。又西曰津門。以洛水自此入城而名。魏、晉以後曰津陽門，晉永嘉二年王彌寇洛陽，屯津陽門。一名建城門。東面三門，正東曰東中門：魏、晉以後曰東陽門。吳孫皓亡國至洛，面縛詣東陽門。晉成都王穎將牽秀犯洛陽，敗於東陽門外是也。其南曰望京門，亦曰稅門：一名芒門，魏、晉以後曰清明門，後魏文帝改爲青陽門。其北曰上東門，一名上升門。建武十三年車駕出獵，夜還上東門，門候郅惲拒關不開，乃回從東中門入。又袁紹懸節上東門，逃奔冀州。魏、晉以後曰建春門。晉成都王穎將馬威等犯洛陽，長沙王乂奉帝戰於建春門，大敗之。又永嘉二年王彌寇洛陽，兵敗，遂燒建春門而東。水經注：「穀水經建春門前，水上有石橋。」亦曰建陽門。按唐、宋時有上東、建春等鎮，蓋因故城遺址而名。西面三門，正西一門曰雍門，魏、晉以後曰西明門。晉永嘉三年劉淵遣其子聰等寇洛陽，聰屯西明門。五年聰將劉曜寇洛陽，逼西明門，尋入屯武庫。後魏主宏改爲西陽門。魏主子攸永安三年誅爾朱榮，是夜爾朱世隆帥榮部曲焚西陽門，出屯河陰。**其南一門曰廣陽門，**順帝漢安二年改立南匈奴兜樓儲爲單于，〔五〕詔祖餞于廣陽門外是也。魏、晉因之，晉河間王顒將張方至洛陽入廣陽門。亦曰西陽門。石勒救洛陽，與劉曜大戰于西陽門，即此。後魏主宏改曰西明門。**其北一門曰上西門。**魏、晉以後曰閶闔門。石勒與劉曜戰于廣陽門，勒出閶闔門夾擊之是也。又北一門曰承明門，後魏主宏所立，當金墉城前東西大道。初曰新門，旋改爲承明。是時蓋塞宣陽門開承明門，亦曰十二門。**北面二門，東曰穀門，**以穀水所經而名。靈帝中平末袁紹等誅宦官，中常侍張讓等將帝步出穀門，夜至小平津，即此。魏、晉以後曰廣莫門。**西曰夏門。**桓帝崩，迎立解瀆亭侯，至夏門是也。魏、晉曰大夏門。晉永嘉三年劉淵遣子聰攻洛陽，〔六〕聰進屯宣陽門，曜屯上東門，王彌屯廣陽門，劉景攻大夏門。又後魏永安三年，爾朱世隆以爾朱榮見殺，遣其黨將朔騎至郭下，魏主升大夏門望之，即此。**其中曰宮城，**後漢爲南、北兩宮，魏、晉以後因爲宮城。**宮城正南門曰雲龍門，**後漢南宮正門曰端門，旁有東、西掖門。曹魏改建閶闔門，晉更名雲龍門，而東、西掖門如故。元康初賈后謀殺楊駿，駿主簿朱振説駿燒雲龍門以脅之，駿曰：「雲龍門魏明帝所造，功費甚大。」是雲龍門即閶闔門也。後魏亦曰閶闔門，或曰後魏以閶闔門爲宮城外門，而雲龍門爲宮門。永安初爾朱榮擒葛榮于鄴北，送至洛，魏主御閶闔門受之。三年爾朱天光擒万俟醜奴、蕭寶寅於高平，至洛陽，置閶闔門外都街中。既而魏主誅爾朱榮，登閶闔門，下詔大赦。未幾爾朱兆犯闕，魏主步出雲龍門，爲兆騎所執。是雲龍門在閶闔門内也。又普泰二年爾朱度律等攻鄴，敗還河橋，爲斛斯椿所擒，遣騎入洛，執爾朱世隆等斬于閶闔門外。高歡尋入洛，改立平陽王修，亦升閶闔門大赦。**東曰萬春門，**曹魏門名也。晉時亦謂之上東門。長沙王乂與齊王冏相攻，帝幸上東門，即萬春門。後魏又改爲萬歲門。西曰千秋門，漢時宮西門曰廣義門，亦曰神虎門。晉曰千秋門，又爲神虎門。永寧二年齊王冏襲長沙王乂，乂馳入宮，閉諸門，冏將董艾陳兵宮西，燒千秋神虎門。後魏時亦曰千秋門，又名神虎門。爾朱度律等攻高歡于鄴，敗還，斛斯椿等據河橋誅爾朱之黨，遣行臺長孫稚詣洛陽，于神虎門外啓誅爾朱氏。北曰朔平門。漢北宮門曰朔平，自魏、晉至後魏皆相因不改。華延儁洛陽記：「洛陽城內宮殿臺觀府藏寺舍凡百一萬一千二百一十九門，自劉曜入洛，元帝渡江，宮署里閭，鞠爲茂草。後魏孝文太和十七年幸洛陽，巡故宮，詠黍離之詩，爲之流涕，經營洛京，十九年新都始立。」楊衒之洛陽迦藍記：「京師東西二十里，南北十五里，永熙多難，以後城郭崩毀，宮室傾覆。」隋大業元年改營東京，城前直伊闕之口，後依邙山之塞，東出瀍水之東，西踰澗水之西，洛水貫其中，象河漢也，跨洛爲橋曰天津橋，見後。河南、洛陽於是合而爲一。括地志：周王城在苑內東北隅，自周敬王、漢光武、魏文帝、晉武帝皆都故洛城，至是自故洛城西移十八里置都城。唐亦曰東都，高宗始以洛州爲東都，武后號曰金城。志云：自宮城而東二千五百四十步，周一萬五千五十步，其崇丈有八尺，武后號曰金城。會要：「天寶二年築神都羅城，號曰金城。」外城亦曰都城，亦曰京城。周五十二里九十六步，劉昫曰：「都城南北十五里二百八十步，東西十五里七十步，周迴六十九里三百二十步。」又隋初作東都，無外城，僅有短垣，謂之羅城。正南曰建國門，唐武后時使李德昭築之，天寶初又築焉。內城亦曰皇城，唐曰太微城，在都城西北隅。周十八里二百五十八步，宮城唐曰紫微城，亦據內城西北隅。周九里三百步。劉昫曰：「宮城東西四里一百八十步，南北二里十五步，有隔城四重。」隔城者，皇城之東曰東城，皇城端門之南曰南城，東城之東曰曜儀城，宮城東南曰寶城。詳見後。宋曰西京，大抵皆因隋、唐之故宮。城門凡六：中五鳳樓，隋曰則天門，唐武德四年世民入東都，毀則天門及闕，貞觀中復營治之。顯慶五年御則天門樓受百濟俘。武后改曰應天門。唐六典「宮城門南曰承福門」，或以爲開元時名也。宋曰五鳳門。東興教，隋名也。唐曰重明門，昭宗遷洛又改爲興教。後唐同光末郭從謙等作亂，攻興教門，遂焚門踰城而入。宋因之。西光政。自隋至宋相仍不改。一云唐曰長樂門，昭宗遷洛，改爲光政。東面一門蒼龍，隋曰太陽。越王侗皇泰初王世充攻太陽門，殺盧楚等。唐曰蒼龍，亦名宣仁，宋仍曰蒼龍。西面一門金虎，自隋至宋相仍不改。北面一門拱宸。宋志：「拱宸門舊名玄武，後唐應順初唐主從厚以潞王從珂犯洛，謀北渡河，使親信守玄武門，遂出走是也。大中祥符五年改今名。」或曰舊名師子門，後唐莊宗被弒，劉后自師子門出走，即此。宮城東西有夾城，各三里，東二門，南曰賓曜，北曰啓明；西二門，南曰金耀，北曰乾通。皆隋、唐舊名，宋因之。皇城門凡七：南面三門，中端門，隋名也。大業二年自江都還東京，御端門，大赦。唐世民入東都，改端門曰閶闔。既而惡其侈靡，命撤端門樓，焚乾陽殿。唐六典：「皇城南門中曰順天，隋開皇二年作，初曰唐陽，仁壽初改昭陽，大業初改爲端門也。唐武德中又改曰順天，貞觀四年擒突厥頡利，上御順天門受俘，即此。神龍初改曰承天。」宋亦曰端門。左右掖門，東面一門宣仁，天寶十四載安禄山反，其將田承嗣等陷東京，封常清與戰于都亭驛，兵敗退守宣仁門，又敗，乃自禁苑外墻西走。又唐六典：「東城在皇城之東，其門東曰宣仁，南曰承福。」後唐同光四年將東巡汜水，騎兵陳于宣仁門外，步兵陳于五鳳門外，郭從謙等遂作亂。西面三門，中開化，南麗景，六典：「洛城南門西有麗景，夾城自此潛通上陽宮。」北應福。六典：「西面二門，南曰麗景，北曰宣耀。」此蓋宋制。京城門凡十：南面三門，中定鼎，隋曰建國。隋書：「東都南面三門，中曰建國。」六典：「唐平王世充，焚建國門。」東長夏，西厚載；東面三門，中建春，隋曰建陽，亦謂之太陽。大業九年楊玄感遣弟玄挺分道攻東都，東都兵拒之于白司馬阪，兵敗，玄挺遂直抵太陽門。宋志謂爲羅門，悮也。南永通，唐志作「羅門」。北上東；隋曰上陽，亦曰上春。〔七〕楊玄感攻東都，屯上春門。大業十三年李密攻金墉，陳兵北邙，南逼上春門。唐改爲上東。安禄山遣田承嗣等犯東京，封常清與戰於上東門，兵敗，東都遂陷。西面一門，闕門；北面二門，東延喜，唐史：「昭宗天祐二年，勅改東都延喜門曰宣仁。」西徽安。皆隋、唐舊名也。又隋志：東都有三市，東市曰豐都，南市曰大同，北市曰通遠。大業十三年李密屯洛口，遣兵入東都外郭，燒掠豐都市。舊唐書：「都城内有東西二市，縱横各十街，街分一百三坊，每坊縱横三百步，開東西二門。」自靖康以後，而翟泉再出蒼鵝，銅駝又沉荆棘，黍離、麥秀之悲，千秋一轍，山川巖壑之奇，都邑宫闕之盛，止以發嗜古者之唏噓云爾。

洛陽縣，附郭。周下都也，在洛水北，故曰洛陽。秦爲三川郡治，漢河南郡亦治焉。東漢改洛爲「雒」，魏復爲洛陽縣，晉及後魏皆因之。隋遷郡治河南縣，并移縣郭下。唐神龍二年改洛陽曰永昌，尋復舊。宋熙寧六年省入河南縣，元祐初復置。金人以河南縣省入洛陽，今因之。府城周不及九里。門四，東建春，西麗景，北安喜，南長夏。編户八十八里。

洛陽故城，在府東北二十里。周顯王以後所都也。顯王三年秦敗魏師、韓師於洛陽，即此。通鑑外紀：「周公營洛邑，城方十七里。」陸機洛陽記：「洛陽城周公所制，東西十里，南北十三里。」或曰非也，秦封呂不韋爲洛陽十萬户侯，大其城，漢、魏益增修之。輿地志：「秦三川守治洛陽，漢亦爲河南郡治。」後漢都此，改洛爲「雒」。魚豢曰：「漢火德，火忌水，故去水而加隹也。」魏復改爲洛，魏於行次爲土。土，水之牡也，故除隹而加水。晉仍爲洛陽，永嘉以後，城郭宫闕大都蕪没，後魏太和十七年始營洛陽。景明二年司州牧廣陽王嘉請築洛陽三百二十三坊，各方三百步。從之。三年，洛陽宫室始成。永安二年梁陳慶之送元顥北還，入虎牢，魏主子攸北渡河入河内，顥入洛陽宫，未幾敗滅。東魏遷鄴，改置洛陽郡。西魏大統三年遣獨孤信等趣洛陽，至新安，東魏高敖曹自洛引兵北渡河，信進據金墉城。四年東魏侯景等圍信于金墉，悉燒洛陽内外官寺民居，存者十二三。及邙山之戰，兩軍互相傷敗，宇文泰留長孫子彦守金墉而還。高歡來攻，子彦棄城走，焚城中室屋俱盡，歡毁金墉而還。未幾魏將是云寶復襲取洛陽，九年宇文泰敗于邙山，西入關，洛州復爲東魏所取。隋開皇初廢洛陽郡，大業初移洛陽入新都郭内。洛陽記：「魏、晉時城中有銅駝街，在宫南。旁有汶陽里。」

河南故城，在府城西北。周之王城，亦曰郟邑。春秋桓七年：「王遷盟、向之民於郟。」襄二十四年：「齊人城郟。」是也。自平王以後十二王皆都此，敬王始遷洛陽，至赧王復居王城。秦置三川郡，漢爲河南縣，屬河南郡。後漢、魏、晉皆屬河南尹。晉地道志：「河南城去雒城四十里。」宋白曰：「在唐苑城東北隅。」後漢建武二年遣馮異代鄧禹定關輔，車駕送至河南。晉永嘉五年劉聰遣呼延晏等寇洛陽，比及河南，晉兵前後十二敗，遂至洛陽。後魏太和十七年如河南城，遂定都，洛陽縣仍屬河南尹。東魏遷鄴，改爲宜遷縣，置河南郡於此。隋初郡廢，大業初改營新都，仍曰河南縣。唐因之，垂拱二年以明堂成，改合宮縣，神龍初復故。三年仍曰合宮，旋又復舊。宋亦曰河南縣，金人省入洛陽。○永昌廢縣，唐書：「垂拱四年分河南洛陽置，治都内道德坊，在洛水側，神龍三年廢。」又來庭廢縣，唐天授三年分洛陽縣置，治都内從善坊，龍朔元年廢。

金墉城，故洛陽城西北隅也。魏明帝築城，南曰乾光門，東曰含春門，北有運門，又置西宮于城内。嘉平六年司馬師廢其主芳，遷於金墉。延熙二年魏主禪位於晉，出舍金墉城。晉楊后及愍懷太子至賈后之廢，皆徙金墉。永康二年趙王倫篡位，遷惠帝，自華林西門出居金墉城，改曰永昌宮。其後每有廢置，輒于金墉城内。太寧三年後趙將石生保金墉，劉曜遣劉岳等攻之，不克。咸和三年劉曜攻石生於金墉，爲石勒所敗。八年後趙石朗舉兵于洛陽討石虎，虎攻朗于金墉，金墉潰。永和十一年桓温救洛陽，屯故太極殿前，尋徙屯金墉，置戍而還。興寧二年爲燕所陷。太和五年秦王猛克洛陽，使鄧羌戍金墉。太元九年復歸晉。隆安初姚興遣姚崇寇洛陽，河南太守夏侯宗之固守金墉，崇不能克，久之始陷。義熙十二年劉裕伐秦，前鋒至成皋，秦將趙玄勸姚洸：「固守金墉以待西師之救，金墉不下，晉必不敢越我而西。」洸不聽，遣軍迎戰，軍敗，洸出降。元熙初劉裕使王康保據金墉。宋景平元年爲魏所陷。元嘉八年遣到彦之等北伐，下河南，留杜驥守金墉，爲河南四鎮之一。既而後魏將安頡自委粟津濟河來攻，驥南遁。魏太和十七年如金墉城，經營洛都，十九年金墉宮成。洛陽志：「金墉城有瑶光寺，魏太和中廢后馮氏，延昌末太后高氏，皆徙居於此。」西魏大統四年，東魏高歡因宇文泰自邙山西遁，克金墉，毁其城。後周建德四年周主自將攻金墉，齊將獨孤永業拒却之。隋大業十三年李密攻金墉不克，明年密大敗世充於鞏城，乘勝進據金墉。唐初以洛陽縣治故金墉城，貞觀六年移入郭下，金墉遂廢。

含嘉城，在東都城北。隋含嘉倉城也。王世充與李密戰敗於鞏北，奔還東都，屯含嘉城。又唐武德三年世民伐王世充，世充使其子玄恕守含嘉倉。開元中亦置含嘉倉於此。又有寶城，隋志：「在洛陽羅郭内，自爲一城，附于宫城東南。」六典曰：「即皇城也，以内有寶城朝堂而名。」唐兵攻王世充，世充遣其弟世偉守寶城。皇城之南又有南城，皇城之東又有東城，東城之東則爲曜儀城。王世充以唐兵來攻，使其兄世惲簡較南城，子玄應守東城，道恂守曜儀城是也。○伐惡城，在今城東。齊天保五年于洛陽西南築伐惡城、新城、嚴城、河南城，因巡四城以挑魏師，魏師不出。

新城，府南七十五里。古戎蠻子邑，戰國時謂之新城。張儀曰：「秦攻新城以臨周郊。」是也。又城渾言於楚，以新城爲主郡。史記：「秦昭王七年拔新城。十三年白起攻新城，敗韓、魏之師於伊闕。二十三年與魏王會宜陽，與韓王會新城。二十五年復與韓會新城。」又漢二年漢王至洛陽，新城三老董公遮説處也。漢惠帝四年置新城縣，屬河南郡。晉因之。隆和初桓温遣鄧遐救洛陽，進軍新城。後魏仍屬河南郡。東魏置新城郡於此。隋初郡廢，開皇十八年改縣曰伊闕，以伊闕山爲名，屬伊州。大業初屬河南郡。二年發江都，自伊闕入東京。唐亦曰伊闕縣。貞觀十五年校獵伊闕，因幸嵩陽。宋宣和中廢爲伊闕鎮。杜預曰：「新城縣東南有蠻城，即戎蠻子故邑也。」

高都城，在新城西南，史記蘇代説韓相國以高都與周者。竹書紀年：「梁惠成王十七年，東周與鄭高都。」是也。其南七里有郕垂亭。郕音審。左傳文七年：「周甘歜敗戎於郕垂。」水經注：「來儒之水出於半石山，西南流逕大石山，又西至高都城東，西入伊水。」

前城，在城西南五十里。左傳昭二十三年：〔八〕「子朝之亂，司徒醜以王師敗績于前城。既而晉箕遺、樂徵、右行詭濟師取前城。」服虔曰：「前讀爲泉，即泉戎地，在伊闕南。」僖十一年楊拒、泉皋、伊洛之戎同伐京師，入王城，焚東門。杜預云：「伊闕北有泉亭。」楊拒、泉皋皆戎邑也，泉皋即前城矣。又故洛城西南有戎城，則伊洛之戎也。○甘城，在城西南二十五里，周襄王弟子帶之故邑。亦謂之石城。又有蒯亭，左傳昭二十四年：「子朝之亂，其黨尹辛攻蒯。」王隱曰：「河南縣西南有蒯鄉。」

穀城，府西北十八里故苑中。西臨穀水。左傳定八年：「周大夫儋翩叛，單子伐穀城，即此。」漢置穀城縣，屬河南郡，晉省。西魏大統四年東魏侯景圍金墉，宇文泰趣救，至穀城。北齊常山王演於穀城築戍以備周師。○解城，在故洛陽城西南。左傳昭二十二年：「王師次于解。」杜預曰：「洛陽縣西南有大解、小解。」戰國策：蘇代謂向壽：「公與楚解口地，封小令尹以杜陽。」解口，即兩解城也。杜陽，或曰即今關中長安南廢杜陵縣。

北邙山，在府北十里。山連偃師、鞏、孟津三縣，綿亘四百餘里，古陵寢多在其上。邙一作「芒」。左傳昭二十二年「王田北山」，即邙山也。魏明帝嘗欲平北邙，於上作臺，觀望孟津，以辛毗諫而止。晉太安二年成都王穎自鄴舉兵内向，帝軍於芒山以拒之。明年帝自鄴還，濟河至芒山。永和十二年姚襄爲桓温所敗，奔洛陽北山，即北芒也。元熙初後魏守將于栗磾遊騎在邙山上，窺逼洛陽，劉裕遣兵擊却之。魏太和二十年，命代人遷洛者悉葬邙山。景明二年獵于北邙。建義初爾朱榮自洛還晉陽，魏主餞之于邙陰。永安二年元顥自河橋敗還，遂南走，洛中諸臣楊津等出迎魏主于北邙。三年爾朱兆作亂，立長廣王曄于晉陽。明年將入洛，至邙山，爾朱世隆等脅之，禪位于廣陵王恭。普泰二年高歡自鄴趣洛陽，奉其主朗至邙山，復廢之而立平陽王修。永熙三年魏主與高歡隙，因發河南諸州兵大閱于洛陽，南臨洛水，北際邙山。既而歡自晉陽南犯，魏主勒兵屯河橋，以斛斯椿爲前驅，陳於邙山之北。西魏大統四年東魏侯景圍金墉，宇文泰馳救，景解圍去，泰追至河上，景爲陳北據河橋，南屬邙山，既而敗走。東魏武定初虎牢降魏，魏將宇文泰帥諸軍應之，前軍圍河橋南城，高歡引軍渡河，據邙山爲陳，泰尋自瀍曲夜登邙山以襲歡，爲歡所敗。明日夜戰，歡敗走。後周保定四年宇文護等伐齊軍于弘農，前鋒尉遲迥圍洛陽，宇文憲等軍于邙山，久之齊將段韶自晉陽馳救，濟河至洛陽，登邙阪，觀周軍形勢，與周軍遇于太和谷，周師敗遁。自邙山至穀水三十里中，軍資器械，彌滿山澤。隋大業九年楊玄感圍東都，代王侑自長安使衛文昇赴救，文昇度瀍水，進屯邙山之陽，與玄感決戰。十三年李密據洛口，越王侗運回洛倉米入城，分兵屯豐都市、上春門及北邙山，爲九營以備密。明年李密據金墉，擁兵三十萬屯於北邙，東都出兵以拒之，爲所敗。唐武德初王世充攻密偃師，密自金墉引精兵出偃師，阻邙山以待之。世充夜遣二百餘騎潛出邙山，伏谿谷中。及戰，伏兵發，乘高壓密營，縱火焚其廬舍，密衆大潰。三年世民攻王世充，大軍屯于北邙以逼洛陽，世充出戰，臨穀水拒唐兵，世民陳于北邙，登魏宣武陵望之，知賊可擊，度水大戰，賊敗走。四年世民圍東都，竇建德來援，世民分兵圍守世充，自將兵歷北邙，抵河陽趣鞏，軍於武牢，世充不敢出。上元二年，武后祀先蠶于邙山之陽。肅宗上元二年李光弼自河陽與史思明戰于邙山，敗績。洛陽有事，北邙亦必争之會矣。金廢主亮嘗更山名曰太平。志云：太和谷在邙山東垂。魏宣武陵，北魏主恪陵也，亦曰景陵，在邙山上，近府城西北隅。

闕塞山，在府西南三十里。亦曰龍門山，亦曰伊闕山，一名闕口山，一名鍾山，又爲龍門龕。志云：山之東曰香山，西曰龍門，大禹疏以通水，兩山對峙，石壁峭立，望之若闕，伊水歷其門。左傳昭二十六年：「晉知躒、趙鞅帥師納王，使女寬守闕塞。」又定六年「鄭伐周闕外」，即伊闕之外也。戰國策：「秦攻魏將犀武軍於伊闕，進兵攻周。既而犀武敗于伊闕。」史記：「周赧王二十四年蘇厲謂周君，秦將出塞攻梁。」又秦昭王十四年白起攻韓、魏之師于伊闕。五十一年將軍摎攻魏，取陽城、負黍。〔九〕西周君背秦與諸侯約從，將天下鋭兵出伊闕攻秦，令秦毋得通陽城。東漢靈帝時，爲河南八關之一。北魏史：「伊闕以南大山長谷，蠻多居之，魏因以伊川土豪李長壽爲防蠻都督。」景明初嘗遣宦者白整鑿二佛龕于龍門，其後宦者劉騰復鑿一龕，皆高百尺，用功數十萬。又正始初魏主幸伊闕。熙平初胡太后作石窟寺於伊闕口，極土木之美。武泰初羣盗李洪攻燒鞏以西、闕口以東，將軍費穆敗洪于闕口南，遂平之。隋大業九年楊玄感作亂，圍東都，分兵守伊闕道。唐初討王世充，史萬寶自宜陽南據龍門。其後武后居東都，數游龍門。建中四年李希烈叛，遊兵摽掠至伊闕。元和十一年淮西叛，屢犯東畿，防禦兵屯伊闕以備之。宋祁曰：「伊闕，洛陽南面之險也，自汝、潁北出必道伊闕。其間山谷相連，阻阨可恃。」元末土民桀黠者，往往置寨于此，西連商、洛，東出汝、潁，隨地立名，多至數十，徐達收中原，次第平定。又龕澗，在闕塞山中。後唐同光三年獵于白沙，明日宿于伊闕，又明日宿潭泊，又明日宿龕澗，明日還宮。其地皆在闕塞旁。又有八節灘，在龍門下。

穀城山，在府西北五十里，東連孟津縣界。舊名替亭山，瀍水所出。又秦山，在城西南二十五里。俗傳此山爲秦頭魏尾，因名。又谷口山，在城西南三十里。谷水出焉，亦曰孝水。○八將山，在城西三十里。志云：唐尉遲敬德與單雄信等八將戰于此，因名。

委粟山，府東三十里。曹魏景初元年營圓丘于此。後魏主宏太和十九年如委粟山，定圓丘。又首陽山，在城東北。曹丕黃初三年表首陽山東爲壽陵。其相近者又有覆舟山。

大石山，在府東南四十里。亦名大石嶺，一名萬安山。山阿有魏明帝陵，曰高平陵。曹爽從魏主芳謁高平陵，司馬懿因之誅爽。後魏主修永熙末西遷關中，散騎常侍裴寬不附高氏，逃于大石嶺，即此。○周山，在城南十五里。一名小亭山，下有周谷，山之東麓有柏亭。

大谷，府東南五十里。亦曰大谷口。章懷太子賢曰：「自嵩陽縣西北出八十五里，對故洛陽城，張衡東京賦所云『大谷通其前』者，亦靈帝時八關之一也。」初平二年孫堅討董卓，進軍大谷，距洛陽九十里。堅蓋軍于登封縣界。王世充置谷州，以在大谷口而名。

白司馬阪，在府東北三十里。邙山東北垂也。或以爲白馬山。後魏孝昌三年蕭寶寅以關中叛，蕭贊在洛陽聞之，懼而出走，趣白馬山，至河橋爲人所獲。隋大業九年楊玄感反于黎陽，引兵向洛，使其弟玄挺爲先鋒，自白司馬阪踰邙山南入。唐貞觀十一年河溢，壞陝州河北縣，毀河陽中潬城，帝幸白司馬阪觀之。朱梁開平末晉王存勗屢破梁兵于河北，全忠懼，引兵屯白司馬阪。又唐主從珂末以石敬瑭將渡河而南，遣將至白司馬阪行戰地，不果。

郟鄏陌，在故河南城西。或謂之郟山。圖經：「郟山在郡西南，迤邐至城北二里曰邙山。」周武王定鼎於郟鄏，即此。

黃河，在府北二十里。自山、陝之交歷潼關北流，入閿鄉縣北境，經靈寶、陝州、黽池、新安、洛陽、孟津、鞏縣北，而入開封府界，府境諸水悉入于河。後魏永熙三年高歡自晉陽舉兵犯洛，魏主勒兵屯河橋，斛斯椿陳于邙山北，請帥精騎夜渡河，掩其勞弊，魏主不許。宇文泰聞之，曰：「高歡數日行八九百里，此兵家所忌，當乘便擊，而主上以萬乘之重，不能渡河決戰，方緣津拒守，長河萬里，扞禦爲難，一處得渡，大事去矣。」乃遣精騎赴援洛陽，魏主遂西幸。大統四年宇文泰破東魏侯景于洛北，赴河死者以萬數。今詳見大川及川瀆異同。

洛水，在府南十五里。源出陝西商州冢嶺山，經盧氏、宜陽而入縣境，又東經偃師縣，至鞏縣西北而入于河。舊有洛水浮橋，在故洛城南五里。司馬懿謀誅曹爽，勒兵屯洛水浮橋。晉永嘉三年劉淵遣子聰等犯洛陽，聰直逼西明門而屯。涼州將北宮純帥勇士夜襲聰壁，乃南屯洛水。五年劉聰將呼延晏等寇洛陽，帝具舟洛水，將東走，晏盡焚之。唐志：「洛水經東都城，南面三門有天津、永濟、中橋三橋。又有寫口，洛城中水於此寫放入洛處也。」唐武德四年王世充出右掖門，臨洛水爲陳。唐將王懷文先爲世充所獲，引置左右，忽起刺世充，衷甲不入。懷文走趣唐軍，至寫口，世充軍追獲殺之。開元十九年浚苑中洛水，九旬而罷。又有韓公堤，在今城南。宋韓鎮尹洛時築此以障洛水。餘詳大川。

伊水，府東南十六里。源出盧氏縣之巒山，流入伊陽、嵩縣境，又東北至洛陽東南，又東至偃師縣而入于洛。曹魏正始十年司馬懿閉城門拒曹爽，爽留車騎宿伊水南。晉永和十二年桓温北收洛陽軍，至伊水，姚襄拒水而戰，温擊敗之。後魏景明二年改築圜丘於伊水之陽，蓋在洛陽城南。伊水之北舊有伊水偃，唐天寶十載，河南尹裴迥自龍門山東抵天津橋，爲石堰以遏水處。河南志：「今府城南二十五里有伊渠，西南二十五里有洛渠，引二水溉田，蓋舊跡也。」

瀍水，在府北。源出穀城山，東南流至故洛城西入洛。漢明帝作千金堨於故河南縣城東十五里，蓋堰穀、洛之水會於瀍水，而經洛陽城北謂之千金渠，又東南合于陽渠，至偃師縣東而入洛云。水經注：「瀍水出河南穀城縣北山，東與千金渠合，又東過洛陽縣南，又東過偃師縣南，又東入于洛。」後魏永熙末高歡自晉陽引兵渡河，魏主以五千騎宿於瀍西，遂西奔。東魏天平末侯景圍魏將獨孤信于金墉，宇文泰軍至瀍東，景等解圍去。又武定初宇文泰圍河橋南城，高歡至河北，泰退軍瀍上，既而留輜重於瀍曲，距歡營四十里，襲歡軍于北邙，不克。隋楊玄感作亂圍東都，衛文昇自長安赴救，渡瀍水與玄感戰，皆在今城東北隅。

澗水，在府西。源出澠池縣之白石山，東流經新安縣東而合穀水。穀水出澠池縣南山中穀陽谷，東北流經新安縣南，又東而與澗水會，自是遂兼穀水之稱，又東歷故洛陽城廣莫門北，又東南出上東門外石橋下而會於洛水，此魏、晉以後之穀水也。周時澗水本在王城西入洛，故洛誥云：「澗水東，瀍水西。」周靈王時穀、洛鬬，毁王宫，亦在王城西，自此澗水更名穀水。水經注：「河南城西北穀水之右有石磧，［一〇］磧南出爲死穀，北出爲湖溝。魏太和七年暴水流高三丈，此地下，停流以成湖渚，造溝以通水，東西十里，決湖以注瀍水。」然則穀水入瀍而經城北，自元魏時始也。隋開通濟渠，自西苑引穀、洛水達河，又自板渚引河通淮，而水道復一變。唐六典：「東都苑中穀、洛二水會焉。」通典云：「穀水經東都西苑中入洛。」是也。北齊河清中段韶敗周軍，自邙山追至穀水。唐天復四年朱全忠劫車駕遷洛陽，自陝而東，憩于穀水，尋發穀水入宮。穀水蓋即澗水矣。

孝水，在府西二十里。出谷口山，本名谷水，晉王祥卧冰于此，因改爲孝水，北流入于穀水。西魏大統四年東魏圍金墉，宇文泰自關中赴救，别將莫多婁貸文請擊泰前鋒，夜遇西魏將李弼等於孝水，敗死。高齊時，常山王演於此築孝水戍以拒周師。○甘水，在城西南四十里。源出宜陽縣鹿蹄山，東北流經故甘城，又北入于洛水。

千金堨，在府城北。洛陽記云：「在河南縣城東十五里。」舊堰穀水入洛陽城，晉河間王顒將張方逼洛陽，決千金堨，京師水碓皆涸是也。永嘉初李矩爲汝陰太守，與汝南太守袁孚修洛陽千金堨，以利漕運。晉咸和三年劉曜攻後魏將石生於金墉，決千金堨以灌之。唐初羅士信伐王世充，拔其千金堡，蓋於千金堨傍築堡也。又千金堨一名五龍堨，亦曰九龍渠，亦曰九曲瀆。後漢建武中司空王梁引穀水以溉京都，渠成而水不流，後張純堰洛而通漕是渠，引穀水歷堨東注。魏文帝使都水使者陳協更修此堰，謂之千金堨。積石爲堨，而開溝渠五，因謂之五龍渠。太始七年大水蕩壞。晉元康七年更于西開泄，名曰代龍渠。凡更開二堨二渠，亦曰九龍渠。後魏太和五年又嘗修治，亦謂之九曲瀆。傅暢晉書、河南十二縣簿言陳協鑿運渠從洛口入，經鞏縣西至九曲瀆，又西至洛陽東陽門會于陽渠是也。

陽渠，在府東。舊志：在故洛陽城南。漢建武二十三年，張純奏穿渠引洛水爲漕處也。洛陽記以爲周公所作。述征記：「東城有二石橋，舊于王城東北開渠引洛水，名曰陽渠，東流經洛陽，于城東南回通出石橋下，運至建春門以輸常滿倉。」水經注：「上東門外石橋右柱銘曰：陽嘉五年，詔書以城下漕渠東通河、濟，南引江、淮，方貢委輸，所由而至，乃作石橋。」此即陽渠與穀水回通處也。唐乾元二年史思明陷鄭州，西窺洛陽，李光弼去洛而還河陽。時賊遊騎已至石橋，諸將請曰：「自洛城而北乎？當石橋而進乎？」光弼曰：「當石橋而進。」部曲堅整，賊不敢逼。又後唐同光四年李嗣源入汴，帝自汜水西還，至石橋西，置酒悲涕，乃入洛城，即故上東門外之石橋也。

大陽三渠，在府南十里。舊分洛水以溉田，本一渠，後析爲三，中曰中渠，北曰青渠，東曰莽渠，合名大陽。又漕口渠，在城東北。宋開寶九年幸西京，發卒自洛城市橋鑿渠至漕口三十五里，以便餽運。又有通津渠，在城南三里。元和志：「隋大業初分洛水西北名千步磧渠，東北流入洛水。」○金水河，在城西二十里，自新安縣流入。志云：隋時引水遶皇城，因名。

金谷澗，在府東北七里。水經注：「金谷水出太白原，東南流歷金谷謂之金谷澗，東南流經晉石崇故居。又穀水自千金堨東逕皐門橋東，左會金谷水。」晉太寧三年劉曜督諸將與石虎戰洛陽，屯金谷，夜軍中無故大驚，士卒奔潰，乃退屯澠池。隋大業九年楊玄感攻東都，代王侑自長安遣衛文昇赴救，文昇鼓行出崤、澠，直趣東都城北，屯于金谷，即石崇之金谷也。太白原，在城西北六十里，即邙山之別阜云。

七里澗，在故洛城東二十里。水經注：「鴻臺陂在洛陽東北二十里，其水東流合于七里澗。」晉泰始十年立石橋于澗上。永寧初成都王穎還鄴，齊王冏送之七里澗。大安二年穎遣陸機爲前鋒，進逼洛陽，長沙王乂討破之。機軍赴七里澗死者如積，水爲不流。又永嘉二年羣盜王彌逼洛陽，不克，引而東，晉將王秉追敗之于七里澗。

鴻臺陂，亦曰鴻池陂，在洛陽故城東二十里。水經注：「穀水東經鴻池陂，池東西千步，南北千一百步。」漢桓帝永興元年幸鴻池。元魏時曰洪池。景明二年咸陽王禧謀爲變，夜宿洪池墅，事覺，自洪池東南走，即此。又天淵池，在故洛城内東北隅。水經注：「穀水逕洛陽故城北，東歷大夏門下，枝分渠水東入華林園，又東注于天淵池，又東歷故金市，南直千秋門，枝流入石逗伏流注靈芝九龍池，即曹魏明帝所引過九龍殿前水也。」

翟泉，在故洛陽城中。左傳僖二十九年：「盟於狄泉。」昭二十三年：「天王居于狄泉。」三十二年：晉合諸侯之大夫于翟泉，城成周。史記：「景王元年晉人入敬王，子朝自立，敬王不得入，居澤。」賈逵曰：「澤，邑名，即狄泉也。」時子朝據王城曰西王，敬王在狄泉曰東王。鄭玄曰：「狄泉本在下都城北，時城成周，乃繞狄泉于城内。」杜預曰：「狄泉即洛陽内太倉西南池水也。」地道紀：「晉時此水在東宮西北，今堙。」○甄官井，在故雒陽城中。甄官掌琢石陶土之事，晉爲甄官署，漢時蓋屬于他署，而井因以名。後漢初平二年孫堅討董卓，敗之，進至雒陽，得傳國璽於城南甄官井中，即此。

漢故宮，在洛陽故城中。括地志：「洛陽故城内有南宮、北宮，秦時有之。」漢五年帝置酒于洛陽南宮。後漢建武元年車駕入雒陽，幸南宮，遂定都焉。蔡質漢儀：「南宮至北宮，相去七里。」永平初帝思中興功臣，圖畫二十八將于南宮雲臺。延康四年孫程等定策立和帝，自德陽殿西鍾下幸南宮，登雲臺，召公卿百僚是也。其北宮禁門亦曰省門，又名章臺門。北宮北門曰翔平門。省門內有崇玄諸門，門內即德陽殿。又有承明門及温德等殿。南宮正門即端門，旁有鴻都、盛德、九龍及金商、青瑣諸門。其正殿曰崇德殿，旁爲嘉德殿、崇德殿，西則金商門也。董卓之亂，南、北兩宮大都焚蕩。建安初駕還洛陽，諸將張揚，自以爲功，名所葺南宮正殿曰揚安。及曹丕篡位營洛陽宮，初居北宮，起建始殿朝羣臣，又于其北建崇華殿。曹叡青龍三年，始于漢南宮崇德殿故址起太極、昭陽諸殿。又是年崇華殿災，乃更作九龍殿，引穀水過殿前。其北宮南又有式乾、顯揚諸殿及太后所居曰永寧宮，皇后宮中殿曰含章殿，東宮門曰承華門。又于太極殿前作總章觀，高十餘丈，門曰閶闔，以象天門。晉武都洛，大抵因之。永嘉之季劉曜陷洛，復成灰燼。及後魏南遷，大營宮室，魏、晉之舊，次第修復。其後爾朱始禍，東西戰争，東魏天平二年遣高隆之盡撤洛陽宮殿，運其材入鄴，自是故址漸成蓁莽。及隋改營都邑，而滄桑益不可問矣。○永安宮，在漢北宮之東，中有候天臺，亦漢置。

洛陽宮，在故宮城內。隋大業所建，其正殿曰乾陽殿，殿南門曰紫微宮門，門闕曰紫微觀，其別宮曰景華宮。隋史：「宮城南面爲應天、興教、光政三門，興教之內曰全昌門，〔二〕其北曰章善門，光政之內曰廣運門，其北曰顯福門。」大業十四年東都立越王侗，王世充專政，使其黨守章善、顯福二門。既遂，幽侗于含涼殿。唐武德四年平洛陽，故宮遂廢。貞觀中復治之，永徽以後營繕益密。其正殿曰乾元，即隋乾陽故址也。武后垂拱四年毁之，改營明堂；開元五年復故，十年仍改爲明堂；二十五年復爲乾元殿，二十七年復曰明堂。明堂西則武城殿也。其別殿臺觀，在宮內者凡二十五所。又上陽宮，在宮城西南隅，南臨洛水，西距穀水，東接宮城，北連禁苑，門殿皆東向，正門曰提象，正殿曰觀風，内有别殿亭館凡九所。上陽之西隔穀水爲西上陽宫，虹梁跨穀，行幸往來，皆高宗龍朔後所置。武后嘗居東都，興修益廣。及天寶倦勤，漁陽作亂，車駕不復東巡，宫室漸廢。天祐初朱全忠繕修舊宫，逼帝遷洛。未幾全忠簒奪，開平三年亦徙居洛陽宫。後唐都洛，未遑改作。石晉遷汴至於宋季，宫闕猶存唐舊。及女真、蒙古，再經兵燹，而故宫鞠爲茂草矣。東都記：「洛陽宫城西北出曰洛城西門，其内曰德昌殿，殿南出曰延慶門，又南曰韶暉門，西南曰洛城南門，其内曰洛城殿。」龍朔初與羣臣外夷宴于洛城門，武后載初二年策貢士於洛城殿，或以此爲夾城内别宫也。

禁苑，在府西。隋大業初築西苑，周二百里，内爲海，周十餘里，作蓬萊、方丈、瀛洲諸山，高出水百餘丈，臺觀殿閣，羅絡山上，向背如神。北有龍鱗渠，縈紆至海内，緣渠作十六院，門皆臨渠。十三年李密攻東都，每入苑與隋兵連戰。唐曰禁苑。六典：「禁苑在皇城之西，北距北邙，西至孝水，南帶洛水支渠，穀、洛二水會于其間。苑墻周迴一百二十六里，東距上陽宫七里。西面四門，南曰迎秋，次遊義，次籠烟，北靈溪。」兩京記：「東都苑，隋曰會通苑，又改爲芳華苑，東面十七里，南面三十九里，西面五十里，北面二十里。」義寧二年唐世子建成等援東都，軍于芳華苑，東都閉門不出，李密出軍爭之，小戰各引去。苑内有青城宫，隋齋宫也，亦曰青城堡。唐武德二年行軍總管羅士信攻王世充，夜入洛陽外郭，焚清化里，既又拔青城堡。三年世民攻洛陽，軍于北邙，世充陳于青城宫，世民亦置陳當之。武德四年世民移軍青城宫，世充自方諸門出，憑故馬坊垣，塹臨穀水以拒唐兵，爲世民所敗。方諸門，都城西出禁苑之門也。唐亦爲青城宫。又明德宫，亦大業初建于禁苑中。唐貞觀十年作飛山宫，十一年幸明德宫。是年以洛水漂溢民居廬舍，乃廢明德宮及飛山宮之玄圃苑以給洛人之遭水患者。顯慶二年改明德宮監爲東都苑南面監。五年作入關宮，尋改曰合璧宮。調露初又作宿羽、高山等宮，尋又作翠微宮，凡離宮亭館共一十四所。又苑中有三坡，一積翠，二月坡，三上陽。以穀、洛二水泛溢，故爲三坡以防之。隋大業二年集四方散樂于東京，閱之于芳華苑積翠池側。唐貞觀十一年宴洛陽西苑，泛積翠池。十二年獵于洛陽苑。開元二十年幸東都，宴百官于上陽東洲。二十四年河南尹李適之復修三坡，穀、洛始無泛溢之患。天寶以後亦曰西苑。建中四年李希烈以淮西叛，圍鄭州，遊騎西至彭婆，留守鄭叔則入保西苑。苑中有九曲池，即隋龍鱗渠也。天祐二年朱全忠盡殺昭宗諸王子於此。

上林苑，在今府城東，後漢所置苑也。桓帝屢幸上林，靈帝亦常幸焉。又廣成苑，在府南。胡氏曰：「新城故縣有廣成苑。」後漢延熹中屢校獵廣成。又光和五年狩于廣成苑。○顯陽苑，在故雒陽城西。後漢桓帝延熹二年作。中平六年袁紹等誅宦官，董卓自顯陽苑急進至城西，聞帝在北，因與公卿奉迎于北邙阪下。

華林園，在故洛城内東北隅。與宮城相接，有東西二門，魏文帝所起。亦曰芳林園。水經注：「大夏門内東際側城有景陽山，在芳林苑西北，魏明帝景初元年所起土山也，齊王芳即位始改芳林曰華林。」按太和元年王朗言：「華林天淵，足展游宴。」則華林之名久矣。内有天淵池，池中有魏文帝九花叢殿。後魏太和十九年遊華林園，觀故景陽山。二十年宴羣臣及國老庶老于華林園。二十一年魏主將入寇，講武于華林園。景明二年魏主遊北邙，聞咸陽王禧謀變，自華林園還宮，既而擒禧送華林都亭是也。正始初以北海王詳得罪，遣左右郭翼開金墉門出諭旨，衛送華林園。魏主子攸建義初，詔自孝昌以來有冤抑無訴者，悉集華林東門，當親理之。明年元顥自河橋敗走，魏主復入洛，居華林園。東魏天平二年毁。○濯龍園，在故洛陽城中，近北宫。中有濯龍池，後漢時爲遊宴之所。又直里園，在故城西南隅，亦後漢所作。靈帝光和二年又造畢圭、靈昆苑，並在宣平門外。初平二年董卓逼車駕西遷，卓留屯畢圭苑中是也。又有西林、西遊等園，後魏熙平以後置於宫旁，爲遊宴處。

三王陵，在府西。水經注：「河南縣西南柏亭東北有周景、悼、敬三王陵。」隋義寧二年李密圍東都，世民赴救，東都不應，引還，設伏于三王陵以待之，東都將段達來追，敗去。○原陵，在故洛城東北二十五里，漢光武陵也。帝王世紀：「在臨平亭東南。」水經注：「陵西望平陰，大河逕其北。」又顯節陵，明帝陵也，在富壽亭西北，去故洛陽城三十七里。東漢凡十陵，俱在洛陽之郊。初平二年孫堅討董卓，自陽人進軍大谷，卓與戰諸陵間，敗走。

大谷關，在縣東南大谷口。又皐門關，在故洛城穀門上。亦曰皐門橋，晉惠帝建，潘岳西征賦所云「秣馬皐門」者也。唐志作「高門關」。龍門關，即府城南龍門谷口。今有河南衛軍民戍守。

褚氏聚，在故洛城南。左傳昭二十六年：「子朝之亂，王宿褚氏。」杜預曰：「洛陽南有褚氏亭。」又有唐聚，昭二十三年：「尹辛敗劉師于唐。」○上程聚，在故洛城西南，古程國。史記：「重黎之後伯休父之國也。」關中有程地，所謂「文王自程徙豐」者，故此曰上程。

士鄉聚，在故洛城東。東漢初馮異與更始將武勃戰于士鄉下，斬之。又有樊濯聚，在故雒城北，東漢清河王慶母宋貴人葬處。○圉鄉，在故洛城東南。左傳昭二十二年：「子朝之亂，單氏伐東圉。」杜預曰：「洛陽東南有圉鄉。」

孔城防，在故伊闕縣東南。魏收地形志：「天平中置新城郡，治孔城防，屬北荆州。」西魏大統四年權景宣與李延孫會攻孔城防，拔之。後周天和四年盗殺周孔城防主，以其地入齊，蓋周、齊相攻之境也。杜佑曰：「孔城防，伊闕縣東南故城是。」

石梁塢，在故洛城東，洛水北。晉永嘉末將軍魏浚聚流民屯洛北石梁塢，劉琨在并州，承制假浚河南尹，建興初劉曜攻陷之。太寧三年後趙將石生據金墉，劉曜遣將劉岳攻之，岳拔孟津、石梁二戍。未幾石虎圍岳於石梁，尋拔之。孟津戍，胡氏曰：「時置于河陰。」

豆田壁，在故洛城東。晉太安二年成都王穎引兵内向，帝幸偃師，舍于豆田是也。胡氏曰：「滎、洛之間有麻田、豆田，大抵因人所種藝而名。」姚襄與苻秦將李歷戰于麻田，襄大敗。其地亦在洛陽、成臯間也。

張方壘，在故洛城西七里。晉齊王冏將張方所築，後遂爲戍守之所。永嘉五年劉聰遣呼延宴等寇洛陽，宴留輜重于張方故壘是也。

彭婆鎮，在府東南九十里，又東入汝州界之臨汝鋪。唐建中四年李希烈叛圍鄭州，邏騎西至彭婆。金人疆域圖：「洛陽有彭婆鎮。」郡志：府東南四十五里即彭婆鎮，東南七十里爲白沙鎮。

平樂觀，在故洛城上西門外。漢靈帝初平五年講武于平樂觀下。又袁紹誅宦官，促董卓進兵屯平樂觀。魏嘉平六年詔司馬昭自許昌西擊姜維，魏主芳幸平樂觀以臨軍。隋末李密自洛口向東都，敗隋兵于平樂園，即故平樂觀也。時在東都之東十五里。胡氏曰：「漢、魏平樂觀在洛城西，隋營新都，改爲平樂園，在都城之東。」○平望觀，在故洛城華林園東南，天淵池水逕其南，魏所置也。太和四年改曰聽訟觀。陸機云：「洛陽城有三市、九觀。三市者，一曰金市，在舊宮西大城内；二曰馬市，在城東；三曰羊市，在城南。九觀，曰臨商、凌雲、宣曲、廣望、閬風、萬世、修齡、總章、聽訟，皆在宮中，皆魏、晉時置。」○玄武館，在北邙山之尾，直故洛城北，曹魏立玄武館于邙垂是也。高貴鄉公自元城入即位，至玄武館，即此。元城，今北直大名府屬縣。

宣武場，在故洛城大夏門東北。其南有宣武觀。晉成都王穎之亂，惠帝還軍于宣武場。水經注：「大夏門東宣武觀，憑城結構，南望天淵池，北矚宣武場。」是也。

凌雲臺，在故金墉城之西。水經注：「在洛陽城中金市之東。」魏文帝黄初三年築，苻秦置戍於此。晉太元八年丁零翟斌叛秦，舉兵新安，慕容鳳等歸之，敗秦兵，克凌雲臺戍是也。又東晉末劉裕誅除宗室，宗室多逃亡在河南，司馬順明率衆保凌雲臺，即此。寰宇記：「故洛城東有雲臺，今地名水南保，即漢明帝圖中興二十八將處。」悞。○周公臺，在故洛陽縣治東，相傳周公所作。李密據金墉，築寢室于臺後。又龍虎臺，在今城東。李密攻東都時築此以閱武。

天津橋，在府西南洛水上。舊爲洛水橋，在洛陽故城南，後漢時建，魏、晉因之。後魏正光初，時方强盛，于洛水橋南御道東作四館，道西立四里，有自江南來降者處之金陵館，三年之後賜宅歸正里。自北夷降者處燕然館，賜宅歸德里。自東夷降者處扶桑館，賜宅慕化里。自西夷降者處崦嵫館，賜宅慕義里。永安三年遣高乾等東歸濟州招集鄉曲，魏主親送之河橋，即洛水橋也。隋大業初遷都，以洛水貫都，有天漢之象，因建此橋。用大船連以鐵鎖，南北夾起四樓，名曰天津。李密破回洛倉，遂燒天津橋。唐武后長壽中始命李德昭甃石爲岸，開元二十年又改造焉。廣平王入東都，陳兵於天津橋南。宋建隆二年留守向拱重修，甃以巨石，基址甚固，横亘洛水，爲都城之勝。

洛中橋，在天津橋東。武后時李德昭所造。其東有利涉橋，上元二年韋弘機移中橋南當長夏門，廢利涉橋，人以爲便。宋會要：「西京端門，前唐洛陽圖有四橋，曰穀水，曰黄道，在天津橋北；曰重津，則在南橋西十里。有石堰曰分洛，自唐以來引水入小河東南入伊。」又有蔣橋，舊志：在城西穀水上。後唐應順初潞王從珂自陝趣洛至蔣橋，百官班迎，即此。○菜市橋，在府城東，亦唐所置。宋開寶九年郊祀西京，詔發卒五千自洛城菜市橋鑿渠，抵漕口三十五里，餽運便之，其後導以通汴。

十三里橋，在府東。自洛陽故城西至橋十三里，因名。晉太安二年成都王穎自鄴，河間王顒自關中，皆舉兵内向。帝如十三里橋，既而還軍宣武場，舍于石樓，屯於河橋。顒將張方尋攻洛陽，爲長沙王乂所敗，退屯十三里橋。石樓驛，在故洛城東北。

夕陽亭，在府西南。董卓爲何進所召，引軍至河南，復遣种邵止之，卓還軍夕陽亭。又晉賈充出鎮長安，荀勗、馮紞等餞送于夕陽亭，邵子謂「晉室之禍成于夕陽亭之一言」者也。唐時亦爲餞送之所，更名河亭。

夾馬營，在府東北二十里。朱梁開平初置營於此，有指揮使掌之，後因而不廢。宋太祖誕生焉，真宗時建爲應天寺，後又改爲發祥寺。

白馬寺，在故洛城西。漢明帝時建，中國僧寺蓋始于此。唐垂拱初武后復修之。乾元二年史思明取洛陽，畏李光弼在河陽，不敢入宫，退屯白馬南，又築月城于河渚以備光弼。唐末置白馬頓于此，朱温乾化二年自洛陽至白馬頓，尋渡河至武陟是也。胡氏曰：「河渚在河陽南岸。」

永寧寺。在故洛城内。元魏熙平初胡太后建於宫側，極土木之美。水經注：「穀渠南流出大尉、司徒兩坊間，水西爲永寧寺，有九層浮圖，高百丈，最爲壯麗。」永安三年爾朱兆入洛陽，執魏主子攸，鎖於永寧寺。永熙三年永寧浮圖災，既而高歡入洛，魏主西遷，歡舍于永寧寺。○漢王寺，在府東十七里。隋楊玄感作亂，遣其弟積善將兵自偃師，南緣洛水西入東都，遣達奚善意拒之，善意渡洛南營于漢王寺，旋潰還。

偃師縣，在府東七十里。北至孟津縣四十五里，東北至懷慶府温縣八十五里。帝嚳所都，古亳邑也。亦曰西亳，成湯都焉，爲三亳之一。又盤庚自耿徙此，改號曰殷。周武王伐紂，迴師息戎，因名偃師。秦屬三川郡，漢置縣，屬河南郡。晉并入洛陽。隋開皇十六年復置。大業十三年李密攻偃師不克，即此。唐仍屬洛州。今編户三十六里。

亳城，縣西十四里。古西亳也，春秋爲鄭地。左傳襄十一年：「公會諸侯伐鄭，同盟于城北。」(三)史記：「自契至湯八遷，湯始居亳，從先王居。」孔安國曰：「契父帝嚳居亳，湯自商丘遷焉，盤庚亦徙都之。」漢志：「偃師有尸鄉，湯所都。」水經注：「尸鄉故湯所居，亦曰湯亭，今在縣西三十里。」亦曰尸氏。左傳昭二十六年：「子朝據王城，劉人敗王城之師于尸氏。」漢初曹參還擊秦將趙賁于尸北，破之，謂尸鄉北也。又田横乘傳詣洛陽，至尸鄉廐置，遂自剄。今有田横墓。又晉太康地記：「尸鄉南有亳坂，東有桐城，太甲所放處亦曰桐宫，湯墓在焉。」

緱氏城，縣南二十里。古滑國。春秋僖二十年：「鄭人入滑。」亦曰費滑，費即滑都也。僖三十三年：「秦人滅滑。」

晉呂相絶秦曰：「殄滅我費滑。」後爲緱氏。昭二十二年子朝之亂，晉師軍於侯氏，即緱氏矣。戰國時爲東周之邑。史記：「秦昭王四十六年梁攻韓緱氏、藺，拔之。」〔三〕宋白曰：「古緱氏城，在今城南二十里。」漢始置縣，屬河南郡，武帝嘗幸此。晉仍爲緱氏縣，屬河南郡。太安二年成都王穎自鄴入犯，帝幸緱氏，擊穎將牽秀走之。後魏亦屬河南郡，東魏改屬洛陽郡，隋仍屬河南郡，自唐及宋皆屬河南府，宋熙寧初省入偃師。藺，林氏曰：「在緱氏南，故韓邑也。」

胥靡城，在縣東南四十里。左傳襄十八年：「楚伐鄭，侵費滑、胥靡。」後亦爲周邑。昭二十六年：「子朝之亂，敬王入于胥靡，次於滑。」定六年：「鄭伐胥靡，乘周大夫儋翩之亂也。」晉使閻没戍周，且城胥靡，即此。

緱氏山，在縣南四十里。一名覆釜堆，相傳周靈王太子晉升僊之所。又百岯山，在縣南。漢和帝永元十六年幸緱氏，登百岯山是也。縣西南三十五里又有半石山，合水出焉。○首陽山，在縣西北二十里。杜佑曰：「夷、齊葬於此。」舊有周公廟，後魏普泰初爾朱世隆爲爾朱榮立廟于首陽山，因周公舊廟而爲之。廟成，爲火所焚。

景山，在縣南二十里。商頌「景員維何」，謂此山也。又懊來山，在縣東南五十里。高宗太子弘葬此，曰恭陵，改山爲太平山。天祐初朱温弑昭宗，葬于此，名曰和陵。○鳳臺山，在縣東二十里，接鞏縣界。本名訾王山，宋天聖八年建太祖、太宗、真宗會聖宫于上，改名鳳臺山。

洛水，在縣南十里。自洛陽縣流入，又東北至鞏縣境。隋大業九年楊玄感作亂，自汲郡南渡河，使其弟積善自偃師南緣洛西入攻洛陽。縣東北有塔兒灣，明初徐達取河南，自虎牢進至塔兒灣是也。

伊水，在縣西。自洛陽縣流入，合於洛水。上有望江臺，相傳周劉康公所築。○合水，在縣西南，出半石山。水經注：「合水北逕合水塢，又東北注于公路澗，俗訛爲光禄澗。」又有劉澗，亦出半石山東，西北流經劉聚而注於合水，又北入於洛。

通濟渠，在縣南，故陽渠也。隋時嘗修導之，亦曰通津渠。王世充自東都出兵擊李密，至偃師，營於通濟渠南，作三橋於渠上，即此。

通山溝，在縣西北十里。深二丈，闊百尺，南起邙山，北通孟津。昔以邙山澗谷之水并流入洛，每遇霖潦，輒至泛溢，因爲此溝，導之入河，故曰通山。圖經：「邙山在縣北三里。」

延壽關，在縣南三十五里。晉永康二年，齊王冏舉兵許昌討趙王倫，倫遣兵出延壽關以拒之。或謂延壽城。嵩山記：「王子晉學道于洛鹿澗，澗旁有靈星塢，即延壽城。」

劉聚，在故緱氏城南十五里。三面臨澗，甚險固，周畿内劉子國也。昭二十三年王室亂，單子、劉子以王如劉。括地志云：「即劉累故城。」似悮。又西南有鄔聚。左傳隱十一年：「王取鄔、劉之田於鄭。」莊二十年：「王及鄭伯入于鄔，遂入成周。」昭二十四年：「子朝入于鄔。」或謂之鄔鄉。杜預曰：「緱氏縣西南有鄔聚，西北有劉亭。」

柏谷塢，在縣東南十五里。水經注：「洛水東經偃師縣南，又東逕柏谷塢。」戴延之西征記：「塢在川南，因高爲塢，高十餘丈。」義熙十二年劉裕伐秦，軍至成臯，秦姚洸鎮洛陽，遣趙玄屯守柏谷塢，毛德祖擊敗之。元熙初司馬楚之避劉裕，逃亡河南，屯柏谷塢。元魏景明二年咸陽王禧謀爲變，事泄，自洪池東南走，濟洛至柏谷塢，追兵擒之。東魏武定初高季密以虎牢降魏，宇文泰率軍應之，至洛陽，遣于謹攻柏谷，拔之。隋大業十四年李密圍東都，柏谷降密。又宋書「武帝西征，營於柏塢，西有三壘相連如鎖，名鎖鉤壘」云。

袁術固，縣西南三十五里。漢末袁術所築，四周絕澗，迢遞百仞，廣四五里。有一水淵而不流，即公路澗也。隋大業二年設緱氏縣於公路澗西，憑岸爲城云。○仙人山寨，在縣南境，又有神頂山寨，皆元末土豪屯結處。

石闕，在縣西二十五里。胡氏曰：「偃師西山有漢廣野君酈食其廟，東有二石闕。」劉裕伐秦，檀道濟等自成皐虎牢長驅而進，秦姚洸鎮洛，遣石無諱戍鞏，無諱至石闕奔還。或作「石關」，悮也。

孝義橋，在縣東二十里洛水上。唐天寶七載河南尹韋濟奏于偃師縣東山下開驛路通孝義橋，後廢。宋景德四年於其處造訾店渡橋，詔賜名奉先橋。

河陽倉。在縣北。隋開皇三年於洛州置河陽倉，即此。○夏臺，在縣西，相傳夏桀囚湯於此。史記「韓釐王二十年秦敗我師於夏山」，或曰即夏臺也。司馬貞曰：「夏臺亦曰鈞臺，夏獄名，臺在鞏縣西南，與永安故城相近。」

鞏縣，在府東一百三十里。東至鄭州汜水縣六十里，北至懷慶府温縣二十五里。周鞏伯邑，戰國時謂之東周，漢置縣，屬河南郡，晉及後魏因之。東魏屬成皐郡，北齊屬洛州，隋大業初移縣治洛口，仍屬河南郡。今編户二十九里。

鞏城，在縣西南三十里。周鞏伯邑。左傳昭二十六年：「晉師克鞏，逐王子朝。」爾雅曰：「鞏，固也，四面有河山之固也。」西周惠公封少子班於此，爲東周。史記「秦莊襄元年蒙驁伐韓，韓獻成皐、鞏」，蓋東周亡于是年也。漢三年項羽拔成皐欲西，漢兵距之鞏，令其不得西。漢置縣于此，隋遷今治。

訾城，在縣西南四十里。左傳昭二十三年：「子朝之亂，單子取訾。」或謂之東訾。二十五年子朝之黨尹圉涉于鞏，焚東訾是也。晉咸和三年石勒擊劉曜于洛陽，至成臯，卷甲啣枚，詭道兼行，出于鞏、訾之間，即此。亦曰訾聚。地道記：「訾城在鞏縣東。」又黄亭在訾城北三里，有皇水。春秋昭二十二年：「劉子、單子以王子猛居于皇。」杜預曰：「即黄亭也。」

鄩城，在縣西南五十八里。周鄩邑也。左傳昭二十三年：「王師、晉師圍郊，郊、鄩潰。」杜預曰：「郊、鄩，二邑名。」今鞏縣西南有地名鄩中，郊與鄩蓋相近。或謂即夏之斟鄩，悮。

洛口倉城，在縣東。隋大業二年于鞏東南原上築倉城，周迴二十餘里，穿三千窖，窖容八千石。亦曰興洛倉。十二年以盜賊充斥，命移兵守洛口倉。明年李密説翟讓曰：「洛口倉多積粟，去都百里有餘，先無豫備，取之如拾遺耳。」遂襲克興洛倉。密稱魏公，命護軍田茂廣築洛口城，方四十里而居之。又臨洛水築偃月城，與倉城相應。既而與王世充戰于洛北，敗走，洛南餘衆東走月城。唐武德三年世民伐王世充，分遣王君廓自洛口斷其餉道。開元二十一年復置洛口倉于此。

永安城，在縣西南四十里。宋太祖父昭武帝葬于此，曰永安陵，因割鞏、偃師二縣置邑以奉陵寢，後爲永安軍。自太祖至哲宗八陵皆葬于城西南諸原上。金改芝田縣，元廢。又有南城軍，亦在縣西南。宋紹興二年岳飛遣諸將收復河南，楊遇復南城軍，張憲復永安軍是也。金廢。

王蘖城，在縣東北，濱河，高齊時戍守處。後周建德四年宇文憲等入齊境，降拔三十餘城，師還皆棄不守，惟以王蘖城爲要害，遣將韓正守之，正以城降齊。

轘轅山，在縣西南七十里。其坂有十二曲，將去復還，故名。左傳襄二十一年：「晉欒盈奔楚，過周，王使候出諸轘轅。」戰國策：張儀曰：「秦下兵三川，塞轘轅、緱氏之口。」史記：「沛公伐秦，南出轘轅。漢三年從轘轅至陽城。又樊噲攻轘轅，克之。」武帝時淮南王安謀反，欲塞轘轅、伊闕之道。建武九年帝幸緱氏，登轘轅。靈帝時爲河南八關之一。建安初曹操奉獻帝遷許，從轘轅而東。晉懷帝永嘉二年羣盜王彌自許昌入轘轅，敗官軍于伊北，遂逼洛陽，屯於津陽門。三年劉淵使王彌等復寇洛陽，不克，乃南出轘轅，掠豫、兖而東。四年劉聰使其子粲等犯洛陽，粲出轘轅，掠梁、陳、汝、潁間。五年劉曜、石勒等陷洛陽，勒引兵出轘轅，屯許昌。後魏永安二年元顥入洛，既而敗于河橋，輕騎南走，自轘轅南出至臨潁，爲人所殺。唐武德二年討王世充，王君廓攻轘轅克之，世充遣將魏隱來救，爲君廓所敗，遂東徇地至管城而還。四年王君廓與世充將單雄信等相持于洛口，世民援之，至轘轅，雄信等遁去。乾符元年黄巢侵逼東都，詔發兵守轘轅、伊闕、河陰、武牢。孔穎達曰：「轘轅山在緱氏縣東南三十里，道路險阨，自古爲控守處。」

寒戰山，在縣東南五十里。其山陡峻，臨玉僊河，經者戰懼，因名。又趙封山，在縣東南四十里。志云：宋種茶于此而封固其地，因名。○青龍山，在縣南四十里宋太祖永昌陵東，其尾接洛河者曰龍尾山。又有神尾山，在縣東北，宋元豐初都水丞范子淵議引洛入汴處也。○黑雲山，[一四]在縣西二十里，相傳湯禱雨處。

橫嶺，在縣東三十里，接氾水縣界。李密據興洛倉，隋遣東都兵討之，又使虎牢鎮將裴仁基自氾水西入以掩其後，密分兵伏横嶺下以待仁基是也。又百花谷，在縣東南三十餘里，接氾水縣西境。裴仁基討李密，失期不進，屯于百花谷，旋降密。山在縣西南八十里，宋時嘗置治於此。

岺原丘，在縣西北三十里。水經注：「山臨大河，下有穴，謂之鞏穴，潛通淮浦，北達於河。直穴有渚，謂之鮪渚。」東晉永和十年故魏降將周成反，自宛襲洛陽，河南太守謝施自洛陽奔鮪渚是也。

黄河，在縣北十里。洛水流合焉，又東入氾水縣界。

洛水，在縣城西。續漢志：「洛汭在鞏縣東北三十里，太康五弟徯于此。」左傳昭元年：「晉趙武自鄭還，王使劉定公勞趙孟于潁，館于洛汭。」杜預曰：「洛汭在鞏縣南，水曲流爲汭。」晉大興初滎陽太守李矩使郭誦救趙固于洛陽，屯洛汭，誦遣其將耿稚夜濟河襲劉粲，大敗之。太寧三年後趙石虎敗劉曜將劉岳於洛西，蓋在洛口西也。後魏永熙末高歡自晉陽引軍渡河，衆議欲守洛口死戰，魏主不能從。隋末李密據洛口，越王侗使諸軍擊密，夾洛水相守，既而王世充與密相持于洛水上，屢爲密所敗。義寧二年世充擊密于洛北，敗之，遂屯鞏北，復渡洛擊密，軍敗溺者甚衆。郡縣志「洛水東北過鞏縣東，又北入河，是爲洛汭。自隋以前縣與成皋中分洛水爲界，西則鞏，東則成皋，隋築洛口倉而鞏與成皋之界相錯矣。洛水入河之處即洛口也，與大河清濁異流，皦焉殊别，亦名什谷」云。

鄩谷水，在縣北。亦謂之什谷，即洛口也。元和志：「洛水東經洛汭，北對琅邪渚入河，謂之洛口，亦名什谷。」史記：「張儀説秦下兵三川，塞什谷之口。」徐廣曰：「什口，尋口也。」尋亦作「鄩」。鄩水一名温水。括地志：「温泉水即鄩，源出鞏縣西南四十里，謂之南鄩，亦曰上鄩；至鞏洛渡北東入洛謂之北鄩，亦曰下鄩。」一統志：「偃師縣東北十四里有鄩溪，旁有蓮池，夏寒冬煖，即鄩源矣。」○又市河在縣東一里，青龍河在縣西南五十里，皆源出青龍，繞流分注，下流入於洛汭、河也。

長羅川，在縣西南。源出嵩縣之方山，東北流入縣界。隋大業十三年李密自羅口襲興洛倉，破之。又密將張善相爲伊州刺史，據襄城，自襄城北出羅口，即長羅川口矣。水經注：「長羅川于訾城東北入洛水。」○飲馬溝，在縣東七里。俗傳呂布軍虎牢，飲馬于此。

石子河，縣東南二十里。水經注：「洞水出南溪石泉，世亦名之爲石泉水，過鞏東坎焰聚西而北入洛，蓋即石子河也。」李密取興洛倉，隋劉長恭帥東都兵討之。長恭渡洛水陳於石子河西，南北十餘里，密陳兵于石子河東，擊長恭，大敗之。又王世充與密相持，夾石子河而軍，世充爲密所敗。或謂之玉僊河。○神提渠，在縣北三里。中低而四圍高，橫流爲患。永樂十六年縣丞華胥開此渠而水患息。

九曲瀆，在縣西，即洛陽之千金堨。晉永康二年趙王倫敗其子虔，自河北還至九曲，聞亂，棄軍歸里第。○滎錡澗，括地志云：「在縣西。」左傳昭二十二年：「景王崩于滎錡氏。」澗蓋在邑傍。又明谿泉，在縣西南。昭二十二年晉賈辛軍于明谿泉，謀定王室也。

五社津，在縣北。大河東過鞏北謂之鞏河，有五社渡，亦爲五社津，又名五度津。更始將朱鮪守洛陽，遣兵度鞏河攻温。又建武初遣將軍耿弇等軍五社津，備滎陽以東，而使吴漢等圍洛陽是也。

黑石渡，在縣西南二十里，洛水津濟處。隋末王世充與李密相持，世充夜渡洛水，營於黑石。明日分兵守營，自將精兵陳于洛北，李密渡洛逆戰而敗，復渡洛趣黑石。世充還救，爲密所敗。元至和初陝西諸王闊不花等討燕帖木兒之亂，進至鞏縣黑石渡，大敗河南兵，遂克虎牢，聞上都已陷而還。今有巡簡司。

轘轅關，在轘轅山上。陸機洛陽記：「洛陽四關，南有轘轅。」杜預曰：「緱氏東南有轘轅關。」

坎埳聚，在縣境。春秋僖二十四年：「周襄王避子帶之難，出及坎埳，國人納之。」杜預曰：「在鞏縣東。」晉地道記：「縣南有坎埳聚。」

石窟寺。在縣西南洛水北。隋末王世充與李密相持，世充渡洛水逼倉城爲營，與密戰於石窟寺東，敗還。○天堂山砦，在縣西南境，又有凌青、黑山等山寨，俱元季鄉豪屯聚處。

孟津縣，府東北五十里。東北至懷慶府孟縣四十里，西北至濟源縣七十里。漢平陰縣地，屬河南郡。魏、晉時爲河陰縣地，唐爲河清縣地，仍屬河南府。宋移河清縣治白坂鎮。金徙治孟津渡，改孟津縣，又升爲淘州，州旋廢。元仍曰孟津縣。明朝嘉靖十七年圮于水，二十五年始遷今治。編户二十九里。

孟津舊縣，在縣東二十里。周武王伐紂，師渡孟津是也。漢爲平陰縣地，晉屬河陰縣，唐屬河清縣，宋亦爲河清縣地。金人徙置孟津縣于此，明朝嘉靖中又徙今治，置孟津巡簡司于舊縣治。舊志：縣北去孟縣三十里。

平陰城，在今縣東一里。舊志云：城在故洛陽城東北五十里。左傳昭二十二年「子朝之亂，晉籍談帥師軍於陰」，即平陰也。二十三年，晉師在平陰是也。其地亦爲津濟處。沛公北攻平陰，絶河津南，戰洛陽東。漢二年，南渡平陰津，至洛陽。後置平陰縣，屬河南郡。武帝封劉遂爲侯邑，城中有高祖講武場。十三州志：「縣在平津、大河之間，故名。」更始將朱鮪遣兵攻温，自將數萬人攻平陰是也。魏文帝改曰河陰，仍屬河南郡。晉因之。永嘉五年帝以洛陽危困，欲東幸倉垣，而衞從不備，使傅祇出詣河陰治舟楫，不得進而還。既而洛陽陷，祇建行臺于河陰。後魏仍屬河南郡。太和十八年如河陰規方澤，二十年營方澤於河陰。武泰初爾朱榮立子攸於河陽，百官奉迎於河橋，榮遣騎入洛執太后及幼主釗送河陰，沉之於河。東魏分置河陰郡于此，其後周武帝攻齊拔河陰大城是也。隋初郡廢。仁壽末漢王諒舉兵并州，遣其將余公理下河内，詔史祥拒之於河陰。祥具舟南岸，公理屯河陽亦聚兵當之，祥簡精鋭於下流潛濟，公理敗走。大業初縣廢，王世充復置，又置平州治焉。唐武德四年廢，開元二十年始割汜水、滎澤二縣地置河陰縣，非復平陰舊地矣。通典「河陰舊城北對河陽岸」，即此。

小平城，在今縣西北。舊志云：漢平陰縣城北有河津曰小平津，津上有城，靈帝時河南八關之一也。袁紹誅宦官，中常侍張讓等將帝步出穀門，至小平津，讓等投河死，帝夜從小平津步至雒舍。雒舍在邙山之北，驛舍也。晉永嘉末傅祇保盟津小城，或曰即小平津。建興末劉聰將趙固以洛陽歸晉，聰遣劉粲以步騎十萬屯小平津逼洛陽。隆和元年慕容暐遣其將呂護屯河陰，進攻洛陽，桓温遣軍赴救，護退守小平津，中流矢而死。後魏太和二十年講武于小平津。又武泰初爾朱榮舉兵南向，胡太后遣費穆屯小平津拒之，穆遁還。水經注：「小平津亦曰河陽津。」

武濟城，在舊縣東。舊傳周武王伐紂由此濟河，〔一五〕故名。東魏築城于此，爲戍守處。周建德四年大舉伐齊，宇文憲拔武濟，進圍洛口，拔東西二城是也。

回洛城，在舊縣東。唐志：河陽關南有回洛城。東魏大象初侯景邙山之戰，〔一六〕諸軍皆北渡河橋，万俟洛獨勒兵不動，魏人畏之而去，高歡因名其所營地曰回洛。隋大業二年於其地置回洛倉，倉城周迴十里，穿三百窖。十三年李密遣兵襲回洛東倉，破之；既而據回洛倉，大修營塹以逼東都。隋段達等出兵拒之，戰于倉北，隋兵敗走。未幾，達等復陳於回洛倉西北，密戰敗奔還洛口，尋敗隋兵，復取回洛。武德三年世民攻王世充，分遣懷州總管黄君漢自河陰攻回洛城，君漢遣其將張夜叉以舟師襲回洛，克之。世充使其子玄應來攻，不克，乃築月城于其西，留兵守之。隋紀云：「回洛倉置于洛陽北七里。」似悮。

破陵，在縣西。隋大業中楊玄感圍東都，屈突通奉詔馳救，自河陽濟河，軍於破陵。胡氏曰：「破陵近洛城東北。」

硤石，在縣西二十里，亦黄河津濟處。晉永嘉末，魏浚率流民數百家保河陰之硤石。後魏永安二年爾朱榮奉魏主子攸討元顥，自馬渚西硤石夜渡，亦河陰之硤石也。

黄河，在縣北五里。河北即懷慶府孟縣界，又東入鞏縣境。

委粟津，在縣西，黄河渡處也。劉宋元嘉七年，後魏將安頡自委粟津濟，攻宋金墉，守將杜驥南遁，遂克之。

高渚，在縣西，亦黄河津濟處。北魏胡太后之亂，爾朱榮起兵至河内，迎長樂王子攸於洛陽，子攸潛自高渚濟河，會榮于河陽。亦曰雷陂。爾朱兆聞莊宗誅爾朱榮，自汾州引兵南下，破丹谷軍，趣洛陽，從河橋西涉渡。洛陽伽藍記曰：「渡處即雷陂也。」亦曰灅陂津。普泰二年爾朱度律等攻鄴敗還，斛斯椿等先據河橋拒之，度律等不得入，西走灅陂津，爲人所獲是也。胡氏曰：「灅陂津在河橋西。」丹谷軍，見山西澤州。

馬渚，在縣西，近故洛城北，亦黄河渡處也。後魏永安二年爾朱榮奉魏主子攸南討元顥，顥列兵沿河固守，北軍無船不能渡。伏波將軍楊摽與其族居馬渚，自言有小船數艘，求爲鄉道。榮遂命爾朱兆等縛材爲筏，自馬渚西硤石夜渡，襲擊顥子冠受，擒之，顥軍遂潰。三年，爾朱世隆犯洛陽，李苗募人從馬渚上流縱火船焚河橋，世隆北遁。○陶渚，在縣北，大河中渚也。河流經此有三渚之名，晉永嘉末劉聰子粲攻晉故司徒傅祗於三渚，即此。詳見河陽三城。

河橋，在縣北。晉杜預所建。詳見重險河陽三城。

横水店，在城西。唐寶應元年僕固懷恩討史朝義，陳於横水，賊立柵自固，懷恩陳于西原以當之，遣驍騎回紇並南山出柵，東北夾擊之，賊大敗。又轉戰于昭覺寺、石榴園、老君廟，皆敗之。賊人馬相蹂踐，填滿尚書谷。金人疆域圖：「孟津縣有横水店。」尚書谷見懷慶府武陟縣，昭覺寺諸處應在河北岸。

文家寺。在縣南。宋建炎二年翟進復西京，遂襲兀术於河陽，敗還；又帥韓世忠等戰於文家寺，復敗走，金人遂復入西京。○觀兵臺，在縣東，相傳武王觀兵于此。一名還將臺。

宜陽縣，在縣西北七十里。西至永寧縣百二十里，北至新安縣六十里。周爲召伯聽訟之所。漢宜陽縣地，屬弘農郡，晉及後魏因之。後魏末置宜陽郡，東魏兼置陽州，天平四年州降於西魏。後周又改熊州。隋初郡廢，大業初州廢，縣屬河南郡，義寧初復置宜陽郡。唐初改郡曰熊州，改縣曰福昌。貞觀初州廢，以縣屬穀州。六年又徙穀州治此，顯慶初穀州廢，縣屬洛州。後唐改爲福慶縣。宋復曰福昌，熙寧五年省入壽安縣，元祐初復置。金復改宜陽，元改宜安，明初復舊。今編户六十八里。

宜陽城，在縣東北十四里。韓城也。蘇秦説趙曰：「韓弱則效宜陽，宜陽效則上郡絶。」説韓曰：「韓西有宜陽、商阪之塞。」張儀曰：「秦攻新城、宜陽以臨二周之郊。」又説韓曰：「秦下甲據宜陽，斷韓之上地。」蘇代曰：「秦起乎宜陽而觸平陽。」皆謂此也。又周王曰「宜陽城方八里，材士十萬」，故甘茂亦云：「宜陽韓之大縣，寔郡也。」秦惠文王三年拔韓宜陽，既而韓復取之。又武王四年使甘茂伐宜陽，五月而不拔，大起兵拔之。蓋澠池、二崤寔皆在宜陽境内，爲控扼之要地。漢置縣，屬弘農郡。後漢光武降劉盆子，積甲宜陽城。晉太安二年河間王顒舉兵關中，遣其將張方趣洛陽，長沙王乂使皇甫商將兵拒之于宜陽，爲方所敗。永嘉三年劉淵遣其子聰等寇洛陽，長驅至宜陽，弘農太守垣延襲敗之。未幾淵復遣子聰自宜陽寇洛陽。後魏孝昌初置宜陽郡，東魏天平初置陽州。周、齊時爲東西必争之所，後周天和四年遣宇文憲等將兵趣宜陽，築崇德等五城。五年齊斛律光救宜陽，屢破周軍，築統關、豐化二城而還。六年周宇文純復取宜陽等九城，斛律光引兵争之，與周師戰于宜陽城下，取周建安四戍。四戍亦在宜陽城側。隋義寧二年唐公淵遣世民等救東都，東都不應，引還；東都將段達來追，世民敗之，逐北至城下，置新安、宜陽二郡，留兵戍之而還。

福昌城，在縣西。晉永嘉末魏浚屯洛北石梁塢，族子該聚衆屯一泉塢，大興初該始自宜陽帥衆南遷新野，蓋其地險固可憑也。水經注：「洛水經陽市邑，又東過一合塢南，城在川北原上，高二十丈，南北東三箱天險峭絶，惟築西面，即爲全固，〔一七〕因名一合塢。」晉書：「一泉塢在宜陽西南洛水北原上，又名一泉戍，慕容暐時戍此以備秦。」晉太和四年燕慕容垂奔秦，一泉戍主吳歸追之至閿鄉是也。宇文周時亦置重兵于此以備齊。唐初移新安縣於此，改曰福昌。○洛水城，在縣西北。東魏置南澠池縣，屬金門郡。後周改曰昌洛縣，屬熊州。開皇十八年改爲洛水縣，大業初廢。

壽安城，在縣東南二十里。舊志：在洛陽西南七十里。後魏置甘棠縣，屬新安郡。隋改曰壽安，義寧初移治九曲城，屬熊州。唐貞觀七年復移治此，改屬洛州。宋因之，金廢。杜佑曰：「高齊孔城防蓋置於壽安縣。」○興泰城，在縣東南四十五里。隋大業四年置興泰縣，屬河南郡，隋末廢。唐長安四年立興泰宫，復析置興泰縣，神龍初省入壽安。

九曲城，在縣東三十里。高齊置城于此以備周，其地亦曰九阿。水經注：「洛水自宜陽而東逕九曲南，其地十里有阪九曲，穆天子傳所謂『天子西征升于九阿』是也。」〔一八〕劉昫曰：「熊州壽安縣，隋義寧元年移治九曲城。」唐武德二年王世充與唐兵戰于九曲，秦叔寶等來降。三年熊州總管史萬寶邀敗王世充子玄應於九曲是也。○柏谷城，在縣南。後周所置，以防齊。北史：「高齊武成初斛律光出洛陽擊斬周將曹回公，柏谷戍主薛禹生棄城走，光遂取文侯鎮，立柵置戍而還。」鎮蓋與柏谷城相近。又天和五年宇文憲與斛律光争汾北，齊將段韶等攻周人柏谷城，拔之而還。

熊耳山，在縣西百里洛水之北。雙峰競舉，狀如熊耳。東漢建武三年赤眉餘衆東向宜陽，光武親帥六軍嚴陳待之，赤眉震驚乞降，積甲宜陽城西與熊耳山齊。唐初李密自桃林畔走南山，盛彦師帥衆踰熊耳山，南據要道，弓弩夾路乘高，刀楯伏于谿谷，曰：「俟賊半渡，一時俱發。」密至，逆擊斬之。又金門山在縣西六十里。九州要記：「金門之

竹，可爲笙管。」一名律管山，後漢金門亭置於此。〔一九〕

鹿蹄山，縣東南五十里。一名縱山，或謂之非山。唐龍朔元年畋于非山是也。甘水出焉。又女几山，在縣西九十里。晉張軌少隱於宜陽女几山，即此。○錦屏山，在縣治南。唐武后幸此賜名。中有一峰聳出，謂之玉柱。又壽安山，在縣東十三里。隋壽安縣以此名。又南五十五里有萬安山，唐武后置興泰宮於此。

洛水，在縣北。自永寧縣流經縣界，又東入洛陽縣境。明朝洪武二十九年洛河泛溢，漂没宜陽廬舍，因築防於水側。

宜水，在縣西五十里。本名西度水，自永寧縣界流經縣西境之宜谷西，又南注於洛。○昌谷水，在縣西九十里，即永寧之刀轘川。源出陝州界，東南流入洛。又甘水，出鹿蹄山，西至洛陽縣南而入洛。又汪洋水，在縣西四十里。自澠池流入，下流注于洛。○豪水，在縣東。水經注：「洛水又東與豪水會，源出新安縣密山，南流歷九曲東而南入洛。」

黑澗，在壽安廢縣南。水經注：「黑澗水出陸渾縣西山，歷黑澗西北入洛。洛水逕宜陽故城南，又東與黑澗水合。亦曰皂澗。」隋志：「大業初營顯仁宮，南接皂澗，北跨洛濱。」是也。○上宜川，在壽安故城西南二十里大安山下。開元十年幸興泰宮，獵于上宜川是也。又有方秀川。開元十四年幸壽安，獵於方秀川。

福昌宮，縣西十七里。隋置，後廢。唐顯慶三年復置，改爲蘭昌宮。○顯仁宮，在故壽安城内。隋置。自西京幸東都以此爲中頓。亦曰甘棠宮。唐初討王世充，史萬寶進軍甘棠宮是也。後仍曰顯仁，貞觀十一年幸顯仁宮。又興泰宮，在廢壽安縣西南四十里萬安山上。唐武后長安四年置宮，因分壽安置興泰縣，神龍元年廢。○連昌宮，在壽安廢縣西二十九里。唐顯慶三年置。

趙保鎮關，縣西南三十里，又縣西南百二十里有穆册鎮關，今俱有巡司戍守。

金門亭，在縣西南。後漢延熹二年，以誅梁冀功，封尚書令李瑋爲亭侯處。舊志：宜陽有金門亭，東魏天平初因置金門郡及金門縣。五代志宜陽有故金門郡，蓋治於此。

張白塢，在縣西北。後漢末賊將張白騎據此，曹公使龐德破之于兩崤間。西魏大統四年宇文泰置戍以拒東魏，使權景宣守之。福昌山寨，在縣南。元末土豪屯聚于此。

永濟橋。在縣東十三里。舊志：在壽安縣西十七里。隋大業三年置架洛水上，隋末廢。貞觀八年修治，造舟爲梁，長四十丈，後又易以石柱云。

永寧縣，在府西南二百里。北至澠池縣一百二十里，西北至陝州二百里。漢爲澠池縣之西境，屬弘農郡。西魏於黃櫨城置北宜陽縣，後改熊耳縣，屬宜陽郡。後周移于劉塢，屬同軌郡。隋徙治同軌城，義寧二年又移于永固城，因苻堅舊城置縣，曰永寧。唐初復移治同軌城，屬熊州。貞觀初改屬穀州，又移治莎栅，後又移治鹿橋驛。顯慶初改屬洛州。宋屬河南府，金屬嵩州，元屬河南路。編户六十四里。

同軌城，在縣東。西魏置同軌防于此。大統十五年高澄至洛陽，同軌長史裴寬與東魏將彭樂戰，爲樂所擒。後周爲同軌郡。通典：「永寧縣，後周置黃櫨、同軌、永昌三城以備齊，唐武德二年移縣治同軌城，兼置函州，八年州廢。」又莎栅，亦在縣東。唐乾元、上元間，衛伯玉等屢破史思明將李歸仁于永寧、莎栅之間。寶應初僕固懷恩等帥蕃、漢兵討史朝義於東京，軍于同軌城。

崤縣城，在縣北五十里。後魏太和十一年置縣，屬恒農郡，以三崤山而名。隋大業初并縣入熊耳，唐初復置。舊唐書：「武德元年復置崤縣，二年屬函州，三年自石塢移治鴨橋，八年改屬陝州，十四年移治硤石塢，改曰硤石縣，而舊崤縣爲石壕鎮。」五代劉知遠自太原南下至陝州，明日至石壕是也。舊志：石濠鎮在陝州東南九十里。

龍驤城，在縣西四十里。晉末龍驤將軍王鎮惡伐秦，嘗軍于此，因名。又縣西三十里有金門塢。水經注：「舊宜陽縣治也。」魏收志：「東魏天平初置金門郡及金門縣。」或以爲即置于此。有金門谿水出金門山，北逕金門塢，西北流入洛。又有白馬谿水，在今縣東十餘里。水出南山，北入洛。後漢建武二年強弩偏將軍陳俊轉擊金門、白馬，皆破之是也。

崤山，在縣北六十里。亦曰三崤，崤水出焉，北注於河。見前名山三崤。○金門山，在縣西南三十里。九州要記：「金門之竹，可爲笙管。」一名律管山，〔三〇〕溪水出焉，北流入洛。

陽虛山，在縣西五十里。一名陽峪，黃帝時倉頡隨帝南巡，登陽虛之山是也。有玄扈水出焉，流注於洛。又大通山，在縣西五十里。有風穴，擊之如雹聲。

鵜鶘山，縣西八十里。高峻凌雲，有二峰尤爲峻極。山接盧氏縣界。黃城溪水出焉，東南入洛。○荀公谷，在縣東南。有荀公澗水出南山，東北流入洛。宋元嘉中龐季明侵魏入荀公谷是也。又檀山，在縣西五十里。其山四絕孤峙也。有塢聚，俗謂之檀山塢。

摩雲嶺，縣西八十里。嶺高入雲。又魚脊嶺在縣北七十里，以形似名。又縣西四十里有分水嶺，陝州、嵩縣亦俱有之，以泉流分注名也。志云：縣西南百二十里有十八盤嶺，接盧氏縣界。

回谿，在縣北六十里。俗名回坑，長四里，闊二丈，深二丈五尺。更始初王莽遣九虎將東擊漢兵，至華陰回谿，據隘自守，爲漢兵所敗。又建武三年馮異與赤眉戰敗奔上回谿阪。杜佑曰：「自漢以前入崤之道皆由此。曹公西討，惡其險，乃更開北道。」○崤底，在縣西北七十里。即崤谷之底也，亦曰崤陂，一名澠池。馮異大破赤眉于此，光武勞之曰：「始雖垂翅回谿，終能奮翼澠池。」是也。今有崤底關。

洛水，在縣南。自盧氏縣流入，至縣東六十里而入宜陽縣境。亦曰永寧川。○刀轘川，在縣東北三十五里。源出陝州界，下流入宜陽縣界入洛水。一名昌河，亦曰昌谷水。又有大宋川，源出縣東北二十里之橫塘山，至宜陽縣境注於洛水，即宜水矣。

宜利渠，在縣南三里，又有新興渠、萬箱渠，皆分洛水以溉田。

崎岫宮，在縣西五里，又縣南二十三里有蘭峰宮，皆唐高宗顯慶三年置。

鵜鶘關，在縣西鵜鶘山谷，唐所建也。○高門關，在縣西百二十里，又縣西八十里有崇陽鎮關，俱有巡簡司。

鹿橋驛。在今縣城東。又東有柳泉驛。唐制三十里一驛。史朝義部將執史思明於鹿橋驛，囚之於柳泉，既而殺之，即此。又金門橋，在縣南，以金門山而名。

新安縣，府西七十里。北至懷慶府濟源縣界九十里，西至澠池縣九十里。戰國時西周地，秦曰新安，漢置縣，屬弘農郡。晉屬河南郡，後魏因之，東魏天平初置新安郡。隋初郡廢，開皇十六年置穀州於此。仁壽四年州廢，又廢新安入東垣縣。大業初復爲新安縣，屬河南郡，義寧二年仍置新安郡。唐初復置穀州，貞觀初移穀州治澠池縣，新安改屬洛州。後因之。今編户十八里。

新安城，在今縣西。括地志：秦新安故城在今澠池縣東二十五里。項羽夜擊坑秦卒二十餘萬人于新安城南，蓋在其地。是後東徙。後漢建武二年赤眉自三輔引而東，帝遣軍分屯宜陽、新安以要其還路。晉永寧二年河間王顒舉兵長安，罪狀齊王冏，遣其將張方趣洛陽，軍新安。太寧二年石勒將石生擊斬劉曜河南太守尹平于新安。東魏天平四年魏獨孤信取新安，逼洛陽。隋義寧初劉文静等出潼關克弘農郡，遂克新安以西。唐爲穀州治。武德二年王世充圍穀州，刺史任瓌拒却之是也。

東垣城，在縣東。晉太元十一年苻丕敗奔東垣，謀襲洛陽，晉將馮該自陜邀擊斬之，或以爲即此東垣也。元熙元年時劉裕將篡，宗室多逃亡在河南，司馬道恭自東垣帥三千人屯金墉城西。魏收志新安郡有東垣縣。隋志：「後周置東垣兼置中州，州尋廢，縣屬新安郡。隋大業初改東垣曰新安。」唐武德初仍置東垣縣，屬穀州，四年省。宋白曰：「宋武入洛，更置東垣、西垣二縣。後周及唐皆因而增置東垣縣」云。

八關城，在縣東北。後漢靈帝中平元年以黄巾亂，京師震動，置八關都尉。杜佑曰：「函谷爲八關之首，故此城總名八關城。」○白起城，在縣西三十里。相傳白起嘗屯兵于此，因名。

缺門山，在縣西三十里。一名扼山，山阜不相接者里餘，穀水經其間。唐時有缺門營，以山名也。開元八年契丹寇營州，發關中卒援之，宿缺門繁谷水上，夜半山水暴至，萬餘人皆溺死。又乾元二年郭子儀自相州潰還，至河陽，軍中相驚，又奔缺門，即此。○慕容山，在縣治後。相傳慕容垂嘗屯兵于此。又青要山，在縣治西北三里。一名强山，或謂之密山，豪水出焉。

八特阪，在縣東。水經注：「澗水經新安縣東南，東北流經函谷東阪，謂之八特阪。」晉太寧三年石虎與劉曜將劉岳相持于石梁，曜自將救岳，虎率騎逆戰，劉曜將劉黑大破虎將石聰於八特阪是也。

穀水，在城南。自澠池縣流入，又東合澗水入洛陽縣界。水經注：「穀水出弘農澠池縣，又東逕新安故城南，又東經千秋亭，又東逕缺門山。」是也。○澗水，亦自澠池縣流入，逕縣東而合穀水。

慈澗，縣東三十里。水經注：「少水出新安南山中，控引衆流，積以成川，東流注于穀，世謂之慈澗。」隋大業九年楊玄感圍東都，分兵守慈澗道。唐武德三年羅士信圍慈澗，王世充使其子玄應救之，敗却。是年世民討王世充，士信將兵圍慈澗，既而世民自新安進至慈澗，世充拔慈澗之戍歸洛陽是也。又有皂澗，在縣東三里，注於穀水。

函谷新關，在縣東二里。漢樓船將軍楊僕數有戰功，恥爲關外人，上書乞以家財東徙關，武帝爲徙於此。周主邕保定五年以函谷關城爲通洛防，置中州，鎮函谷。郡縣志：「新安縣城本名通洛城，周武帝將東討，令尉遲綱築此以臨齊境。」志云：今縣治西有函谷關驛，又縣西八里爲義昌遞運所，縣東三十里爲慈澗遞運所。

硤石堡。在縣西四十里。水經注：「穀水自新安故城東經千秋亭南，其亭壘石爲垣，世謂之城也。又東經雍谷溪，回岫縈紆，石路阻峽，故有硤石之稱。」唐武德四年羅士信討王世充，拔其硤石堡是也。

澠池縣，在府西百六十里。西至陝州百三十里，北至山西垣曲縣界九十里。本韓地，後屬秦。漢置縣，屬弘農郡，以縣在崤、澠間，故名。曹魏徙治蠡城，晉因之，仍屬弘農郡。後魏置澠池郡，後周移河南郡，大象中廢郡，以縣屬洛州。隋因之，尋移治大塢城，義寧二年屬宜陽郡。唐初屬穀州，貞觀初移穀州治焉。三年又移縣治雙橋，即今治也。顯慶初穀州廢，縣屬洛州。宋屬河南府。金置韶州，元省州復爲縣。今因之。編户二十八里。

澠池城，在縣西南。自曹魏以後縣徙治不一，隋移治大塢城，即此城也。其秦、漢時故城亦在今縣西。秦二世二年章邯追敗陳涉將周文，文走次澠池。後漢中平末董卓爲何進所召，軍至澠池。初平二年董卓爲孫堅所敗，自雒陽却屯澠池，聚兵于陜。堅入洛陽，分兵出新安、澠池間以要卓。既而卓使董越屯澠池，引還長安。晉永興三年東海王越等遣軍迎車駕于關中，以周馥爲司隸校尉，假節督諸軍，屯澠池。永嘉四年劉聰遣子粲等寇洛陽，自大陽濟，敗監軍崔邈于澠池，長驅入洛川。此皆故澠池也。唐光啓初蔡州賊秦宗權將孫儒攻東都，留守李罕之兵少食盡，棄城西保澠池，即今澠池縣。

蠡城，在縣西四十里。宋白曰：「澠池舊理蠡城。曹魏賈逵爲澠池令，治此。姚秦以弘農太守戍焉。劉裕伐秦，王鎮惡進軍澠池，遣毛德祖擊擒秦將尹雅于蠡城是也。」今爲蠡城驛。水經注：「蠡城南對金門塢。塢屬永寧縣，以洛水爲界。」○俱利城，在縣西。舊志云：縣西十二里有東、西俱利城，二城相去止一里。相傳秦昭王會趙惠文王處，云秦、趙俱利也。又有會盟臺，志云：秦、趙會盟於此。

廣陽山，在縣東北三十里。一名澠池山。郡縣志：「澠池故韓地，秦攻高君，殺之于鄭澠池。」鄭即韓矣。翼奉曰：

「成周右阻澠池。」漢景帝始因崤澠之地以目縣。○韶山，在縣北三十里。金人以此名州。又田山在縣東北三十里，山平可種。○白石山，在縣東北二十三里，澗水所出。

穀水，在縣南十里。源出三崤東馬頭山之穀陽谷。水經注：「穀水自穀陽谷東北流歷澠池川，或謂之彭池，又東逕秦、趙二城南，又東入新安縣界。」○天池，在縣南。貞觀十八年畋於澠池之天池。水經注：「熊耳山際有池，池水東南流入洛，水側有一池，世謂之黽池。」天池蓋近宜陽西北境。

紫桂宮，在縣西五里。唐儀鳳四年置，調露二年改曰避暑宮，永淳初又改曰芳桂宮。明年廢萬泉、芳桂、奉天宮，高宗遺詔也。

南村關。在縣西北九十七里。今有巡簡司。○義昌鎮，在縣東四十里。志云：漢三老董公於此遮説漢王爲義帝發喪，因名。今爲義昌驛。

登封縣，在府東南一百四十里。東至禹州百二十里，北至鞏縣一百三十里，南至汝州九十里。古陽城也。禹避舜之子於陽城，即此。世本言禹都陽城，悮也。漢置崇高縣于此，屬潁川郡，東漢省入陽城縣。後魏析置堙陽縣，東魏又於縣置中川郡。後周郡廢，隋改縣曰武林，又改曰輪氏，大業初改曰嵩陽，屬河南郡。王世充置嵩州于此。唐初因之，貞觀中省，尋復置。登封元年改今名，神龍初復曰嵩陽，旋復故，屬河南府。今編户四十四里。

陽城廢縣，在縣東南四十里。本周之潁邑。左傳昭元年：「晉趙孟自鄭還，周景王使劉定公勞趙孟于潁。」九年：「晉梁丙、張趯率陰戎伐潁。」陰戎即陸渾之戎也。戰國初屬鄭，謂之陽城。史記：「鄭君乙十一年韓伐鄭，取陽城。」秦亦爲陽城縣，陳勝陽城人也。二世三年沛公自洛陽東還至陽城。漢二年漢王使韓襄王孫信急擊韓王鄭昌於陽城，昌降。漢置縣，屬潁川郡。東漢永平六年幸陽城。初平二年袁術表孫堅領豫州刺史，屯陽城。袁紹尋遣周昂爲豫州刺史，襲奪堅陽城，堅擊昂走之。晉仍爲陽城縣，屬河南郡。義熙十二年劉裕伐姚秦，使新野太守朱超石等趣陽城。後魏亦曰陽城縣，孝昌二年置陽城郡。隋開皇初郡廢，十六年置嵩州于此。仁壽四年州廢，大業初縣屬河南郡。唐初仍屬嵩州，貞觀三年州省，縣仍屬洛州，登封初改曰告成縣，神龍初復曰陽城，旋復曰告成。五代周省入登封縣。志云：城中有測景臺，周公定此地爲土中，立土圭測景，漢、唐皆因之。

潁陽城，縣西南八十里。本秦邑，沛公南攻潁陽，屠之。漢置潁陽縣，屬潁川郡，章帝封馬防爲侯邑，建初八年幸潁陽是也。晉省，後魏復置，仍屬潁川郡，尋屬陽城郡。東魏屬中川郡，後周省入堙陽縣。唐載初元年分河南伊闕、嵩陽地置武臨縣，開元十五年復曰潁陽，仍屬河南郡。宋因之，金廢爲鎮。〔二〕

綸氏城，在縣西七十里。竹書紀年：「楚吾得帥師及秦伐鄭，圍綸氏。」又史記：「秦攻韓緱氏、藺。」或曰藺即綸也，二邑蓋相近。漢置綸氏縣，屬潁川郡。東漢建初二年改置輪氏縣，〔三〕晉廢。其西有武陵亭。又西有堙陽亭，亦曰堙陽城，漢鄉亭名也，北魏及隋因以名縣。又有當階城，在堙陽之西，或曰後魏所置。

嵩山，在縣北十里，中岳是也。有道遥谷，道士潘師正居此，唐高宗嘗幸焉。又少室山，在縣西十七里。其北有少林寺，元魏所建，歷代嘗修治之，近代所稱少林寺之僧兵也。餘見名山嵩高。

陽乾山，在縣東二十五里，潁水所出。○陽城山，在縣北三十八里。晉建興末劉聰遣子粲屯小平津，粲遣劉雅生攻洛陽，守將趙固奔陽城山。俗名車嶺山，亦名馬嶺山，洧水所出。○大熊山，在縣南五十里。頂寬平，四圍陡峻，俗曰大熊寨，可避兵。縣東南四十里又有小熊山。志云：交牙山，在縣南四十里。有石門，俗呼王莽砦。

崿嶺，在縣東南三十里。本箕山也，許由所隱，亦曰許由山。有崿阪關，東出陽翟、許昌之道。晉齊王冏舉兵許昌討趙王倫，倫遣兵出崿阪關拒之。梁大通三年陳慶之送元顥北還，至梁國，魏人分兵鎮滎陽、虎牢，又使爾朱世承鎮崿阪以備之。唐乾元二年史思明窺洛，李光弼議去洛守河陽，或以「東京帝宅，不可不守」，光弼曰：「守之則汜水、崿嶺、龍門皆應置兵是也。」○鬼谷，在縣北五里。戰國時王詡隱于此，號鬼谷先生，即蘇秦所師事者。

潁水，在縣東三十里。源出陽乾山，流入開封府禹州界。郡縣志「潁有三源，出陽乾山者爲左源，出縣西少室山者爲中源，少室南溪者爲右源」云。

五渡水，縣東南二十五里。源出嵩山東谷，自山頂下注爲二十八浦，山下大潭中有立石，高廣平整，其水縈委，泝者五涉，故名。東南流入潁，亦謂之三交水。梁大通三年陳慶之自河陽敗還，爾朱榮追之，會嵩高水漲，慶之軍士死散略盡。胡氏曰：「潁水出少室山，五渡水出太室山入潁水，即嵩高水也。」○少陽河，在縣西南十五里。源出少室山，流入潁。縣北又有雙溪水，源出嵩山麓，亦南流入於潁。

奉天宮，在縣北嵩山之南。唐高宗永淳初建。又三陽宮，在縣西二十里之石淙山。武后聖曆三年建，自是數幸焉。長安四年毀。

轘轅關，在縣西北。縣與鞏縣以轘轅嶺爲界，置關于上。又有石羊關，在縣治東南。又有嵩陽關，唐志云：「在縣北。」〇鷄翎山寨，在縣西北，又有霧豹、王山等寨，皆元末土民摽險自守處也。

負黍聚。在故陽城縣西南二十七里。世謂之黄城。水經注：「潁水東南逕負黍亭東。」春秋定六年：「鄭伐周負黍。」史記：「鄭繻公十六年伐韓，敗韓兵於負黍。鄭君乙二年負黍反，復歸韓。」韓世家：「宣惠王十七年秦拔我陽城、負黍。」又楚世家：「悼王九年伐韓，取負黍。」古今地名：「陽城縣有負黍山。」〇鐵聚，在縣南。史記：「鄭聲公八年晉伐鄭，敗我軍於鐵。」是也。又楊志塢，在縣西北。魏收志「武定七年汝北郡治楊志塢」，即此。

嵩縣，在府南百六十里。東至汝州伊陽縣九十里。漢陸渾縣地，屬弘農郡。晉屬河南郡，東魏爲南陸渾縣地。隋仍爲陸渾縣地，屬河南郡。唐先天二年析陸渾置伊陽縣，〔三〕屬洛州。宋屬河南府，紹興初升爲順州。金改嵩州，治伊陽縣。元以縣省入州，屬南陽府。明初改州爲嵩縣，又改今屬。編户五十六里。

陸渾城，縣北三十里。左傳僖二十二年：「秦、晉遷陸渾之戎於伊川。」宣三年：「楚子伐陸渾之戎，遂至於雒。」亦謂之陰戎。昭九年：「晉梁丙、張趯率陰戎伐潁。」杜預曰：「陰戎，陸渾之戎也，以在晉陰地而名。」昭十七年晉荀吴帥師滅陸渾，以其貳於楚也。漢置陸渾縣。建安二十四年陸渾民孫陸等起兵南附關羽，是時羽圍樊城也。晉及後魏亦爲陸渾縣，又嘗置防蠻都督于此，蓋伊闕以南大山長谷，多爲蠻居，故置督以防之。東魏分北陸渾縣屬新城郡，於南陸渾縣置伊陽郡，此北陸渾也。後周并入南陸渾縣。五代志：「陸渾東北有故城，東魏武定二年所立北荆州也。後周改曰和州，隋初曰伊州，大業初廢。」

伏流城，在縣北。此南陸渾也。魏收志：「東魏武定二年置伊陽郡，治伏流城，又北荆州亦治焉。」五代志：「東魏置伊川郡，領南陸渾縣。隋初郡廢，改縣曰伏流，又置伊州治此。大業初廢，復曰陸渾縣。」唐因之，五代時省入伊陽縣。今其地有伏流嶺，亦曰伏流阪，北去廢陸渾縣二十餘里。西魏大統初，宇文泰以伊川豪李長壽爲廣州刺史，長壽帥其徒拒東魏，侯景攻拔其壁，殺之。其子延孫復集父兵拒東魏。宇文泰仍以延孫爲廣州刺史，又以長壽婿韋法保爲東洛州刺史，助延孫拒守，法保與延孫連兵置柵於伏流是也。元和志：「東魏築伏流城，以城北有焦澗水伏流地下而名。」廣州時治襄城，今屬許州。或曰南廣州治襄城，此指魯陽也。洛州時治商洛，此蓋以洛陽南境地僑置東洛州。

三塗山，在縣西南十里。周書：「武王南望三塗。」春秋昭四年：「晉司馬侯曰：『三塗，九州之險也。』」十六年晉將伐陸渾，使屠蒯如周，請有事於三塗。今伊水經其下。○介立山，在縣北四十里。一名孤山。

陸渾山，在縣東北四十里，伊水經其下。一名方山。隋大業十三年李密掠滎陽、梁國諸縣，説翟讓：「出陽城北，逾方山，自羅口襲興洛倉。」蓋是時裴仁基守虎牢，密從間道西出登封北逾方山也。水經注：「羅水出方山，西北流爲長羅川。」括地志「方山在汜水縣東南三十二里，汜水所出」，蓋山接兩縣界云。

鳴皐山，在縣東北四十里。宋建興三年，翟興破賊楊進于此。山接汝州界。又奉牛山，在縣東三十里。翟興屯伊陽之奉牛山，劉豫誘其下賊殺之，即此。亦謂之伊陽山。

露寶山，在縣北六十里，產錫礦。又篩山，在縣東九十里，以多巖洞而名。與縣西大礦山皆產錫。

伊水，在縣南，自盧氏縣流入境，與汝州伊陽縣接界；縣西北五里之高都川，七里之龍駒澗，縣南六里之王母澗，八里之空桑澗，俱流入焉，東北流達洛陽縣界。志曰：高都河出大礦山，經縣東闕有順陽橋跨其上。

伊陽渠，在縣東十里，分伊水以溉田。○永定渠，在縣南六里，又有鳴皐、順陽、濟民等渠，皆分伊水溉田。

陸渾關。在縣北七十里。舊志云：在伊闕縣西南。更始二年赤眉賊西攻長安，分其衆爲二部，一自武關，一自陸渾關，兩道西入，蓋由陸渾西北趣函谷道也。志云：今舊縣鎮關，在縣西七十里，有巡司。○白楊關，在縣東，有戍兵。又縣南百里有没大嶺關，今置巡司于此。

盧氏縣，府西南三百四十里。西北至陝州靈寶縣二百里。本虢之莘地，漢因盧敖得仙始置盧氏縣，屬弘農郡。晉屬上洛郡，秦苻健僑置青州于此。後魏又置欒安郡，西魏改義川郡，隋初改虢州，皆治焉。大業初州廢，屬弘農郡，義寧初又置虢郡于此。唐初改虢州，貞觀八年移虢州治弘農，縣屬焉。宋因之。元屬嵩州，明初屬陝州，萬曆初改屬河南府。今編户三十二里。

長水廢縣，縣東南七十里。九域志：「在河南府西南二百四十里。」後魏爲南陝縣，西魏改長淵。隋因之，屬弘農郡。唐諱淵，改曰長水，屬洛州。宋因之，元廢。宋白曰：「漢盧氏縣地也。後魏延昌二年，分盧氏東境庫谷以西、沙渠谷以東爲南陝縣，以北有陝縣也。廢帝改長淵，以縣東洛水長淵爲名。」唐貞元二年，陝虢觀察使李泌敗鄜州叛卒歸淮西者于陝州城南，意賊必分兵自小路南遁，乃遣將自炭竇谷趣長水，賊果至，大敗之。炭竇谷在長水縣西北，與陝州接界。隋志弘農郡有長泉城。泉當作「淵」，史臣諱之也。

玉城廢縣，〔二四〕在縣西。後魏置石城郡，治玉城縣，西魏郡縣俱廢。唐氏復分盧氏縣地置玉城縣，屬虢州。宋熙寧四年廢爲玉城鎮，屬虢略。縣志云：在今靈寶縣東南八十里。○欒川廢縣，在縣東四十里。本伊陽縣地，宋熙寧四年改屬盧氏，元祐二年爲欒川鎮，崇寧三年升爲縣，金廢爲鎮。

高門城，在縣東。水經注：「洛水支津東北流逕石勒城北，又東經高門城，有高門水出縣北山，東南流合洛水支津南注洛。」宋元嘉中伐魏，龐季明入盧氏，進達高門木城者也。

陰地城，在縣東北。左傳哀四年：「楚圍蠻氏，蠻子赤奔晉陰地。」杜預曰：「陰地，河南山北，自上雒以東至陸渾也。」或曰晉有陰地之命大夫，命大夫別縣監尹也，城即其戍守之所。

熊耳山，在縣西南五十里。東連永寧，南接内鄉，有東西兩峰，相競如熊耳然。洛水逕其下。禹貢曰：「導洛自熊耳。」史記：「黄帝南至于江，登熊、湘。」熊，謂熊耳山；湘，今湖廣岳州之君山也。又齊桓公南伐至召陵，公自稱曰：「寡人南伐，至召陵，望熊山。」是也。志云：府境山名熊耳者有三：盧氏之熊耳也，宜陽之熊耳也，陝州之熊耳也。

塔山，在縣東北二十里。舊有浮圖，因名。上有太平寨，四壁陡絶，昔人避兵於此。又抱犢山，在縣東南九十里。亦名抱犢寨，四周險絶，頂夷可耕，昔人多避兵其上。

巒山，在縣東南百六十里。括地志「伊水出盧氏縣東巒山」，即此。一名悶頓嶺。○邢公山，在縣北九十里。舊傳盛彦師殺李密及王伯當於此，密嘗封邢國公，故名。下有斷密澗。

鐵嶺，縣北四十里。層巖陡立，峭壁嶙峋，中有一徑，纔通往來，古設關於此。宋紹定五年蒙古圍汴，金人徵兵入援。

時金將徒單兀典鎮閿鄉以備潼關，奉命發兵由西南徑入大山，潼關遂入于蒙古。蒙古引兵追兀典及于鐵嶺，金兵大敗。

貲谷，在縣境南山中。宋元嘉二十七年北伐魏，雍州部將龐季明自貲谷入盧氏，說誘士民，薛安都等因之自熊耳山北出；又雍州部將柳元景上百丈崖出温谷，以入盧氏，共引軍向弘農。百丈崖在貲谷南，温谷或曰即貲谷。

洛水，在縣南。自陝西商州流至縣境，又東北流入永寧縣界。○馬回川，在縣東北七十里。相傳唐初盛彥師殺李密於此，振旅而回，因名。又東澗水，在縣北。源出鐵嶺，流入城中析爲衆渠，灌溉蔬圃。二水俱東南流入洛。

淯水，縣南百五十里。出南山谿谷中，東南流入南陽府内鄉縣界。水經注：「淯水出盧氏縣攻離山。」

白華關，在縣西。路通陝西商洛，有兵戍守。又縣西南百餘里有毛葫蘆山寨，元末餘賊負隅處也。徐達入河南，遣兵徇虢州，遂襲取之，于是諸山寨次第降下。○社管鎮關，在縣北六十里。又縣東有欒川鎮關。金志：社管、欒川皆舊縣，海陵貞元二年廢爲鎮。或曰金人嘗于社管鎮置縣也。今俱有巡司。○朱陽關，在縣西南五十里。縣有朱陽山，後魏時置關於此。唐武德八年廢，後復置。今亦有朱陽關巡司。

葭蘆戍。在縣西。隋大業九年楊玄感爲隋兵所敗，自董杜原與十餘騎奔上洛，至葭蘆戍知不免，自殺。董杜原見閿鄉縣。○土劉，在縣東南四十五里。通典曰：「古關之塞垣也，後周以爲鎮防。」

附見

河南衛。在府城内。初置左右二衛，五年並爲一，轄五千户及中前、中後千户所七，又守禦嵩縣千户所一，守禦永寧百户所一。又有洛陽中護衛，永樂十年爲伊府設，轄左右千户所二。嘉靖初廢，尋改置汝州衛。

陝州，在府西三百里。西至陝西華州三百十里，北至山西平陽府四百三十里，西北至蒲州二百里，東南至南陽府七百三十里。

周爲周公、召公分陝之所。公羊傳：「陝以東周公主之，陝以西召公主之。」春秋虢國地，所謂北虢也。尋屬晉。戰國屬魏，又屬韓，後入秦，屬三川郡。漢屬弘農郡，魏、晉因之。後魏置陝州及恒農郡，後魏太和十一年置陝州帶弘農郡，十八年省，後復置。後周又置崤郡。置兵以備齊。隋初郡廢，大業初廢州，以其地屬河南郡。義寧初復置弘農郡。唐復爲陝州，天寶初改陝郡，乾元初復爲陝州，舊唐書：「天寶初改陝府，乾元初改陝郡，尋曰陝州，又爲大都督府。」天祐初升爲唐興府，唐書作「興德府」。尋又爲保義軍。昭宣帝置。朱梁開平二年改曰鎮國軍，後唐復曰保義。宋仍曰陝州，大平興國初改軍號曰保平。金亦曰陝州，元因之。明初以州治陝縣省入。編户三十五里。領縣二。

州内屏關中，外維河、洛，履崤坂而戴華山，負大河而肘函谷，賈生所云「崤、函之國」也。戴延之云：其地「南倚山原，北臨大河，良爲形勢。」崔浩曰：「東自崤山，西至潼津，通名函谷，號爲天險。」所謂秦得百二者，此地是也。東、西魏相争，宇文深勸宇文泰速取陝州，爲兼并關東之計。唐初克長安，劉文静等將兵出潼關，克弘農，略定新安以西，而東洛已有削平之勢。唐之中葉，陝州尤爲重地，達奚抱暉之亂，李泌以單車定之。曰：「陝州三面險絶，攻之未可歲月下也。」抱暉爲陝虢牙將，貞元初作亂，與河中叛帥李懷光相結，帝憂之。曰：「若蒲、陝連衡，則猝不可制，且抱暉據陝，水陸之運皆絶矣。」因命李泌爲陝虢防禦水陸運使，亂遂定。石晉既亡，劉知遠自晉陽舉兵，保義帥趙暉以陝州附漢。漢主喜曰：「暉挈咽喉之地以歸我，天下不足定矣。」蓋據關、河之肘腋，扼四方之噤要，先得者强，後至者散，自古及今不能易也。

廢陝縣，今州治。史記：「秦孝公元年東圍陝城。又惠文君十三年使張儀伐魏取陝，出其人以與魏。」漢置縣，屬弘農郡。後漢興平二年李傕等作亂，帝崎嶇至陝，結營自守。晉亦爲陝縣。後魏主燾始光三年遣將周幾等襲夏陝城，夏弘農太守曹達棄城走，幾乘勝長驅遂入三輔。太和中始爲陝州治。永熙末高歡自晉陽南犯，魏主命長孫子彦鎮陝州。既而歡入洛，魏主西奔，彦亦棄陝走，高敖曹追帝至陝西不及。西魏大統三年宇文泰取恒農，既而高歡使高敖曹攻之，不克。九年高歡敗宇文泰於邙山，追至陝。隋大業初改屬河南郡，義寧初置弘農郡治此。唐初仍爲陝州治，後因之。明初省。

硤石城，在州東南七十里。本後魏崤縣之硤石塢，唐貞觀十四年移崤縣治硤石塢，因名硤石縣，屬陝州。宋因之。金廢縣，置倉於此。蒙古圍汴，完顔兀典自閿鄉入援，起陝州民運靈寶、硤石米東下是也。今有硤石關，設巡司戍守。又爲硤石驛。一統志：「硤石關古之崤陵關也，路東通澠池，西通函谷。」

上陽城，在州城東南。水經注：「陝東城，即虢邑之上陽。」春秋僖五年：「晉圍上陽。」杜預曰：「虢國都也，或謂之北虢。」杜佑曰：「虢都在陝郡平陸縣，今屬山西平陽府。」似悮。又水經注：「陝縣有安陽城，漢上官桀封邑。」亦悮。

曲沃城，在州西南三十二里，因曲沃水爲名。春秋時晉侯使詹嘉守桃林之塞以備秦，時以曲沃之官守此，故名。水經注：「弘農縣東十三里有好陽亭，又東有曲沃城。」唐至德二年廣平王俶出關收東京，至曲沃，又東敗賊於新店，遂入陝城。新店在陝州西二十餘里。

焦城，在州南二里，因焦水爲名。括地志：「陝縣有故焦城，周同姓國也。後屬晉。」左傳：「晉許秦焦、瑕。」又秦與晉焦、瑕。」是也。宣二年：「秦圍焦，晉趙盾救焦，遂自陰地及諸侯之師侵鄭。」蓋自焦而東，河南山北之處皆陰地也。史記：「梁襄王五年秦圍我焦、曲沃，與秦河西之地。六年秦取我焦。八年秦歸我焦、曲沃。」焦與曲沃相近也。又秦紀：「惠文王後十一年樗里疾攻魏焦，降之。」東魏武定初高歡使李徽伯刺陝州，築壘於此，因雞足山爲址，後遂名徽伯壘。四年，爲宇文泰所拔。瑕，見山西臨晉縣。

砥柱山，在州東四十里黄河中。河南之名山也。詳見前名山底柱。○雞足山，在州西南二里。上有虎巖洞。山臨河，宛如雞足。又羊角山，在州城西北隅。高百尺。又州東有熊耳山。○三錯山，在州東五十里。山有三峰。又橐山，亦在州東五十里。橐水源出於此。

虢山，在州北三里，西臨黄河。今臨河有岡阜，似是頽山之餘，河水湧起方數十丈。史記：「魏文侯二十六年虢山崩，壅河逆流是矣。」

礓子坂，州東南五十里，接永寧縣界。唐乾元二年史思明遣將李歸仁寇陝州，衛伯玉擊敗之於此。又上元二年史朝義自三崤南道襲陜州，伯玉敗之于礓子嶺，即礓子坡也。○北崦，在州西。唐至德二載王師追賊於曲沃，回紇旁南山設伏，按軍北崦以待賊，戰於新店，賊大敗。

陜原，在州西南二十五里。括地志：「周、召分陜不因城名，從原爲界也。」○莘原，在廢硤石縣西十五里。左傳莊十三年「有神降于莘」，即此。

黄河，在城北。又東逕澠池縣境。又州東百六十里有五户灘，在河中，爲湍激之處。自此而東河流稍爲寬衍。○焦水，在州南三里。平地湧出，北流入于河。俗呼三里灘。焦，一作「譙」。

利人渠，有南北二渠：北渠在州北，隋開皇六年蘇成引橐水西北入城，民賴其利；南渠在州東南，自硤石界流入，與北渠同時疏導。唐貞觀十一年命丘行恭開南渠是也。又有廣濟渠，唐武德元年陜東道行臺長孫操所開，引水入城以代井汲。傅暢晉書云：「武帝泰始五年鑿陜南山決河東注洛，以通漕。」此即利人等渠之創始矣。

好陽澗，在州西四十五里。晉書地道記：「好陽亭在弘農縣東十三里，本曰曹陽，以在曹水之陽也。其水出州西南峴頭山，北流入於河。」陳涉將周章擊秦，爲章邯所敗，出關止屯曹陽。漢獻帝興平二年幸弘農，李傕等追敗乘輿，帝露次曹陽是也。曹操改曰好陽澗。○七里澗，在州西南七里。今名石橋溝，北流入河。唐貞元二年陜虢觀察使李泌擊淮西卒自鄜州叛還者，遣將夜出南門，陳於澗北，賊至，大敗之。

漫澗，在州東。即橐水也，一名永定澗。源出橐山，其水漫流，故名漫澗，經州南境又北流入河。澗北舊有逆旅亭，謂之漫口客舍。志云：州西二十五里有盤澗水，即漫澗矣。

大陽津，在州西北三里，黄河津濟之處，志云：津北對茅城，古茅邑也，謂之茅津。亦謂之大陽津，以河北即古大陽縣也。又爲陝津。左傳文三年：「秦孟明伐晉，自茅津濟，封崤尸而還。」公羊傳：「晉敗入大陽是也。」後漢書：「鄧禹圍安邑，更始將樊參渡大陽將攻禹，禹擊斬之於解南。」興平二年獻帝自曹陽至陝，夜濟渡河，河岸高十餘丈不得下，乃以絹爲輦匍匐而下，僅到大陽。建安十年河東衛固等謀舉郡叛，曹公以杜畿爲河東太守，固等絶陝津使不得渡，畿詭道自浢津濟。又晉永嘉三年以劉淵據蒲子，遣將曹武屯大陽以備之。既而武爲劉淵子聰等所敗，遂長驅犯洛陽。又淵將呼延翼犯洛，爲其下所殺，其衆自大陽潰歸。四年劉聰使其子粲等寇洛陽，石勒自河内帥騎會粲於大陽。咸和三年劉曜敗石虎于河東，濟自大陽，攻後趙將石生于金墉。義熙十二年劉裕伐秦，軍至成皋，秦使并州牧姚懿南屯陝津爲洛陽聲援，懿以蒲阪叛，秦主泓使姚讚等屯陝津。史記：「秦穆公元年自將伐茅津，勝之。三十六年公自茅津渡河，封崤中尸。」唐貞觀十一年于茅津造浮梁，曰大陽橋，長七十六丈，廣二丈，架大河之上。尋廢。寶應初史朝義據洛陽，徵兵回紇，回紇至河東，自大陽津濟河。今其地亦曰大陽關，蓋東則富平津，西則大陽津，寔大河之衝要也。安邑、解，俱見山西平陽府。

弘農宫，在州城内。隋大業初置。楊玄感圍東都不克，西趣潼關，至弘農宫，父老遮説曰：「宫城空虚，又多積粟，攻之易下。」弘農太守蔡王智積亦以玄感欲西渡關，誠恐成其計，激使攻城，玄感累攻不克，追兵大至，遂及於敗。唐初曰陝城宫，調露二年改曰避暑宫，永淳元年曰芳桂宫，弘道元年廢。○繡嶺宫，在硤石廢縣，唐顯慶三年置。又神爵臺，唐天寶三年置，以赤爵見也。

鴈翎關，在州東南。路通永寧，今有兵戍守。又州有硖石、大陽二關，見前。○乾壕鎮，在州西，往來所經處也。後唐應順初潞王從珂舉兵自鳳翔而東入陝州，唐主以康義誠統禁旅禦之，義誠至乾壕降於從珂，既而曹太后令內諸司至乾壕迎潞王。金志靈寶縣有乾壕鎮。

太原倉。在州西南五里。隋開皇三年所置常平倉也，唐貞觀三十一年復置焉。開元二十二年裴耀卿建轉輸之法，江、淮舟運悉輸河陰倉，更用河舟運至含嘉倉及太原倉，自太原倉入渭輸關中是也。寶應初回紇助唐討史朝義，自大陽津渡河，食太原倉粟。貞元二年淮西兵自鄜州叛歸，李泌遣兵伏于太原倉之隘道擊之。志曰：太原倉北臨焦水，西倚大河。又有集津等倉在底柱山上，見前名山底柱。

靈寶縣，在州西六十里。北至山西芮城縣二十里。本秦函谷關地，漢爲弘農縣地，魏、晉因之。隋開皇十六年析置桃林縣，屬陝州，大業中改屬河南郡，義寧初屬弘農郡。唐初仍屬陝州，天寶初得符寶於古函谷關旁，因改今名。編户五十九里。

恒農城，在縣西南三十里。春秋時虢國地，晉滅虢，其地屬晉。後爲秦、魏二國之境，秦屬三川郡。漢武置弘農郡，治弘農縣，故函谷關城是也。王莽改弘農曰右隊，更始初鄧曄等下武關進攻右隊，西拔湖。東漢仍曰弘農郡，後避靈帝諱改曰恒農，晉復舊。後魏以獻文諱置西恒農郡。永熙三年高歡自晉陽舉兵犯洛，魏主修求迎於宇文泰，泰自將軍發高平，前軍屯弘農。既而魏主入關，高歡自追迎魏主至弘農。後周郡廢。隋煬帝又置弘農郡，恭帝改爲鳳林郡。唐初爲鼎州，貞觀八年改置虢州于此，天寶初亦曰弘農郡。宋仍曰虢州，金因之，元廢。又廢弘農縣，即虢州治也。秦曰桃林縣，漢曰弘農，後或曰恒農，州郡皆治此。胡氏曰：「隋河南郡陝縣，後魏之恒農郡也；弘農郡所治之弘農縣，後魏之西恒農郡也。」宋熙寧中改弘農縣曰虢略，金因之，元廢。元豐志：「自河南府西南抵虢州界三百二十五里，稍南抵鄧州界六百里，皆高山深林，古虢略也。」○寶門城，在函谷關南七里。漢武微行柏谷，遇辱寶門，即此。後周置邑陽縣，隋開皇末改曰邑川，屬虢州，大業初廢。

朱陽城，在虢州城西南五十里。漢弘農縣地，後魏分置朱陽郡，治黄水縣，屬析州。後周廢郡，改縣爲朱陽。隋初屬虢州，大業初屬弘農郡。唐初仍屬虢州，龍朔初屬商州，又改屬洛州，開元中復屬虢州。宋曰朱陽監，金曰朱陽縣，仍屬虢州。元省入靈寶縣。志云：縣北一里有沙城，唐武后幸洛陽時築。

峴山，在縣東三十五里。山連陝州界，曹陽水出焉。形似襄陽峴山，因名。○石城山，在縣南三十五里，一名横嶺，亦曰衡嶺，又名衙嶺山，燭水出焉；又有華陽山，在故虢州南境，緒茹水出焉；俱東北流合于門水。又枯樅山，在縣西南百里。一名地肺山。赤眉立劉盆子于鄭北，古今注云：「在枯樅山下。」

柏谷，在縣西南朱陽鎮。水經：「河水逕湖城縣北，又東合柏谷水。」酈道元曰：「柏谷水出弘農縣石隄山，北逕柏谷亭下。」晉公子重耳出亡及柏谷，漢武帝微行夜至柏谷是也。東、西魏時爲戰守之處，有柏谷城。

西原，在縣西南五十里稠桑驛西。唐天寶末哥舒翰出潼關與賊戰，遇賊將崔乾祐之兵於靈寶西原，乾祐據險以待，南薄山，北阻河，隘道七十里，賊乘高下木石，擊殺士卒甚衆；又遣精騎自南山過出官軍之背，官軍駭亂，遂大敗。又細腰原，在縣西原南七十九里。東西闊三里，南北長十里，中十五步，狹如束素，因名。○黄巷陌，通典曰：「在弘農縣西北二十餘里，潘岳西征賦所云『遡黄巷以濟潼』者也。」

方伯堆，在故虢州東南五里。水經注：「燭水東注於緒茄之水，歷澗東北出謂之開方口，水側有阜名方伯堆。」上有城，宋元嘉中奮武將軍魯方平伐魏時所築。又是時柳元景率衆至弘農，營於開方口。

黄河，在縣北十里。自閿鄉縣流入，又東入陝州境。

門水，在縣西十里。水經注「洛水自上洛縣南，北流至拒城西北分爲二水，枝渠東北出爲門水」；門水又北歷陽華山，又東北歷峽謂之鴻關水；又東北經實門城，歷函谷故關城東而北注于河，謂之郖津」云。陽華山見陝西洛南縣。

郖津，在縣西北十里。郖，一作「浢」。水經注：「河水逕湖城北，又東合柏谷水，又東合門水，河水於此有浢津之名。」漢建安十年使杜畿守河東，叛者絶陝津不得渡，畿乃詭道從郖津渡。宋元嘉二十九年柳元景等自盧氏趣弘農，北魏將封禮自郖津南渡赴弘農以拒之。隋義寧元年置郖津關，貞觀初廢關置津是也。

弘農澗，在縣治西。會崤澠諸水北入於河。漢興平二年李傕等亂長安，楊奉、董承奉帝幸弘農，李傕、郭汜共追乘輿，大戰于弘農東澗，奉等大敗，即是處也。又弘農渠，在故弘農縣南七里。唐貞觀元年縣令元伯武引水北流入城，居民便之。

馬牧澤，在縣西。水經注：「桃林之塞，湖水出焉，其中多野馬。」〔二五〕三秦記：「桃林塞在長安東四百里，若有軍馬經過，則牧華山，休息林下，馬牧澤是矣。」西魏大統三年，宇文泰襲高歡將竇泰於潼關，自小關出馬牧澤，大破之。

桃源宮，在縣城内。唐武德初置。又有上陽宮，隋初置于桃林縣，唐貞觀中移置於湖城縣，高宗又改置於東都禁苑。一統志云:「上陽宫在廢湖城縣西北一里。」

函谷故關,在縣南十里。秦置關于此,漢初設關校尉,武帝置弘農郡及縣治焉。文穎曰:「秦關在弘農衡嶺。」師古曰:「今桃林縣有洪溜澗水,即古所謂函谷,其水北流入河,夾河之岸尚有舊關餘迹。」荀卿子曰:「秦有松柏之塞,謂函谷關也。」史記:「齊湣王二十六年與韓、魏共攻秦,至函谷軍焉。」又漢元年沛公入秦,或説沛公守函谷關,無内諸侯兵,項羽欲入關,關門閉,羽怒,攻破函谷關,遂至戲;劉宋元嘉二十七年,薛安都等攻魏陜城,别將魯元保自函谷關馳赴之;皆謂此也。志云:關旁有望氣、雞鳴二臺遺址,以老聃、田文而傳。望氣臺亦曰尹喜臺,即關令尹喜俟得老子處,唐天寶初言得符寶處也。今詳陜西重險潼關。

洪關,在縣西南四十里。水經注:「門水東北歷峽,謂之鴻關水。水東有城,即關亭也;水西有堡,謂之鴻關堡。」宋元嘉末遣雍州刺史臧質伐魏,質遣柳元景等進據洪關,即鴻關矣。○虢略關,志云:在縣南百里。元至元八年廢虢州,并廢虢略縣,置巡司於此。今因之。其相近者又有火燒關。

蕛鄉。在縣西南三十里。後漢初赤眉入長安,至弘農,更始遣將拒之,赤眉敗更始將蘇茂於枯樅山下,又敗李松於蕛鄉,轉北至湖城是也。蕛,莫老反。續漢志弘農有蕛鄉。○桃林驛,在今縣西。明初置。

閿鄉縣,在州西一百三十里。西至陜西華陰縣一百十里。漢湖城縣之閿鄉也,西魏大統四年魏主自洛還關中,留閿鄉。後周於湖城北置閿鄉郡及縣,隋初俱廢。開皇十六年又置閿鄉縣,復遷今治,大業初屬河南郡。唐屬虢州,宋改屬陜州。今編户二十五里。

湖城，縣東四十里。秦曰湖關。王稽載范雎入秦，至湖關，即此。漢置胡縣，屬京兆尹。武帝更名湖縣，以黄帝鼎湖而名。鄧禹從關中還洛陽，自河北度至湖，邀馮異共攻赤眉處也。尋屬弘農郡，晉因之。惠帝末東海王越等遣兵迎帝于關中，河間王顒使其黨彭隨等拒之於湖，敗走東兵，遂西入關。太元十七年河南太守楊佺期軍於湖城，擊苻登將竇衝於華陰，走之。隆安初姚興寇湖城，弘農、華山二郡皆降於興。北魏復曰湖城。魏主修避高歡西奔關中，至湖城。隋省入閿鄉縣，唐初復置，屬虢州。乾元初改爲天平縣，〔二六〕大曆四年復故。宋因之，元省入閿鄉。廢城中有漢武帝鼎湖宫。劉昫曰：「隋大業三年於湖城縣西一里置弘農縣，尋隨郡移治於弘農川」云。又桃林廢縣，在縣東。〔二七〕隋開皇十六年置，唐初并入湖縣。

盤豆城，在縣西南二十里。西魏大統三年宇文泰使于謹爲前鋒，攻盤豆，拔之，進克弘農。其東爲皇天原。隋大業九年楊玄感攻東都不克，將西圖關中，至閿鄉，隋兵追及之於皇天原，玄感上盤豆，布陳亘五十里，且戰且行，一日三敗處也。

夸父山，在縣東南二十五里。山海經：「夸父之山，北有林焉，名曰桃林，廣迴三百里。」十三州記：「弘農桃丘聚，即桃林也。」晉灼曰：「在閿鄉南谷中，周武王放牛于桃林之野，謂此。」志云：自靈寶西至潼關皆曰桃林塞。寰宇記：「夸父山一名秦山，諺曰『秦爲頭，虢爲尾』，與太華相連，中有大谷關。」○荆山，在縣南二十五里。志云：山下有鑄鼎原，即軒轅採首陽之銅鑄鼎處云。又有閿山，在縣西南五十里，縣以此名。

皇天原，在縣西。水經注：「玉澗水南出玉溪，北流逕皇天原西。」周固記：「閿山東首上平博，方可里餘，三面壁立，高千許仞，漢世祭天于其上，名之曰皇天原。」原上有漢武思子臺。又有全鳩澗水，出南山，北逕皇天原東。隋志：「閿鄉縣有玉澗、全鳩澗，一經縣城西，一經縣城東，皆北注于河。」胡氏曰：「皇天原之西有盤豆城，盤豆之西有董杜原。隋楊玄感自閿鄉而西，追兵及之於皇天原，玄感上盤豆，又敗走董杜原是也。」志云：董杜原在縣西四十餘里。

黃河，在縣北七里。自山西西境、陝西東境南流千里抵潼關，乃折而東沿府境之北而入開封府界，縣首當其衝。志云：縣東五十里有閣原水，北達于河。

湖水，在廢湖城縣西門外，源出夸父山；又盤澗水在廢湖城西二十五里，亦出夸父山；俱北流入河。

軒遊宮，在縣東。隋別院宮也，唐咸亨五年更其名。

潼關，在縣西六十里，與陝西華陰縣分界。詳見陝西重險。○大谷關，在縣西南泰山谷中。

平吳臺，在縣西北二十三里。晉末赫連勃勃取關中，攻克朱齡石之兵于此，築京觀以表武功，名曰平吳臺。

曹公壘，在縣西二十里。旁有李典營。郭緣生曰：「漢末之亂，魏武征韓遂、馬超，連兵於此，今際河之西有曹公壘。義熙十三年王師曾據此，十四年赫連勃勃南侵，赫連昌圍晉將王敬先於此，斷其水道，城遂陷。」○劉武七營，亦在縣西。劉裕伐姚泓，檀道濟、王鎮惡濱河帶險，造大小七營是也。

稠桑驛，在縣東三十里。春秋僖二年「虢公敗戎於桑田」，即稠桑也。魏主修奔關中，至稠桑驛。隋義寧初劉文靜遣將竇琮自潼關追屈突通至稠桑，執之。又高祖詔李密招撫山東，至稠桑驛復止之，密因入桃林以叛。其西有路曰晉王斜館，驛使宋洋以遇暑則行者多渴死，乃開新路于此。○王思村，在縣東。後魏主修西奔，至湖城王思村，民以麥飯壺漿獻，帝悅，復一村十年，乃進至稠桑。是稠桑在村西也。胡氏曰：「湖城西爲稠桑驛。」

蓼塢，在縣西北。西魏大統三年行臺楊白駒與東魏陽州刺史段粲戰於蓼塢，白駒敗績。水經注：「蓼水出襄山蓼谷，當時於此谷築塢，因名蓼塢。」漢書音義：「襄山在潼關北十餘里。」

泉鳩里。在縣東南十里，漢戾太子亡匿處。有泉鳩澗，一名全節水，亦曰全鳩水，北流入河。戾太子冢在澗東，又有歸來望思臺址，皆漢武所作。一統志：「今縣東北二十里有漢武思子宮城。」

校勘記

〔一〕開元初改洛州爲河南府　「府」，底本原作「尹」，元和志卷五、舊唐志卷三八、新唐志卷三八並云「開元元年改洛州爲河南府」，今據改。

〔二〕北望嶽鄙　「嶽」，底本原作「徽」，今據職本及史記卷四周本紀改。

〔三〕地方百里者八尤　漢書卷七五翼奉傳作「地方百里者八九」，本書誤「九」爲「尤」。

〔四〕門内有冰室　「冰」，底本原作「兵」，今據職本、鄒本及水經穀水注改。

〔五〕順帝漢安二年改立南匈奴兜樓儲爲單于　「漢安」，底本原作「安漢」，後漢書卷六順帝紀、卷八九南匈奴傳均作「漢安」，今據以乙正。

〔六〕晉永嘉三年劉淵遣子聰攻洛陽　「子聰」，底本作「千總」，鄒本作「子聰」。晉書卷五懷帝紀、卷一〇一劉元海載記均云永嘉三年劉元海遣子聰及王彌攻洛陽，鄒本作「子聰」是，底本作「千總」誤，今據改。本書同卷洛陽縣洛水下即作「晉永嘉三年劉淵遣子聰等犯洛陽」，不誤。

〔七〕亦曰上春　「春」，底本原作「倉」，據下文「屯上春門」及職本、鄒本改。

〔八〕昭二十三年　據左傳，司徒醜以王師敗績于前城在昭二十二年八月，此作「二十三年」誤。

〔九〕五十一年將軍摎攻魏取陽城負黍　「五十一年」，各本皆誤作「四十一年」；「攻韓」，唯職本不誤，底本及它本皆誤作「攻魏」；今據史記卷五秦本紀改正。

〔一〇〕河南城　水經穀水注作「河南王城」，此脱「王」字。

〔一一〕興教之内曰全昌門　職本與底本同，敷本、鄒本「全」作「金」。

〔一二〕同盟于城北　春秋襄十一年作「同盟于亳城北」，此引脱「亳」字。

〔一三〕梁攻韓緱氏藺拔之　史記卷七三白起傳「梁」作「秦」，本書引誤。

〔一四〕黑雲山　職本與底本同，敷本、鄒本作「黑龍山」。

〔一五〕周武王伐紂　「周武王」，底本原作「武成王」，今據職本及鄒本改。

〔一六〕東魏大象初　東魏諸帝無年號爲「大象」者，當是孝静帝年號「元象」之訛。

〔一七〕即爲全固　「全固」，水經洛水注作「合固」。

〔一八〕升于九阿　「于」，底本原作「爲」，今據職本、鄒本及水經洛水注改。

〔一九〕又金門山至金門亭置于此　此三十五字底本原脱，今據職本、敷本及鄒本補。

〔二〇〕九州要記至一名律管山　此十七字與本卷熊耳山下所記完全相同，當删。職本原有此十七字，後删去。

〔二一〕金廢爲鎮　「金」，底本原作「全」，今據職本、敷本及鄒本改。

〔二二〕東漢建初二年改置輪氏縣　「二年」，後漢書郡國志（以下簡稱後漢志）作「四年」。職本原作「二年」，後改爲四年也。

〔二三〕先天二年析陸渾置伊陽縣　元和志卷五、舊唐志卷三八、新唐志卷三八、唐會要卷七〇、寰宇記卷四均云先天元年置伊陽縣，此作「先天二年」誤。

〔二四〕玉城廢縣　「玉」，底本原作「王」，今據元和志卷六、舊唐志卷三八、新唐志卷三八、寰宇記卷六、宋志卷八七改。

〔二五〕其中多野馬　水經河水注作「其中多馬」，無「野」字。

〔二六〕乾元初改爲天平縣　「天」，底本原作「太」，今據舊唐志卷三八、新唐志卷三八、唐會要卷七〇、寰宇記卷五改。

〔二七〕又桃林廢縣在縣東　底本原無「在縣」二字，今據職本、鄒本補。

讀史方輿紀要卷四十九

河南四

懷慶府，東至衛輝府二百七十里，東南至開封府鄭州一百五十里，西南至河南府百四十里，西至山西平陽府絳州五百二十里，西北至山西平陽府六百五十里，北至山西澤州一百二十里，自府治至京師一千八百里，至布政司三百里。

禹貢冀州覃懷之地，商屬畿内，周亦爲王畿及衛、雍、邘諸國地。春秋時屬晉，謂之南陽，晉人自山以東謂之東陽，自山以南謂之南陽。應劭曰：「河内，殷國也。周曰南陽。」後又爲魏、鄭、衛三國地。秦始皇滅衛，徙其君角居野王，阻山自保，胡亥時復廢角爲庶人。秦屬三川郡。漢初爲殷國，項羽立司馬卬爲殷王，王河内。尋爲河内郡。晉爲河内、汲二郡地。石趙改河内曰野王郡。〔一〕後魏置懷州，魏收志：天安二年置，太和八年罷。天平初復置。兼置河内郡。隋初罷郡存州，大業初州廢，復置河内郡。唐初亦置懷州，天寶初曰河内郡，乾元初復故。宋仍爲懷州。亦曰河内郡。金改爲南懷州，又置沁南軍，尋復曰懷州。元因之，尋改曰懷孟路，延祐中又改懷慶路。明朝爲懷慶府。領縣六。

府南控虎牢之險，北倚太行之固，沁河東流，沇水西帶，表裏山、河，雄跨晉、衛，舟車都會，號稱陸海。周之衰也，晉得南陽而霸業以成。襄王十七年與晉陽樊、溫、原、攢、茅之田，晉于是始啓南陽。戰國時秦人與三晉争，多在南陽。綦母恢見魏王曰：「秦悉塞外之兵與周之衆以臨南陽，而兩上黨絶。」上黨跨韓、魏兩境，故曰兩上黨。南陽其南出之衝也。又張儀曰：「魏絶南陽。」史記：「魏安釐王四年，魏段干子請割南陽予秦以和，實修武。」秦昭王四十三年，白起伐韓，取南陽，攻太行道絶之。四十五年，白起拔韓野王，上黨路絶。皆郡境也。漢争中原，先定河内。東漢初方經營河北，以河内帶河爲固，北通上黨，南迫洛陽，險要富實，命寇恂守之。謂曰：「昔高祖留蕭何守關中，我今委公以河内。」會更始將朱鮪遣兵自洛陽攻溫，恂曰：「溫，郡之藩蔽，失溫則郡不可守。」即勒軍馳救，擊却之，進規洛陽，王業始定。晉泰始中杜預建河橋于富平津，嘗爲天下之津要。詳見重險河陽三城。唐武德初李密敗於邙山，自虎牢走河陽，議南阻河，北守太行，東連黎陽，時黎陽屬于密。以圖進取，諸將不從而止。乾元二年李光弼以史思明犯洛，移軍河陽，北連澤潞，以阻思明西入之謀。貞元以後置河陽三城節度，爲都城之巨防。會昌三年討劉稹於澤潞，李德裕曰：「河陽扞蔽東都，臨制魏博。」是也。五代梁開平四年，李茂貞合邠、涇兩鎮兵攻夏州，復請兵於晉，朱全忠欲西援夏州，時夏州帥李仁福附全忠。恐晉兵襲西京，梁以洛陽爲西京。乃遣將屯河陽，晉兵若出澤州，逼懷州，則西京震動。繼而聞其在綏、銀磧中，喜曰：「無足慮也。」漢末郭威自鄴入洛，李勳說劉崇亟逾太行，據孟津。宋初太祖聞李筠自昭義舉兵南向，遣石守信等擊之，勅曰：「勿使筠下太行，急引兵扼其隘，破之必矣。」明初略定山西，亦自懷、孟逾太行而北，豈非控扼之要地歟？

河內縣，附郭。春秋時野王邑，漢爲野王縣，屬河內郡。晉河內郡治此。石趙嘗置野王郡，尋廢，復爲河內郡治。後魏因之。隋改縣爲河內，唐爲懷州治。今編户二百十六里。

野王城，今縣治。春秋宣十七年：「晉人執晏弱于野王。」大事記：「秦昭王四十五年，白起拔韓野王，絶上黨道。秦始皇六年拔魏東地，置東郡。衛元君角自濮陽徙居野王，以保魏之河內。」漢因置野王縣，光武初分遣鄧禹入關，親送至野王是也。後魏爲懷州治，宇文周建德七年如懷州，置懷州宫。隋改縣曰河內。今府城周九里有奇。

邘城，在府城西北三十里。故鄂國，紂三公鄂侯邑於此。徐廣曰：「鄂，一作『邘』。」史記：「文王伐邘。」又周武王子所封，左傳隱十一年：「王取鄔、邘之田于鄭。」僖二十四年：富辰曰：「邘、晉、應、韓，武之穆也。」漢武封李壽爲侯邑，今爲邘臺村。水經注：「城當太行南路，道出其中，舊有上黨關。」○期城，在府城西三十里。故隰城也。左傳：「王取鄭隰城。」又僖二十五年：「取太叔於温，殺之於隰城。」今名覆背村。

平皋城，在府城東南七十里，入温縣界。一名邢丘。韓詩外傳：「武王伐紂至邢丘。」左傳宣六年：「赤翟伐晉圍邢丘。」襄八年：「晉會諸侯於邢丘。」昭五年：「子産相鄭伯，會晉侯於邢丘。」戰國策：「范睢説秦攻邢丘，邢丘拔而魏請附。」史記：「韓昭侯六年伐東周，取邢丘。」秦昭王四十一年攻魏取邢丘、懷。又秦始皇五年蒙驁伐魏，拔邢丘。信陵君上魏安釐王書「秦固有懷、茅、邢丘、安成、垝津以臨河內」，即此邢丘也。竹書：「梁惠成王三年，鄭城邢丘。」鄭即韓也。或謂之韓皐。趙悼襄王二年，城韓皐。漢置平皐縣，屬河內郡，高帝封項它爲侯邑。後漢亦爲平皐縣，晉因之。後魏屬武德郡，北齊廢。杜預曰：「平皐即邢丘也。」有平皐陂，周迴二十五里，多產茭蒲，民賴其利。陂南即大河矣。懷、茅，見後。安城，見原武縣。垝津，見北直滑縣。○付逯城，在府西南三十二里。本名絺城。左傳：「王與鄭絺。」晉語「襄王賜文公以州、陘、絺、阻之田」，即此絺也。陘，王氏曰：「在河南密縣。」又波城，在府城南。漢縣，屬河內郡。晉廢。

武德城，在府東南五十里。本周之州邑，隱十一年屬鄭，後又屬晉。昭二年晉人以賜鄭公孫段。七年子產歸州田于韓宣子，宣子因徙居之。漢置州縣，屬河內郡。晉因之。後魏置武德郡，隋廢郡，改縣曰邢丘，屬懷州，大業初又改曰安昌。唐武德二年改安昌曰武德，置北義州。尋没于王世充，置德州于此。後復取之，四年廢北義州，仍屬懷州。舊志：武德元年置義州於衛州汲縣，二年置北義州於武德。義州凡有五：一在武德，一在汲縣，一在易州容城縣，一在光州商城縣，一在眉州洪雅縣是也。宋熙寧中省縣爲武德鎮。又有武德城，在府東。孟康曰：「始皇東巡置武德縣，自以武德定天下也。」漢因之，屬河內郡。晉省。又有安昌城，在府東南六十里。漢成帝封張禹爲安昌侯，蓋鄉名也，隋、唐因以名縣。

紫陵城，在府城西北三十里，今呼紫陵村，有紫陵澗；又忠義城，在府西南三十里，今爲崇義鎮；又太行城，在府東北四十里；皆唐武德三年置縣，屬懷州，四年廢。又東金城，在府城東四十三里；西金城，在府城東北四十里；或云南北朝所置戍守處也。

射犬城，在故武德縣北。亦曰射犬聚。光武初破赤眉別帥及青犢、上江諸賊于射犬。又獻帝建安四年河東賊帥眭固屯射犬，曹操進軍臨河，使史渙、曹仁渡河擊之。固北詣袁紹求救，遇史渙等擊殺之。操遂濟河圍射犬，射犬降。○沙城，在府境。晉太元八年，慕容垂起兵復燕，使遼東鮮卑可足渾譚集兵于河内之沙城是也。魏收志野王縣有沙城。

太行山，在府北二十里。山麓曰太行南阪。五代漢初河陽來附，契丹帥崔延勳等自澤州引兵南逼河陽，嵩山賊帥張遇赴救，戰于南阪，敗死。又府西北三十里曰太行陘，一名丹陘，太行八陘之一也。又有紫金壇，在府城西北四十三里太行之陽，諸峰之上，下有紫金澗，唐因以名縣。餘詳見名山。

方山，在府北四十里。周圍方正，上可容數百人。府北六十里又有十二迴山，山麓旋繞凡十二迴。○金鐵山，在府東北五十里。奇峰崒嵂，上有萬壽觀。又青山，在府東北六十里，倚太行之側。林木青翠，因名。郡境諸山，皆太行之異名矣。

碗子城山，在府北五十里太行山畔。山勢險峻，羊腸所經，上有古城，亦曰碗子城關。元至正十八年汝、潁賊大掠山西，察罕擊之，自河東進屯澤州，塞碗子城。既而守將周全以懷、慶叛降劉福通，察罕遣將守碗子城，爲全所敗。明初大兵攻山西，自碗子城北出，破澤、潞諸州，蓋南北之要道也。

沁河，在府北二里。源出山西沁源縣之綿山，穿太行而東南流，經濟源縣東北流至此，又東南經武陟縣入黄河。後周大象二年尉遲迥舉兵相州，楊堅遣韋孝寬擊之，軍于武陟；迥遣子惇帥衆入武德，軍于沁東。會沁水漲，孝寬與迴隔水相持，尋爲孝寬所敗。唐至德中，安慶緒自鄴攻李嗣業於河內，涉沁水，攻之不克，即此。

丹河，在府東北二十五里。源出澤州高平縣之僊公山，穿太行而南名曰丹口，南流三十里入沁河，引水灌溉，爲利最溥。唐志：「河內丹水，開元十一年更名懷水。」○堯河，一名堯池水，在府西北三十里。逕府城北，〔三〕出太行谷中，資以灌溉，甚爲民利，東南流入沁。

秦渠，或曰即丹水也。在府南，即廣濟河也。其上源爲濟源縣之枋口水，經孟縣流入境，又流注温縣，至武陟南入黄河。唐史：「崔弘禮節度河陽，治河內秦渠，溉田千頃。後温造帥河陽，亦奏復秦渠，民資其利。」宋、元亦嘗修治，明洪武中及萬曆十四年嘗修。又二十八年河內令袁應恭又鑿山引水爲渠，廣八丈，長一百五十里，分二十四堰，均溉民田。後廢，故址猶存。○利人渠，在府城東。隋開皇中盧賁爲懷州刺史，決沁水東注，名之曰利人渠。又順利渠，即府城之濠塹。元至元中總管石抹引濟水穿城而入，作二橋，曰利津，曰覽勝。

碗子城關，見前碗子城山。又大斛關，在府北太行山畔。唐置。○大臺，在府城東。光武遣王梁擊赤眉于此。

萬善鎮。在府城西北。唐會昌三年劉稹以澤潞叛，河陽節度使王茂元以兵守萬善，既而劉稹遣將張巨等攻萬善，别將劉公直潛師過萬善南五里焚雍店是也。中和四年黄巢攻略河南，諸道請救于李克用，克用將兵出天井關，河陽帥諸葛爽辭以河橋不完，屯兵萬善以拒之，克用乃西自陝津及河中渡。九域志河內縣有萬善鎮，今爲萬善驛。又有覃懷驛，舊在府治東，今廢。又柏鄉鎮，在府西三十里，舊有城。

濟源縣，在府城西七十里。周爲原地，後更名軹，東周爲畿內地。春秋屬晉，戰國屬魏。秦、漢皆爲軹縣地，屬河內郡。

晉及後魏因之。隋開皇十六年析置濟源縣，屬懷州。以濟水發源，故名。唐初置西濟州，後省州，縣屬懷州，後屬洛州，又屬孟州。宋因之，元初改縣爲原州，尋復爲濟源縣，屬孟州。明初改今屬。編户七十六里。

向城，在縣西南。闞駰以爲周之向國，非也。向在山東莒州界，此爲蘇忿生封邑。左傳隱十一年：「桓王以蘇忿生之田向與鄭。」竹書紀年：「魏襄王四年鄭使韓辰歸晉陽及向。二月城陽、向，更名陽爲河雍，向爲高平。」戰國策：蘇代爲齊謂趙惠王：「秦反高平、根柔于魏。」史記：「秦昭王十八年司馬錯攻垣、河雍。又四十二年東伐韓少曲、高平，拔之。」括地志：「高平故城在河陽縣西北四十里，即向也。」垣，今山西垣曲縣。根柔、少曲，當與高平相近。蘇代曰：「我起乎少曲，一日而斷太行。」是也。劉伯莊曰：「少曲在太行西南。」又根柔，一作「槐柔」，亦作「平柔」。

○原城，在縣西北十五里，周畿内國也。僖二十六年，晉文公伐原示信。又趙衰爲原大夫，即此。今名原鄉。

曲陽城，縣西南十五里。亦曰陽城，古陽樊也。服虔云：「陽，邑名，樊仲山父所居。」僖二十五年，晉文公定王室，次於陽樊，王與晉陽樊、温、原、攢、茅之田。國語：「王以陽樊賜晉。」是也。後爲曲陽。史記：「魏昭王九年秦拔我新垣、曲陽之城。」杜預曰：「野王縣西南有陽城，故陽樊也，即河雍矣。」胡三省曰：「修武縣有陽鄉，蓋春秋之陽樊。」晉大興初耿稚自洛汭渡河，襲擊劉粲，粲大敗，走保陽鄉是也。新垣，即垣之别名。

軹城，縣南十三里。蘇秦説趙曰：「秦下軹道，則南陽動。」蘇代曰：「秦下軹道、南陽而伐魏。」又蘇厲曰：「齊反温、軹、高平于魏。」秦昭王十六年，伐魏取軹是也。漢縣，文帝封薄昭爲軹侯。建武三年吴漢等擊青犢于軹西，破降之。晉及後魏皆爲軹縣，隋廢。唐初復置，屬懷州，貞觀初廢。今名軹村。旁有深井里，即聶政所居也。

王屋城，在縣西八十里。周邵康公邑，漢爲河東郡垣縣地，後魏置蓃平縣，屬邵郡。後周改爲王屋縣，兼置懷州治焉。州尋廢，置王屋郡。隋初郡廢，縣屬懷州。唐初因之，顯慶中改屬洛州，會昌中仍屬懷州。宋屬河南府，金屬孟州，元省入濟源縣。舊志：城在孟州西北百三十里。○勳掌城，在縣西北十二里軹關之東，高齊所築以備周。旁有勳掌谷，因名。

沁水城，在縣東北。漢置沁水縣，屬河内郡，晉及後魏因之，後齊廢。志云：縣在沁水之南，沁臺之西，今呼爲王寨城。又唐武德二年分濟源縣置湨陽、蒸川、邵原三縣，屬西濟州。四年州廢，三縣仍并入焉。郡志：湨陽在今縣東南，蒸川在北，邵原在西。寰宇記：「縣西北有西濟州城，唐置，跨城東垣，稍北即唐以來濟源城也。」

王屋山，縣西八十里，與山西垣曲縣接境，禹貢「底柱、析城，至于王屋」是也。山有三重，其狀如屋，濟水出焉。魏熙平初，崔亮嘗請于王屋等山採銅鑄錢，從之，尋罷。又北爲天檀山，峰巒特兀，巖壑奇勝，東峰爲日精，西爲月華，北有洞爲天下洞天第一。又北爲五斗峰，洞西有七仙嶺。志云：天檀山在縣西百二十里。又有華蓋山，在縣西九十里，亦王屋之支峰也。其南有華峰，宋徽宗嘗幸此。山之東有八僊嶺。○西釜山，在縣西二十里。志云：其山周迴高峻，中深窪如釜，因名。

武山，縣西北十二里，北接猴嶺山之東麓。又猴嶺山，在縣西北五十里，北接太行山。有阻猿麓，因名，俗稱侯景山也。○琮山，在縣西北十里，水經注謂之原山。有勳掌谷，湨水出焉。湨讀曰鵙。又陵山，在縣西北十五里。孤峰特立，稍西即軹關矣。

白澗山，縣東北三十里。山有懸瀑如練，下注沁水。又熊山，在縣東北五十里。三面距沁河，惟西南一峰突出。

齊子嶺，縣西六十里。杜佑曰：「在王屋縣東二十里，周、齊分界處也。」西魏大統十二年高歡圍玉壁，别使侯景將兵趣齊子嶺。又周建德五年周主攻齊晉州，分遣韓明守齊子嶺是也。玉壁，見山西稷山縣。○盤谷，在縣北二十里。唐李愿隱于此。其西谷爲天井谷，石上有數坎，其深若井，水自上溢相接而落，遠視若倚劍然。

濟瀆，在縣西北三里。禹貢：「導沇水東流爲濟。」其源發王屋山下，既見而伏，復出于此爲濟。有二源：東源周迴七百步，其深莫測；西源周迴六百八十五步，深一丈，與東源合流，南入于河。括地志：「沇水出王屋山頂，巖下石泉渟而不流，深不測，至縣西北二里平地，其源重發而東南流。」水經注云：「沇水東至温縣西北爲濟水，又南當鞏縣之東北入于河，南溢爲滎。」今無水成平地。司馬彪曰：「濟水當王莽時大旱，川瀆枯絶，入河以後不復南溢。」是也。今見川瀆異同。

黄河，在縣南七十里。自山西垣曲縣東流逕縣界，又東達孟縣之南境，與河南府洛陽縣分界。

溴水，在縣西。有三源，一出琮山，俗呼白澗水，春秋襄十六年「公會諸侯於溴梁」，爾雅「梁莫大于溴梁」，梁，水堤也；一出陽城西南山；一出陽城南溪；俱東南流與瀧水會，又東南至温縣入河。晉永康二年成都王穎起兵鄴城討趙王倫，與倫將孫會等大戰於溴水，會等敗走，穎遂長驅濟河。又隋仁壽末漢王諒舉兵并州，其將余公理屯河陽，與隋將史祥戰于溴水，爲祥所敗。○瀧水，在縣西四里，東南流與溴水合。

枋口水，沁水渠也，在縣東北三十里兩山之間，沁水經焉。舊以枋木爲門，故名枋口。魏典農中郎將司馬孚表言：

「太行以西，王屋以東，層巖高峻，天時霖雨，衆口走水，小石漂迸，木門朽敗，稻田泛濫，歲功不成。請夾岸累石，結以爲門，蓄洩以時，用代枋木。」故亦名枋口堰爲石門堰，溉田甚衆。唐太和五年，河陽節度使温造奏復懷州古秦渠及枋口堰以溉濟源、河內、温、武陟四縣田凡五千餘頃。勝覽云：「枋口水，隋盧賁、唐温造俱于此開渠灌口，亦名廣濟渠。」元史：「中統二年，自太行山下因沁口古跡置分水渠凡四，溉濟源、河內、河陽、温、武陟五縣民田三千餘頃，亘五百餘里達于河，仍名廣濟渠，未幾堙廢。天曆中復議疏濬，不果。」

馬頭溪，在縣東北八里。西有千工堰，六十餘泉俱入此溪。○天漿溪，在縣南二十里。源出軹城西南，其水二源，各出一溪，東北合流會泥溝水，又東與溴水合。九州記謂之玉漿澗。又七谷溝，在縣西百三十里。有七山之水合流於此，因名。

軹關，在縣西北十五里。關當軹道之險，因曰軹關。曹魏景初二年司馬懿時在汲，詔懿自軹關西還長安。晉永嘉二年羣盜王彌寇洛陽，大敗，遂走渡河，自軹關如平陽歸劉淵。咸和三年後趙石虎自軹關西入，擊趙之河東。永和六年苻健西入長安，遣其弟雄自潼關入，兄子菁自軹關入。太元十九年後燕慕容垂伐西燕，慕容永以太行道廣，疑垂詭道取之，乃悉斂諸軍屯軹關，杜太行口。又北齊主湛河清二年，遣斛律光築勳掌城于軹關，仍築長城二百里，置十二戍。宇文周保定四年楊檦與齊戰，出軹關，引兵深入，爲齊所敗。又建德四年韋孝寬陳伐齊之策曰：「大軍出軹關，方軌而進。」蓋自軹關出險趣鄴，前無阻險，可以方軌横行云。關今廢。

狐嶺關，在縣西。一名胡嶺關。宋紹定三年，蒙古史天澤攻金將武僊于衛州，僊敗走胡嶺關，天澤遂取衛州是也。

○郜原關，在縣西七十里。或曰故郜原縣蓋置于此，今有巡司。

白騎塢，在縣南湨水北原上。湨水東南流至此，有同水會之，塢據二溪之會，北帶深隍，三面阻險，惟西版築而已。東漢末賊將張白騎據此築塢，因名。宇文泰以權景宣守張白塢，此又白騎所築于崤澠間者，非此塢也。

苗亭。在縣西。水經注：溴水源出王屋西山，逕溴關南，歷軹關、苗亭西，亭故周之苗邑矣，又東流注河。苗亭蓋在軹關南。溴關，見山西垣曲縣。〔三〕

修武縣，在府東一百二十里。北至山西陵川縣百四十里。商爲甯邑，周曰修武，秦因之。漢高祖封功臣魏遬爲甯侯，尋置修武縣，屬河内郡。晉屬汲郡，後魏因之。東魏置廣寧郡，後周郡廢。隋屬懷州，唐初改屬殷州，貞觀初仍屬懷州，宋熙寧六年省，元祐初復舊。今編户六十二里。

甯城，在縣東。古甯邑，周武王伐紂勒兵于甯，因曰修武。定元年魏獻子焚于大陸，卒于甯。秦昭王十六年司馬錯攻魏，取軹及鄧。或曰鄧當作「甯」。又戰國策「秦攻魏，取寧邑」，亦即甯也。信陵君曰：「通韓上黨於共、甯。」韓非書「秦昭王越長平西伐修武」，蓋甯與修武通稱矣。漢二年定河内，軍於修武，尋置縣。後漢建武二年幸修武，自是修武縣皆治焉。唐中和二年魏博帥韓簡侵河陽，敗其帥諸葛爽於修武。明年復侵河陽，爽遣李罕之禦之，大敗簡於武陟是也。共，今見輝縣。○小修武城，在縣東四里。漢三年高祖自成皐北渡河，宿小修武傳舍，既得韓信軍，軍於小修武，即此。

山陽城，縣西北六十里。戰國時魏邑。秦始皇五年蒙驁伐魏，拔山陽城。八年封嫪毐爲長信侯，與之山陽地。漢置縣，屬河内郡。在太行山南，故曰山陽。曹丕奉漢獻帝爲山陽公，是也。晉山陽縣仍屬河内郡。後魏屬汲郡，孝昌中置山陽郡，尋罷。北齊廢山陽入修武縣。

雍城，在縣西。古雍國，周文王子所封。左傳：「郜、雍、曹、滕，文之昭也。」後漢志又有蔡城，蓋蔡叔之采邑。○攢城，在縣西北二十里。周襄王賜晉文公攢、茅之田，即此。旁有吴澤，亦曰大陸，今名大陸村。徐廣曰：「修武有茅亭。」括地志：在獲嘉縣東北二十五里。今屬衛輝府。又隤城，在縣西北。周蘇忿生封於溫，其田有隤、懷是也。左傳隱十一年：「桓王與鄭蘇忿生之田，有攢、茅、隤、懷。」

南陽城，在縣北。應劭曰：「晉始啓南陽。」今南陽城是也。水經注：「修城，故甯，亦曰南陽。」戰國策：「赧王四十二年魏割南陽與秦，實修武。」然則南陽其統名，而修武則魏之南陽地也。杜預曰：「晉山之南，河之北，故曰南陽。」馬季長曰：「晉地是朝歌以北至中山爲東陽，朝歌以南至軹爲南陽。」劉原父曰：「修武有古南陽城。」

天門山，縣西北四十里。諸山唯此最低，故名天門。其巖下可容百家，亦名百家巖。○溫峪山，縣北五十里。山北二十里有石峽，峭壁千仞，懸瀑下注，匯而爲潭，曰黑白二龍潭，亦名溫峪潭。又六真山，在縣北二十里。下有新河，西流入吴澤陂。水經注謂之陸真阜。

沁水，在縣西。萬曆中沁水決于武陟縣東之大樊口，縣首受水患，蓋縣地較之大樊口下十五丈餘，每秋水泛溢，多有淹溺民田之患。

預河，在縣南五里。積潦而成，東注于衛輝府之衛河。又新河，在縣西北二十里。自六真山下合黄母諸泉水，南流入於吴澤陂，唐大中間趙令所開。志曰：黄母泉在縣西北十五里黄母村，又有王烈、巧婦、馬鳴等泉，皆匯于新河。

吴澤陂，在縣北十里。左傳定元年：「魏獻子田大陸焚焉。」杜預曰：「即吴澤陂也。」東入獲嘉縣界爲太白陂，注于清水。又宣王陂，亦在縣北十里。孔子欲北之趙，嘗至此，後人以孔子追封文宣王而名。流合于吴澤陂。

承恩鎮，在縣西三十五里，又縣西二十里有待至鎮，皆以武王伐紂時所經而名之也。

仁亭。在縣境。後漢延熹二年，以誅梁冀功，封尚書令歐陽參爲仁亭侯是也。舊志：修武有仁亭。又廢山陽縣有曲亭，是時封尚書令張敬爲曲亭侯處。

武陟縣，在府東一百里。南至鄭州河陰縣五十里。漢山陽縣地，屬河内郡。隋開皇十六年析修武縣置武陟縣，大業初廢。唐初復置，兼置陟州。州旋廢，以縣屬殷州，貞觀初改屬懷州。宋因之。今編户七十四里。

懷城，縣西南十一里。隱十一年，王以隤、懷與鄭。後屬晉。宣六年赤狄伐晉，圍懷。史記：「趙成侯四年魏敗我懷。又魏安釐王九年，秦拔我懷。」竹書紀年：「秦師伐鄭，次于懷。」漢置懷縣，爲河内郡治。後漢建武初幸懷，元和三年北巡耕于懷。晉仍爲河内郡治。永嘉四年劉淵遣子聰等圍河内太守裴整于懷，陷之。别將郭默收餘衆自保，尋復入懷。建興三年劉曜攻默，默度河走新鄭。後魏亦爲郡治。景明三年魏主自鄴還至懷，與宗室近侍習射。東魏改屬武德郡，北齊廢。唐初復置，屬懷州。或云唐初懷州屬王世充，以州寄治於此，貞觀初廢。郡國志：「懷城在洛陽北百四十里。」水經注：「懷城東有殷城，劉聰以郭默爲殷州刺史，都督緣河諸軍事治焉。」元和志：「殷城在縣東十里。」

濁鹿城，今縣治也。漢山陽縣有濁鹿城，獻帝廢居于此。帝崩，葬於城西北十里，名曰禪陵。劉昭曰：「濁鹿城今名漢陵村。」章懷太子賢曰：「禪陵在修武縣北二十五里。」舊唐書：「武德二年李育德以修武東北濁鹿城歸順，因置陟州及修武縣於此。四年平王世充改爲武陟縣，仍廢陟州，修武仍移舊治。」是也。志云：今縣西四十五里有樊城，相傳樊噲屯兵處。又縣西南三十里有司馬城，相傳司馬卬故城。

沁河，在縣東。自河內縣流入，又南達于河。其入河之處名南賈口，支流復自縣北東引，灌田二千餘頃。後魏主子攸建義初，賊葛榮軍乏食，遣其黨任褒南掠至沁水。宇文周末尉遲迥起兵相州，楊堅使韋孝寬討之，軍于武陟，與迥隔沁水相持，蓋在此。明朝永樂九年沁河溢，淹没縣境田廬，詔修決口以禦之，蓋沁河多沙而横暴也。又有觀灘，在縣東四十五里沁河之北，舊爲決溢處。

蓮花池，在縣東北沁河東岸，地名木欒店。其相鄰者地名金坑墻，東去衛河百里。萬曆十五年沁從此決，衛輝府之獲嘉、新鄉俱受其患，時有議引沁入衛，既以殺黄河之勢，而衛河水盛，東注運河，足資其利，當因其決，不必塞也。科臣常居敬言：「沁河身闊里餘，穿太行而南注，濁流湍急，較黄河益甚。衛輝在沁河下流，地形卑下，横流一發，被災最遠，且臨清運道不能賴其清流之利，而每遭其淤阻之害，此前事可覆者也。蓋衛小沁大，其勢難容；衛清沁濁，其流必淤。木欒在沁河北岸，與大樊口相鄰，嘉靖三十五年從此横決，突入衛河，泥沙彌漫至臨清，逆流上擁，運河板閘至䡾關七十餘里淤塞難行。此患不專在於衛輝，而更貽患于漕者也。」於是復隄塞之，而引沁入衛之議始格。

候人亭，在縣西南。左傳成十一年「晉郤至與周争鄇田」，即此也。劉昭曰：「武陟縣有候人亭。」

永橋鎮，在縣西。宋白曰：「隋大業十一年移修武縣于永橋。」高齊有永橋大都督，蓋地近河陽，設以控三城之險。後入于宇文周。大象二年，韋孝寬攻尉遲迥于相州，至永橋城，城爲迥守，諸將請先攻之，孝寬曰：「城小而固，若攻而不拔，損我軍威。」因引兵壁武陟。武陟，即今縣地。

清化鎮。在縣東北四十里。近時賊在河北者由輝縣入清化鎮，即此。又寧郭驛，在縣西北二十里。

孟縣，在府西南六十里。北至山西澤州一百九十里。周武王會諸侯于孟津，是也。亦曰盟津。左傳隱十一年：「王以盟與鄭。」後屬晉，爲河陽。戰國屬魏，爲垣雍地。漢爲河陽縣，屬河内郡，高祖封陳滑爲侯國。晉仍屬河内郡，後魏因之。隋仍爲河陽縣，屬懷州。唐武德四年置盟州于此，八年州廢。顯慶二年改屬河南府，建中三年河陽三城節度使治焉。會昌三年置孟州，治河陽縣。宋仍曰孟州，亦置三城節度。金亦爲孟州。元屬懷慶路，明朝改州爲縣，以河陽縣省入。今編户三十一里。

河陽城，舊城在今縣西南三十里。春秋時晉之河陽邑，僖二十年「天王狩於河陽」是也。後屬魏。史記：「趙惠文王十一年，董叔與魏氏伐宋，得河陽於魏。」漢置縣，建武初帝幸河陽。晉仍爲河陽縣。後魏因之，太和中築河陽城。北齊置河陽關。後周建德六年滅齊，置河陽總管府，以地臨河津，特爲重鎮。隋置河陽宫於城内。唐仍曰河陽縣。劉昫曰：「河陽城臨大河，長橋架水，古稱設險。」乾元中史思明再陷洛陽，太尉李光弼以重兵守河陽。及雍王平賊，留觀軍容使魚朝恩守之，建中二年遂以河陽爲節鎮，會昌中中書門下因奏置孟州於此。元豐志云：「懷州南至河陽七十里，河陽東南至河陰百六十二里。金大定中城爲河水所壞，築城徙治，土人謂之上孟州；興定中復治故城，土人謂之下孟州。元初復治上孟州，即今治也。

河清城，在縣西南五十里。杜預曰：「左傳所云晉陰也。」〔四〕漢平陰縣地，晉及後魏爲河陰縣地，隋省河陰縣。唐武德二年置大基縣，屬懷州。八年省，咸亨四年復置，屬洛州。先天二年改曰河清，會昌三年改屬孟州，後仍屬河南府。宋移治于白坡鎮，仍曰河清縣。金人移縣于河南岸，改曰孟津。杜佑曰：「縣南臨黃河，城側有野水渡，置戍守之，亦謂之野戍。」乾元二年鎮西兵自相州潰還，段秀實時爲行營留後，屯懷，帥將士妻子、公私輜重自野戍渡河，待命于河清南岸，荔非元禮至而軍焉。又史思明見軍于河清，欲絕李光弼糧道，光弼軍野水渡以備之，因降其將李日越於此。

柏崖城，在故河清縣西三里。東魏侯景所築，隋末王世充以懷州僑治此。唐志：「武德二年於濟源西南柏崖城置懷州，四年移治野王。」是也。咸亨四年置敖倉于此，曰柏崖倉，容二十萬石。開元十年廢，二十二年復置。元和十年淄青帥李師道遣盜焚柏崖倉。○集城廢縣，在縣西南。唐初置，屬懷州，尋省入河陽。

中潬城，在縣西南黃河中央灘上，舊曰河中渚。水經注：「河中渚上有河平侯祠，河之南岸有一碑，題曰『洛陽北界』」。中潬城蓋在河中渚上，東魏元象元年築，歷代爲防拒之所。唐武德三年賊帥李商胡據孟津中潬，爲竇建德所滅。今廢。

無辟城，在縣東南。南齊書：「城在河橋北二里。」後魏孝文太和二十年廢其太子恂爲庶人，置於河陽無鼻城。水經注：「湨水南經無辟邑西，又南注于河。」無辟城亦爲無鼻城。或謂之無比城，又曰馬髀城，皆非也。

紫金山，在縣西八里。地宜麥，亦名麥山。唐太宗嘗獵於此。以其岡嶺稠疊，亦曰嶺山。輿程記云：「紫金山在今縣南三十里，其下即孟津。」

黄河，在縣西南三十里。南渡即河南孟津縣。河廣二里，亦曰富平津，亦曰陶渚，自古設險之所。太子賢曰：「孟津在河陽縣南門外。」胡氏曰：「河内北有太行之險，南據河津之要。」光武初拜馮異爲孟津將軍，統魏郡、河内兵于河上以拒洛陽是也。又有萬艘潭，在舊縣治南，潭水深平，爲舟楫輳泊之所。

冶坂津，在縣東南四十三里。郭緣生述征記：「冶坂城，春秋踐土也。」水經注：「河陽故城在冶坂西北。」魏土地記：「冶坂城舊名漢祖渡，城險固，南臨孟津。」劉宋景平元年魏主嗣寇河南，還至孟津，于栗磾造河橋于冶坂津，魏主遂引兵北濟，西如河内。元嘉七年宋人復取河南地，魏遣安頡擊到彦之，彦之遣裨將姚聳夫渡河攻冶坂，與頡戰，敗績于此。舊志：冶坂津在洛陽東北四十二里。

黄河關，在縣南黄河北岸。又縣西南有河陽古關，宋白曰：「河陽關，東魏置於中潬城。」

白坡鎮。在河清城東。或謂之白坡谷，後漢中平五年，黄巾餘賊郭大等起于河曲白坡谷，〔五〕寇太原、河東。胡氏謂孟津河西地。相近有東吴壘，晉永和中謝施嘗遣軍屯此，北人因以爲名。升平二年泰山太守諸葛攸帥水陸二萬擊燕，入自石門，屯于河渚，燕將慕容評等與攸戰於東吴，攸大敗，即白坡也。宋紹定四年蒙古攻金汴京，自河中而東由河清縣白坡渡河，汴京始困。

温縣，在府東南五十里。又東南至鄭州汜水縣二十五里。周畿内國，戰國時魏邑。漢爲温縣，屬河内郡，晉及後魏因之。東魏屬武德郡，北齊廢。隋復置，屬懷州。唐武德四年置平州，尋復舊，顯慶中改屬洛州，會昌中又改屬孟州。宋以後因之，明初改今屬。編户一十九里。

温城，故城在今縣西南三十里。周畿内國，武王時蘇忿生以温爲司寇是也。春秋莊十九年：「王子頽伐王不克，奔温。」僖十年：「狄滅温，温子奔衛。」二十五年：「襄王與晉温、原之田，明年晉會諸侯于温。」文元年：「晉侯朝王于温。」十六年：「晉侯會諸侯於湨梁，宴于温。」戰國時爲魏地。史記魏世家：「昭王十年齊滅宋，宋王死於温。又安釐王元年秦軍大梁下，予秦温以和。」漢置温縣于此。後漢初更始將朱鮪守洛，遣兵攻温，寇恂擊却之。唐徙治于李城。文德初河東帥李克用遣兵攻河陽，朱全忠命其黨丁會等赴救，河東將李存孝分兵逆戰于温，爲汴兵所敗，即今縣也。

李城，今縣治。戰國時秦攻趙邯鄲，李同帥其徒赴秦軍，秦軍退。同死，封其父爲李侯，邑于此。續漢志平皋縣有李城。晉永和五年石虎没，其下張豺擅命，虎子遵時出鎮關右，至李城舉兵趣鄴。城西南有李陂，淹地百餘頃，葭葦生焉。又有鳴雌城，在縣南。楚漢春秋：「漢高祖封善相者許負爲鳴雌侯。」此其食邑也。

黄河，在縣南二十里。自孟縣流入縣界，與河南府鞏縣接境。

濟水，在縣南。自濟源縣流入，經縣西南虢公臺下，又南注于河。○湨水，在縣西南。自濟源縣流入，達于河。又澇水，在縣北十里。積澇而成，流入湨水。

温潤渠，在縣東。隋開皇中刺史盧賁于河内决沁水爲利人渠，又流入温縣名温潤渠，以灌斥鹵之地。

虢公臺。在縣西南。濟水逕其北。相傳亦周封虢仲之地，亦曰虢公冢。俗名賀酒臺，司馬懿過故邑，集父老宴賀于此，因名。

附見

懷慶衛。在府城内。洪武六年建，轄左、右、前、後千户所四，及守禦衛輝千户所一。

衛輝府，東至北直開州二百三十里，南至開封府百七十里，西南至河南府二百六十里，西至懷慶府二百有六里，西北至山西澤州四百十里，北至彰德府一百三十里，東北至北直大名府三百二十里，自府治至京師一千四百里，至布政司見上。

禹貢冀州之域，殷紂所都。周既滅殷，分其地爲邶、鄘、衛。世紀："紂都朝歌，周滅殷，分殷都以北爲邶，西爲鄘，東爲衛。"朝歌，今北直濬縣之廢衛縣是。後以衛封康叔，居河、淇之間，故商墟也。春秋時邶、鄘皆入于衛。其後衛爲翟所滅，齊桓公更封衛於河南楚丘，見北直滑縣。而河内殷墟尋屬於晉。戰國屬魏。秦爲三川郡地，二漢爲河内郡地。曹魏置朝歌郡，晉改置汲郡，治汲。後魏因之。魏收志："郡治枋頭城。"枋頭，見北直濬縣。東魏置義州，後周改衛州。又分置修武郡。隋志："州郡俱置於朝歌縣。"隋初郡廢，仍曰衛州，大業初復爲汲郡。治衛縣，故朝歌也。唐復曰衛州治汲縣。天寶初亦曰汲郡，乾元初復故。宋仍曰衛州，亦曰汲郡。金因之，亦曰河平軍。大定二十六年以河患徙治共城，二十八年復故，貞祐三年又徙治胙城縣。元曰衛輝路，復治汲縣。明朝爲衛輝府。領縣六。

府南濱大河，西控上黨，稱爲衝要。戰國策：吴起謂魏武侯：「殷紂之國，左孟門，孟門山，見前太行山。右漳、釜，漳、釜，二水也。史記作「右太行」。前帶河，後被山。」史記作「常山在其北，大河經其南」。張儀説楚曰：「秦下甲攻衛陽晉，陽晉見山東曹縣，府境即衛地。必大關天下之胸。」蘇秦説趙曰：「據衛取淇，則齊必入朝秦。」蓋其地在天下中矣。後漢安帝時，朝歌賊甯季等作亂，虞詡出爲朝歌長，謁河内太守馬稜曰：「朝歌者韓、魏之郊，韓界上黨，魏界河内，俱接於太行，故云郊。背太行，臨黄河，去敖倉不過百里，見開封府滎陽縣。而青、冀之民流亡數萬，賊不知開倉招衆，刼庫兵，守成皋，斷天下右臂，此不足憂也。」

汲縣，附郭。本殷牧野地，漢置汲縣，屬河内郡。魏屬朝歌。晉爲汲郡治，後魏興和中爲義州治。北齊置伍城郡及伍城縣，後周郡廢，以伍城縣屬衛州。隋開皇六年改爲汲縣，仍屬衛州。唐初爲義州治，武德四年州廢，屬衛州，貞觀初徙衛州治此。今編户四十里。

汲城，在府城西南二十五里。秦紀：「莊襄三年蒙驁攻魏汲，拔之。」又始皇七年驁還兵攻汲是也。漢爲汲縣治，後漢崔瑗築汲城，即此。東魏興和二年恒農人率户來歸，因置義州於汲縣城中。魏收志「時置義州於汲縣陳城内，領伍城、義寧、新安、澠池、恒農、宜陽、金門等七郡二十八縣，」〔六〕蓋皆僑置于汲縣界。高齊時悉省入伍城郡。北史：「時分河内、汲郡二郡界扶風之地立義州，以置關西歸正之民是也。」後周書云：「魏大統六年陝州行臺宫延和等降於東魏，東魏以河北馬場爲義州以處之。」通典：「汲郡古牧野地，後魏太和十七年徙代畜於石濟之西，故有河北馬場。」又有懷義等屯，亦高齊于義州置，以給河南之費，蓋其地皆屬義州也。宋白曰：「衛州舊城，隋以前謂之陳城。」郡國縣道記云：「武王伐紂，于此列陳，故名陳，俗作『陣』。隋改伍城爲汲縣，移于今治。」今郡城周六里有奇。

邶城，在府東北。周武王克商，分其地爲邶、鄘、衛是也。又鄘城，在府東北十三里。通典：「新鄉縣西南三十二里有古鄘國城。」〇隋興城，在府北二十里。五代志汲郡有隋興縣，隋開皇六年置。尋又析置陽源縣。大業初以陽源縣并入隋興，唐初又廢隋興入汲縣。

延津城，在府南。戰國策謂之垝津。孔穎達曰：「即延津也。」漢建安中曹操遣于禁渡河守延津。晉永嘉中羣盜汲桑等破鄴，濟自延津，南擊兗州。城蓋後漢末所築，南臨河津，爲戍守處。一統志：「延津關在府東南二十五里，即延津城矣。」

蒼山，在府西北四十里。一名蒼岩山，亦曰青巖山，産岷石，上有龍潭。又府西三十里有仙翁山，一名神山。寰宇記：「縣東北五十里有博望岡，接内黄縣界。」内黄，今屬大名府。

黄河，舊在府東南十七里。東北流，南接胙城縣，北接北直濬縣界。宋時州西南有王供埽，〔七〕熙寧四年決王供埽，即此。詳見川瀆異同。

衛河，在城北一里。源發蘇門山，經新鄉縣北，又東至城北，又東北入大名府濬縣界。隋煬帝引之爲永濟渠，亦曰御河。宋志：「衛州東北有御河，直至乾寧軍，於此運軍食饋邊是也。」元人漕江、淮之粟達于河至封丘，陸運一百八十里至淇門入御河。永樂初衛士唐順言：「衛河南距黄河，陸運五十餘里，若開衛河距黄河百步置倉廒，受南方所運糧餉轉致衛河，公私兩便矣。」乾寧軍，今北直青縣，餘詳北直大川。

黑龍潭，在府城西。舊時黄河決溢，豬而爲潭處也。上有黑龍神廟。宋建炎二年岳飛大敗金人于胙城，又戰于黑龍潭，復大敗之。

衛關，在府南境。舊志：汲縣有衛關，亦大河津濟處。

淇門鎮，城東北五十里。唐大順初朱温寇魏博，分遣其將丁會等渡河取黎陽、臨河，龐師古等下淇門、衛縣。五代梁龍德二年與晉軍夾河相持，戴思遠襲陷衛州，又攻陷淇門及共城、新鄉等縣。九域志汲縣有淇門鎮。元人運道自封丘中灤鎮陸運至淇門。明初徐達定中原，規取河北，自中灤渡河，下衛輝至淇門鎮是也。黎陽等見大名府。

杏園鎮，在府城東南。舊爲黄河津濟處，設戍守。唐乾元初，郭子儀討安慶緒于相州，自杏園渡河至獲嘉，敗賊將安太清之兵。九域志汲縣有杏園鎮。

白公廟，在府東。宋紹定六年金主次於河北，遣其臣白撒攻衛州，不能克而還，蒙古將史天澤追敗之於白公廟。

牧野。在府東北。司馬彪曰：「北去朝歌十七里。」周武王伐紂陳師牧野，詩「會于牧野」是也。水經注：「自朝歌南暨清水，土地平曠，據臯跨澤，悉牧野矣。」又比干墓亦在焉。水經注：「朝歌南有比干墓。」魏主宏太和十八年自鄴南巡，過比干墓，祭以太牢是也。

胙城縣，府東三十五里。東北至北直滑縣九十里。古胙伯國，周公支子封此。春秋時爲南燕國，戰國屬魏。漢置南燕縣，屬東郡。東漢爲燕縣。晉省。石勒復置燕縣，兼置東燕郡。其後慕容德據之，改爲東燕縣。後魏因之，仍屬東郡。隋開皇十八年始曰胙城，屬滑州。唐、宋因之。金屬開封府，又改屬衛州，貞祐中移衛州治此。元還治汲縣，以縣屬焉。今編户三十五里。

東燕城，在縣西。春秋時之南燕也。左傳隱五年：「衛人以燕師伐鄭。」戰國屬魏。秦始皇五年蒙驁攻魏，拔燕、虚。秦爲燕邑。漢初盧綰、劉賈與彭越復擊破楚軍于燕郭西。又漢將王武反黄，程處反燕，曹參往擊，盡破之。孔氏曰：「黄，今内黄黄澤，燕即南燕也。」漢置南燕縣，後漢初爲樊儵封邑。晉省縣而城猶存，謂之東燕。光熙元年進東嬴公騰爵爲東燕國，蓋置於此城。永嘉二年石勒寇鄴，詔車騎將軍王堪屯東燕以拒勒，既而爲劉淵將劉景敗於延津。大興二年石勒將桃豹屯陳川，爲祖逖將韓潛所逼，退保東燕。升平二年故趙降將高昌保東燕，慕容儁遣兵攻克之。太和四年桓温伐燕不克，自枋頭奔還，以毛虎生爲東燕太守。沈約曰：「東燕郡，江左分濮陽置。」胡氏曰：「祖逖在豫州時置。」晉志「石虎分東燕郡屬洛州」，當即石趙時置也。後魏爲東燕縣，屬陳留郡，隋始改置胙城縣。寰宇記：「唐初于胙城縣置胙州，又析置南燕縣於此。州旋廢，仍以南燕省入胙城。」又舊胙城，在縣南。劉昭曰：「南燕有胙城，古胙國也。」隋蓋因以名縣。杜預曰：「燕縣西南有胙亭。」

新城，在縣西南。金志：「大定二十六年，衛州避河患，徙治共城，二十八年還治汲縣，貞祐二年城宜村，三年徙衛州治于宜村新城，五年以胙城爲倚郭縣，正大八年以石甃新城是也。」元初復還舊治。

桃城，在縣東三十里。戰國魏桃邑。赧王四十二年楚黄歇説秦拔虚、桃，虚與桃相近也。漢初封項襄爲桃侯，邑於此。又虚城，亦在縣東南，戰國時魏邑也。秦始皇五年蒙驁攻魏，拔燕、虚，此即虚邑矣。或以爲朝歌，悮。

黄河，舊在縣北。自新鄉縣流入境，接汲縣界，又東入大名府濬縣境。金時黄河屢决，河在縣南。元時自開封府原武縣决而東南流，北道之河遂絶。

文石津，在縣東北，舊爲大河津濟處。胡氏曰：「津在東燕之東北，枋頭之東南。」是也。晉永嘉四年石勒圍陳留太守王讚于倉垣，爲讚所敗，退屯文石津。六年石勒自葛陂北行至東燕，將渡河，聞汲郡向冰聚衆數千壁枋頭，恐邀之，從張賓言使支雄等自文石津縛筏潛渡，盡取其船，勒遂自棘津渡河，擊冰破之。今堙。倉垣見陳留縣，葛陂見新蔡縣。

硋磽津，舊在縣北。水經注：「河水自酸棗東北過延津，又逕東燕縣故城北爲硋磽津。」晉永嘉六年劉聰將趙固、王桑在山東，恐爲石勒所并，將歸平陽，自硋磽津西渡是也。

棘津，在縣北。黄河自新鄉縣界流經此，亦謂之石濟渠，故南津也。春秋僖二十八年「晉伐曹，假道於衛，衛人不許，還自南河濟」，即此津矣。亦謂之棘津。昭十七年晉荀吳帥師涉自棘津，用牲於雒，遂滅陸渾。晉永嘉六年石勒將圖河北，濟自棘津，擊破向冰於枋頭。永和八年戴施救冉智於鄴，自倉垣徙屯棘津。水經注：「河水經東燕故城北，有棘津之名，棘津蓋石濟南津也。」舊有棘津亭。寰宇記云：「津在汲縣南七里。」

石濟，舊在縣東北。水經注：「河水逕東燕故城北，有濟水自北來注之，即石濟也。」宋元嘉二十七年王玄謨將兵取河南地，攻滑臺，遣垣護之爲先鋒，帥百舸屯石濟。石濟在滑臺西南百二十里。及玄謨敗退，不暇報護之，魏人連戰艦斷河，絶護之還路。河水迅急，護之中流而下，遇連艦，以長柯斧斷其鐵鎖，魏不能拒。後魏太和十七年將遷洛陽，自河南城如虎牢，舍於石濟。十八年勅後軍將軍宇文福行牧地。福表石濟以西，河内以東，距河凡十里爲牧場，自代徙雜畜置其地，自是常畜戎馬十萬匹，正光以後始漸衰耗。十九年魏主自滑臺還洛，舍於石濟。又北魏主修永熙三年與高歡隙，遣汝陽王暹分兵守石濟，歡使其黨韓賢拒之。宇文周末尉遲迥以楊堅擅政，起兵相州，招東郡守于仲文，仲文不從，迥遣宇文胄自石濟、宇文威自白馬濟河，二道擊之。既而楊素攻殺宇文胄於石濟。今亦爲平陸矣。白馬，見大名府滑縣。

濮渠，在縣南。寰宇記：「渠在城南一里，自酸棗縣流入。」水經注：「濮渠東北經燕城南爲陽清湖，又經桃城南入濮陽縣。」濮陽，今北直開州也。

瓦亭。在縣東北。春秋時衛地，定八年公會晉師于瓦。杜預曰：「燕縣東北有瓦亭。」劉昭曰：「縣北又有雍鄉。」謝沉書「赤眉攻雍鄉」是也。○萬户營，在縣東南。志云：元末萬户陳榮置營于此，因名。

新鄉縣，府西五十里。本漢河内郡之獲嘉、汲二縣地，隋於古新樂城置新鄉縣，唐初屬義州，以後屬殷州，貞觀初屬衛州。宋因之，熙寧中省入汲縣，元祐初復置。今編户五十里。

新樂城，今縣治。晉太和五年燕慕容臧所築，元魏嘗以獲嘉縣治此，魏收志「太和中獲嘉縣治新樂城」是也。隋改置今縣。唐武德二年王世充使劉黑闥守新鄉，爲竇建德所獲。朱梁開平五年晉將周德威逼衞州，拔新鄉及共城。

獲嘉城，在縣西南十二里。本汲縣之新中鄉，漢武元鼎六年東巡至此，適滅南越得吕嘉首，因置縣。自漢以後縣皆治此，至隋始遷今治。

五陵岡，縣東北二十里。阜之大者有五，因名。又紅土岡，在縣北十里，俗傳爲紂師倒戈血流之所。

黄河，在縣西南。舊自獲嘉縣流入境，又東北經汲縣界。今自縣西南流入原武縣界。又縣境有漢隄。志曰：自獲嘉西南四十里至縣南，又東北至胙城縣，又北接汲縣，皆有漢古堤。

衞河，在城北。又東入汲縣界，或謂之清河。又清水，在縣西北。志云：清水出懷慶府修武縣西北，經獲嘉縣北六里，又東至新鄉縣西北侯家橋而入於衞河。

沁河，在縣西。今涸。一統志：「沁河故道自懷慶府武陟縣入獲嘉縣境，下接新鄉縣，又東北接汲縣界，北抵清河。」按沁河自武陟而東，從高入卑，勢如建瓴，府志稱衞輝浮圖最高，纔與沁水平，故萬曆十五年蓮花池之決，爲患甚烈，所當謹杜其端云。詳見武陟縣。

臨清關，在縣東黄河北岸。隋仁壽四年煬帝發民掘塹，自龍門抵臨清關。大業九年楊玄感作亂，自黎陽引兵向洛陽，修武民相率守臨清關，玄感不得渡，乃于汲郡南渡河是也。一統志云：「關唐所建。」悮。

延津關。舊在縣東南，所謂大河北岸之延津也。漢建安五年袁紹以顔良敗于白馬，自黎陽渡河追曹軍。沮授諫曰：「今宜留屯延津，分兵官渡。」謂此延津也。唐志新鄉縣有延津關。○李臺寨，在縣東南。志云：元末里民避兵之處。明朝改爲李臺驛，永樂中廢。

獲嘉縣，在府西北一百里。西南至懷慶府修武縣五十里。周之修武地，漢置獲嘉縣，屬河内郡。晉屬汲郡，後魏因之。後周置修武郡，隋廢郡，開皇末置殷州於此。大業初州廢，〔八〕仍屬河内郡。隋末王世充復置殷州。唐武德二年李厚德逐其殷州刺史以城來降。唐仍置殷州，貞觀初州廢，以縣屬懷州。宋因之，明初改今屬。編户二十七里。

北修武縣，今縣治。後魏末分修武縣置北修武縣，以故縣爲南修武縣，後齊省入南修武，復曰修武縣。隋開皇四年移獲嘉縣治此。唐武德五年世民擊劉黑闥軍至獲嘉，黑闥棄相州退保洺州是也。〔九〕○齊州城，在縣西南二十五里。志云：南北朝時嘗僑置齊州於此城，因以名。今亦名齊州村。

同盟山，在縣東北五里。相傳武王伐紂，與諸侯同盟處。

黄河，在縣南六十里。自武陟縣流經縣界，又東入新鄉縣界。

清水，在縣北六里。自輝縣流入，又東至新鄉縣而入衛河。○太白陂，在縣西北十里，其上流即吴澤陂也。自修武縣流入境，下流入於清水。

茅亭。括地志：「在縣東北二十里，周蘇忿生之邑也。周桓王與鄭攢、茅，襄王又以攢、茅與鄭，即此。」徐廣曰：「修武，故軹縣，有茅亭。」〔一〇〕

淇縣，府北五十里。北至彰德府湯陰縣六十里。漢河内郡朝歌縣地，唐、宋時衛縣之鹿臺鄉也。元初置淇州，又置臨淇縣爲州治，屬大名路。至元三年省臨淇縣，以淇州屬衛輝路。明初改州爲縣。今編户二十六里。

朝歌城，在縣東北。杜佑曰：「衛縣西二十里有朝歌古城。」括地志：「在衛州東北七十二里，即紂所都也。」左傳：「齊伐晉，取朝歌。」戰國時屬魏，秦始皇五年拔魏朝歌。漢因置朝歌縣，隋改曰衛縣。今見北直濬縣。近志云：縣東二十里有衛縣城，康叔所封。又云：今縣西南二十里有朝歌砦。

臨淇城，縣西北十里。東魏天平初置臨淇縣，屬林慮郡，北齊廢。隋開皇十六年復置，屬相州。唐廢。元初復置臨淇縣，爲淇州治，蓋因舊名也。志云：今彰德府林縣南七十里有臨淇城。○魏德城，在縣東。亦東魏天平二年置，屬林慮郡，北齊廢。

朝陽山，在縣西十五里。有巖石泉林之勝。又縣西南三十里有青巖，唐天寶末甄濟隱此，安禄山辟之不就。其上有水簾洞。又縣西北二十里有靈山，上有黑龍泉。又金牛嶺，在縣西十五里。

淇水，在縣西北三十里。山海經：「淇水出沮洳山。」水經：「淇水出隆慮縣西大號山。」杜佑曰：「出共縣之共山。」是矣。上流自彰德府湯陰縣流入，又東至大名府濬縣西而入衛河。淇水亦兼清水之名。○陽河，在縣西南三里。一名太和泉。自輝縣東流經縣界，東入衛河。相傳紂斮朝涉之脛於此，亦名斮脛河。

肥泉，在縣東。水經注：「淇水至朝歌東南，有馬溝水出朝歌城北，東南流合美溝水；美溝水出朝歌西北大嶺下，東南流與馬溝水合；又東南注於淇水爲肥泉。」詩曰：「我思肥泉。」爾雅：「歸異出同曰肥。」犍爲舍人曰：「水異出流行合同爲肥。」是水異出同歸矣。

淇園，在縣西北，地名禮河社。漢武帝塞瓠子決河，下淇園之竹以爲楗。東漢初寇恂爲河內太守，講武肄射，伐淇園之竹爲矢百餘萬。章帝建初七年幸淇園。今廢。瓠子河，見北直開州。

鹿臺，在縣東北。劉向曰：「朝歌城中有鹿臺，大三里，高千尺。」志云：今縣之南陽社有鹿臺，縣東北吴里社有鉅橋，皆殷紂積粟處。

黄橋。在縣西南。胡氏曰：「朝歌西有黄澤，澤水右入蕩陰縣之蕩水，謂之黄雀溝，橋當在溝上。」晉永康二年成都王穎起兵於鄴討趙王倫，前鋒至黄橋，爲倫黨孫會等所敗，即此。亦見北直内黄縣。

輝縣，在府西六十里。北至彰德府林縣百七十里。本共伯國，春秋時屬衛，戰國時屬魏。漢置共縣，屬河内郡，高祖封旅罷師爲侯邑。晉屬汲郡，後魏因之。東魏改屬林慮郡，後齊廢。隋復置共城縣，屬懷州。唐武德初置共州，四年州廢，以縣屬殷州，貞觀初屬衛州。宋因之。金大定中徙衛州治此以避河患，旋復舊，改縣曰河平，又改曰蘇門，貞祐中又置輝州治焉。元省蘇門入州，明朝改州爲縣。今編户五十二里。

共城，今縣治。春秋時衛邑。左傳隱元年：「鄭公叔段出奔共。」戰國策：信陵君曰：「通韓上黨於共、甯。」又云「河内共、汲」者也。秦滅齊，遷王建於共，餓而死。漢置共縣，高帝封功臣旅罷師爲侯邑。晉及後魏因之。寰宇記：「高齊嘗徙獲嘉縣治共城，蓋齊廢共縣也。隋改置共城縣，自唐至宋因而不改。」甯，見修武縣。

凡城，在縣西南二十里。周公子凡伯國。左傳：「凡、蔣、邢、毛、胙、祭，周公之胤也。」隱七年：「王使凡伯來聘。」唐初因析共城置凡城縣，屬共州，尋省。○王莽城，在縣西北八十五里。三城如鼎足，相傳王莽所築。又縣西南有鄧城，南北朝時所置城也。

重門城，在縣北二十里。魏主芳爲司馬師所廢，降爲邵陵公，築宮於河內重門，即此。又劉曜爲石勒所擒，謂勒曰："頗憶重門之盟否？"又有重門山，後魏太和初懷州民伊祁苟聚衆重山作亂，洛州刺史馮熙討平之是也。或曰即蘇門山之別名云。○山陽縣城，在縣西南七十里。本修武縣之重泉村也，清水源於此。金興定四年置縣，隸輝州。元省爲山陽鎮。

太行山，縣西五十里，連懷慶府界。有白陘，太行第三陘也。詳見前名山。

蘇門山，縣西北七里。一名百門山，有百門泉，泉通百道，衛風所詠"泉源在左"者也。或謂之百泉。左傳定十四年："晉荀寅、范吉射以朝歌叛，晉人敗鄭師及范氏之師於百泉。"宋建炎元年王彥與金人戰，敗保共城西山，即蘇門山云。衛水源於此。○共山，在縣北七里。亦名九峰山，又謂之共北山，蘇門之別阜也。杜佑曰："淇水源出於此。"又方山，志云：在縣西十里。山方正而上下平坦。

白鹿山，縣西北五十里。與太行連接，長泉水出焉。東晉太元十七年丁零翟釗爲慕容垂所敗，自滑臺北濟河登白鹿山，憑險自守處也。○黑鹿山，在縣北四十里。水經注謂之黑山，清水出於此云。

黃河，舊在縣南。宋熙寧六年，內侍程舫言"得共城縣舊河漕，若疏導入三渡河，可灌西坑稻田"，即此。志云：三渡河在縣西四里。源出百泉，南流入衛。

衛水，在縣城西北。源出蘇門山，謂之搠刀泉，南流入新鄉縣境。宋志："衛河源出百門泉。"是也。漕河攷"衛河自山東臨清而下，每遇淺澀，蓋因發源之處建有仁、義、禮、智、信五閘，壅泉灌溉民田，以致水不下流，合於糧運時將五閘封閉，俾水盡歸運河，餘月或從民便」云。

清水，在縣西南七十里。有重泉並注，東流經獲嘉縣境下流合于衛河。○長泉水，在縣西。出白鹿山，東南伏流一十三里至鄧城西北，重源濬發，世亦謂之重泉水。南逕鄧城，又謂之鄧瀆，亦謂之白屋水。司馬懿征公孫淵，還達白屋，即此水也。又東注於清水。

侯趙川，在縣西北三十里，接彰德府湯陰縣界。四面皆山，中甚平曠，即蘇門之北麓，本無川也。宋建炎元年岳飛破金人於新鄉，復其城，又敗金人於侯趙川，引軍益北，戰於太行，又敗之。

侯趙川關。縣西北七十里，又閘子口關在縣西七十里，俱有巡司。其相近者又有馬武塞，蓋皆太行之要隘也。

附見

守禦衛千户所。在府城西。洪武二十三年置，屬懷慶衛。

彰德府東至北直大名府二百二十里，南至衛輝府一百九十里，西南至山西澤州三百二十里，西至山西潞安府三百里，北至北直廣平府一百八十里，自府治至京師一千二百里，至布政司三百六十里。

禹貢冀州之域，殷河亶甲居相，即此。春秋爲晉東陽地，戰國爲魏之鄴地，後屬趙。秦爲邯鄲郡地，漢爲魏郡。治鄴，見臨漳縣。東漢末冀州徙治焉，曹魏以受封於此，稱爲鄴都。晉仍爲魏郡，屬冀州。後趙石虎、前燕慕容儁並都鄴。苻堅滅燕，亦移置冀州，治鄴。魏仍爲魏郡，兼置相州，魏主珪取河亶甲居相之義，置州名相。東魏都此改司州，以魏郡太守爲魏尹。北齊又都之。改魏尹爲清都尹。後周仍置相州及魏郡，周末移治安陽城。隋初廢郡，煬帝復改相州爲魏郡。唐仍曰相州，天寶初改爲鄴郡，至德二載安慶緒據此，僞改安成府。乾元初復爲相州。五代梁乾祐五年分天雄軍置昭德軍節度於此，明年入晉，仍合於天雄。五代晉天福三年置彰德軍。兼領澶、衛二州。宋仍爲相州，亦曰鄴郡及彰德軍。金爲彰德府，元曰彰德路，明初復爲彰德府。領州一，縣六。

府山川雄險，原隰平曠，據河北之襟喉，爲天下之腰膂，春秋晉之東陽地也。左傳襄二十二年：「齊侯伐晉，趙勝帥東陽之師以迫之。」杜預曰：「東陽，晉之山東，魏郡、廣平以北是也。」戰國魏得其地，雄於三晉。後入於趙。范睢謂秦王：「弛上黨以臨東陽，則邯鄲口中蝨也。」又國子曰：「兼魏之河南，絶趙之東陽，則趙、魏亦危矣。」其後謂之鄴。燕太子丹曰：「今秦舉兵臨趙，王翦數十萬之衆距漳、鄴，而李信出太原、雲中，趙必不支秦。」兩漢以來，魏郡稱爲雄固。袁紹竊據於此，既而曹公擅有之，訓兵積粟，雄長中原。左思魏都賦：「爾其疆域，則旁極齊、秦，結湊冀道，開胸殷、衛，跨躡燕、趙，山林幽映，川澤回繚。」晉永嘉末張賓謂石勒曰：「鄴有三臺之固，西接平陽，山河四塞，宜北徙據之，時石勒在葛陂，故云北徙。葛陂，見新蔡縣。以經營河北。」勒遂引兵渡河。勒至鄴，會劉琨兄子縯方鎮鄴，保三臺以自固，諸將欲攻之，賓復曰：「三臺險固，攻之未易猝拔。」乃進據襄國。今北直順德府也。其後石虎自襄國徙都鄴。慕容氏亦雄據於此。拓跋孝文之去代遷洛也，經鄴，登銅雀臺。其臣崔光進曰：「鄴城平原千里，漕運四通，有西門、史起舊迹，可以富饒，請都之。」及高歡自趙州入鄴，一戰而霸業遂成，既篡魏權，挾其主東遷，是時兵力雄盛十倍於關西矣。周末尉遲迥舉相州之衆問罪楊堅，西方震動，韋孝寬僅而克之。及隋末，羣雄角逐，起於河北者未嘗不起爭相、鄴，蓋馳逐中原，鄴其綰轂之口矣。唐天寶亂起，再犯關、洛，相州每當其衝。安慶緒偷息於此，猶足以抗九節度之師。田承嗣恣睢自擅，天雄兵力，爲河北最者，豈非相州形勝有以助之歟？朱梁之季，猶爭相州以圖河北。劉知遠之自立於太原也，契丹亦知置軍彰德以扼要害。時契丹猶據汴，乃分屯昭義、彰德、河陽以備太原之師。宋靖康初，女真將粘没喝犯澤州，种師中議由邢、相捷出上黨，擣其不意，當可以逞，不果。夫相州脣齒澤潞，臂指邢洺，聯絡河陽，襟帶澶、魏，其爲險塞，自關以東當爲弁冕。或以地氣偏殘，人情險詖而少之，豈篤論哉？又漳水在鄴，富饒所資也。史記：「魏西門豹爲鄴令，鑿十二渠以富民。」鄴西有十二墱，亦名西門渠。漢溝洫志：「史起爲鄴令，引漳水溉鄴以富魏之河内。」漢武帝元初二年修理西門豹所分漳水爲陂流以溉民田。曹公建安十八年鑿渠引漳水入白溝以通漕。白溝即衛河。見大名府。東魏天平中決漳水爲萬金渠，亦曰天平渠。唐咸亨三年又引爲金鳳、菊花諸渠以溉鄴南。詳見臨漳縣。宋天聖四年王沿上言：「魏史起爲鄴令，鑿十二渠引漳水溉田，歷漢、魏、齊、隋不絶。唐至德後其渠遂廢，今相、魏、磁、洺之田並漳水者，斥鹵不可耕，又取爲牧地，民益困。請募民復十二渠，渠復則水分，無奔決之患，可以富數郡之民。」詔河北漕司規度，而議者謂漳水岸高難開導，渾濁不可溉田。沿又奏：「渠田起於戰國魏襄王時，前載但言灌溉之饒，不言疏導之法，唯相州圖經載天井堰魏武所作，凡十二里，分十二墱，相距三百步，互相灌注，故魏都賦云『墱流十二，同源異口』。水經注：「魏武遏漳水迴流東注，號天井堰，作十二墱，一源分十二流，皆懸水門。」陸氏鄴中記：「水所溉之處名曰晏坡澤。」然則爲渠之法，必就高阜鑿岸爲渠，截流爲堰，然後行水數里，方至平田。若渠開二十四丈，則作堰之功可損其半，日役萬人，五十日而罷；若采峄山之石，見大名府濬縣。取磻陽之木，見林慮縣。給利成之鐵，相州有利成鐵冶。用鄭、白渠之法，鄭、白渠，見陝西西安府。扼中流以作堰，下流大渠分置斗門，餘水東入於御河，或水盛溢則下板閉渠以防奔注，復三百年之廢迹，溉數萬頃之良田，雖勞不可已也。」議卒不行。後沿爲河北轉運使，導相、衛、邢、趙、天平、晏陂諸渠，晏陂即天井堰。溉田至數萬頃。

安陽縣附郭。本紂之朝歌地，七國時爲魏寧新中邑。徐廣曰：「寧，一作『曼』。」秦昭襄王五十年王齕從張唐拔之，更名安陽。漢省入蕩陰縣，昭帝封上官桀爲侯邑。晉始置安陽縣，屬魏郡。後魏又并入蕩陰，後復置，屬汲郡。後周末自故鄴城移相州治此，亦曰鄴縣，隋開皇十年復曰安陽。今編户八十四里。

相城，在府西。帝王世紀：「河亶甲居相。」今城西北五里洹水南岸有河亶甲城，即相城矣。隋開皇十年分安陽置相縣，大業初復廢。唐初仍置相縣，武德五年廢。志云：相城在府西十五里。又有殷太甲舊都，在故鄴城西南。○魏郡城，劉昫曰：「在安陽西北七里，漢郡治此。」

安陽城，在府西北。魏寧新中邑也。史記「楚考烈王六年，秦圍趙邯鄲，楚遣將軍景陽救趙，七年至新中」，即此。秦曰安陽。始皇十六年桓齮攻趙，取鄴、安陽。晉土地記：「安陽城在鄴城南四十里。」永安初東海王越奉乘輿討成都王穎，前鋒至安陽。永和五年後趙石遵舉兵河内，自蕩陰進至安陽。太和五年苻堅伐燕，自帥精鋭發長安，趣洛陽，七日而至安陽。太元八年慕容垂謀復燕祚，自河陽趣鄴至安陽是也。魏收志：「天平初安陽、蕩陰俱并入鄴縣，後復置郡。」郡志：安陽凡四遷，秦縣在今府城東南四十三里，晉置縣於今西南，隋開皇十年復徙於洹水。

永定城，在府城東四十里，與大名府内黄縣接界。本晉之長樂縣，屬魏郡，後廢。隋復置，開皇十八年改曰堯城。唐因之，屬相州，天祐中改曰永定。梁省，開平中曰長平，後唐同光初復曰永定。宋天聖七年避真宗山陵名改永和，熙寧七年始爲鎮。舊城志云：永定城東有鯀堤，鯀治水時所築，以捍孟門溢河。今謂之三刃城。

防陵城，在府南。戰國時魏邑。史記：「趙廉頗攻魏，拔防陵、安陽。」孔氏曰：「安陽南有防水。」防陵蓋以水爲名。防水，今見湯陰縣。○靈泉廢縣，在府西南。後周置靈泉縣，屬相州，隋因之，唐武德四年廢。靈，唐志作「零」。

韓陵山，在城東北十七里。北魏主嗣泰常八年自代至鄴，畋於韓陵山。普泰二年爾朱兆等攻高歡於鄴，歡于韓陵爲圓陳，連繫牛驢以塞歸道處也。俗名七里岡。舊有栗園在山東北，高歡與爾朱兆戰，高敖曹以千騎自栗園出，横擊兆軍是也。

蒙賫山，在府城西南二十五里。後魏孝文遷洛陽，於此頒賫從臣。又寶山，在府西南四十里。産白石，人取以爲器。銅山，在府西北四十里，舊産銅。○龍山，在府西四十里。周十里，高五里，洹水出焉，左思魏都賦所云「虎澗、龍山」也。又高望山，在府西北八十里。山最高，可以遠望。

藍嵯山，在府城西。晉書注：「安陽境有藍嵯山。」杜佑曰：「山在安陽。」後漢建安九年袁尚自平原還救鄴，依曲漳爲營，操圍之急，尚遁保藍口，蓋藍山之口也。或謂之祁山。諸葛武侯謂曹操「危於祁連」者，蓋即藍口之戰云。

愁思岡，在城西南二十里。魏曹植嘗悲吟于此，因名。薛居正曰：「在湯陰縣界。」郭子儀討安慶緒，拔衛州，進軍向鄴，慶緒收餘兵拒戰於愁思岡。石晉末契丹入汴，執晉少帝及母后、輔臣，尋還北至此，登岡飲酒，因訛爲愁死岡。○野馬岡，在城西三十里。岡側有澗曰彪澗，亦曰虎澗。又有黄衣水，在岡東南，注萬金渠入於鸕鷀陂。陂在臨漳縣境。

安陽河，在府北四里。本名洹水，出林縣西北林慮山中，東流經府境，又經臨漳縣西南達北直成安縣界，至内黄縣界永和鎮而入衛水。左傳「叔孫聲伯夢涉洹水」是也。蘇秦説趙肅侯：「令天下將相會于洹水之上。」曹操攻鄴，進軍至洹水。又爾朱兆等攻高歡于鄴，夾洹水而軍。馬燧討田悦，亦夾洹水而戰。一名安陽河，唐乾元二年九節度之師與史思明戰于安陽河北，潰還。石晉開運二年契丹入寇相州境，晉軍陳於安陽水南是也。既而契丹陳於安陽水北，復逾水環相州而南至湯陰，晉軍馳救乃還。胡氏曰：「洹水經安陽縣而東流，謂之安陽河。」

漳水，在府北四十里。自林縣東流經此，又東北接臨漳縣界，清漳水流合焉。史記：「趙成侯二十四年，魏歸我邯鄲，與魏盟于漳水上。」水經注：「後漢建安十八年曹公鑿渠引漳水東入清、洹以通河漕，名曰利漕渠。」是也。詳見北直大川。

萬金渠，在府城西。本東魏之天平渠，唐咸亨三年復浚之，自府城西南寶山而東，分注東南以灌溉。唐志：「堯城北四十五里有萬金渠，引漳水入故齊鎮渠以溉田。」

高平渠，在府東南二十里。唐咸亨中相州刺史李景引安陽水東流溉田入廣潤陂，謂之高平渠。宋韓琦判相州再疏之，置水磑，改曰千金渠。其水遶城而流。志云：廣潤陂在府東二十二里，隋刺史梁士彦引湯陰縣之湯、羑二水入陂以溉田。

水冶渠，府西四十里。後魏引水鼓鑄於此，因名。其水東北流入洹水，溉田數百頃。○廣遂渠，在府西南四十里。渠中水湧，四時不竭。亦名珍珠泉，民藉以溉。又湯池，在府城外。晉太元八年苻堅命慕容垂擊丁零翟斌于新安，垂自鄴行至安陽之湯池是也。

殷墟，在府城北。汲冢古文：「盤庚自奄遷北冢，〔二〕曰殷墟。」虚與墟同。國都城記：「安陽城一名殷中，即北冢也。」相州圖經：「安陽，紂都也。」戰國策曰：「紂聚兵百萬，左飲淇水竭，右飲洹水不流。」今邑在二水間。史記云「二世二年項羽與章邯盟洹水南殷墟上」，亦即此矣。水經注：「洹水東經殷墟，或以爲即戰國時之虚邑。」虚邑，見前胙城縣。奄，見山東曲阜縣。

尾尖寨，在府東北。地當衝要，徑路險隘，昔因置寨于此，以扼相、魏之郊。明朝建文三年，燕兵在大名，南軍據尾尖寨，梗燕餉道，燕王遣兵從間道擊破之。

古壘，在府北十里。南北斜長五里。唐郭子儀等九節度圍安慶緒於相州時營壘於此。

安陽橋。在府北四里安陽河上。石晉開運二年契丹犯相州，晉軍陳於安陽河南，既而諸軍東趣黎陽，留步卒五百人守安陽橋。知相州符彦倫以橋非五百人所能守，召入乘城爲備。至曙，契丹果數萬騎陳于安陽水北是也。一統志云：「安陽橋舊名鯨背橋。」

臨漳縣，在府東北一百十里。東至北直魏縣九十里，北至北直成安縣八十里。漢魏郡鄴縣地，晉建興初諱鄴，改爲臨漳，時鄴已陷於劉聰，石趙仍稱鄴縣。東魏天平初分置臨漳縣，屬魏郡。唐屬相州，會昌三年省入肥鄉縣，尋復故。今編户三十九里。

鄴城，在縣西二十里。春秋時齊桓公所置，管子曰「築五鹿、中牟、鄴以衛諸侯」是也。後屬晉。魏文侯七年始得其地，改曰魏，尋復爲鄴。安釐王十九年使晉鄙救趙邯鄲，畏秦之强，止壁于鄴。史記：「趙悼襄王六年魏與趙鄴。九年秦攻鄴，拔之。又秦始皇十一年王翦等攻鄴，取八城。」漢高十二年置魏郡，治鄴縣。後漢初更始將謝躬屯鄴，光武使吴漢等襲鄴斬躬，悉降其衆。建初七年帝幸鄴。初平二年袁紹自爲冀州牧，鎮鄴。建安八年曹操敗袁譚、袁尚於黎陽，追至鄴，收其麥。九年操攻鄴，爲土山地道以攻之。既而毁土山地道，鑿壍圍城，引漳水灌之，尋拔其城。十五年建鄴都，作三臺。曹丕篡位，號爲五都之一。晉仍爲魏郡治，惠帝時成都王穎鎮鄴，太安二年舉兵逼洛陽。和安初幽州都督王浚討潁入鄴，〔三〕大掠而去。永嘉初羣盜汲桑、石勒等攻鄴，殺新蔡王騰，焚鄴宮，火旬有五日方滅。建興初勒復使石虎攻鄴，鄴潰，勒使桃豹守之，尋使石虎鎮焉。咸和六年勒營鄴宮，咸康初石虎徙都焉。升平初慕容儁亦都之。苻秦滅燕，仍爲冀州治。太元九年慕容垂叛秦攻鄴，拔其外城，苻丕退守中城。十年晉將劉牢之等救鄴，尋入鄴城。既而丕復守之，尋棄鄴如晉陽，慕容垂取之。二十一年拓跋珪遣拓拔儀等攻燕鄴城，慕容德守鄴，魏人不能克。隆安初魏克中山，益兵攻鄴，慕容麟說德曰：「魏乘勝攻鄴，鄴城大難固，且人心恇懼，不如南趣滑臺，阻河爲境，伺釁而動，河北庶可圖也。」德從之，拓跋儀乃入鄴，珪因置行臺於此。太和十七年將遷洛都，因巡省至鄴，築宮於鄴西徙居之。十九年復如鄴。孝昌二年鄴城叛降于葛榮，復討平之。既而榮再攻鄴，建義初爾朱榮擊破榮於鄴北，盡降其衆。永安二年魏主使爾朱世隆鎮鄴。普泰二年高歡起兵信都，進圍鄴，拔之。魏主朗自信都入居鄴，爾朱兆等來攻，歡大敗之于鄴西，遂南入洛陽，還鎮鄴。天平初歡遷魏主都此，二年作新宫于鄴，築鄴南城，周二十五里。元象二年復城鄴。北史：「鄴有南北兩城，高歡遷其主善見至鄴，居北城。明年，改築南城而居之。其後高洋篡位，亦居南城。」後周建德六年滅齊，置六府于鄴城。宣政初移六府于洛陽，以相州爲總管府。大象二年尉遲迥起兵討楊堅，堅使韋孝寬擊平之，乃焚燒鄴城，徙其居人南遷四十五里，以安陽城爲相州理所，仍治鄴，而改舊鄴縣爲靈芝縣。隋開皇十年復鄴縣爲安陽，而靈芝仍爲鄴縣，縣治即故鄴都之大慈寺。唐貞觀七年築鄴縣治所小城，仍屬相州。宋熙寧六年省入臨漳。鄴城舊有七門：南曰鳳陽門，晉永和五年後趙石遵自河内舉兵趣鄴，入自鳳陽門，升太武前殿，斬張豺于平樂市，明年趙將孫伏都等起兵誅冉閔不克，屯于鳳陽門，閔毁金明門擊斬伏都等」，中曰中陽門，亦名章門」，次曰廣陽門」，東曰建春門」，北曰廣德門」，次曰廐門」，西曰金明門，亦曰白門，晉永和三年石虎命其子宣祈禱山川，戎卒十八萬出自金明門，虎從後宫登凌霄觀望之，即此門也。其城東西七里，南北五里。又有宫城，東魏所建也，在南城中。城周六里。正南門曰朱雀門，其内曰閶闔門。天平二年作新宫。既而閶闔門災，武定五年慕容紹宗擒梁蕭淵明至鄴，魏主升閶闔門受俘。又北則雲龍門，武定八年魏主禪位於高洋，洋出雲龍門入北城。鄴都記：「魏以閶闔、雲龍爲宫門，皆倣洛陽之舊是也。」其東曰萬春門，西曰千秋門。又有神虎門，武定五年魏主謀誅高澄，于宫中作土山地道向北城，至千秋門，門者覺之以告澄，澄因勒兵入宫，幽其主於含章堂。齊武平初高儼斬和士開于神虎門，帥兵屯千秋門。其後莫多婁敬顯等謀伏兵千秋門，斬高阿那肱不克處也。北門亦曰玄武門。周大象二年悉皆焚廢，今俗名故鄴城曰鄴鎮。邑志云：今縣城，明朝洪武十八年縣爲漳水衝陷，因移今治。城周四里。西南去舊城十八里，去故鄴城幾四十里云。

汙城，在故鄴縣西。水經注：「汙水出武安縣山，東南流經汙城北，又東入于漳。」顏師古曰：「汙水在鄴西南。」項羽擊章邯，軍于汙水上，大破之是也。又司馬彪曰：「鄴西有九侯城，紂三公國於此。」一作「鬼侯城」。隋圖經：「九侯城在磁州境。」括地志亦云：「滏陽西南五十里有九侯城。」

平陽城，縣西二十五里。史記：「秦始皇十三年桓齮攻趙，敗趙將扈輒于平陽，明年取平陽。」漢初靳歙將兵别下平陽。又袁尚救鄴，循西山來，東至陽平亭，去鄴十七里，即平陽也。括地志：「臨漳縣西有平陽故城。」又高陵城，在縣東。邑志云：在縣東南三里。戰國時樂毅聘魏，魏封爲岡陵君，即此。後訛爲高陵城。

講武城，在故鄴城北漳水上，磁州南二十里亦有講武城，皆曹操所築也。又操有疑冢凡七十二處，在漳水上，自講武城外森然彌望，高者如小山，布列直至磁州而止。

伯陽城，在縣西北。戰國時魏邑。史記：「趙惠文王十六年樂毅將趙師攻魏伯陽。」十九年趙與魏伯陽。括地志：「伯陽城在相州鄴縣西，即漢之邯會縣也。」邯會，今見北直肥鄉縣。

東崗山，在縣西南十五里。東魏高澄鑿池遊玩于此，其後往往爲遊宴之所。亦謂之東山，舊在鄴東也。又北史：「武定初魏主畋於西山。」說者曰：鄴無西山，蓋即邯鄲之西山。

紫陌，在故鄴城西北五里，行旅往來必經之地也。水經注：「漳水東出山，過鄴，又北逕祭陌西。戰國時俗巫爲河伯娶婦，祭於此陌。」田融以爲紫陌，石趙建武十一年造紫陌浮橋于水上。其後慕容儁入鄴，投石虎尸于漳水，尸倚橋柱不流處也。後魏永安末，高歡建義克鄴城。爾朱兆等會軍攻鄴，歡出頓紫陌，尋敗兆兵。東魏武定三年，高歡自晉陽入朝于鄴，百官迎于紫陌。齊天保七年南巡晉陽，百官辭于紫陌。八年齊主在晉陽，徵其弟上黨王渙于鄴，將殺之，渙至紫陌橋逸去。後周建德六年伐齊，師至紫陌橋是也。又有紫陌宮，石虎所建，齊高洋復修，爲濟口，巡遊往來，百官祖餞，皆集於此。○顯原陵，在故鄴城西，石虎虛葬處，岡阜陂陀，隱然陵麓。

漳水，在縣西。有二源：一出山西潞安府長子縣發鳩山，曰濁漳，東流入府界，過林縣北，又東經安陽縣北，至縣西而合清漳；一出山西太原府平定州樂平縣少山，曰清漳，歷遼州、潞安府境入府界，經涉縣及磁州南，又東南至縣西合于濁漳。其相合處謂之交漳口，並流而東，至縣南，又東北入北直廣平府成安縣境。後漢建武二年遣吳漢擊檀鄉賊于鄴東漳水上，大破之。又曹操圍鄴，於城西引漳水堨以灌城。魏志：「操圍鄴，鑿塹周四十里，初令淺狹，示若可越，守者笑之，不出爭利，操一夜濬之，廣深二丈，引漳水灌之，城中大困。既而袁尚自平原還救鄴，戰敗，依曲漳爲營，操擊走之。」晉太元九年慕容垂攻鄴，亦引漳水灌城。唐郭子儀圍安慶緒于相州，亦築壘穿塹，擁漳水灌之。又有漳渠，在鄴西紫陌橋下，謂之天井堰，亦曰西門渠，以西門豹所鑿也。其後史起復修之，故魏都賦云：「西門溉其前，史起灌其後。」漢元初二年復修故渠以溉田。魏武又于鄴西二十八里堰爲渠，東入鄴城，經宮中又東注爲南北二溝，夾道東出石竇下注隍水，名曰長明溝。典略：「建安十八年曹公作金虎臺於其下，鑿渠引漳水入白溝以通漕是也。」及東魏都鄴，興和三年築漳濆堰，自隋及唐皆引漳穿渠以資灌溉，宋天聖末亦嘗修浚。明朝洪武十五年漳水決溢爲民患，永樂九年復決于張固村，北合于滏陽河，尋修塞之。今有宴公堤在縣南二里，東西長四十五里，又有障城隄在縣西南十五里，皆以衛漳水之決溢。

滏水，在縣西十五里。亦曰滏陽河。源出武安縣東滏口山，泉源沸湧若釜水之湯湯，故以滏名。經磁州而東南流至縣西北入漳河。袁尚救鄴，循西山東至陽平，去鄴十七里，臨滏水爲營。胡氏曰：「滏水在鄴北，魏都賦所云『北臨漳、滏』也。」永樂中漳河自張固村決入滏水，暴流洶湧，境內田廬悉被其患。成化中漳水復挾而東南出，滏水之舊流幾絶。

洹水，在縣西南四十里。自安陽縣流入縣境。水經注：「洹水東北流經鄴城南，又分爲二水，北逕東明觀下。」是也。

萬金渠，在縣西南。東魏天平中浚漳水爲萬金渠以溉田，亦謂之天平渠。○菊花渠，在縣東南四十里，自故鄴縣引天平渠水溉田，屈曲三十里。其北三十里有利物渠，自磁州下流入廣平之成安縣，皆取天平渠水以溉田。唐咸亨四年廣平令李仁綽所開。

金鳳渠，在縣南五里。唐咸亨三年引天平渠下流東至金鳳臺側，又東出以溉田。又有百陽渠，在縣西南四十五里，亦自天平渠引漳水南入安陽縣界。亦曰安陽渠。

石瀆堰，在鄴城東。魏武引漳水入鄴城，又東出爲石竇堰是也。晉永和六年冉閔之亂，後趙將張賀度據石瀆，即石竇矣。

三户津，孟康曰：「在鄴西三十里。」水經注：「漳水東逕三户峽爲三户津。」秦二世三年楚項羽使蒲將軍引兵渡三户，軍漳南，擊章邯是也。

蒲池，在故鄴城外。燕慕容儁嘗與羣臣宴會於蒲池。晉太元八年慕容垂謀復燕，舉兵河内，慕容農等自鄴中出至蒲池奔列人是也。列人，見北直肥鄉縣。又玄武池，在故鄴城玄武苑中。漢建安十三年曹操鑿池以肄舟師。

鸕鷀陂，在縣東北二十里。又東北二十里有毛象陂。隋圖經：「鄴縣有黄衣水，經野馬岡東南注萬金渠入鸕鷀陂，又東北入毛象陂。鸕鷀陂廣袤各十五里，毛象陂周五里，洹水漲則入鸕鷀陂而注於毛象陂。」

三臺，在故鄴城内西北隅。因城爲基，巍然若山，漢建安十五年曹公所築。中曰銅雀，南曰金虎，北曰冰井，左思所云「三臺列峙以峥嶸」者也。晉永嘉二年劉淵遣石勒等寇鄴，殺魏郡太守王粹於三臺。六年石勒自棘津濟河，長驅至鄴，時劉琨以兄子縯爲魏郡太守，縯保三臺以自固，勒諸將欲攻之，張賓曰：「三臺險固，攻之未易猝拔，舍而去之，彼將自潰。」乃進據襄國。咸康初石虎徙鄴，名銅雀曰鸛雀臺。是年臺崩，虎修之倍於其舊。鄴志：「舊臺高十丈，虎更增二丈，又築九華宮於其上。」永和五年，石閔執其主遵於南臺殺之。南臺即金虎臺也。繼而石鑒立居於中臺，復爲閔所殺。八年晉將謝施救魏，入鄴助守三臺。升平元年慕容儁徙都鄴，復作銅雀臺，以兵亂圮毀也。齊高洋天保七年修廣三臺宮殿，發丁匠至三十餘萬，歷三年乃成。九年更名銅雀曰金鳳，金虎曰靈應，冰井曰崇光。高湛河清二年以三臺宮爲大興聖寺。後周建德六年周主親將兵趣鄴，時齊臣相率出降，高勱言于齊主，請追三品以上家屬寘三臺，因脅之以戰，若不捷則焚臺，可背城一決。不果。周主入鄴，詔毀三臺宮殿。大象二年楊堅焚燒鄴都，樓臺盡毀，唯土阜存焉。李善云：「銅雀園西有三臺：中央銅雀臺，高十丈，有屋一百一間，亦曰中臺；南有金虎臺，高八丈，有屋一百九間，亦曰南臺；北則冰井臺，亦高八丈，亦曰北臺，有屋一百四十五間。上有冰室，室有數井藏冰及石墨。又有粟窖及鹽窖。」春秋古地云：「葵丘，今鄴西臺是也。」棘津，見前胙城縣。

九華宮，一統志：「在銅雀臺之東北，石虎所建，以三三爲位，謂之九華，梁沈約詩『照耀三雀臺，徘徊九華宮』是也。」又紫陌宮，見前紫陌。○明光宮，在縣北，石趙所建也。晉永和七年石祗自立於襄國，使將劉顯攻冉閔於鄴，軍於明光宮，去鄴二十三里，爲閔所敗。又赤橋宮，在今縣東南七里。石虎自襄國至鄴，相去二百里，每舍輒立一行宮，有安陽、湯陰二宮。其臨漳、永樂、黎園、赤橋四宮，皆在今縣界。○清陽宮，在縣東，高齊別宮也。齊主湛出高歸彥爲冀州刺史，勅督將悉送至清陽宮。胡氏曰：「疑在清淇之陽，因名。」

華林苑，在故鄴城北。晉永和三年石虎築華林苑及長墻于鄴北，廣袤數十里，蓋彷洛陽故名也。太元九年慕容垂圍鄴，引漳水灌之。垂行圍飲于華林園，苻丕密出兵掩之，垂僅免。東魏武定三年高歡自晉陽來朝，魏主宴之於華林苑，即此。

東明觀，在故鄴城東。石虎所立，水經注：「石氏立東明觀於鄴東城上。」是也。石虎太子宣賊殺其弟韜于此。晉升平三年慕容儁發虎墓，購其尸，得之東明觀下。又宛陽觀，在鄴城東北，亦石虎所立。水經注：「漳水自西門豹祠北逕趙閱馬臺，臺高五丈，石虎講武於其下，列觀其上以望之。」十六國春秋：「石虎欲擊慕容皝，因悉括民馬，大閱於宛陽是也。」又鄴城有宣武觀，亦石虎所築，晉建元初石虎大閱於此。○御龍觀，亦在鄴城中，與三臺相近。晉永和五年石閔以兵守其主鑒於御龍觀，懸食以給之，尋殺之。

榆林店，在縣西南四十里。石晉開運二年契丹入寇，至相州境，晉軍陳於安陽水南，皇甫遇等覘賊至鄴，將度漳水，契丹數萬奄至，遇且戰且却，至榆林店布陣力戰，安陽救者至乃得還。○白沙鎮，在故鄴縣東南，晉成都王穎使孫惠爲白沙督是也。

長橋，在縣東漳水上。唐建中二年馬燧等討田悦軍于漳濱，悦遣將築月城以守長橋，燧以鐵鎖連車數百實以土囊塞其下，水淺諸軍涉度，進軍倉口，與悦夾洹水而軍。明年悦將王光進以長橋降於馬燧。倉口，見北直成安縣。

混橋。在故鄴城東北。冉閔之亂，姚弋仲自灄頭帥衆討閔，軍於混橋，或曰即故鄴城東五里之石橋也。橋跨漳水上，長十餘丈。灄頭，見北直棗强縣。

湯陰縣，在府南四十五里。南至衛輝府九十里。湯讀曰蕩，古相里地也。戰國爲魏蕩陰地，漢蕩陰縣，屬河内郡。晉屬魏郡，後魏因之。東魏省入鄴縣。隋於故縣東七十里置湯陰縣，屬衛州，大業末省。唐初置湯源縣，仍屬衛州，尋改屬相州，貞觀初復曰湯陰縣。宋宣和初改屬濬州，旋復故。今編户四十二里。

蕩陰城，在今縣西南。蕩亦作「湯」。戰國時魏邑。秦圍邯鄲，魏使將軍晉鄙救趙，畏秦止於湯陰。又晉惠帝永安初，東海王越奉帝討成都王穎，穎將石超將兵犯駕於蕩陰，嵇紹死難處也。五年石虎殁，張豺擅政，虎子彭城王遵自河内舉兵趣鄴，軍於蕩陰，尋入鄴。○邙城，在縣東南三十里，相傳殷紂子武庚所封地。又牖城，在縣北九里，北臨牖水。一名防城。相傳殷紂囚文王於此，古羑里也。徐廣曰：「蕩陰縣有羑里城。」

中牟城，縣西五十里。齊語：「桓公築中牟以衛諸夏。」春秋定九年：「齊伐晉夷儀，晉車千乘在中牟，衛侯將會齊侯於五氏，過中牟，中牟人欲伐之。」哀五年：「晉趙鞅伐衛，圍中牟。」又趙襄子時，佛肸以中牟叛。汲冢周書：「齊師伐趙東鄙，圍中牟。」又趙獻侯徙居中牟。戰國策：「趙樓緩以中牟反入梁，所謂河北之中牟也。」夷儀，見山東聊城。五氏，見北直邯鄲縣。○魏將城，在縣東南。相傳魏公子無忌矯奪晉鄙軍於此，亦謂之晉鄙壘。

五巖山，在縣西四十里。山有五谷，故名。又淺山，在縣西南侯兆川，與林縣太行山相接。○西牟山，在縣西五十里，湯河發源於此。隋志：「縣東有博望岡。」今見北直内黄縣，蓋接境處也。

湯水，本名蕩水，在縣治北。源出西牟山，流經縣東五十里，東過大名府内黄縣界合洹水入衛河。○防水，出西山馬頭澗，東經防城；又有羑水出縣西北四十五里之鶴山，流經牖城北而成淵，一名牖水，又東會防水入于湯水。志曰：防水在安陽縣西南二十里，蓋經此而入湯水云。

伏道店。在縣東十二里，又縣南二十五里有宜溝驛，縣東五十里爲楊河遞運所，皆往來必經之道。

林縣，在府西百二十里。北至涉縣百五十里。戰國時爲韓之臨慮邑。慮音廬。漢爲隆慮縣，屬河内郡，高帝六年封周竈爲侯國。後漢避殤帝諱改林慮，三國魏屬朝歌郡，晉屬汲郡。〔三〕後魏省入鄴縣，太和中復置，永安初又置林慮郡。北齊郡廢，後周復置郡。隋罷郡，置巖州。大業初州罷，仍屬魏郡。唐初復置巖州，尋罷，以縣隸相州。宋亦曰林慮郡，金爲林州。明初洪武三年以林慮縣省入州，又降州爲縣。今編戶三十五里。

淇陽城，志云：在縣南三十里。隋初置淇陽縣，屬相州，大業初并入林慮縣。又磻陽城，在縣西北二十里。或曰石趙時置縣於此，有滄溪水經城西北隅入于漳水。又有石城，括地志：「在縣西南九十里。」秦惠文王十一年伐趙，拔石城，即此。

輔巖城。在縣東六十里。本安陽縣之水冶村，金興定三年置爲縣，屬林州。元廢。志云：縣東北二十五里有利城，唐置鐵冶處，宋至和中廢。

太行山，在縣西二十里。羣山衿帶，形勢崔巍。其間峰谷巖洞，景物萬狀，在府界者綿亘凡二百餘里云。餘見前名山。

隆慮山，縣西北二十五里。南負太行，北接恒岳。光武遣更始將謝躬邀擊尤來賊于隆慮山，躬大敗走鄴，即此。後改曰林慮，隋大業十三年汲郡賊王德仁保林慮山爲盜是也。一名黄華山，有黄華谷，其北巖出瀑布曰黄華水，劉劭趙都賦「賨酒黄花之館」，蓋謂此山。志云：黄花山有三峰，名僊人樓、玉女臺、魯般門，又有抱犢固、馬鞍峰、棲霞谷諸勝。洹水源出於此。

倚陽山，縣西北三十里。山勢突聳，而絶頂平坦，可以避兵，俗呼爲蟻尖山，金末置蟻尖寨於此。宋寶慶三年蒙古史天澤攻金將武僊於真定之高公、抱犢諸寨，僊走入汲縣，天澤復取相衛蟻尖、馬武等砦。馬武砦，或曰在蕩陰縣南。

天平山，在縣西南三十里。峰巒泉石，奇勝萬端。其别阜有將軍山，相傳春秋時齊侯伐晉，趙勝率東陽之師追之，駐兵於此。又有撲豬嶺，最高峻，嶺西即潞安府也。又有流沙嶺，嶺多沙，暴風則飛走如流，至潞安界不過十餘里。二嶺之東地名草場纏，宋征河東時積糧草於此以兵戍守處。志云：將軍山在縣西南三十五里。

漳水，在縣北，濁漳水也。自山西黎城、平順縣南流入縣境，又東至臨漳縣西合於清漳。

洹水，在縣南。出隆慮山中，東至安陽縣名安陽河。又淅水，在縣南。一名三陽河。源自山西澤州陵川縣，東流入縣境，至縣南合於洹水。

雞冠寨，在縣西北四十里，元至正中避兵處。又雙泉務，在縣西北二十里。宋端拱初置磻陽務於磻陽城内，又置雙泉務於此，遣使伐林木於林慮之南北兩山，未幾廢。

附見

彰德衛。在府城。洪武七年建，轄左、右、前、後千户所四，及守禦林縣中千户所一。

磁州，府北七十里。東至北直廣平府邯鄲縣七十里，北至北直順德府一百八十五里，西至山西潞安府二百六十里。

春秋時晉地，戰國屬趙。秦爲邯鄲郡地，漢魏郡地，晉屬廣平郡，後魏仍屬魏郡。後周置成安郡於此。隋初郡廢，開皇十年置慈州，大業初州廢仍屬魏郡。唐初復置慈州，貞觀初廢，仍屬相州。廣德初復置磁州，相衛節度使薛嵩表置。舊唐書：「磁州以地産磁石而名。」朱全忠改爲惠州，後唐復舊。五代梁貞明二年惠州爲晉王存勗所取，復曰磁州。宋仍曰磁州，亦曰滏陽郡。宋志：「政和三年改礠爲磁。」金因之。元初陞爲滏源軍節度，屬廣平路，後復爲磁州。明初改今屬，省滏陽縣入焉。編户四十里。領縣二。

州倚太行之險，控漳、滏之阻，戰國時秦、趙往往争勝於此。蘇秦曰：「秦甲渡河逾漳，據番吾，則兵必戰於邯鄲之下。」劉氏曰：「番吾應在州東。」括地志：「房山縣東二十里有番吾城。」今北直真定府平山縣也，去邯鄲遠矣。張儀曰：「秦、趙戰於河、漳之上，再戰而趙再勝。」是也。是後中原多故，凡出并、鄴之間者，滏口實爲之衝要。滏口，見武安縣滏山。慕容垂出自滏口入天井關，關在山西澤州南。或曰非也，在武安縣西。滅西燕于長子。見山西潞安府。爾朱榮自晉陽討葛榮於鄴西，倍道兼行，東出滏口。高歡自鄴城討爾朱兆於晉陽，引兵入滏口，而分遣庫狄干出井陘。見北直真定府。高齊末周師克并州，將向鄴，高孝珩請以幽州兵出土門即井陘。趣并州，洛州兵入潼關，而身將京畿兵出滏口鼓行逆戰，齊主不聽。隋漢王諒舉兵并州，遣其將綦良出滏口趣黎陽，塞白馬津。黎陽，見大名府濬縣。白馬，見滑縣。唐武德三年突厥謀入寇，欲自幽州會竇建德之師自滏口西入，會兵於晉、絳。又建德救世充，軍虎牢，其妻曹氏亦勸建德自滏口乘唐國之虛。雖成敗逆順勢各不同，而滏口其必争之地矣。唐自大曆以後，河北諸鎮角立，磁州當太行之口，恒藉以聯絡邢洺，爲昭義之襟要。其後昭義多故，磁州嘗無寧歲。五代周廣順初以北漢屯兵黄澤，黄澤關，在山西遼州。謀犯邢、趙，遣兵屯磁州備之。磁州在山東西間，互爲形援，不獨一面之險而已。

滏陽廢縣，今州治。漢武安縣地，晉爲臨水縣地，後魏因之。後周析臨水置滏陽縣，爲成安郡治。隋爲慈州治，州廢仍屬魏郡。唐初復爲慈州治，尋屬相州。乾元初九節度圍鄴，安慶緒求援于史思明，思明遣將李歸仁軍滏陽爲鄴聲勢。廣德初復置州於此。明初縣省。

臨水城，在州西北三十里。晉置縣于滏口之右，屬廣平郡，後魏及隋屬魏郡，唐初省。代宗廣德元年薛嵩表于臨水故城置昭義縣，屬磁州。大曆九年田承嗣叛，遣將盧子期攻磁州，官軍破之于臨水，即此。宋省入滏陽縣。

梁期城，在州西南。漢縣，屬魏郡。風俗記：「鄴北五十里有梁期城，漢武元鼎五年封任破胡爲侯邑。」後漢仍屬魏郡，晉廢。惠帝永興元年王浚自幽州遣烏丸渴末逕至梁期，敗成都王穎將石超於此。俗謂之兩期城。又魏收志鄴有武城，即梁期城也。

臺城，州東北二十里，相傳昔趙王所築避暑臺也。輿程記：臺城罡北去邯鄲五十里，有車騎關。又較城，在州之留望里，俗傳光武擊王郎較兵於此。又王城里有王城，周世宗擊北漢時築。岳城里有岳城，宋建炎初岳武穆駐兵處也。

神麕山，〔四〕在州西四十里。水經注：滏水源於此。又州西北四十里有賀蘭山，以賀蘭真人居此而名。

漳水，在州南二十里，清漳水也。自山西潞安府流入州境，又東至臨漳縣界而合于濁漳。

滏水，在州西北。自武安縣流入境，又東入臨漳縣界，復東北流入北直邯鄲縣界。郡縣志：「滏水出滏山，在州西北四十五里，所謂滏口之險也。」亦謂之滏陽河。○五爪渠，〔五〕在州西十里。引滏水入焉，溉田千頃。

車騎關。在州北三十里，路通北直邯鄲縣。自鄴趣河北，車騎往來往往取道於此，因名。今有巡司。

武安縣，州北百二十里。東至北直廣平府九十五里，西至山西遼州三百里。漢置縣，屬魏郡。曹魏屬廣平郡，晉及後魏因之。東魏改屬魏尹。後周屬洺州。隋因之，大業初屬武安郡。唐初屬慈州，尋屬洺州，廣德初還屬磁州。宋因之。元初省入邯鄲，尋復舊。今編户三十五里。

武安城，故城在縣西南五十里。戰國時趙邑。秦紀：「昭王三十六年趙奢救閼與，秦軍軍武安西，鼓譟勒兵，武安瓦屋皆振。又四十八年王齕伐趙，取武安、皮牢。」皮牢蓋與武安相近，漢因置武安縣，後移置今治。隋大業初羣盜張金稱陷武安，即今縣矣。

毛城，在縣西。漢建安九年曹操攻鄴，袁尚使武安長尹楷屯毛城以通上黨糧道，操擊破之。又陽邑城，志云：在縣南三里。隋開皇十年分武安縣置，大業初廢。

固鎮城，一作「故鎮」，在縣西。唐光啓二年李克用將李克修自潞州而東，敗邢州孟方立兵，擒其將呂臻于焦岡，拔固鎮、武安諸城鎮。周顯德元年北漢逼潞州，世宗遣天雄帥符彥卿引兵自磁州固鎮出北漢軍後。胡氏曰：「由固鎮西北行至遼州，是出漢軍後也。」里道記：「固鎮至遼州三百十一里。」

粟山，縣東南十二里。相傳秦白起拒趙廉頗於此。趙將絶糧，起命將士以布囊盛粟，積至山巔，趙軍乃退。土人至今呼爲粟山。又磁山，在縣西南三十里。山産磁石，州名取此。

滏山，在縣東南二十里。即滏口，太行第四陘也。山嶺高深，實爲險阨。晉永和六年石趙冉閔作亂，趙將張沈據滏口。太元十九年慕容垂攻西燕，遣慕容楷出滏口，既而垂亦引大軍自滏口出是也。後魏主子攸建義初，群賊葛榮圍鄴，爾朱榮自晉陽東出滏口討平之。永安三年魏主使楊津督并、肆等九州諸軍事，津以兵少留鄴召募，欲自滏口入并州，不果。既而爾朱兆使高歡統并、肆間六鎮降户，歡請就食山東，遂自晉陽出滏口。高乾等聞歡東出，自信都迎謁于滏口。大昌初高歡自鄴入滏口，擊爾朱兆于晉陽。後周建德五年克晉陽，將趣鄴，齊主遣尉世辨覘周師，出滏口，登高阜西望。蓋滏口爲自鄴西出之要道。亦曰鼓山，有二石如鼓，南北相當，俗語云：「南鼓、北鼓，相去十五。」冀州圖經：「鄴城西有石鼓，鳴則兵起。高齊之末，此鼓常鳴而齊遂滅。隋末鼓又鳴，聲聞數百里而隋亡。」又高歡卒，高澄虚葬歡于漳水西，而潛鑿鼓山石窟佛寺之傍爲穴，納其柩而塞之。淮南子亦謂之景山也。餘見前。

閼與山，在縣西南五十里。戰國趙惠文王二十九年秦、韓相攻而圍閼與，趙將趙奢拒秦軍於閼與，先據北山，大破秦軍於閼與下。北山，即此山之北云。○焦岡，在縣西六十里。唐末河東將李克修敗邢州孟方立兵於此。

三門山，在縣西北八十里。山有三足，峻峙如門。寰宇記云：「洛水所出也。」又有天井巖，絶壁四圍，極其險峻，在縣西八十里，爲適晉之要途。慕容垂滅西燕，出滏口入天井關，當在此地。

洺河，在縣東北十里。源出遼州太行山，至縣之柏林里伏流，至洺遠里復出，東流入北直邯鄲縣界，爲廣平府境之大川。縣境又有響水河、儒教河，俱流入于洺河。

滏水，在縣東南。源出滏山，南入磁州界。水經注：「滏水出石鼓南巖下，冬温夏冷，東流注漳，亦名合河。」

新口，在縣西。唐會昌中討叛將劉稹于澤潞，自遼州開新路達磁州武安，謂之磁州新口。光化五年朱全忠攻李克用，使張文恭引魏博兵入自磁州新口是也。

固鎮關。縣西五十里，即固鎮城也。今有巡司戍守。

涉縣，府西二百里。西南至山西潞安府一百九十里。漢置沙縣，屬魏郡，後漢因之。後因漳水溢，人民徒涉，因曰涉縣。建安九年曹操圍鄴，涉長梁岐以縣降。晉屬廣平郡，後魏并入臨水縣，後又移臨水縣治涉城。隋復于涉城置涉縣，屬潞州。唐初屬韓州，貞觀十七年改隸潞州。宋仍舊。金置崇州，元罷州復爲涉縣，屬真定路。明初改今屬。編户二十四里。

崇山，在縣東南三十里。金升涉縣爲崇州，以此山名。山頭青翠，形如螺髻，亦名青頭山。○韓王山，在縣東五里，相傳韓信曾駐兵於此。

漳水，在縣南。自山西潞安府流經縣界，東入磁州境。亦曰涉河，縣以此名。

通利渠，在縣西一里。下流入於涉河，居民資以灌溉。

沙亭，在縣東南，因故沙國爲名。晉太元十八年慕容垂遣將平規攻西燕將段平於沙亭，十九年垂自出沙亭以擊西燕是也。胡氏曰：「沙亭在鄴西南。」恐悞。

偏店關。縣北三十里。舊設巡司，今遷縣西南二十里吾兒峪，與山西黎城縣接界。

附見

磁州守禦千户所。在州城内。洪武二十三年建，屬山西潞安衞。

校勘記

〔一〕石趙改河内曰野王郡　「改」，底本原作「攻」，今據職本及鄒本改。

〔二〕逕府城北　「逕」，底本原作「在」，今據鄒本改。

〔三〕見山西垣曲縣　「山」，底本原作「在」，今據職本、鄒本改。

〔四〕左傳所云晉陰也　「也」，當作「地」。左傳宣二年「遂自陰地」，哀四年「蠻子赤奔晉陰地」，皆此陰地也。

〔五〕郭大等起于河曲白坡谷　「河曲」，後漢書卷八靈帝紀作「西河」，「白坡谷」作「白波谷」。通鑑卷五九漢紀五一作「河西白波谷」，胡注云：「帝紀作『西河』，當從之。」

〔六〕二十八縣　據後魏志卷一〇六上所載，此僑置汲縣之郡共領十九縣，非二十八縣。因隋志已誤爲十八縣，本書又誤爲二十八縣也。

〔七〕王供埽　「供」，底本原作「拱」，據下文「王供埽」及宋史卷九二河渠志改。

〔八〕大業初州廢　「州」，底本原作「周」，今據職本、鄒本改。

〔九〕退保洛州　「洛」，底本原作「洺」，今據職本及舊唐書卷五五、新唐書卷八六劉黑闥傳改。

〔一〇〕修武故軹縣有茅亭　史記卷四四魏世家集解引徐廣曰：「在修武軹縣，有茅亭。」與此有異。

〔一一〕盤庚　「庚」，底本原作「亘」，今據職本、鄒本改。

〔一二〕和安初幽州都督王浚討穎入鄴　按晉無「和安」年號，此有誤。據晉書卷五九成都王穎傳、通鑑卷八五晉紀七，王浚討穎入鄴在惠帝永興元年。永興元年即永安元年，職本作「永安」，是也。

〔一三〕晉屬汲郡　「屬」，底本原作「郡」，今據職本、鄒本改。

〔一四〕神囷山　「囷」，底本原作「囷」，今據職本、鄒本及明志卷四二改。山海經北山經作「神囷之山」。

〔一五〕五爪渠　「爪」，底本原作「辰」，敷本作「瓜」，職本及鄒本作「爪」。今從職、鄒本。

讀史方輿紀要卷五十

河南五

歸德府，東至南直徐州三百十里，南至南直亳州一百三十里，西至開封府三百五十里，西南至開封府陳州二百八十里，北至山東曹縣一百四十里，東北至山東兖州府四百十七里，自府治至京師一千二百三十里，至布政司見上。

禹貢豫州地，古曰商丘，左傳：「高辛氏子閼伯居商丘」。商湯爲亳邑地。周武王以封微子啓，是爲宋國。戰國齊滅宋，與楚、魏三分其地。秦置碭郡，漢改爲梁國，後漢因之，晉亦曰梁國。後魏曰梁郡，隋初郡廢，開皇十六年置宋州，煬帝復曰梁郡。王世充亦置梁州于此。唐初仍爲宋州，天寶初曰睢陽郡，乾元初復曰宋州。五代梁爲宣武軍治，唐建中二年置宣武軍，治宋州。興元初宣武軍移治汴州，梁改汴州爲東京，因移宣武軍於此。唐改爲歸德軍。宋仍曰宋州，亦曰河南郡、歸德軍。景德二年升爲應天府，以太祖由歸德節度使受命也。大中祥符七年建爲南京。金曰歸德府，元因之。明初降爲州，嘉靖二十四年復爲歸德府。領州一，縣八。

府據江、淮之上游，爲汴、洛之後勁。春秋時宋以亡國之餘，爭長於山東諸侯者數百年。楚、漢之相距滎陽、成皋間也，彭越爲漢徇梁地，往往攻下睢陽、外黄等城，絶其軍後，破其積聚，楚是以敗。景帝時七國之變，梁實當其衝，吴、楚兵不敢過而西，卒以破滅。後漢初劉永擅命於睢陽，號召東方，居然强敵。晉永嘉以後，中原淪喪，王師出於彭城，梁、宋爲必經之道，而劉、石、苻、姚亦由此以震動淮、泗。蕭梁因元魏之衰，嘗道出梁國，席捲汴、洛，而不能保也。蓋睢陽襟帶河、濟，屏蔽淮、徐，舟車之所會，自古争在中原，未有不以睢陽爲腰膂之地者。唐天寶末張巡、許遠力守睢陽以抗賊鋒，賊圍益急，或議棄城東走，巡、遠曰：「睢陽者江、淮保障，若棄之，賊必乘勝長驅，是無江、淮也。」論者論睢陽堅守，既足以挫賊之鋒，使不敢席捲東下，又即以分賊之勢，使不得并力西侵，江、淮得以富庶全力，贍給諸軍，賊旋蕩覆，張、許之功於是乎偉矣。興元末李希烈僭逆，劉洽以宋州之兵西入大梁。及咸通之季，龐勛據彭城以倡亂，勢甚張，而王師厚集於宋州，賊以平定。宋建陪京於此，其後蒙古攻金汴京，遣偏師陷睢州，攻歸德，歸德殘破，汴亦不守。郡之形勢與徐、汴相表裏，不較然哉？

今府城，春秋宋國城也。其城東門曰揚門，禮檀弓：「元公入自揚門。」左傳昭二十一年：「宋元公以華向之亂入自揚門，見公徒下而巡之。」漢時東門猶曰揚門。又東北門曰蒙門，左傳襄二十七年：「宋公及諸侯之大夫盟於蒙門之外。」是也。南門曰盧門，左傳桓十四年：「宋伐鄭，取大宫之椽歸爲盧門之椽。」又昭二十一年：「華氏居盧門以南里叛。」杜預曰：「睢陽有盧門亭。」西門曰垤澤門，即孟子「魯君所呼門」也。括地志：「宋東城南門曰澤門。左傳襄十七年：「宋皇國父爲平公築臺，築者謳澤門之晳，寔興我役」者也。魯君所呼當在此。西北門曰曹門，左傳成十八年：「鄭伯侵宋，及曹門外。」是也。北門曰桐門。左傳襄十年：「楚及鄭圍宋，門於桐門。」又昭二十五年：「宋樂大心居桐門，稱桐門右師。」又哀二十六年「宋景公無子，蓄公孫周之子得與啓。景公卒，啓立。得夢啓北首而寢於盧門之外，己爲烏而集於其上，咮加於南門，尾加於桐門」是也。又外城門曰桑林門。左傳昭二十一年：「宋城舊鄘及桑林之門而守之。」又耏門，或曰宋郊外門。宋武公時耏班御皇父充石獲長狄緣斯，宋公以門賞耏班，使食其征，謂之耏門是也。漢梁孝王都於此。本封大梁，以地卑濕徙睢陽。北征記：「城方三十七里，南臨濊水，即睢水。凡二十四門。」漢書：「孝王築東苑，方三百餘里，廣睢陽城七十里。」太康地記：「城方三十里。」唐建中時亦爲宣武軍城，城有三。長慶二年宣武叛將李岕攻宋州，陷南城，刺史高承簡保北二城，與賊戰，却之。咸通十年徐賊龐勛襲攻宋州，陷南城，刺史鄭處冲守北城以拒賊。宋爲南京城，城周十五里四十步。東二門，南曰延和，北曰昭仁；西二門，南曰順成，北曰回鑾；南一門，曰崇禮；北一門，曰靜安。內爲宮城，周二里三百六十步。門曰重熙、頒慶。京城中有隔城，門二，東曰承慶，西曰祥輝。東有闕城，東面外城也。周二十五里八十三步，東南北各有一門。金之將亡也，以汴京危急，謀出幸。或言歸德四面皆水，可以自保。既而金主出頓歸德，復走蔡州。志曰：舊城周十二里三百六十步，明初少裁四分之一。弘治間圮於水，乃徙而北之，城周九里有奇，今南門即舊北門故址也。

商丘縣，附郭。古商丘，爲閼伯之墟。春秋宋國都也，秦置睢陽縣，漢因之，梁國都于此。隋改縣曰宋城，後因之，金人復曰睢陽。明初省，嘉靖中置今縣。編户二十七里。

睢陽城，括地志：「在州治南三里外城中。」秦縣治此。項王拔外黄，東至睢陽，皆争下項王。漢文封子武於此。景帝三年吴、楚叛，引兵攻睢陽，不能克。自漢以後皆爲梁國治。後魏主子攸永安二年，梁將陳慶之送北海王顥北還，進至梁國，魏將丘大千分築九城以拒之，慶之拔其三壘，大千降，顥遂即帝位於睢陽南，旋克梁國。隋始改縣曰宋城，亦治南城中。宋建南京，宋城縣移入郭内。

蒙城，在府東北四十里。亦曰大蒙城。左傳襄二十七年：「宋公及諸侯之大夫盟於蒙門之外。」又有蒙澤，在城東北三十五里。莊十二年宋萬弑閔公於蒙澤。漢置蒙縣，屬梁國。晉因之。永嘉五年苟晞奉豫章王端爲皇太子，自倉垣西屯蒙城，置行臺，尋爲石勒所虜。劉宋屬譙郡，後魏因之，亦曰北蒙縣。永安初梁將陳慶之送北海王顥北還，自銍城進拔滎城，遂至梁國。滎城即蒙城之訛矣。後齊廢。又有小蒙城，在府南二十五里。志云：中有漆園，莊周嘗爲園吏，城亦名漆丘。晉義熙十二年劉裕遣王鎮惡等入秦境，秦將王苟生以漆丘降，即此。銍城見南直宿州。

○貰城，在府西北。左傳僖二年：「齊侯、宋公、江人、黄人盟於貰。」杜預曰：「蒙縣西北有貰城。」是也。今詳見山東曹縣。

亳城，在府西北。杜預曰：「在蒙縣西北。」故湯都也，春秋時宋邑。定十年，宋公子御説以宋萬之亂奔亳。亦曰薄。哀十四年，桓魋請以鞍易薄，宋景公不可，曰：「薄，宗邑也。」史記：「宋襄公二年楚執宋襄公以伐宋，冬會於薄以釋宋。」是也。漢置薄縣，屬山陽郡，後魏改屬梁國，晉省。括地志：「穀熟西南三十五里有南亳故城。」書所稱三亳者，蒙縣之亳曰北亳，湯所興；穀熟之亳曰南亳，湯所都；偃師之亳爲西亳，湯所遷也。又諸家皆以蒙縣之亳爲景亳，按商頌明言「瞻彼景山」，爲高宗宗廟所托，則指偃師之亳無疑，況景山至今未改乎？指爲北亳悞矣。鞍亦在亳西，蓋魋之食邑。

穀熟城，在府東南四十里。漢睢陽縣地，後漢建武二年封更始子歆爲穀熟侯，邑於此。尋爲穀熟縣，屬梁國。晉因之，後廢。隋開皇十六年復置穀熟縣，屬宋州。唐武德二年置南穀州治焉。四年州廢，仍屬宋州。宋開寶五年汴水決於此，遷治城南，仍曰穀熟縣。元省。今爲穀熟鎮。

橫城，在府西南。左傳昭二十一年：「宋華向之徒亂，樂大心、豐愆、華牼禦諸橫。」杜預曰：「睢陽縣南有橫亭。」世謂之光城，聲相近也。○新城，在城南。左傳文十四年：「晉趙盾盟諸侯於新城。」杜預曰：「穀熟縣西有新城。」

商丘，在城西南三里。周三百步。左傳：「閼伯居商丘。」是也。世稱閼臺。○穀丘，在城南四十里。左傳桓十二年：「公會宋公、燕人盟於穀丘。」是也。

黄河，在府北三十里丁家道口。自開封府儀封縣東流入府境之睢州考城界，又東至虞城、夏邑北而東入徐州境，爲豐、沛間之漕河。

汴河，舊在城南。自開封府杞縣東流，經睢州考城界，又東入寧陵界，至府城南而東南流入南直鳳陽府界。宋開寶五年汴決穀熟，害民田。太平興國三年汴水決宋城縣。淳化二年汴復決于宋城。景德元年宋州復言汴河決溢，皆命有司修塞。寰宇記：「睢水在城南，汴水在城北，梁孝王廣睢陽城，開汴河，始經城南爲洪蓬澤。」今詳見大川汴水。又水經注：「睢陽有渙水，亦汴水之支流也。」今見永城縣界。

睢水，在府城南。自開封府陳留縣東南經睢州寧陵縣之南，又東至夏邑、永城之南而入南直徐州南界。春秋僖十九年：「宋襄公用鄫子於次睢之社。」成十五年：「宋華元討蕩澤之亂，其黨魚石等出舍於睢上，元止之不可，則決睢澨，閉門登陴以備之，魚石等皆奔楚。」漢建安七年曹操軍譙，遂至浚儀，治睢陽渠。胡氏云：「睢水於浚儀首受莨蕩水，東過睢陽，故曰睢陽渠。」

孟諸澤，在府東北，接虞城縣界。今虞城縣西北有孟諸臺，亦故澤地也。禹貢：「導菏澤，被孟猪。」爾雅：「十藪，宋有孟諸。」左傳僖二十八年：「楚子玉夢河神賜以孟諸之麋。」又文十年：「宋道楚子田孟諸。」哀十四年：「宋皇野語向巢『迹人來告，逢澤有介麇焉。』」或曰逢猶遇，澤即孟諸。周禮謂之望諸，史記謂之明都，漢志謂之盟諸。○漆溝，在府城北。一名隕石河。左傳：「隕石于宋五。」相傳水涸時五石猶存。

漻隄，在府西北七里。漻一作「蓼」。梁孝王所築。宇文周末楊堅使于仲文擊尉遲迥將檀讓於河南，軍至漻隄，去梁郡七里，進拔之。志云：府城南六里有南湖，梁孝王園池故址也。

白沙渠，在府東。又有石梁渠。宋張亢知應天府，治此二渠，民無水患。○趙渠，在府東南。志云：即賈魯所開大河故瀆也，自商丘、虞城縣而東達蕭縣至徐州。嘉靖末始北徙，萬曆初潘季馴議復開之，以費重而止。二十六年劉東星復濬渠，功未竟而卒。

武津關，府東南三十五里，路通徐、亳，有巡司。又府北三十里曰丁家道口，當黄河之津要。今有丁家道口巡司，在府北十里。

陽梁聚，在城東南三十里。左傳襄十二年：「楚會齊師伐宋師於陽梁。」杜預曰：「陽梁在睢陽東。」又鴻口亭，在府東。左傳昭二十一年：「齊師、宋師敗吴師於鴻口。」杜預曰：「睢陽東有鴻口亭。」

蠡臺，在府城南。司馬彪曰：「睢陽有盧門亭。城内有高臺，甚秀廣，巍然介立，超焉獨上，謂之蠡臺，亦謂之升臺。」續述征記：「迴道似螺，故曰蠡臺。」水經注：「蠡臺傍又有女郎臺、涼馬臺。」晉永和中姚襄降晉，屯於歷陽，殷浩惡其强盛，遷襄于梁國之蠡臺。又燕升平四年，燕以慕容垂爲征南將軍、荆州刺史，鎮梁國之蠡臺是也。又有平臺，在府東北二十五里，寬廣而不甚高。史記「梁孝王大治宫室，爲複道，自宫連屬於平臺三十餘里」，即此。司馬貞曰：「平臺一名修竹院。」

竹圃。在府東南。水經注：「睢水自睢陽東南流，歷竹圃，水次緑竹蔭渚，菁菁彌望，世謂之梁王竹園。官收其利，因名官竹。」梁中大通四年遣羊侃送元法僧北還，侃至官竹，聞譙城爲魏所陷，引還。

寧陵縣，在府城西六十里。又西至開封府杞縣一百里。古葛國，後爲宋之甯邑，戰國時屬魏。漢曰寧陵，高帝封吕臣爲侯邑。元狩初置縣，屬陳留郡。後漢屬梁國，晉因之。劉宋屬譙郡，後魏仍舊，北齊廢。隋開皇六年復置，屬宋州，唐因之。宋初屬拱州，後屬應天府。今編户七里。

甯城，在縣城西。春秋時宋之甯邑也。戰國時魏公子無忌封信陵君，而食邑於甯。秦、楚之際周市欲立故魏公子甯陵君咎爲王，即此。漢置寧陵縣。後漢初平四年曹操敗袁術於豐丘，術自襄邑走寧陵。唐至德初張巡自雍丘東守寧陵，大破賊將楊朝宗等於此，即今縣矣。○葛城，在縣北十五里，古葛伯國。孟子：「湯居亳，與葛爲鄰。」春秋時亦爲葛國。桓十三年：「葛人來朝。」漢爲葛鄉。又縣南三十里有東西二期城，相去五里，戰國時梁、楚之邊邑也。

己吾城，〔一〕在縣西南三十里。風俗傳云：「寧陵縣之徙種龍鄉也，後漢永元十一年置己吾縣，屬陳留郡。」典略「魏武初起兵於己吾」，即此。晉省縣而城猶存，永嘉五年石勒紿斬王彌於己吾，即此。後魏復置縣，屬馬頭郡。東魏又置仁州及臨淮郡治焉。北齊州郡俱廢，又省縣入下邑縣。

沙隨城，縣西北六里。左傳成十六年：「晉會諸侯於沙隨。」襄二十二年：「復會于沙隨。」亦曰沙陽亭，或謂之棠陽城，俗謂之堂城。梁大通三年陳慶之送元顥北還，自銍城進拔滎城，胡氏以爲即堂城也。其西有白沙堝，唐至德初張巡守雍丘以抗賊，賊衆屯白沙堝，巡乘夜襲擊，大破之。○汮陵城，在縣東南二十五里。左傳成十六年：「鄭子罕伐宋，宋將鉏、樂懼敗諸汮陵。退，舍於夫渠，不儆。鄭人覆之，敗諸汮陵。」是也。

大棘城，縣西南七十里。左傳宣二年「宋華元、鄭公子歸生戰於大棘」，即此。漢景帝三年七國反，吴、楚共攻梁，破棘壁，即大棘也。

始基城，寰宇記：「在縣南九十里。」晉豫州刺史祖逖督護衛策所置。策大破乞活陳川於穀水南，謂人曰：「吾從祖公北伐，功始基此。」因名。相去五里有仇留城，川將仇留所戍處。按穀水一名谷水，水經注「汴水又東，谷水入焉，又東南經己吾城」者也。今涸。

甘露嶺，在縣西五里。隋文帝幸岱，至此甘露降，因名。

汴河，舊在縣北八里，又東入商丘縣界。唐至德初張巡守寧陵，大敗賊將楊朝宗等，流尸塞汴而下。又興元初李希烈圍寧陵，引汴水灌城，濮州刺史劉昌堅守，鎮海節度韓滉遣將王栖曜赴救，栖曜以强弩數千游汴水，夜入城，希烈却走。宋太平興國三年汴河溢壞寧陵堤岸，詔有司修塞。今涸。又縣南有賈魯堤，元時黄河南決流經縣界，魯築此堤障之，因名。

睢水，在縣南。自睢州界流經此，又東入商丘縣界。○巴河，在縣北。舊自睢州流經縣境入於大河。

桃園關，在縣北四十里。舊嘗設關於此，並置巡司。今廢，其地仍曰桃園集。〔二〕縣北三十里又有柳河集，舊設公館於此。又甯城，亦在縣城之北。

儀臺。括地志：「在縣西南。」史記：「魏惠王六年，伐取宋儀臺。」一作「義臺」。郭象云：「宋之靈臺。」志云：縣北四十里有桃園關，亦往來津戍處也。

鹿邑縣，府南百二十里。東至南直亳州百三十里。漢鄲縣地，屬沛郡。東漢析置武平縣，屬陳國。晉屬梁國，後魏屬陳留郡。隋改曰鹿邑縣，屬陳州。唐屬亳州，宋以後因之，明初改今屬。編户三十四里。

鹿邑城，在縣西南。宋白曰：「在縣西十三里。」春秋時陳邑，本曰鳴鹿。左傳成十六年：「晉知武子以諸侯之師侵陳，至于鳴鹿。」隋因以名縣。唐中和三年宣武帥朱全忠與黄巢黨戰于鹿邑，敗之，遂入據亳州。志云：縣東北有武平故城，後漢置縣治此，建安元年封曹操爲武平侯，此其食邑云。

苦縣城，縣東七十里。即楚之苦縣，漢因之，縣屬淮陽國。東漢屬陳國。晉仍曰苦縣，屬梁國。後魏改曰谷陽縣，屬陳留郡。隋亦曰谷陽，屬亳州。唐乾封初改曰真源縣，載初元年改曰仙源，神龍元年復曰真源，宋大中祥符七年改曰衛真縣，俱屬亳州。元并入鹿邑。九域志：「縣在亳州西六十里。」

寧平城，在故苦縣西南。漢縣，屬淮陽國。後漢屬陳國，晉省縣而城猶存。亦曰甯平。水經注：「城在沙水北。」永安五年東海王越卒於項，王衍等奉其喪還葬東海，石勒自許昌追之，及于苦縣甯平城是也。

鄲縣城，在縣東北。漢置鄲縣，屬沛郡。鄲音多。後漢仍屬沛國，晉屬譙郡，後魏因之，後齊廢。今爲鄲城鎮。

潁水，在縣南，與開封府陳州沈丘縣接界。春秋成十六年「晉知武子以諸侯之師至鳴鹿，遂侵蔡，諸侯遷于潁上」，即此。蔡河亦自開封府太康縣流合焉，古所謂蔡河口也。

渦水，在縣西北。自太康縣東南流經柘城縣境，又東南流經縣界，又東入亳州境。水經注：「渦水東逕大棘城南，又東逕寧平故城北，又東逕鹿邑城北。」是也。今縣北有渦河渡。

賴鄉。在廢真源縣東。九域志真源縣有賴鄉及曲仁里，相傳老子所居也。賴一作「厲」，音賴。梁中大通六年遣元慶和克魏賴鄉據之，即此。○頤鄉，在縣東。漢初灌嬰攻苦、譙，與漢王會頤鄉。徐廣曰：「苦縣有頤鄉。」

夏邑縣，在府東百二十里。北至山東單縣七十里。戰國時下邑地，秦屬碭郡。漢置下邑縣，屬梁國，晉因之。劉宋兼置梁郡於此。後魏初屬梁郡，孝昌二年於此置碭郡。隋屬亳州，開皇十六年改屬宋州，唐、宋因之。金始改夏邑縣，仍屬宋州。元初并入睢陽縣，尋復置，屬歸德府。今編户十四里。

下邑故城，在縣西南。戰國時爲楚邑，楚考烈王滅魯，頃公亡遷下邑是也。秦二世二年沛公取碭，攻下邑，拔之。又彭城之戰，吕后兄周吕侯軍于此，高祖敗還，從周軍于下邑。尋置下邑縣。景帝三年吴、楚攻梁，走條侯軍，會下邑欲戰，條侯堅壁不戰。後周大象二年尉遲迥舉兵相州，徐州部將席毗羅之攻拔下邑，皆此城也。後移今治。

栗城，在縣東。秦縣也。二世二年，章邯破楚軍至栗。又沛公將周勃攻栗，取之。既而沛公引兵西，與彭越俱攻秦軍，戰不利，還至栗，即此。漢亦置栗縣，屬沛郡，武帝封趙敬肅王子樂爲侯邑。後漢省。寰宇記：「今縣城本栗城，碭山縣漢下邑縣也，後魏明帝置碭郡於下邑，移栗縣治此。」栗縣，魏收志不載，恐悮

譙城，在縣北三十一里。或曰漢譙縣初治此。東晉初祖逖屯淮陰，進據太丘城，遂克譙城而居之，即此城矣。○祁城，在縣東北，秦邑也。漢初曹參取祁善置。括地志：「置，驛也。」善即驛名，蓋祁縣之善置。今夏邑東北有故祁城。

黄河，在縣北二十二里。有巴堤，黄河之南岸也。東接徐州之蕭縣，北接兗州府之單縣，東南爲運河。

睢水，在縣東南。自商丘縣流入境，又東達永城縣南境。

黍丘亭。在縣西南。左傳襄七年：「宋圍曹，築五邑於其郊，黍丘其一也。」杜預曰：「夏邑縣西南有黍丘亭。」

永城縣，在府東一百八十里。西北至徐州碭山縣百二十里，東南至南直宿州百三十里，西南至亳州百十五里。春秋芒邑地，漢爲芒縣，屬沛郡，高祖封耏跖爲侯邑。耏音而。後漢改芒曰臨睢，屬沛國。魏廢。晉爲譙郡蘄縣地，隋末置永城縣，屬譙郡。唐屬亳州，宋因之，元改今屬。編户二十四里。

酇縣城，在縣西南。本秦縣，屬泗水郡。陳勝初起，攻酇下之。漢亦爲酇縣，屬沛郡。後漢屬沛國。建武三年蓋延等圍劉永于睢陽，永突出，將走酇，其將慶吾殺之以降，即此。晉屬譙郡。魏收志：「晉義熙中置馬頭郡於酇，後魏因之。」北齊郡縣俱廢，隋復置酇縣，屬亳州。唐因之，開元二十六年移治于汴城之垣陽驛，尋廢。酇音嵯，本作「鄌」，非蕭何食邑也。今有酇城橋，在縣南二十里。

太丘城，在縣西北三十里。春秋襄元年：「鄭子然侵宋，取太丘。」杜預疑其遠。按是時楚方侵宋呂、留，鄭服楚，蓋爲楚取也。呂、留，今見南直徐州。漢爲敬丘縣，屬沛郡。東漢曰太丘，仍屬沛國。陳寔爲太丘長，即此。晉縣廢城存，東晉初祖逖自蘆州進屯太丘是也。今有太丘集，與夏邑縣接界，大河經此東北流入南直碭山縣境。蘆州，詳見南直亳州。

建平城，在縣西南。漢置縣，屬沛郡，景帝封程嘉爲侯邑。又昭帝封杜延年爲建平侯。後漢仍屬沛郡，晉省。俗呼馬頭城，蓋以形似名。今城亦曰馬浦城。劉昫曰：「永城舊治在馬浦城東北三里，唐武德五年移於馬浦。」○芒城，在縣東北。志云：漢縣治此，俗呼大睢城。

碭山，縣北八十里，與徐州碭山縣分界。其北八里爲芒山，山有紫氣巖，即漢高避難處。其東南有保安鎮，相傳高祖斬蛇於此。邑志云：碭山別名有磨山、白毛、石洞、黄土、戲山之稱，連亘幾二十里。

磨山，在縣東北，碭山之別阜也。唐咸通九年徐州叛卒龐勛作亂，民逃匿其上，勛遣其黨張元稔圍之，會旱，山泉竭，數萬口皆渴死。又虞山，在縣北九十里，隋志謂之魚山。

睢水，在縣南。自夏邑縣流入，又東南入徐、宿二州之界。水經注：「睢水在縣北，與碭縣分界。」蓋故道已湮矣。

涣水，舊在縣東南。睢水之支流也，東入鳳陽府宿州西南境。一名濊水。戰國策：「楚宣王時魏拔趙邯鄲，楚救趙，取睢、濊之間。」唐咸通九年康承訓討龐勛，屯新興，濟涣水與賊戰，賊伏兵圍承訓，朱邪赤心擊却之是也。

澮水，縣南二十里。南自鳳陽亳州界來，經縣界柏山，又東入宿州界。又南二十五里有泡河，亦自亳州來，東入宿州界會於澮水。縣南有黄溝、青溝，西南有大、小澗溝，縣北有洪溝、瀆溝，皆流入於澮、泡兩河。

新興鎮，在縣南。唐咸通中康承訓討龐勛，引兵屯于新興，賊將姚周屯柳子拒之，承訓退屯宋州是也。自新興東至鹿塘，又東至柳子，相距各三十里。○柳子，見南直宿州。

鹿塘寨，在縣東南。康承訓將諸道兵屯柳子之西，自新興至鹿塘壁壘相屬。既而賊將王弘立引兵渡睢水，圍承訓於鹿塘，爲沙陀所敗，蹙之於睢水。賊死者甚衆，自鹿塘至襄城伏尸五十里。襄城即今宿州之相城。

棘亭。在故酇縣東北。左傳襄二十六年：「吴克棘入州來。」又昭四年：「吴伐楚，入棘。」杜預曰：「即棘亭也。」○費亭，在縣西。郡國志：「沛國酇縣有費亭。」漢延熹中封中常侍曹騰爲費亭侯，騰養子嵩襲父封，建安初曹操亦襲封于此。

虞城縣，府東北六十里。東北至山東單縣六十里。古虞國，禹封商均於此。漢置虞縣，屬梁國。晉因之。後魏屬沛郡，改曰蕭縣。北齊省。隋開皇十六年置虞城縣，屬宋州。唐武德四年置東虞州，旋廢，仍屬宋州。五代梁屬輝州，宋仍屬宋州。金廢，元復置，屬東平路，後屬濟寧路。明初改今屬。編户八里。

虞城，在縣南三里。舊縣治此。史記：「漢王敗於彭城，還軍碭西，過梁地至虞。」是也。自漢以後皆爲縣治，明朝嘉靖九年以河患始營今城，移縣治焉。

綸城，在縣西三十五里。夏時虞國之邑。左傳：「少康奔有虞，邑諸綸。」是也。又西五里有熟城。闞駰十三州志：「熟城，漢縣。」未詳所據。或穀熟之訛矣。

廣樂城，在縣西。漢時有此城。建武二年更始故將蘇茂據廣樂降劉永，三年吴漢率七將軍擊茂於廣樂，大破之。隋避煬帝諱，改曰長樂城。

空桐山，寰宇記：「在縣東三十里。」郡國志：「縣南五里有空桐亭。」左傳哀二十七年：〔三〕「宋景公遊於空澤，卒于連中，大尹興空澤之士千甲，奉公自空桐入。」是也。杜注：「空澤，邑名；連中，館名；俱在虞城境内。」

黄河，在縣北十三里。自商丘縣東流入境，又東入夏邑縣境。○汴河，志云：舊自歸德東北流經縣北，後轉而東南流，五代以後縣境之河遂涸。

孟諸臺。在縣西北十里。縣境古孟諸之地也，臺因以名。

睢州，在府西一百七十里。南至開封府陳州二百里，西北至開封府一百七十里，北至山東曹州一百七十里。

春秋時宋、陳二國地。秦置襄邑縣，漢屬陳留郡，晉屬陳留國。劉宋屬譙郡，後魏屬梁郡，北齊屬陽夏郡。隋屬宋州。唐初屬杞州，貞觀初屬宋州。宋屬開封府，崇寧四年升拱州，建爲東輔，亦曰保慶軍。大觀中廢，政和四年復置。金改睢州，元因之。明初以州治襄邑縣省入。編户四十里。領縣二。

州界梁、宋之中，據汴河之會，土田平衍，舟車絡繹。宋人置州於此，屏衛京邑，兗、豫有事，此亦馳驅之所矣。

襄邑廢縣，今州治。故宋承匡邑之襄牛地。左傳僖元年：「衛侯出居於襄牛。」或以爲即此。杜預曰：「衛侯所居蓋衛地。」又襄十年：「楚、鄭伐宋，衛侯救宋，師于襄牛。」後以宋襄公葬此，亦曰襄陵。戰國時屬魏，魏世家：「文侯三十五年齊伐取我襄陵。」齊世家：「威王使田忌伐魏襄陵，救邯鄲也。」又魏惠王十九年諸侯圍我襄陵。楚懷王六年柱國昭陽將兵攻魏，破之于襄陵，得八邑。秦置襄邑縣，漢因之，屬陳留郡。更始二年立成丹爲襄邑王，建武二年封更始子述爲侯邑。晉仍舊，北齊省入雍丘縣。隋開皇十六年復置，唐因之。宋爲拱州治，金爲睢州治，明初省。

承匡城，在州西三十里。左傳文十一年：「叔仲惠伯會晉郤缺于承匡。」戰國策：「犀首以梁與齊戰于承匡。」秦爲承匡縣，後以承匡之地卑濕，徙縣于襄陵，城遂廢。亦曰匡城。○廣鄉城，在縣東。圈稱曰「襄邑有蛇丘亭」，即廣鄉也。後漢順帝封摯填爲侯國。

金鎖嶺，在州治後。昔人避水患者多居其上。又駱駝岡，在城西。有襄公臺，其形起伏如駝。岡後有西湖，周迴十四里。

黄河，在州北七十里。自開封府儀封縣流入境，又東入考城縣界。

汴河，在州北四十五里。自開封府杞縣東流至此，又東入考城縣界。今湮。

睢水，在州北。自開封府陳留、杞縣之南境流入州界，又東入寧陵縣境。今上流漸淤矣。○巴河，在州北十五里。舊自儀封東南流入境，達寧陵縣入於河。今堙。其餘流自州境至考城縣西北入於河。

東澗，在州東。晉太和四年桓温伐燕，不克而還，燕兵追之及於襄邑，慕容德伏兵東澗中，與慕容垂夾擊温處也。

巢亭，在州南二十里，春秋時鄭地。又有鄫亭，在州東南，亦鄭地。左傳襄元年：「晉會諸侯伐鄭，東諸侯之師次于鄫以待晉師，晉師自鄭以鄫之師侵楚焦、夷及陳。」是也。焦、夷，見南直亳州。

滑亭，在州西北。春秋莊三年：「次于滑。」杜預曰：「襄邑西北有滑亭。」又有盂亭。左傳僖二十一年：「諸侯會宋公盟於盂。」

首鄉。在州東南。春秋桓十八年：「齊侯師于首止。」僖五年：「齊桓公會王世子于首止。」成十五年：「楚侵衛及首止。」又十七年：「諸侯伐鄭，楚子重救鄭師於首止。」杜預曰：「即首鄉也。衛地。」

考城縣，在州東北九十里。西南至開封府杞縣八十里。本周之戴國。春秋隱十年：「鄭取戴，改名穀城。」秦置穀縣，漢高封秘彭祖爲戴侯，國於此。後爲甾縣，屬梁國。東漢章帝改名考城，屬陳留郡。晉省，惠帝時復置，屬濟陽郡。宋因之。後魏改置考陽縣，屬北梁郡。北齊省入成安縣。隋開皇十六年復置考城縣，屬宋州。唐初置東梁州，尋廢，以縣屬曹州。五代晉屬開封府，宋因之，崇寧中改屬拱州，大觀中仍屬開封。金復屬曹州，又改今屬。編户十一里。

考城故城，在縣東南五里。本漢之甾縣，王莽遣兵擊翟義，東至陳留甾。後漢曰考城。後魏永安二年梁將陳慶之送元顒北還，至梁國，魏元暉業軍於考城，慶之攻拔之；唐元和十三年宣武帥韓弘討淄青叛帥李師古，圍曹州，拔其考城：皆此城也。明朝正統十三年以河患徙今治。城周五里有奇。

成安城，在縣東北。後魏孝昌中置成安縣，爲北梁郡治。北齊廢郡，以考陽縣省入，屬濟陰郡。隋初郡廢，開皇十六年又省縣入考城縣。

斜城，在縣東。陳留風俗傳：「考城縣有斜城。」又東三里有周塢，舊汴水經塢側。續述征記：「晉義熙中劉公遣周超之自彭城緣汴故溝，斬樹穿道七百餘里以開水路，停泊于此，故茲塢流稱矣。」

黃河，在縣北三里。自開封府儀封縣而東，縣爲衝決之所，堤防最切。

汴河，在縣南。水經注：「汴水東經考城縣故城南而爲菑獲渠，亦兼丹水之稱。」竹書紀年：「宋殺其大夫皇瑗于丹水之上。」今爲平陸矣。漢志注：「菑獲渠自蒙縣東北至彭城入泗，過郡二，行五百五十里。」

黃溝，在縣西。水經注：「河水舊於白馬南泆，通濮、濟、黃溝。」魯惠公敗宋師於黃。黃，蓋溝名也。又國語「吳子掘深溝于商、魯之間以會晉公午於黃池」，亦即此矣。薛瓚曰「外黃以黃溝而名」，蓋溝近外黃。漢志注：「考城縣有黃溝。」寰宇記：「在縣西三十六里。」

葵丘亭。在縣治東。左傳僖九年：「齊桓公會諸侯於葵丘。」杜預曰：「在外黃東。」蓋晉省考城入外黃也。今縣西去故外黃城四十里。蒲亭，在縣界。東漢仇香爲蒲亭長，即此。

柘城縣，在州東南九十里。東至寧陵縣八十里。古朱襄氏邑，春秋爲陳株野地，戰國時爲楚柘邑。史記：「陳涉攻楚柘、譙，皆下之。」漢置柘縣，屬淮陽國，以邑有柘溝而名。後漢屬陳國，晉廢。隋開皇十六年復置，改曰柘城，屬宋州。唐貞觀初省入穀熟、寧陵二縣，永淳初復置，仍屬宋州。宋屬應天府，崇寧中改屬拱州。金屬睢州，後省。元復置。今編户九里。

鄢城，寰宇記：「縣北三十里有鄢城，當是鄭伯克段處。」又藏甲城，在縣西三十里，相傳項羽藏兵于此。城西有岡亦曰霸王岡。

睢水，在縣北。自睢州流入境，北接寧陵縣界。○泓水，在縣北。寰宇記：「鄢城北里許有泓水。」春秋僖二十二年：「宋人及楚人戰於泓。」是也。

渦水。在縣南三十里。自太康縣流經縣境，又東南入鹿邑縣界。

汝寧府，東至南直潁州四百里，南至湖廣黄州府五百里，西至南陽府二百九十里，北至開封府許州二百六十里，東北至開封府陳州二百里，自府治至京師二千三百里，至布政司四百六十里。

禹貢豫州之域，春秋時爲沈、蔡二國地，戰國時爲楚、魏二國之境。秦屬潁川郡。漢置汝南郡，後漢、魏、晉因之。劉宋立司州於汝南，元嘉末司州自義陽僑置於此。號其城曰懸瓠。唐書作「垂瓠」。後周亦曰豫州，置總管府。後改曰舒州，尋復曰豫州，又改溱州，時改洛州爲豫州，因以豫州爲溱州。復改曰蔡州，而汝南郡如故。隋初廢郡，仍曰蔡州，大業初復改爲汝南郡。治汝陽縣。唐初置豫州，天寶初改汝南郡，乾元初復爲豫州，寶應初又改蔡州。避代宗諱也。是後爲淮西節度使治所，尋又曰淮寧軍，後又爲彰義軍，皆治此。宋仍曰蔡州，亦曰汝南郡、淮康軍。金因之。亦曰鎮南軍。元仍爲蔡州，至元三十年升汝寧府，志云：元以汝水泛溢，截斷上流，水患得寧，因改今名。明朝因之。領州二，縣十二。

府北望汴、洛，南通淮、沔，倚荆楚之雄，走陳、許之道，山川險塞，田野平舒，戰守有資，耕屯足恃，介荆、豫之間，自昔襟要處也。春秋時楚文王縣申、息，朝陳、蔡，封畛于汝，與晉爭鄭，夾潁水而軍。是時楚之强，中國諸侯皆惴惴焉，其能與楚競者，惟有晉耳。秦、漢以降，汝南皆爲雄郡。及晉室多故，南北瓜分，懸瓠之地，恃以屏蔽淮、泗，控帶潁、洛。宋大明中懸瓠喪敗，而淮北之地遂成荒外，中原聲聞日以隔遠。歷齊、梁、陳之際，南國之勢往往折而入於北者，懸瓠不復之故也。唐之中葉，淮西抗命，李希烈縱横搏噬，河、洛、淮、漢之交，諸州悉被其患。其後吴元濟以申、光、蔡三州拒天下之兵，四面攻圍，四年乃克。説者謂自希烈據蔡以迄于元濟，蔡州不被王化者幾四十年，其風俗獷戾，雖居中土，過於夷貊，此亦山川險阨有以致之矣。秦宗權以狼戾之資，竊有蔡州，肆其兇虐，毒螫所及，幾半天下，朱温平之，遂成篡奪之勢。宋人南渡以後，岳武穆自安、隨北出，克復蔡州，大河以南，次第響應。陳亮亦嘗欲以荆、襄之師進規潁、蔡，爲復取京、洛之計。及女真之衰，乃寄息蔡州，宋人會蒙古之兵犄角並進，而後克之。然則蔡州之險，固爭衡於南北間者所必有事也，乃悵望三京，卒不復振，宋之季世，可深慨哉！

汝陽縣，附郭。周沈國地，漢置汝陽縣，屬汝南郡。晉因之。東晉初置汝陽郡治焉，劉宋因之。後魏亦屬汝陽郡。隋初屬豫州，開皇十六年改置溵水縣，屬陳州。大業初又析上蔡縣地別置汝陽縣，即今縣也。自唐以後皆爲郡治。編户三十三里。

女陽城，即府城也。漢女陽縣在今陳州商水縣境，東晉以後亦曰汝陽郡。宋景平元年魏人圍汝陽，汝陽太守王公度奔項城；又元嘉二十六年魏主燾攻懸瓠，遣拓跋仁將步騎，驅所掠生口北屯汝陽，武陵王駿自彭城遣騎襲敗之；皆故汝陽也。隋始改置縣於此，爲汝南郡治，後因之。今城明初洪武六年置，周五里有奇，惟東西南三門。八年拓爲九里有奇，增闢北門。又爲水門二，一在南門之東，一在北門之東，以洩城中之水于汝河。成化二十年增築高厚。正德九年流寇薄城，知府畢昭甃以磚石，增埤浚隍。隆慶三年又復修治。崇禎七年復增置守禦之備，益浚舊隍，開南隄石門，引汝入壕，頗爲完固。十五年爲賊所陷。

平輿城，在府城東南，汝水南岸。春秋沈國地。定四年，蔡滅沈。史記：「蔡昭侯十三年與晉滅沈。」是也。後屬楚。秦始皇二十二年李信攻楚平輿。明年王翦擊荆，取陳以南至平輿。漢置縣，爲汝南郡治，光武封姚銚爲侯邑。晉仍爲平輿縣，屬汝南郡。亦謂之懸瓠城。興寧二年燕李洪等攻汝南，敗晉兵于懸瓠，郡守朱斌棄城走。宋元嘉二十六年魏人入寇，時豫州刺史南平王鑠鎮壽陽，遣其屬陳憲行汝南郡事守懸瓠，魏人力攻，壞其南城，憲隨方拒守，積四十餘日卒不能拔。明年魏人南寇，陷懸瓠，尋復得之。泰始三年汝南太守常珍奇以懸瓠降魏。齊建武末魏主宏取沔北諸郡，復如懸瓠。既又詔州郡發兵集懸瓠。梁天監七年魏懸瓠軍主白皂生殺其豫州刺史司馬悦，求救於梁，徐州刺史馬仙琕遣兵赴之，尋復爲魏邢巒所取。中大通三年南、北司二州刺史陳慶之圍魏懸瓠。太清初侯景降梁，自潁州引兵屯懸瓠。既而梁將羊鴉仁入懸瓠，詔以懸瓠爲豫州。明年侯景敗于渦陽，鴉仁以東魏兵漸迫，棄懸瓠還義陽，頓軍淮上。自晉以來，平輿縣名嘗不改。高齊縣廢，隋大業初析新蔡縣復置，仍屬汝南郡。王世充置輿州，唐初州廢，縣屬豫州。貞觀初縣廢，天授二年復置。宋仍屬蔡州，元省入汝陽縣。杜預曰：「平輿縣北有沈亭，古沈國也。」沈當作「邥」。又月旦里，在城東北。漢許虔、許劭所居，故名二龍鄉月旦里。近志：平輿城在府東南七十里。又南直潁州志：「州西百四十里有平輿城，與新蔡縣接界。」恐悞。

宜春城，在府西南。漢縣，屬汝南郡。東漢改曰北宜春，安帝封后父閻暢爲侯邑。晉亦曰北宜春縣，屬汝南郡，後省。近志：在府西南九里。

安成城，在府東南十七里，汝水北。漢爲安城縣，武帝封長沙定王子蒼爲侯邑，屬汝南郡。晉以後因之。後魏仍屬汝南郡，高齊廢。又富波城，在府西。漢縣，屬汝南郡，光武封王霸爲侯邑。晉省。

陽城縣城，在府界。漢縣，屬汝南郡。東漢初岑彭封此，後省入汝陽。又汝南城，在府城東汝水之南。後魏興和中置縣，屬汝南郡。高齊廢。唐貞元中復置，元和中省入汝陽。○保城廢縣，在府南。魏收志云：劉駿置，屬汝南郡。今宋志不載。後魏仍屬汝南郡，隋大業初省入汝陽。

天中山，在城北三里。亦名天臺山，高止尺餘，〔四〕上土下石，以在天地之中，故名。自古考日景，測分數，以此爲正云。

汝水，在城北。自開封府許州郾城縣界流經西平、上蔡縣界，又東南流經此入新蔡、固始縣界，又東入于淮。水經注：「汝水自上蔡縣東逕懸瓠城西北，汝水枝别左出，西北流又屈西東轉，又西南會汝，形若垂瓠，因以名城。」魏主宏太和二十二年得疾於懸瓠，彭城王勰密爲壇于汝水之濱，祈以身代，既而疾間，乃發懸瓠舍于汝濱。梁天監七年懸瓠來降，魏將邢巒渡汝水圍懸瓠，復取之。太清初司州刺史羊鴉仁自義陽趣懸瓠應接侯景，前軍至汝水，侯景遂自潁引出屯懸瓠。秦觀曰：「汝水故道已亡，惟存别枝，水潦暴降，郡城恒有漲溢之患。」今城西北有黄公隄，又有岳公堤，皆在汝河東岸，逶迤五十里，廣四丈，高倍之，水漲時百里内皆蒙其利。萬曆中按察司黄煒、邑令岳和聲所築，因名。餘詳大川汝水。

練水，在府西十里。亦曰練江，一名黄酉河。源出確山縣之樂山，東流至府西有斷濟河、寨河、冷水諸小川匯入焉，至府城西北入於汝。或曰舊有練家河流合於此，因兼練江之名。宋端平初孟珙會蒙古兵攻金蔡州，珙決柴潭，蒙古決練江，即此。

澺水，府東四十里。俗名洪河。源出西平縣周家陂，東流合汝水支流，又東南經上蔡縣東而入於汝；復支分而東南出，經府東北十里有洪河橋跨其上，復東流至新蔡縣入于汝。○荆河，在府東北二里。源出天中山，匯懸瓠池水，經城北大堤外東流六十里南入澺水。又府西北十二里有馬常河，亦東流入于澺水。

溱水，在府南十八里。源出南陽府桐柏縣之桐柏山，一名沙河，東流經朗陵故城西，又逕宜春故城南，又東北經溱口店入汝；復分流東南出，逕平輿、安城故縣北，又折而南入真陽縣境，復東南流入息縣界，又東北經新蔡縣之官津店復入於汝。梁中大通二年陳慶之圍懸瓠，破魏兵於溱水，即今府西南之溱口矣。

潕水，府西北三十里。俗名泥河。源出南陽府唐縣之中陽山，流經舞陽、泌陽縣境而入遂平縣界，至縣南狼家口分二流：一東北出，至府西北四十里黃埠西，復折而南入汝；一東南受傅家溝諸水，至府西姚家灣亦入于汝。又半截河，在府西南十六里，一名英河，下流亦入于汝。

南湖，在府城南。周十餘頃，長堤亘其前。又西湖，在城西南。城東北又有三角湖，中多菱芡，俗謂之菱角湖。城北十里有十家湖，水產魚蓮，旱種秔稻，居民賴之。宋志謂之車輞湖。

鴻郤陂，在府東十里。淮北諸水溢爲大陂，郡以富饒。漢成帝時，關東數水，陂溢爲害，翟方進爲相，議決去陂水，其地肥美，省堤防費而無水憂，奏罷之。後歲旱，民失其利。建武十八年鄧晨爲汝南太守，修復舊陂，使許揚掌其事。揚因高下形勢，起塘四百餘里，數年乃立，郡以沃饒。亦曰鴻隙陂，亦曰鴻池陂，又爲洪池陂。安帝永初三年，詔以鴻池陂假與貧民，自是陂遂廢。宋秦觀曰：「鴻池陂非特灌溉之利，菱芡蒲魚之饒，實一郡瀦水處也。陂既廢，水無歸宿，汝水所以散漫爲害歟？」○青龍陂，在府東。志云：府東百三十里有秔陂港，自青龍陂入汝。又府南二十里有汶河，源出真陽縣境，亦自青龍陂入汝。今謂之汶口。

賈侯渠，在府東。魏賈逵爲豫州刺史，南與吴接，修水戰之具，遏鄢、汝之水造新陂，又通運渠二百餘里，時稱爲賈侯渠。又城西南有蒼陵堰，唐刺史夏虁堰汝水灌田千頃。今廢。

柴潭，在城南三里。宋紹定六年孟珙與蒙古共攻蔡州，珙進逼柴潭，立栅潭上，遂奪柴潭樓。蔡州恃潭爲固，外即汝河，潭高于河五六丈，珙鑿潭堤決入汝水，潭涸，實以薪葦，蒙古亦決練江，于是兩軍皆濟，攻破其外城，又墮其西城，蔡州旋拔。

鵝鴨池，在城北，汝水之曲也。李愬夜襲蔡州，擊鵝鴨池以亂軍聲。一名懸瓠池。○栗渚，在城西南。汝水之灣有地數頃，樹栗其中，謂之栗洲。旁有溪曰錦繡溪。

楊埠關，府東八十里，有巡司。亦曰楊埠鎮，下臨洪河。韓莊店，在縣西。正德六年賊劉六等犯境，千户方瑶拒戰于韓莊，敗死。萬曆十二年守備熊世錦擊盗史世華于韓莊，擒之。

汝陽臺。在府東。亦名章華臺。劉宋泰始四年，豫州刺史劉勔遣將擊敗魏兵於此。豫州時治壽陽。魏收志汝陽縣有章華臺，謂之汝陽臺，以別南郡之章華也。

真陽縣，府南八十里。漢置滇陽縣，屬汝南郡，高帝封欒説爲侯邑。東漢永平中訛曰慎陽縣。〔五〕滇、慎俱讀真。晉仍曰慎陽，劉宋因之。後魏初仍屬汝南郡，太和中置郢州於此，又嘗改爲西郢州，兼置淮川郡。東魏屬安陽郡，後又改屬義陽郡。後齊廢郡，又并縣入保城縣。隋廢保城置真丘縣，屬蔡州，大業初改曰真陽。唐屬豫州，載初元年改曰淮陽，神龍初復故。宋仍屬蔡州，元省入息州。明朝成化十六年復置今縣。編户十五里。

白苟城，在縣東南。梁置白苟戍。城又爲白苟堆，後魏將堯雄謂「白苟堆，梁北面重鎮，請備之」，即此。魏收志：「梁置西淮州，治豫州界白苟堆；又淮川郡亦治焉，領真陽、梁興二縣。」高齊于此置齊興郡，郡尋廢，改爲白狗縣。

隋改縣曰淮川，大業初省入真陽。唐初復置淮川縣，屬息州，貞觀初廢。元和十二年李愬攻蔡州，遣兵下白狗柵，即故白苟城也。○愼陽廢縣，志云：在縣北四十里，漢縣蓋治此。

新陽城，在縣西南四十二里。應劭曰：「地在新水之陽，故名。」陳涉歿，其將呂臣起新陽，攻陳下之，復以陳爲楚，即此。漢爲縣，屬汝南郡。光武封陰就爲侯邑。晉省。○保城廢縣，在縣西南。劉宋孝建三年置寶城縣，屬義陽郡，後魏改爲保城縣，屬汝南郡，高齊因之，〔六〕隋省。

安陽城，在縣東。與光州息縣接界，信陽北出之道也。杜預曰：「安陽本春秋時江國。」漢置安陽縣，屬汝南郡，文帝封淮南厲王子勃爲侯邑，又武帝封濟北貞王子樂爲安陽侯，邑於此。後漢仍曰安陽縣。晉改爲南安陽，以河北有安陽也。劉宋仍曰安陽縣。北魏仍屬汝南郡，正始中置安陽郡，屬郢州。梁書：「大通元年夏侯夔自廣陵進屯安陽，遣別將屠楚城，義陽北道遂絶。」是也。東魏屬義陽郡，隋廢入真陽。廣陵、楚城，俱在息縣界。

江城，在縣東南。春秋時江國也。左傳文四年：「楚滅江。」應劭曰：「安陽有江亭。」○建安城，在縣南五十里。魏收志建安縣屬馮翊郡，蓋東魏僑置郡也。又志云：縣南八十里有臨淮城，今爲朱家店。又有固城，在縣東北七十里，建置未詳。

南龍岡，在縣南三里。勢頗高峻，拱峙如屏。

淮水，在縣南八十里。自確山縣流入，又東經息縣境。淮河南岸即羅山縣界也。詳見川瀆異同及大川。

湞水，縣東北二十里。源出縣西王家衝，經縣南一里，東北流入于汝。漢以此名縣。志云：汝水在縣東北七十里，接新蔡縣境。又汶水在縣北三十里，亦東北流經安陽縣之青龍陂而入于汝。○塘下溝河，在縣北二十五里。源出確山縣東南二十五里之金牛山，流經縣北，又東北入于汝。

清水港，縣南四十里，源出確山縣之横山；縣南二十五里有閭河，亦出確山縣界；縣南諸小水俱附二河東流入于淮。

龍陂港，縣東六十里。舊志：源出遂平縣之洪山，流入縣境，合清水港而入于淮。唐元和十三年以蔡州牧地爲龍陂監，蓋因龍陂港而名。○石塘陂，在縣西北二十里。東漢永平五年汝南太守鮑昱甃石堰水，灌田數百頃。今堙。

汶港柵。在縣東北汶水上。唐時淮西拒命，立柵於此。元和十二年李愬攻蔡，遣兵下白狗、汶港二柵，即其處也。

上蔡縣，府北七十五里。北至許州郾城縣百里。故蔡國，楚并其地，謂之上蔡，漢因置縣，屬汝南郡。應劭曰：「九江有下蔡，故此稱上。」後漢安帝封鄧騭爲侯邑。晉仍屬汝南郡，後魏爲汝南郡治。隋初郡廢，縣屬蔡州。大業初改置汝陽縣，而改武津縣爲上蔡縣，屬汝南郡。唐仍屬蔡州，宋因之。今編户三十六里。

蔡城，縣西南十里。志云：蔡國舊城周二十五里，蔡叔度始封此。其子蔡仲即封焉，春秋時爲楚所侵，遷于新蔡，因以此爲上蔡。竹書紀年：「魏章率師及鄭師伐楚，取上蔡。」亦謂之蔡陽。秦昭襄三十三年客卿胡傷取魏蔡陽。孔氏曰：「蔡城在蔡水之陽也，漢因置上蔡縣。」隋書：「故上蔡縣爲汝南郡治，開皇初郡廢，大業初置汝南郡，改縣爲汝陽。」今汝陽縣，蓋故上蔡縣地矣。○臨汝城，今縣治也。後魏置臨汝縣，屬汝南郡。高齊省入上蔡縣。隋開皇六年改置武津縣，大業初改爲上蔡，後因之。魏收志：「臨汝縣，劉宋所置。」今宋志不載。

武津城，在縣東。劉宋置縣于此，屬汝陽郡。泰始四年魏將趙懷仁率衆寇武津，豫州刺史劉勔遣將擊破之。後魏亦曰武津縣，北齊廢，隋改置于廢臨汝縣。○定潁城，在縣北。漢安帝永初二年分上蔡縣置，屬汝南郡，延光中封尚書令郭鎮之爲侯邑。晉仍屬汝南郡，後廢。志云：縣東北八十里有晉王城，相傳李克用屯兵處。

蔡岡，在縣東十五里。周二十里。又縣西五里有蘆山岡，俗名原王岡，亦曰蘆岡，陵阜峻聳，南北綿延，周四十餘里。

汝水，在縣西五十里。自西平縣流入境，又東南入汝陽縣界。又溵水，在縣東。亦自西平縣流入境，南入汝陽縣界。

沙河，在縣西南三十里。出遂平縣嵖岈山，流入縣境，至縣西南十二里蔡家埠口，又東北至姚家灣入汝。元至正十二年，也先帖木兒討劉福通，復上蔡，駐兵沙河，軍中夜驚，遂北奔汴梁朱僊鎮。○朱馬河，志云：有二，一在縣西二十七里，一在縣東二十七里，俱東合戚橋河，至新蔡三義河入于汝。

杜溝，在縣東。舊有溝凡五，東流入于溵水。後漢初縣令杜詩所浚，因名。蔡地西亢而東卑，五溝濬，民始無泛溢之患。故址猶存。○蔡溝，在縣東南三十里；又小茅河，在縣東六十里；下流俱入于溵水。

鐵丘臺。縣西南五十里。相傳漢光武曾駐此。又縣東北有厄臺，相傳孔子絶糧處。

新蔡縣，在府東五十里。東北至陳州項城縣百二十里。古呂國，春秋蔡平侯徙都于此，故曰新蔡。漢置縣，屬汝南郡，光武封吴漢爲侯邑。曹魏分屬汝陰郡，晉惠帝分立新蔡郡，劉宋因之。蕭齊置北新蔡郡，後魏仍爲新蔡郡，東魏兼置蔡州。高齊州廢，改郡爲廣寧郡。隋初又改爲舒州及廣寧縣，尋改縣爲汝北縣。大業初州廢，復曰新蔡縣。唐初仍置舒州於此，貞觀初州廢，縣屬豫州，後屬蔡州。宋因之。金屬息州，元省入息州。洪武四年復置，改今屬。編户十二里。

鮦陽城，在縣北五十里。漢縣，屬汝南郡。鮦，水名也。漢明帝封陰慶爲侯邑。晉屬汝陰郡，後屬新蔡郡，劉宋及後魏因之。東魏嘗移蔡州治此。北齊縣廢。隋復置，屬陳州。唐初屬沈州，貞觀初廢。今爲鮦陽村。寰宇記：「鮦陽城在沈丘縣西北三十五里。」悮。

楚王城，亦曰楚王戍，在縣東北。水經注：「葛陵城東北有楚武王冢，民謂之楚王岑。」北魏時嘗于此置戍，謂之楚王戍。蕭齊建武四年魏兵南寇豫州，刺史裴叔業攻魏楚王戍，爲傅永所敗。又梁天監七年魏三關、懸瓠俱來降，梁將馬仙琕進頓楚王城，遣兵助守懸瓠。既復遣别將張道凝屯楚王城，魏取懸瓠，道凝棄城走。八年魏楚王城主李興國以城降是也。

櫟城，在縣北二十五里。今名野櫟店。左傳昭四年：「吴伐楚入櫟。」南北朝爲戍守之所。蕭齊建武三年魏寇司州，齊櫟城戍主魏僧珉拒破之，即此。

葛陵城，在縣北。後漢建武十五年徙封姚丹爲侯邑。又壺丘城，在縣東北。左傳文九年：「楚侵陳，克壺丘。」是也。○毛城，在縣西。梁大通二年義陽來降，以夏侯夔爲北司州刺史，鎮義陽。夔進拔魏毛城，逼新蔡。蓋是時戍守處。

舒城，在縣東。隋開皇中置舒縣，屬舒州，大業初廢。又永康廢縣，在縣東南。高齊置，屬廣寧郡。後周改曰澺水縣，隋大業初廢。○四望城，在縣東二十五里，後魏建興中王肅于四望陂南築之以禦梁。魏收志新蔡郡治四望城。

冢岡，在縣西四里。岡勢聳峙，上多古冢，因名。又縣東二十五里有頓家岡，俗呼爲鄧家岡。志云：陳魯悉達保新蔡，置頓居流民，岡因以名。

汝水，在縣南。自汝陽縣東流至此，又東南入息縣界。志云：汝水經縣南十里有官津，即魯昭公二十年夫子自楚反蔡問津處。今地名官津店。

澺水，在縣北四里。上承汝水支流，經葛陵故城，又東南至縣東注于汝水。志云：澺水注于汝，又東南逕下桑里，迤左爲橫塘陂。又縣北四十里有延河，亦自汝陽縣境流入界，又東北至項城縣入于潁河，不通舟楫。

東湖，在縣城東。周四十餘里。今堙廢，僅餘十之一。

鮦陽渠，在縣北七十里。水經注：「葛陂東出爲鮦水，俗謂之三丈陂，自鮦陂東注而爲富水。」漢和帝時何敞爲汝南太守，修鮦陽舊渠，溉田增三萬餘頃是也。

葛陂，在縣西北。舊時陂方數十里。漢中平五年，鮑鴻破黃巾于葛陂。晉永嘉末石勒掠豫州諸郡，臨江而返，屯于葛陂，因築壘于陂上，課農造舟，將攻建業，琅邪王睿集兵於壽春以禦之。一統志：「汝陽縣西南三十里有葛陂，即費長房投杖化龍處。」

青陂，在縣西南。其接汝陽縣境者亦曰青龍陂，或曰即古青波也。秦二世二年秦兵復攻陳下之，陳將呂臣走，收兵復聚，與番盜當陽君黥布復擊秦，破之青波，復以陳爲楚。蓋潴水之處。後漢時陂廢，建寧三年新蔡長李言請復此陂。陂上承真陽之湞水入縣境，又東南經息縣而爲墻陂，灌溉凡五百餘頃。今廢。

繁陽亭。在縣北。左傳襄四年：「楚師在繁陽，以陳叛楚即晉也。」又定四年：「吳敗楚舟師，〔七〕楚大夫子期又以陵師敗于繁陽。」杜預曰：「繁陽，楚地，在鮦陽南。」又大吕亭，亦在縣北。續漢志云：「故吕國也。」

西平縣，府西北百三十里。北至許州郾城縣六十里。古柏國，漢置西平縣，屬汝南郡，宣帝封于定國爲侯邑，更始時立李通爲西平王。後漢建初中置西平國，尋復故。建安八年曹操擊劉表軍於西平。晉仍屬汝南郡，劉宋及後魏因之。後又置襄城郡於此，北齊改文城郡。隋初郡廢，以縣屬蔡州，大業初縣廢。唐初復置，貞觀初省入郾城。天授二年復置，屬蔡州。元和中改隸溵州，尋復故。今編户二十七里。

冶爐城，在縣西七十五里。戰國韓鑄劍處，晉於此置鐵官。唐元和十二年，李愬遣將破吳元濟于嵖岈山，進取冶爐城，又破西平是也。

武陽城，在縣西南。後魏置武陽縣，屬襄城郡。隋開皇中改爲吳房縣，屬蔡州，大業初廢。唐初置北武縣，屬道州，貞觀初復廢。

諸石山，縣西一百里。勢甚高峻。其南曰雲莊山。近志云：汝水源出二山間。蓋汝水故流變易，後世即以二山谿谷之水目爲汝水源耳。

汝水，在縣北。自許州郾城縣南流入縣界，又東南入上蔡縣境。邑志云：汝水在縣城西，水漲時派分入城，自西水門入，由東水門出。後數泛溢侵城郭，乃移水道于城北二里。

㶏陽河，縣西五十里。東北流入于汝水。志云：縣西二十里有官橋河，縣西北十八里有金水河，縣北十五里有閼泥河，皆匯縣北境之水下流入汝。又縣西五十里爲流堰河，經縣南，合縣南二十里之雙叉河東流入汝。

周家泊，縣北二十五里。縣以北諸水多匯流於此，水則多魚，涸則多葦，民賴其利，澺水之源出焉。寰宇記：「縣西七十二里有二十四陂，魏典農都尉鄧艾所造，以溉民田，支分而東凡二十有四，亦曰鄧艾陂。」今淤。

棠谿村，在縣西北，接郾城縣界。昔時產金甚精，所謂「棠谿之金，天下之利」也。戰國策「蘇秦曰韓之劍戟出于棠谿」，即此矣。又縣西舊有龍淵水。太康地記：「西平有龍淵水，淬刀劍特堅利，故劍有龍泉之名，蘇秦所稱龍淵之劍也。」司馬貞曰：「天下之寶劍韓爲衆，其劍皆出西平縣。」漢志注「西平有鐵官」，蓋以此。

柏亭。在縣西南。應劭曰：「西平縣有柏亭，故柏國也。」杜預曰：「春秋時柏國，縣之柏亭是。」

確山縣，府西南九十里。西至南陽府泌陽縣百八十里，南至信陽州百七十里。漢朗陵縣地，屬汝南郡。梁置安昌縣於此，屬陳州。後魏移縣治于朗陵故城，兼置初安郡。隋初郡廢，縣移今治，屬豫州。開皇十八年改曰朗山縣。唐屬蔡州，宋因之，大中祥符五年改爲確山縣。明初省入汝陽，洪武十四年復置。編户十二里。

朗陵城，縣西南三十五里。漢縣治此，光武封臧宫爲侯邑。晉仍屬汝南郡，武帝封何曾爲朗陵公是也。後廢。梁置安昌縣，隋改置朗山縣。唐元和十一年討吴元濟，唐鄧帥高霞寓奏敗淮西兵于朗山。十二年李愬攻蔡，遣兵襲朗山，敗之。既而夜襲蔡州城，分兵絶朗山道，即今縣城矣。○道城，寰宇記「在縣北二十里，即春秋時道國」云。

蟠山，縣南二里。環繞邑城，其形如龍，亦名蟠龍山。又縣東南二里有登高山，縣東五里有五里山，皆峰巒秀聳，爲邑之勝。

確山，縣南十里。一名浮丘山，宋以此名縣。舊志云：溱水蓋出于此。又朗陵山，在縣南四十里，漢以此名縣。山之西北即故朗陵城也。一名大明山，俗呼爲馬鞍山。○三山，在縣南三十里。與馬鹿山、會龍山並峙，因名。又縣南五十里有走馬嶺，嶺上有平岡數里，可以走馬。

樂山，縣西北四十里。本名朗山，隋縣以此名，宋避諱改曰樂山。山頂有皓月池及雙龍泉，又有紫花澗，練水出於此。山之麓多軍營石壘，唐時淮西拒命所置，以禦官軍處也。又秀山，在縣西北十里，浮煙積翠，視諸山特秀。○佛光山，在縣東南五十里。勢極高峻，常有光焰。縣東南六十里又有横山，以南北横亘爲名，清水源于此。

淮河，縣南四十里。自信陽州流入縣境，又東入羅山、真陽縣界。淮河南岸即信陽州境也。○溱河，在縣南三十里。自南陽府桐柏縣流入境，一名沙河，又謂之吴寨河，東流入汝陽縣界。

黄酉河，縣北三十里。源出樂山，即練河之上流也，東流合諸小水入汝陽縣界。又有馬莊河，亦出樂山，東流至汝陽縣西十五里謂之寨河，又北入于練河。

淇河，縣東南三十五里。源出横山，東流入真陽縣境，合塘下溝河而入于汝。又十里河，在縣南十里，源出縣西南十五里大儀山，東北流至汝陽縣界；又三里河出縣北三里中泉山，亦東入汝陽縣界；俱合溱水而入于汝。又黑河，在城北。源出秀山，東流合于三里河。

竹溝鎮關，縣西南九十里。又縣南九十里有明港鎮關，明港河之水自信陽州流經此入淮也。二關俱有巡司戍守。

桑里亭，在縣東。左傳成六年：「晉侵蔡，楚救蔡，禦諸桑隧。」杜預曰：「朗陵東有桑里，亦近上蔡西南。」

鷹窩寨。縣西南五十里。山嶺高險，惟一徑可通，乃昔人避兵處。相接者又有連珠寨，山嶺參錯，蜿蜒數十里，諸寨相接，若連珠然。

遂平縣，府西九十里。南至確山縣九十里。春秋時房國。楚靈王遷房于荆，昭十三年平王復爲房國。漢爲吴房縣，屬汝南郡。晉因之。後魏改遂寧縣，屬襄城郡。隋大業初復置吴房縣於此，屬汝南郡。唐貞觀初縣廢，尋復置，屬蔡州。元和中改遂平縣，屬唐州，長慶初還屬蔡州。宋、金仍舊。元初省入汝陽，大德間復置，屬汝寧府。今編户二十八里。

吴房城，今縣治。故房國，楚并其地。春秋定五年：吴王闔閭弟夫概奔楚，封此，故曰吴房。漢置縣，高帝封功臣楊武爲侯邑。後魏爲遂寧縣，隋復故。唐貞元十五年，山南東道帥于頔討淮西叛帥吴少誠，奏拔吴房、朗山是也。元和十二年李愬攻吴房，克其外城而還。既平吴元濟，因改縣曰遂平。○義綏廢縣，在縣北。後魏置，屬襄城郡，北齊省入遂寧縣。

濯陽城，在縣東南。漢置縣，屬汝南郡。南有濯水，因名。光武封吴漢孫旦爲侯邑。晉仍屬汝南郡，劉宋及後魏因之，北齊廢。

棠谿城，在縣西北百里。應劭曰：「吴房有棠谿亭。」是也。楚武王封闔閭弟夫槩爲棠谿氏，因城之。後漢建武中封劉熚爲棠谿侯，邑于此。寰宇記云：「棠谿城在郾城縣南二十五里。」蓋自縣北接西平、郾城，皆棠谿地也。

奥來山，縣西七十里。亦曰嶴崍山。其相連者爲檜峰垛，下有黑龍潭，即石洋河之源也。山之西二里爲平頭垛，平衍可佃。有二池，水常不竭，昔人避兵於此。層巒疊嶂，爲一邑偉觀。又有牛心山，與平頭垛相接。○横山，在縣西四十五里。一名玉山。西有黄花山，下有烏鎗洞。

查牙山，縣西南七十里，亦曰嵖岈山；以山勢峻峭，亦名嵯峨山；又狀類蓮花，曰蓮花山；又孔穴玲瓏，風嘘則鳴，一名玲瓏山。其東南十里曰馬鞍山。唐元和中，唐鄧節度李愬遣將董少玢等分兵攻淮西，下馬鞍山，拔路口栅；别將馬少良等下查牙山，又進取西平之冶鑪城。乾符三年，王仙芝黨尚讓據查牙山，官軍退保鄧州，黄巢尋自潁、蔡而西，與尚讓等合兵保查牙山。元末土豪保聚于此，曰玲瓏山寨，明初鄧愈自信陽而北討平之。正德間賊劉齊等倡亂，邑人避兵山上。山形險阻，中有平地可居。又有仙人洞，幽邃迤邐，路通舞陽，凡百餘里。○天磨山，在查牙山西，高聳如磨。又尖垛山，在查牙山西北，高十餘里。山洞有池曰白龍池。志云：縣西七十里有洪山，龍陂之源出焉。

石洋河，在縣北五里。源出黑龍潭，東流入汝水。明朝天啓中縣令胡三省于縣東七里疏石洋河南入沙河，引水周灌，謂之新河，俗呼爲玉帶水。

沙河，縣南里許。源出查牙諸山，合流入汝。每遇水溢，衝決爲害，萬曆五年縣令徐世隆築堤捍禦，水患少息。○上渠溝，在縣西南三十五里。源出查牙山，東流合陽奉渠入沙河。

瀙水，在縣南。東北流入汝，故瀙陽縣以此名。志云：縣東二十五里有菱角湖，周五十里，其下流亦入于汝水。又有溵水，在縣北。自舞陽縣流入境。

文成栅，在縣西三十里。舊志：在蔡州西南百二十里。亦曰鐵城。元和十一年唐鄧節度使高霞寓自蕭陂進至鐵城，大敗，蓋淮西號文成栅爲鐵城也。十二年李愬討吴元濟，降其將吴秀琳於文成栅，遂定滅蔡之謀。舊唐書：「元和十二年討吴元濟，置行吴房縣于文成栅，權隸溵州。」是也。又新興栅，在文成西南，唐新立以禦蔡人，故名。其地當近南陽府桐柏縣界。元和十一年吴元濟圍新興栅，〔八〕唐鄧帥袁滋不敢出擊，即此。

張柴村。在縣東南三十里。村東有興橋栅。唐元和十二年淮西將李佑守興橋栅，率士卒刈麥于張柴村，李愬以策擒之。又愬襲蔡州，自文成栅東行六十里至張柴村，據興橋栅，留軍鎮之，以斷洄曲及諸道橋梁，復東行七十里入蔡是也。洄曲，見開封郾城縣。

附見

汝寧守禦千户所。在府城内。洪武七年建，屬中都留守司。

信陽州，在府西南二百七十里。東至光州一百七十里，南至湖廣德安府二百五十一里，西至南陽府唐縣三百二十七里，西南至德安府隨州二百四十四里。

禹貢荆州境，春秋時申國地，杜佑曰：「申國當在南陽。」後屬楚。秦屬南陽郡，後漢爲南陽、江夏二郡地。〔九〕今州治，漢南陽郡平氏縣義陽鄉地也。魏分南陽置義陽郡，後省。晉太康中復置，劉宋因之，泰始中兼置司州。齊因之。梁置北司州，後復曰司州。天監二年爲後魏將元英所陷。後魏永安三年置郢州，而義陽郡如故。後周改郡曰宋安。隋初郡廢州存，大業初改爲義州，尋復曰義陽郡。唐初爲申州，天寶初亦曰義陽郡，乾元初復故。宋開寶九年降爲義陽軍，太平興國元年改信陽軍。元曰信陽州。至元十四年升爲信陽府，明年復降爲州。明初因之，洪武十五年降州爲縣，成化十六年復爲州。編户十七里。領縣一。

州控據三關，爲全楚之襟要。左傳定四年：「蔡侯、吴子、唐侯伐楚，舍舟於淮汭，杜預曰：「吴乘舟，從淮來過蔡而舍之。」自豫章與楚夾漢，杜預曰：「豫章，漢東江北地。」或以爲今德安府之章山。左司馬戌沈尹戌也。謂子常曰：『子沿漢而與之上下，我悉方城外以毁其舟，方城，見裕州。還塞大隧、直轅、冥阨。詳見重險黽阨。子濟漢而伐之，我自後而擊之，必大敗。』〔一〇〕子常違其言，而入郢之禍成矣。」蓋其地羣山環結，地形阻隘，北接陳、汝，襟帶許、洛，南連襄、郢，肘腋安、黄，自古南北争衡，義陽常爲重鎮。齊東昏末，蕭衍東下建康，元魏東豫州刺史田益宗言：「義陽差近淮源，利涉津要，淮水過義陽城下，西去淮源未遠，魏人行師，以此地爲利涉之處。朝廷行師，必由此道。若江南有事淮外，須乘夏水泛漲，列舟長淮。謂江南來争壽陽也。師赴壽春，須從義陽之北，謂魏人東援壽陽之軍，時壽春没於魏。便是居我喉要，在慮彌深。義陽之滅，今寔其時。請使兩荆之衆西擬隨、雍，兩荆，魏置荆州于穰城，東荆州于沘陽也。隨謂隨郡，雍謂襄陽。揚州之卒揚州即壽春。頓於建安，建安，見固始縣。得捍三關之援；三關，即黽阨三關。然後二豫之軍魏置豫州于汝南，東豫州于新息。直指南關，謂光州陰山關也。對抗延頭；延頭，見湖廣黄陂縣。

遣一將節度諸軍，不過十旬，克之必矣。」益宗之策，蓋欲孤義陽之勢，使自入我彀中也。既而魏用其策，果克義陽。其後梁因魏人之衰，復取三關，争魏郢州。迨侯景之亂，義陽遂入於東魏。陳氏力争淮西，而義陽不復，卒至喪敗。唐之中葉，淮西拒命，恒以申州當沔北諸軍。宋南渡以後，陳亮議以信陽爲恢復之資，卒之師入蔡州，由先克信陽也。王氏曰：「義陽與三關勢相首尾，欲復宛、洛，必自義陽。」胡氏曰：「義陽，淮西屏蔽也。義陽不守，則壽春、合肥不得安枕而卧。」蒙古侵宋淮西，由信陽徑趣合肥，此前車也。夫義陽南可以制全楚，北可以争許、洛，西可以出宛、鄧，東可以障淮西，然自梁、魏相持以來，猶未有善用義陽者，何歟？

義陽城，在州南四十里。漢南陽郡平氏縣之義陽鄉也，武帝元狩四年封衛山爲義陽侯，邑于此。魏文帝丕置義陽縣，屬義陽郡。晉因之。宋元嘉二十八年移置司州于此，齊因之。建元二年，魏遣將馮熙等分道出義陽入寇。建武末，魏將王肅復攻義陽，不克。梁天監二年魏將元英等攻義陽，司州刺史蔡道恭拒守。三年道恭殁，義陽尋降于魏，魏因改置郢州治焉。五年梁人圍義陽，不克而遁。大通二年郢州來降，改曰北司州。後周改縣曰平陽，又改郡爲宋安郡。隋初郡廢，復改縣曰義陽，爲申州治。唐仍舊。宋改縣曰信陽，爲信陽軍治。元移治羅山縣，以信陽縣屬焉。明初復移今治。州城周九里有奇。明初重建，正德八年甃以磚石，萬曆二年闢小南門以便樵汲。崇禎十四年爲賊所毁，尋復修築。舊志：義陽縣本治石城山下。酈道元曰：「義陽郡南對固城山。」是也。郡縣志：「石城又南七十六里即平靖關。」

平陽城，在縣東南。後漢置平春縣，屬江夏郡。建武四年封子全爲平春王，後爲侯邑。晉仍爲縣，太元中改曰平陽，屬義陽郡。宋孝建中仍析置平春縣，蕭齊因之。後魏廢平春入平陽縣，仍屬義陽郡。高齊廢。○仁順城，在州南。魏置義陽郡，初治安昌，晉封安平王孚之子望于義陽，治石城。尋爲梁希所侵逼，移治于仁順城。劉昫曰：「晉自石城移郡治居仁頓。」〔二〕即仁順城矣。

安昌城，在州西北七十里。漢置縣，屬汝南郡，成帝封張禹爲侯邑。魏主丕分南陽立義陽郡，蓋治于此。晉仍屬義陽郡，宋、齊因之，後没於魏。北魏延昌初，以蠻户桓叔興爲南荆州刺史，治安昌城。梁普通二年叔興以州來降，尋復入魏。大通二年南荆州刺史李志舉州來降，即此城也。北齊廢。其城圓而不方，世謂之白茅城。

鍾武城，在州東南。漢縣，屬江夏郡，宣帝元康初封長沙頃王子度爲侯邑。王莽末鍾武侯劉望起兵汝南，稱帝，更始將劉信擊滅之。又東漢初臧宫徇鍾武、竹里，皆下之。後省。劉宋初復置屬義陽郡。蕭齊因之，後廢。

鍾山城，州東南十八里。漢鄳縣地，屬江夏郡。北齊置齊安縣及齊安郡，隋郡廢，改縣曰鍾山，屬申州。唐因之，宋省入信陽。○環水城，在州東南。劉宋置，屬義陽郡。沈約志：「泰始中置宋安郡，環水縣屬焉。郡尋罷，還縣屬義陽。」蕭齊因之，後廢。

淮源城，州西北六十五里。北齊置慕化縣及淮安郡，隋郡廢，改縣曰淮源。唐初淮安土豪楊士林等起兵攻朱粲，敗粲於淮源，粲奔菊潭是也。菊潭，見内鄉縣。又一統志云：「州南十里有南羅州城，梁置汝北郡，唐于此置南羅州。」似悞。

武城，在州東北二十里。春秋時楚舊城也。又十道四番志：「州北六十五里有烏疊城。」郡志云：今州北六十里有楚王城，即楚武王破申時所築。又有太子城，與楚王城相去四里許。門垣基址，兩城俱存，中可容萬人。又有櫟城，在縣北五十里，今與楚王城俱見新蔡縣。

曹城，在州東南三十五里。梁天監初曹景宗救義陽，軍于鑿峴口，是時所築城也。其地今名曹店。又樊城，在州南。北魏所置。梁天監初王僧炳據鑿峴，魏元英遣別將元逞據樊城拒之，大破僧炳於此。

賢首山，在州西南七里。峰巒秀麗，蜿蜒數里，一名賢隱山。蕭齊建武二年，魏遣劉昶攻義陽，王廣之赴救，去城百里而軍，別將蕭衍請先進，率精兵間道夜發，逕上賢首山，去魏軍數里，魏人不敢逼。梁天監二年魏元英寇義陽，司州刺史蔡道恭遣將楊由帥城外居民保賢首山，爲三柵，爲魏所陷。志云：山有梁王壘，以蕭衍而名。○義陽山，在州城東。舊名武山，後改今名。舊有義陽書院，今爲郵亭。

士雅山，在州南七里。本名大木山，晉祖逖爲豫州刺史，藏家屬於此，後人以逖字名山。梁天監三年魏元英圍義陽，詔馬仙琕馳救，英結壘于士雅山，分命諸將伏於四山，示之以弱，仙琕不備，爲英所敗。○鍾山，在州東南十八里。隋因以名縣。州東南三十里又有麒麟山，衆山環抱，俗呼關兒口山。

釜山，在州南六十里。連環五十餘里，勢如覆釜。後魏將辛祥夜襲梁將胡武成于釜山，〔三〕即此。○峴山，在州南七十里。梁天監三年魏圍義陽，詔曹景宗、王僧炳馳救。僧炳將二萬人據鑿峴，景宗爲後繼。既而景宗頓鑿峴不進，義陽降於魏。胡氏曰：「鬰峴在關南。」志云：即峴山也。

石城山，州東南七十里。括地志以爲即楚之冥阨。亦曰冥山。蘇秦曰：「韓卒之劍戟皆出於冥山。」莊子「南行至郢北而不見冥山」，即此。山上有石城。水經注：「晉于山上置義陽郡城。」是也。舊志云：石城山，在廢鍾山縣西南二十一里。○鷄翅山，在州南九十里。一名鷄頭山，有九渡水。

三角山，州西五十里。高峰橫雲，狀如鼎足。其相近者又有堅山，高聳如削，一名尖山。又七盤山，在州西六十里，有七峰相峙。○董峰山，在州西南五十里。峰巒競起，高出羣山，上有黑龍潭。

隴山，在州東北。宋嘉定中金人破宋兵于信陽之隴山，遂渡淮犯光州之中渡鎮。又天目山，在州西北百二十里。山高峻，下有白龍潭，明河出焉。

淮水，在州北四十五里。自南陽桐柏縣流經州界，又東入確山、羅山等縣境，所謂「義陽差近淮源」者也。今城北五十里有長臺渡。○洋河，在州東北七十里。一名盱河，東流入淮。又明河，在州北九十里。源出天目山，東流入淮。亦曰明港河。

溮水，在州南四十里。源出隨州黄土山，流抱州城，東北流入淮。水經注：「溮水源出大潰山，又北逕賢首山西。亦曰師水。」劉宋泰始二年汝南太守常珍奇以懸瓠降魏，時豫州刺史殷琰亦據壽陽請降，魏兵至師水將救壽陽，聞琰復歸宋，乃掠義陽數千人而去。既而珍奇復謀南還，燒懸瓠東門，屯於溮水，魏將拓跋石擊破之。

九度河，在州南六十里。源出鷄翅山，谿澗縈委，沿溯九度，亦曰九曲河。經州南二十五里有卧牛河合流焉，謂之雙河。又東北流合于淠水。又三灣河，在州南六十里。源出湖廣應山縣界，東北流合淠水入淮。○楊柳河，在州西南四十里。源出應山界，北入淠河。一名楊龍河。

臺湖，在州東三十五里，又有車轍湖在州北四十里，又北二十里爲馮家、楊家等湖，又有蔡家湖在州南三十里，皆州境鍾水處也。

平靖關，在州東南九十里，即古冥阸塞。又黄峴關，在州南九十里，即古之直轅也。又武陽關，在州東南百五十里，即古之大隧。此爲義陽三關，俱詳見重險冥阸。

黄土關，州西南六十里。東接三關，爲首尾相顧之地。又平昌關，在州西六十里。亦曰平常關。又西百六十里爲南陽府之泌陽縣。○恨這關，在縣西南百十五里。自關而南至湖廣應山縣九十里，往來要地也。又州南有武勝關，亦險塞處云。

長樂關。州北五十里，又大埠關在州東北三十五里，今俱有巡司戍守。

羅山縣，州東七十里。東南至湖廣麻城縣百九十里，東至光山縣百十里。漢置鄳縣，屬江夏郡。晉因之，尋屬義陽郡。宋、齊因之。後魏亦曰鄳縣，正始初改屬齊安郡。高齊改置高安縣。隋開皇初縣廢，十六年置羅山縣，屬申州。唐武德四年置羅州於此，八年州廢，縣仍屬申州。宋開寶九年廢，雍熙二年復置，屬信陽軍。元屬信陽州。明朝洪武四年屬鳳陽府，七年改屬汝寧府，成化十六年改今屬。編户二十一里。

羅山故城，在縣治東北。元志：「宋置信陽軍，端平間兵亂地荒，凡四十餘年。至元二十年以羅山地當驛置要衝，徙州治此，而移縣治于西南，號曰羅山新縣。」明初信陽復還舊治，而縣治不改。

禮山城，在縣西南。劉宋時東隨左郡地也，大明八年改置宋安縣，後又改爲宋安郡，郡尋廢。蕭齊復置宋安左郡，後魏因之，并置東隨縣屬焉。隋開皇九年改置禮山縣，屬申州，大業末廢。魏收志東隨縣有黃峴關，蓋與關相近也。邑志云：黃峴關在今縣西南百二十里。○樂寧廢縣，在縣南。蕭齊置縣，屬宋安郡，或曰即郡治也。後魏宋安郡亦治此，高齊因之。後周移郡治平陽，縣省入焉。魏收志樂寧縣有武陽關。今關在縣西南百餘里。

高安城，縣西南二十里。高齊置縣于此，隋初廢，尋改置羅山縣。又鄳縣城，在縣西南黃峴關外，漢縣舊治也。後魏亦曰鄳縣。鄳與鄳通。高齊時廢。今基址猶存。又謝城，縣西北六十里，蓋古申伯所都。王氏曰：「申伯所居之謝，在湖陽縣境。」今見南陽府唐縣。

羅山，在縣南十里。峰巒環抱，隋因以名縣。亦謂之龍山，又名小羅山。縣南百里又有大羅山。○獨山，在縣南五十里，以突兀挺峙而名。又南三十里曰掘山，水流縈抱，四面如一。又鵠山，在縣南九十里。山水勝麗，爲邑之勝。

牢山，在縣東南九十里。層巒疊嶂，勢極險峻。又三爪山，在縣南百六十里。山峰聳出，形如指爪，因名。○黃神山，在縣西南九十里。志云：下有唐南羅州遺址。

靈山，縣西南百二十里。山視衆山獨高，舊名霸山。下有白馬洞，小黃河出焉。又六斗山，在縣西南百三十里。六峰並峙，形如南斗，因名。

淮水，縣北二十里。自州境流入，其北岸與真陽縣接界，又東流入息縣境。○竹竿河，在縣東三十里。源出掘山，北流入淮。又縣東北三十里有月兒灣河，亦出掘山，流入于淮。

小黄河，在縣南門外。源出靈山，縈繞縣城，東流合於竹竿河。縣西南三十里有羊馬河，亦流入竹竿河。○馬寨河，在縣西南五十里，流入小黄河。又縣北三十里有濼清河，一名濼水澗，北流入淮。

武昌湖，縣西五十里。蓄水灌田，凡三百餘頃。又縣西南二百三十里有西湖，灌田百頃。○大乘寺泉，在縣西南百二十里。引流灌田，其利甚溥。

大勝關，在縣南百四十里。宋寶祐末蒙古忽必烈等分道南寇，自光山會軍度淮，南入大勝關。明初太祖嘗駐蹕於此。志云：縣南有故金牛城，亦晉時戍守處。又有破關，在縣南百二十里。

石門。志云：縣有二石門，在縣西南八十里者曰小石門，又十里曰大石門，乃兩山之峽，其形似門。勝覽云：「二門皆鑿鳥道以通往來，南扼荆楚，居然險塞。」

光州，在府東南三百里。東至南直壽州四百五十里，東南至南直六安州三百二十里，南至湖廣黄州府三百五十里，西南至湖廣德安府四百三十里，西至信陽州二百二十里，北至開封府陳州四百里。

禹貢揚州境，春秋時黄國，亦爲弦、蔣二國地。戰國屬楚，秦屬九江郡，漢爲汝南、江夏二郡。魏分置弋陽郡，治弋陽縣。晉爲弋陽、汝陰二郡地，宋、齊爲光城、弋陽、新蔡等郡地。梁置光州及南郢州，東魏因之。魏收志光州治光城，南郢州治赤石關，領定城等郡。後周爲淮南郡。隋復爲光州，大業初改弋陽郡。唐復爲光州，徙治定城縣。天寶初改弋陽郡，乾元初復故。

宋仍曰光州，亦曰弋陽郡及光山軍。紹興二十八年改曰蔣州，避金太子光瑛諱也。尋復故。元屬汝寧府。明初以州治定城縣省入，一統志云：「元省。」改屬鳳陽府，洪武十三年仍屬汝寧府。編户十二里。領縣四。

州襟帶長淮，控扼潁、蔡，自古戍守重地也。蕭齊永元二年壽陽降魏，魏將宇文福曰：「建安，見固始縣。淮南重鎮，彼此要衝，得之則義陽可圖，不得則壽春難保。」遂攻建安，建安降。胡氏曰：「魏兵南來，齊兵北向，建安皆當其衝要。魏得建安，則西南可圖義陽；齊司州治義陽。若齊增建安之兵，北斷魏援，東臨壽春，則壽春難保矣。」又魏宣武時，田益宗議取義陽曰：「請使揚州之兵頓于建安。」揚州謂壽春也，則自光州東至壽春四百餘里，道皆險阨。唐元和中平吴元濟，以濠、壽之兵脅其光州。其後朱温侵淮南，不能得志於光州，而楊吴之勢遂成。周世宗用兵淮南，亦遣偏師争光州。蓋有事淮、蔡，未有不從事光州者。若夫自光山會軍渡淮，出黄州，圍鄂州，而江表震動，此蒙古寇宋之道也。光州豈惟爲淮西之藩蔽，不且扼全楚之襟喉歟？

定城廢縣，今州治。本漢弋陽縣地，屬汝南郡。高齊置定城縣，屬定城郡，尋省入南、北二弋陽縣，又省南弋陽入北弋陽，復改爲定遠縣。隋又改曰定城縣，屬光州。〔一三〕唐初置弦州於此，貞觀初州廢，仍屬光州。太極初徙州治焉，自是州郡皆治此。明初省。志云：今州城，宋慶曆初知州梁季泌創建土城，周九里有奇。城分南北，潢河貫其中。明朝正德六年爲流寇所陷。七年知州李鏜增修，甃以磚石，開北城五門，南城六門，環十四里。萬曆三十一年南城復增一門，共十有二門云。

弋陽城，在州東北。漢縣，屬汝南郡，昭帝封任宮爲侯邑。後漢仍屬汝南郡，三國魏屬弋陽郡，晉及劉宋因之。後魏置弋陽郡於此，又分置南、北二弋陽縣。高齊省北弋陽入南弋陽，又改爲定遠縣，〔一四〕而弋陽之名隱。

長風城，在州西南。宋元嘉二十五年以豫部蠻立十八縣，長風其一也。縣屬西陽郡，蕭齊永元二年軍主吳子陽等出三關侵魏，與魏東豫州刺史田益宗戰于長風城，子陽敗還，縣尋廢。

黄城，州西十二里。春秋時小國也。左傳桓八年：「楚子會諸侯，黄、隨不會。」僖十二年黄人不共楚職，曰：「自郢及我九百里，焉能害我？」於是楚滅黄，此其國城也。史記「黄帝末孫陸終之子封于黄」，即此。又有弦城，在州西南。亦春秋時小國，僖五年爲楚所滅。唐置弦州，因此城以名。

車谷山，州南七十里。羣峰擁抱，清流縈繞。又州東南七十里有彭山。上有古塔，俗名磚塔岡；中有九子巖、三教洞；下有小川，百折入于潢河。

淮水，在州北六十七里。自息縣及光山縣流入州界，又東入固始縣境。

潢水，在州治南。源出湖廣麻城縣分水嶺，東流歷光山縣境，又東至州城西北，復貫州城而東出，又折而北注于淮。水經注謂之黄水，其入淮處謂之黄口，俗呼小黄河。舊有跨潢橋，明朝天順中所置浮橋也。後廢。萬曆中改置鎮潢橋，在城中，長十餘丈。〇白露河，在州東三十里。源出州南三十里之南岳山，東北流，又東入固始縣界合春水注於淮。舊志云：源出麻城縣之分水嶺，北流經陰山關而東北出云。

小弋陽陂，在州東。魏賈逵爲豫州刺史，造新陂及運渠，又斷山溜長谿水，造小弋陽陂以溉田是也。今堙。

亞港，在州東二十五里。舊時引潢水及白露河諸川匯流入港，資以灌溉，爲利甚溥。又州西三十里有馬家湖，亦瀦水溉田處也。

陰山關。舊志云：在州西南長風城之北。亦曰南關。梁天監中，北魏田益宗議取義陽，曰：「二豫之軍直指南關，對抗延頭。」正謂此也。唐史：「陰山關在黄州麻城縣東北。」今麻城境有陰山。○白藁戍，與陰山關相近。南史：「梁天監初魏長風戍主奇道顯入寇取陰山、白藁二戍是也。」

光山縣，州西四十五里。南至湖廣麻城縣二百里。春秋弦國地，漢爲西陽縣地，屬江夏郡。劉宋元嘉十五年以豫州蠻民立光城等縣，大明中立光城左郡。梁兼置光州，尋没于魏。天監十三年魏東豫州刺史田益宗諸子魯生等奔關南，招引梁兵攻光城以南諸戍，魏將李世哲等擊破之。東魏亦於此置光州及光城郡。隋開皇初郡廢，十八年置光山縣，大業初弋陽郡治此。唐復改郡爲光州，徙治定城縣，以光山縣屬焉。宋太平興國中改縣曰期思，尋復故，仍屬光州。今編户三十八里。

仙居城，在縣西。劉宋置樂安縣，屬弋陽郡，尋改屬光城左郡。齊因之。梁置樂安郡於此，後魏因之。隋初郡廢，縣屬光州。唐初亦曰樂安縣，天寶初改爲仙居縣，仍屬光州。宋因之，建炎中省。劉昫曰：「軑縣古城在仙居北十里。」仙居本漢江夏郡軑縣地也。今軑縣見湖廣蘄水縣。○西陽城，寰宇記：「在縣西二十里。」漢江夏郡屬縣，晉爲弋陽郡治。今見湖廣黃岡縣。劉氏曰：「光山縣有軑縣、西陽故城，皆後代僑置縣，非漢故縣也。」

黃川城，在縣境。後魏嘗置黃川郡，治安定縣，梁廢。又茹由城，在縣南六十里。晉安帝置縣，屬弋陽郡。宋初因之，大明中分屬光城左郡。齊因之。後魏復改置邊城郡於此，高齊廢。

宋安城，在縣西南。本樂寧縣地，隋廢入羅山縣。唐初復析置宋安縣，以樂寧故宋安郡治也，并置谷州治焉。貞觀初省谷州，又以宋安并入樂安縣。○豐安城，亦在縣西。或曰本後魏所置永安郡也，治新城縣。高齊改爲豐安郡，隋廢郡，以其地并入樂安。邑志云：今縣東十里有天子城，臨官渡河，漢光武嘗夜經此，因名。

浮光山，縣北八十里。一名浮弋山，即弋陽山也。山巖聳秀，俯映長淮，每有光耀，因名。亦曰濮公山，相傳舊有濮公者隱于此。○霧山，在縣西七十里。高插雲漢，雖甚晴朗，嘗有雲霧蒙其上。又縣西南百五十里有天臺山，壁立萬仞，一望千里，上有鐵瓦寺，下有龍池。舊志云：縣西五十里有仙居山，唐仙居縣以此名。

石盤山，縣南九十里。山勢盤旋險峻，其頂平整，舊有寨柵，可屯千兵。又有寨山，在縣南七十里。上有三井，元末邑人立寨於此以避兵。其相接者曰三山，山有千峰萬壑，迴出雲表，綿亘二百里。○會龍山，在縣南四十里。二山並峙，如兩龍相會。其南四十里曰龍蟠山，亦以形似名。又四面山，在州南八十里。其峰四面相向，水流縈迴，爲邑之勝。

淮水，在縣北八十里。自息縣流入境，又東入光州界。○官渡河，在縣南五里，即潢水也。自麻城縣流入境，又東至光州界而爲小黃河。又有臨仙河，在縣南二十里。東北流入于官渡河。

梅林河，在縣東南三十里。源出縣南百里之金泉山，東北流會官渡水入淮。又高陌河，在縣南四十五里。源出縣南八十里之白壓山，東北會臨仙河而入于官渡河。又縣南九十里有陡山河，又南十里有三道河，俱東北流入于官渡河。

寨河，在縣北二十里。縣西四十五里有清流河流合焉，至縣東北有寨河橋跨其上，爲往來之孔道，又東北注于淮河。○泊陂河，在縣東南四十五里。商城縣之五水關河流合焉，下流亦注于淮河。

雨施陂，在縣南八里。唐永徽四年光州刺史裴大覺所開。積水溉田，凡百餘頃。○千工堰，在縣城西。繞城而東，凡數十里，爲衆水所匯。嘉靖五年邑令王室築石障水，負郭數千畝皆資以溉，自是修築不一。萬曆十二年復增修之。尋廢。

木陵關，在縣南百三十里。南至湖廣麻城縣八十里。有木陵山，關在其上。水經注：「木陵關在黄武山東北，晉西陽城東南。」南北代時爲戍守要地。梁天監初將軍張囂之侵魏淮南，取木陵戍，旋復陷于魏。普通八年，司州刺史夏侯夔出義陽道攻魏平靖、木陵、陰山三關，皆下之是也。唐元和十二年，鄂岳觀察使李道古討吴元濟，引兵出穆陵關，攻申州，克其外郭，尋潰還。穆陵即木陵也。

白沙關，在縣西南百四十里。舊志云：縣有五關，與湖廣麻城縣分界。五關者，白沙而外曰土門關，在縣南九十里；曰斗木嶺關，在縣西南百里；曰黄土嶺關，曰修善衝關，俱在縣西南百二十里。宋紹興中江州都統趙㢸議建五關以拒金人。嘉定十四年金人圍光州，犯五關，遂進圍黄州漢陽軍。或曰五關木陵、虎頭、黄土、白沙、大城是也。今詳見麻城縣。

界河關，縣南百十里。志云：三道河源出於此。關南至麻城縣九十里。又牛山鎮關，在縣東百里。二關俱有巡司戍守。〇石腦山寨，在縣西。元末土豪屯聚於此，明初鄧愈平遂平縣玲瓏山寨，又進破石腦山寨是也。

中渡鎮。在縣北八十里淮水側。宋嘉定十年金人入寇，渡淮犯光州中渡鎮，殺榷場官吏。是時宋與金人以淮爲界，設榷場于光州，謂之中渡鎮。今爲中渡店。

固始縣，州東百四十里。北至南直潁州百十里，東至南直霍丘縣百四十里，東南至南直六安州百八十里。春秋時蓼國地，後滅于楚，謂之寢縣。漢亦置寢縣，屬汝南郡。後漢初改曰固始，光武封李通爲侯邑。晉屬汝陰郡，劉宋屬新蔡郡，齊因之。後魏亦屬新蔡郡，尋入于梁，更爲蓼縣。高齊復曰固始，置北建州治焉，尋廢州置新蔡郡。後周改置澮州，隋初州郡並廢，縣屬光州。唐因之。今編户七十七里。

期思城，縣西北七十里。古蔣國，楚滅之爲期思邑。漢置期思縣，屬汝南郡。英布大夫賁赫封期思侯，即此。後漢仍屬汝南郡。晉屬弋陽郡，劉宋因之。齊永元二年没於後魏，正光中置邊城郡於此。梁仍爲期思縣，屬光州。陳亦置邊城郡。隋初郡廢，縣屬光州，兵亂後廢。

建安城，在縣東。蕭齊所置戍守處也。永元二年壽陽降魏，魏遣元勰鎮之，宇文福言于勰云：「建安，淮南重鎮。」勰因使福攻建安，戍主胡景略以城降。魏收志建安縣屬馮翊郡，蓋東魏僑置郡于此，後廢。今縣東有建安鄉。胡氏曰：「建安與固始期思城相近。」北魏正光中羣蠻出山，居邊城建安者八九千户。邊城郡治期思，則建安亦去期思不遠矣。

安陽山，縣東五十里。一名大山，勢甚高聳，有白龍池在其上。志云：唐元和中平蔡，嘗駐兵於此。又有故元時大山民寨。○獨山，在縣南七十里。山高五里，岸然獨立。又有三山，亦在縣南七十里。三峰並峙，高出雲表。

鏊山，在縣東。唐元和十年壽州帥李文通奏屢敗淮西兵於固始，拔鏊山，蓋淮西置戍於此以拒官軍也。又縣南有白鹿崖，亦昔時戍守處，故寨存焉。○白牙山，在縣東南九十里。山產桑中弓材。

青峰嶺，縣南百里。有泉出焉，流爲梅仙河，東北入于淮。志云：嶺跨商、固二邑之境。○棗林岡，在縣北。上有古城，近時賊自霍丘抵縣東之高塘，犯縣北古城是也。又縣北七十里有蓼城岡，或以爲古蓼國城蓋在此。

淮水，在縣北七十里。自光州流入境，東北流歷朱皁鎮而入南直潁州界。

史河，縣東二十里。其源即商城縣之牛山河，東北流經縣南五十里均濟等閘，又東至南直霍丘縣入于淮。志云：史河入境分爲二支：上一支曰清流，舊有閘二，曰上閘，一名均濟，曰中閘，一名清河，中閘承上閘爲啓閉，分入勝湖，共灌塘堰三十有六。下一支曰堪河，在縣東北蔣家皁分洩，舊亦有閘二，曰普惠，曰均利，共灌湖堰十有六。今多湮廢。勝湖，亦曰聖湖，在縣東南六十里。

曲河，縣西十五里。源出商城縣之斛山，東北流經縣北，又東入於史河。縣西舊有曲河土壩，地名石嘴頭，天旱則築以障水，東入串子等堰，灌湖堰十有四，至九里溝灌湖堰二十有八。余繼善曰：「西淤石嘴頭而勝湖一帶之水源塞，北淤三叉口而堪河之溥惠、均利二閘塞，邑之水利十失六七矣。」

春河，縣南十五里。源出商城縣馬鞍山，東流入淮。崇禎九年流寇自光州掠春河而東。又有白露河，在縣西南三十里。自州境流入合于春河。有白露河土壩，天旱則築壩障水入黃道人等港，灌湖堰十有七。○石槽河，在縣南四十五里。源出商城縣大蘇山，北流入于史河。又泉河，在縣東四十里。縣境之石梁堰沿城澗諸水悉匯入焉，亦東北注于淮。

淠水，在縣南五十里。自南直六安州霍山中發源，西北流入縣境，又東北入南直霍丘縣界，經壽州西南安豐廢縣而北注于淮。又灌水，在縣西南四十五里，有大灌水、小灌水之稱。水經注：「灌水出大蘇山，亦名澮水，流入霍丘縣合史河入于淮。」

茹陂，縣東南四十里。後漢末揚州刺史劉馥所築，爲耕屯之利，其後鄧艾等嘗修治之。今故址僅存。

朱皋鎮關。縣東北六十里。與南直潁州接界，有巡司戍守。今詳見潁州。

息縣，在州西北九十里。北至府城二百里。春秋時息侯國，漢爲新息縣，屬汝南郡，光武封馬援爲侯邑。晉爲汝南郡治。劉宋曰南新息縣，仍爲汝南郡治。蕭齊因之。後魏置東豫州，梁改曰西豫州，又改曰淮州。東魏復曰東豫州、汝南郡，皆如故。高齊復改縣爲新息，仍屬汝南郡。後周又改州爲息州。隋州郡俱廢，以縣屬蔡州。唐初復置息州於此，貞觀初州廢，縣屬豫州。宋仍屬蔡州。金復置息州於此。元以新息縣省入州，屬汝寧路。明初改州爲縣，屬潁州，洪武七年復改今屬。編户二十八里。

息城，縣北三十里。古息國也。左傳隱十一年：「息侯伐鄭，鄭伯敗之。」莊十四年滅於楚。漢初於此置息縣，尋徙而南，因以新息爲名。劉宋置北新息縣於此，屬汝南郡，蕭齊及後魏因之。高齊以北新息縣并入南新息縣，復曰新息云。○白城，在縣東。杜預曰：「白，楚邑也。今褒信縣西南有白亭。」哀十六年傳：「初子西召太子建之子勝於吳，使處吳竟爲白公。」史記：「楚惠王二年，子西召勝於吳，爲巢大夫，號白公。」是也。巢，今南直巢縣。邑志云：縣西南七里有故白城。

陽安城，在縣西南十里。春秋時道國，所謂「江、黃、道、柏」也，後爲楚所滅。漢置陽安縣，屬汝南郡。後漢初平三年曹操分汝南置陽安都尉，以朗陵縣屬焉。亦曰陽安郡，尋罷。晉仍爲陽安縣，屬汝南郡，宋、齊因之。後魏仍屬汝南郡。東魏復改置陽安郡，領永陽一縣。高齊郡縣俱廢。劉昭曰：「陽安南有道亭，古道國。」寰宇記：「今確山縣北二十里有道城。」

成陽城，在縣西。漢縣，屬汝南郡，高帝封奚意爲侯邑。後省。後魏太和中始置城陽郡，兼置殷州，治定安縣。後入於梁，亦置城陽郡，兼置楚州，又謂之西楚州，改定安縣曰城陽縣。五代志：「梁武帝置楚州於城陽縣，治楚城，亦曰楚子城。」是也。梁中大通元年克魏東豫州，司州刺史夏侯夔自廣陵引軍屯安陽，遣別將屠楚城，由是義陽北道遂與魏絶。二年郢州來降，夏侯夔自楚州往會師，遂鎮焉。中大通二年陳慶之圍懸瓠，破魏將孫騰于楚城。大同三年東魏侯景寇楚城，虜刺史桓和，進軍淮上，南、北司二州刺史陳慶之擊却之。尋没於東魏，亦曰西楚州。高齊改置永州。陳大建五年將軍樊毅克齊廣陵、楚子城，二城蓋相近也。後周亦曰永州，大象二年尉遲迥舉兵相州，申州刺史李惠應之，攻拔永州，即此。隋州廢，縣屬蔡州，大業末縣廢。唐元和十二年李愬攻蔡，遣兵破西平，别將又破楚城，即成陽故城矣。

廣陵城，在縣西南。本新息縣地也。魏收志：「太和十七年光城蠻田益宗來降，十九年置東豫州於新息廣陵城，以益宗爲刺史。延昌二年以益宗諸子貪暴，召令赴闕，未至，遣將李世哲等奄入廣陵，益宗諸子魯生等南走。孝昌三年，梁譙州刺史湛僧智圍魏東豫州刺史元慶和於廣陵，克之，以僧智領東豫州，仍鎮廣陵。後復没于魏，興和中置廣陵郡，兼置宋安縣爲郡治。高齊末入於陳，大建十一年周將梁士彦攻廣陵拔之是也。胡氏曰：「廣陵城與齊義陽隔淮對壘，有太倉在淮北岸，與廣陵城相近。」蓋魏人置戍廣陵，此其積粟處也。蕭齊建武四年魏將傅永軍淮北，齊將魯康祚軍淮南，相距十餘里，康祚夜渡淮襲魏太倉口，爲永所敗。後周改置息州，廣陵郡及宋安縣俱廢入焉。

長陵城，在縣東北八十里。梁置長陵郡，領長陵等縣。東魏因之，高齊郡廢。隋初縣屬蔡州，大業初省入褒信縣。唐初復置長陵縣，屬息州，貞觀初廢。

褒信城，在縣東北七十里。本漢鄎縣地，東漢析置褒信縣，屬汝南郡。晉屬汝陰郡。劉宋曰苞信縣，屬新蔡郡。齊因之。後魏嘗爲新蔡郡治，梁普通六年裴邃拔魏新蔡郡，即此城也。高齊亦曰苞信縣，隋屬蔡州，大業初復曰褒信。唐初改曰包孚，尋復曰褒信，屬舒州。貞觀初州廢，改屬豫州。宋仍屬蔡州，金改屬息州。南宋開禧二年韓侂胄主用兵光州，忠義人孫成復褒信縣是也。元省爲鎮。

淮水，在縣南五里。自真陽縣流入境，又東歷光山縣界。淮之南岸曰濮公山，即光山縣之浮光山也。

汝水，在縣東北百三十里。自新蔡縣流入，又東北入南直潁州界。又有營河，在縣東北百十里。即汝水之支流也，東南流入于淮。○閭河，在縣東北九十里。源出確山縣境高皇陂，東流入淮。又縣東四十里有谷河，縣東南四十五里有泥河，俱東入於淮。

黄漂港，在縣東八十里，又連橋港，在縣東百里，下流俱入於淮。又縣東北百四十里有曲呂港，縣東又有澗頭港，下流俱入於汝。

玉梁渠，在縣西北五十里。隋故渠也，唐開元中縣令薛務增浚之，灌陂六十所，溉民田三千餘頃。

楊莊鎮。在縣北九十里。有巡司戍守，自縣達府之通道也。○珉玉坑，在縣西北。舊出珉玉，隋時置官採之。唐初爲淮水所没，開元中淮水東移，坑復出玉。今仍没于淮。

商城縣，州東南百九十里。東至南直霍丘縣百十里，南至湖廣羅山縣百六十里。漢期思縣地，劉宋置西苞信縣於此，以舊苞信縣爲東苞信縣。南齊仍并入苞信縣。梁又分置苞信縣於此，兼置建州及義成郡治焉。東魏爲南建州及高平等郡，高齊因之。隋初州郡俱廢，改置殷城縣，屬光州。唐初置義州于此，貞觀初州廢，縣仍屬光州。宋建隆初以宣祖諱改曰商城縣，仍屬光州，尋省入固始縣。明朝成化十六年復置商城縣。編户二十三里。

殷城，在縣南。五代志「梁曰苞信縣，置義成郡及建州，兼領高平、新蔡、新城三郡。東魏爲南建州，亦領高平、新蔡、陳留等僑郡。隋並廢，以其地置殷城縣」，蓋治於此。唐元和十一年壽州將李文通奏敗淮西殷城之衆，〔一五〕拔五柵是也。明朝置縣於今治。

金剛臺山，縣南三十里。舊名石額山，延袤六十餘里，雙峰高峙。上有風洞、龍井。宋紹興初義師首領張昂結砦於此，以禦金人。紹熙初築石城於山之陽，爲光州寓治。元末土豪余思銘據之，今有倉廩遺址。邑志云：縣東南三十里有裹羅城，元末余思銘所築，蓋在金剛臺下。

鐵林山，縣東北三十里。上有鐵林寨，昔人嘗避兵於此。又縣城東北四十里有銅井山，上有古井，以銅作口，引流西南出爲考溪十八道河。○青山，在縣東北七十里。一名峽口。有泉湧出，流爲寨河。又梅林山，在縣東北十里。山谿險隘，可以守禦。

大蘇山，縣東四十里。下有蘇仙市，灌水出焉。一名灌山。水經注：「灌水出廬江金蘭縣大蘇山，亦名澮水。」金蘭縣亦見蘇林漢志注。或以爲三國魏所置縣，晉廢。蓋在大蘇山東。

馬頭山，縣南百五十里。山勢高聳，形如馬頭。晉咸和中譙國内史桓宣以豫州刺史祖約作亂，將其衆營于馬頭山，即此。時豫州治壽春也。今山有古寨遺趾。明朝正德中原傑言：「信陽、固始等州縣南迫鄖、黄，西接荆、襄，東連鳳陽、霍丘，山勢綿亘，河流四達，盜易出没。又商城南距六安州二百餘里，四野曠達，而金剛臺巡簡司乃在偏北，今宜移置于馬頭山。」從之，因置巡司爲戍守處。○東葛山，在縣南百里。志云：山與六安州接界。

萬安山，縣西南六十里。上有古砦。又西南十里曰斛山，曲河源出其下，流經縣西北而爲龍潭，又北流入固始縣界。○横溪山，在縣西南百八十里。有溪夾山横流，分爲十八道，即五水關河之上源也。

竹根山，縣東南百八十里。羣山列峙，有招軍、躲軍、三官、鉢盂、金家、蠻王等寨，同羅、松子等關，皆高峻險隘。元末徐壽輝曾據其地。

界嶺，縣西南九十里。南接湖廣麻城縣界，因名。○仰天窪，在縣西南百八十里。下有溪澗，上有深洞，可避兵。

九女原，在縣東。唐元和十年壽州刺史李文通討吴元濟，夜出九女原，屠堡壁三十所。郡縣志：原在殷城縣界。

牛山河，在縣南七十里。其上有大、小二牛山，河出其下，流六十里合爲一河，即固始縣史河之上源也。

五水關河，縣西南十里。其源爲考溪十八道河，出銅井山，旋轉迂回，西南流爲五水，入光山縣界合泊陂河而入淮。又有五河，俱在縣南，曰商城，曰泰蘇，曰下馬，曰回道，曰麻埠，並出金剛臺山，北流入固始縣合史河而注于淮矣。

太湖，在縣北四十里，周五里；又秔陂湖在縣東北四十里，長五里：皆灌溉所資也。

五水關，在縣南六十里。以五水合流于關下而名。舊爲隘口，可以守禦。又定城關，在縣西南九十里。志云：定城關北去固始縣百二十里，五水關東北去固始縣百四十里。

長嶺關，縣南百二十里，以嶺亘百里而名。又松子關，在縣東南百二十里，接湖廣羅田縣界。○同羅關在縣東南百四十里，亦接羅田縣界。與羅田險要相同，故名。又栗子關，亦在縣東南百四十里，接羅田界，以山多栗而名。

賴亭。在縣南。春秋時賴國也。昭四年楚滅賴，楚子欲遷許于賴，即此。志云：殷城縣有賴亭。

校勘記

〔一〕己吾城　「己」，底本原作「巳」，後漢志作「己」，後魏志卷一〇六中作「巳」，隋志卷三〇又作

「巳」，今從後漢志。

〔二〕仍曰桃園集　「曰」，底本原作「舊」，職本作「曰」，鄒本作「名」，今從職本。

〔三〕左傳哀二十七年　下所引爲左傳哀二十六年文，非二十七年。

〔四〕高止尺餘　嘉慶重修一統志卷二一五天中山下云：「一名天臺山，高止丈餘。」與此異。

〔五〕永平中訛曰慎陽縣　「縣」，底本原作「郡」，今據職本、鄒本及後漢志改。

〔六〕高齊因之　「高」，底本原作「唐」，據職本、鄒本改。

〔七〕又定四年吳敗楚舟師　左傳定六年云「吳大子終纍敗楚舟師」，「子期又以陵師敗于繁揚」，則此「四年」當作「六年」。

〔八〕元和十一年　「元和」下底本原有「志」字，職本、鄒本均無，今據删。

〔九〕後漢爲南陽江夏二郡地　「後漢」，寰宇記卷一三二作「兩漢」。此信陽州所屬原平氏縣漢屬南陽郡，羅山縣漢爲鄳縣地，屬江夏郡，後漢沿而不改，寰宇記作「兩漢」是。

〔一〇〕必大敗　左傳定四年作「必大敗之」，此脱「之」字。

〔一一〕晉自石城移郡治居仁頓　「仁頓」，舊唐志卷四〇申州義陽縣下作「仁順」，本書引舊唐志有誤。

〔一二〕後魏將辛祥夜襲梁將胡武成于釜山　「胡」，底本原作「吳」，今據職本及魏書卷四五辛祥傳改。

〔一三〕高齊置定城縣至屬光州　舊唐志卷四〇定城縣下云：「南齊爲南弋陽縣，尋改爲定城。」寰宇記卷一二七引輿地志云：「武平元年改南弋陽縣爲定城縣。」則南弋陽改爲定城之前未改定遠。隋志卷三〇定城縣下有云：「後齊置南郢州，後廢入南、北二弋陽縣，後又省北弋陽入南弋陽，改爲定遠焉。」本書「復改爲定遠」云云，當是本之隋志，然隋志于「改爲定遠」下並無何時再改定城之文，則定遠爲定城之訛甚明。輿地廣記卷二一引隋志仍作「改爲定城縣」，是歐陽忞所見隋書尚不誤，本書所引乃據誤本隋書也。又職本原與底本同，後將原文全部删去，另改寫爲：「梁武置郢州並置定城郡屬之，東魏曰南郢州，齊廢郡入南北二弋陽縣，後又改南弋陽爲定城縣。隋開皇初廢郢州，以定城縣屬光州。」蓋顧氏後來已發現原文有誤，故另寫正文也。

〔一四〕又改爲定遠縣　「定遠」當作「定城」。參見上條。

〔一五〕壽州將李文通奏敗淮西殷城之衆　底本原脱「殷」字，據上文「以其地置殷城縣」及通鑑卷二三九唐紀五五「壽州奏敗殷城之衆」補。職本作「殷城」，不誤。

讀史方輿紀要卷五十一

河南六

南陽府，東至汝寧府二百九十里，南至湖廣襄陽府二百六十里，西南至湖廣鄖陽府五百四十里，西至陝西商州七百四十里，西北至河南府陝州七百三十里，北至汝州三百七十里，自府治至京師二千一百四十五里，至布政司六百八十里。

禹貢豫州之域。春秋爲申伯及鄧侯地，戰國爲秦、楚、韓三國之疆。秦并其地，置南陽郡，治宛，以在中國之南而居陽地，故曰南陽。兩漢因之。曹魏置荆州於此，亦治宛。晉爲南陽國，宋、齊並爲南陽郡。後魏於穰縣置荊州，以郡屬焉。西魏以荊州爲重鎮，置兵以備齊。隋初罷郡置鄧州，治穰，改宛爲南陽縣屬焉。煬帝復爲南陽郡。唐初置宛州，尋屬鄧州，武德三年置宛州於南陽縣。貞觀八年州廢，縣屬鄧州。天寶初亦曰南陽郡，乾元初仍曰鄧州。宋亦屬鄧州。自隋以後州軍俱治穰縣。金人始於南陽縣置申州，元改曰南陽府，明朝因之。領州二，縣十一。

府南蔽荊、襄，北控汝、洛，當春秋時已爲要地。楚有圖北方之志，其君多居於申，合諸侯又在焉。子重請申、呂爲賞田，巫臣曰：「不可。此申、呂所以邑也，是以爲賦以禦北方。

若取之，是無申、吕也，諸侯必至於漢。」夫周之盛也，申、吕方彊，爲周之翰，故荆楚有所憚而不敢肆。周室東遷，申、吕亦削，楚既滅申，而儼然問鼎於中原矣。宋林氏曰：「申、鄧者，楚圖鄭之道所自出也。」戰國時宛、穰嘗爲韓有，蘇秦説韓，謂「北有成皋之固，西有商阪之阻」者也。其後謂之南陽。戰國策：「秦惠王時楚、魏戰於陘山，見前新鄭縣。楚敗於南陽。又秦攻陘，使人馳南陽之地。自南陽入秦，而楚遂不復振。」胡氏曰：「凡山南水北皆曰陽。晉南陽在修武，以在太行南大河北也。秦南陽郡置于宛，以在嵩山南漢水北也。」及沛公起義師西伐秦，戰洛陽東，遂略南陽圍宛城，陳恢見沛公曰：「宛大郡之都也，連城數十。」沛公於是下南陽，入武關，在府西境，詳陝西重險。而秦以亡。司馬遷曰：「南陽西通武關、鄖關，見湖廣鄖縣。東南受漢、江、淮，宛亦一都會也。」及光武中興，肇自南陽，於是建爲南都。張衡賦曰：「爾其地勢則武關闕其西，桐柏揭其東，流滄浪而爲隍，滄浪即漢水，在府南界。廓方城以爲墉，方城見裕州。湯谷涌其後，府北紫山有湯谷。道元曰：「此指梁縣之湯泉。」今見汝州。淯水盪其胸，推淮引湍，三方是通。」漢德既衰，曹公破張繡取南陽，而劉表之荆州在囊中矣。南北紛争，以南陽爲孔道，桓温、劉裕皆由此以問關、洛。晉永和十年桓温自襄陽伐苻秦，道出南陽。義熙十二年劉裕伐姚秦，遣沈田子等自襄陽、南陽趣武關。宋元嘉中亦遣兵出此，直抵潼關。元嘉二十七年隨王誕鎮襄陽，遣柳元景等由南陽北出，拔弘農向潼關。齊建武五年元魏主宏取南陽五郡，而齊不能争也，五郡曰南陽、新野、南鄉、北襄城及西汝南、北義陽也。西汝南、北義陽並治舞陽，故止云五郡。襄、漢之籓籬於是日壞。魏將西遷，時賀拔勝鎮南陽，其屬盧柔説勝曰：「今宜席卷赴都，與高歡決勝負；都謂洛陽。時魏主修與高歡隙，歡自晉陽舉兵向洛，魏主召勝赴行在。次則北阻魯陽，南并舊楚，東連兖、豫，西引關中，可以觀釁而動。」勝不能從，爲歡所并。既而宇文泰得之，用以東争潁、豫，南取荆、雍。豫爲汝南，雍爲襄陽。隋之末也，朱粲以南陽擅命，唐擊平之，遂以南臨蕭銑。其後淮西用兵，削平之功，卒在唐、鄧。及唐室日衰，朱朴獻遷都之議，以爲「襄都之西夷漫數百里，其東則漢與鳳林爲之闕，鳳林關在襄陽峴山上。南則菊潭環屈而流於漢，菊潭見内鄉縣。西有上洛重山之阻，北有白巖聯絡，白巖山在鄧州西北。朴之議蓋指今鄧州而言，時鄧州亦曰南陽郡也。誠形勝之地，沃衍之墟。若廣浚河渠，漕輓天下，可使大集。且去秦咫尺，而有上洛爲之阻，永無外寇侵軼之虞，此建都極選也。」宋建炎初李綱圖恢復中原，以爲：「天下形勢關中爲上，襄、鄧次之，建康又次之。南陽光武所興，有高山峻嶺可以控扼，寬城平野可以屯兵，西鄰關、陝可以召將士，東達江、淮可以運穀粟，南通荆、湘、巴、蜀可以取貨財，北距三都開封、河南、歸德也。可以遣救援，暫議駐驆，乃還汴都，策無出於此。」又熊剛大曰：「南陽北連中原，東通吴會，西接巴蜀，南控蠻越，故諸葛武侯嘗以爲用武之國。元人之取襄樊也，以南陽爲基本。近者羣盗盤據其間，縱横四出，沔、洛數千里間，俱被其患。」南陽爲南北腰膂，不信然歟？

南陽縣，附郭。周申國，楚文王滅申爲楚邑。秦爲宛縣，南陽郡治焉。漢因之，魏、晉以後俱爲郡治。後魏分置上陌縣。後周并宛縣入上陌，改爲上宛縣。隋初郡廢，改縣爲南陽縣，屬鄧州。唐初置宛州，州尋廢，縣仍屬鄧州。宋因之。金始置申州於此。今編户二十二里。

宛城，今府治。春秋時楚邑，百里奚亡秦走宛，楚鄙人執之是也。秦紀：「昭王十五年白起攻楚取宛。十六年封公子市於宛。」市即涇陽君也。又韓世家：「釐王五年秦拔我宛。」年表釐王五年爲秦昭王十六年，意者韓邑近宛，秦取之以廣市之封邑歟？又昭王二十二年與楚頃襄王好會于宛。二十七年使司馬錯攻楚，赦罪人遷之南陽，宛于是始兼南陽之名。三十五年置南陽郡，治宛。二世三年沛公略南陽，郡守齮保宛，沛公引兵過而西，從張良諫，夜引兵從他道出，黎明圍宛城三匝，宛降。漢三年漢王出滎陽南走宛，尋出兵宛、葉間。後亦爲南陽郡治。王莽居攝二年，東郡翟義等兵起，莽使其黨劉秀屯宛。地皇四年新市、平林兵圍宛下之，更始入都焉。既而更始封其宗室賜爲宛王。後漢建武二年遣吴漢擊宛，賜降。四年幸宛。章帝元和初自章陵還幸宛。又安帝延初四年南巡至宛。靈帝光和末朱儁破斬黄巾賊趙弘於宛。又擊賊帥韓忠，入其大城，忠退保小城，儁復擊平之。建安初張濟族子繡將濟衆屯宛，曹操擊之，繡降。魏太和初使司馬懿督荆、豫諸州，鎮宛，嘉平中王昶亦鎮焉，自是常爲重鎮。晉太安二年荆州刺史劉弘等討江、沔賊張昌，屯宛。永嘉四年石勒濟河，將趣南陽，擊敗羣盜王如等於襄城，進屯宛北。時羣盜侯脱據宛，勒攻克之，遂南寇襄陽。建興三年荆州賊杜曾等圍荆州都督荀崧於宛。咸和三年宛城爲石勒所陷。永和五年梁州刺史司馬勳拔宛城，太和初又爲慕容燕所取，明年荆州刺史桓豁等攻拔之。太元三年陷于苻秦，九年復歸于晉。劉宋仍爲南陽郡治。齊永明五年荒人桓天生與雍、司二州蠻相扇動，據南陽故城，請兵于魏，將入寇，詔蕭景先討之。建武四年魏主宏留諸將攻赭陽，引兵南攻宛，克其郛，太守房伯玉嬰城拒守之。既而留元禧等攻南陽，自引兵至新野。五年魏人拔宛北城，房伯玉以城降。永元初魏主宏殂於穀塘原，數日至宛城。水經注：「南陽郡治大城，其西南隅即宛城，荆州刺史治焉，亦曰荆州城。」蓋北魏荆州初亦治宛也。後周廢宛縣入上陌，隋初并廢南陽郡，而宛城之名晦。唐初置宛州，未久而罷。劉昫曰：「武德三年置宛州，領南陽、上宛、上馬、安固四縣，並寄治宛城内。」其後上馬入唐州，餘二縣並入南陽。今郡城周六里有奇，蓋元時所更置。其小城、大城之址，堙廢久矣。

申城，府北二十里。括地志：「南陽縣北有申城，周宣王舅所封。」左傳莊六年：「楚滅申，遂爲楚邑。」昭四年，楚靈王會諸侯於申，即此城云。又吕城，在府西三十里。虞、夏時國，周亦爲吕侯國，穆王以吕侯爲司寇，作吕刑。國語：史伯曰：「當成周者，南有申、吕。」是也。後亦并于楚。漢吕后封昆弟子吕忿爲吕城侯，邑于此。今名董吕村。○武城，在府北。春秋時申地，後屬楚。左傳僖六年「蔡穆侯將許僖公以見楚子于武城」；又成十六年「楚子自武城使公子成以汝陰之田求成於鄭，鄭叛晉，從楚子盟於武城」；襄七年「秦人侵晉，楚子師于武城爲秦援」；昭四年「楚靈王田于武城」；皆此城也。杜預曰：「武城在宛縣北。」或謂之武延城，俗呼西城。其相近又有濮城，俗呼東城。汝陰，謂汝水北也。

育陽城，在府東淯水之陽。漢育陽縣，屬南陽郡。育亦作「淯」。更始初劉縯敗嚴尤、陳茂于淯陽，遂圍宛。建武二年鄧奉據淯陽以叛，明年討降之。桓帝封鄧康爲侯邑。晉仍屬南陽國，東晉嘗置淯陽郡，旋復舊。孝武改曰云陽縣，宋因之。後魏仍屬南陽郡。西魏置蒙州，隋仁壽中改曰淯州，大業初州廢，改爲淯陽郡，又改置武川縣爲郡治。隋末郡縣俱廢。魏收志：「魏置北淯郡，治武川縣。」後周蓋以云陽縣并入武川也。○皇后城，在府東北。後漢初世祖遣傅俊迎光烈皇后于淯陽，税舍於此。又三公城，在府東南三十里，即鄧禹故鄉也。

博望城，在府東北六十里。漢縣，屬南陽郡，武帝封張騫爲侯邑。後漢亦屬南陽郡，晉屬南陽國，宋廢。括地志：「博望城在向城東南四十里。」今有博望驛，又東至裕州六十里。○向城，在府北六十里。漢西鄂縣地，西魏置向城縣，兼置雉陽郡治焉。隋初郡廢，縣屬淯州，唐屬鄧州，五代州廢。志云：向城在府東北，春秋時許國向邑之人遷此，西魏因以名縣。今爲村聚。自向城廢縣而北即三鴉路矣。

西鄂城，府北五十里。古楚邑也。漢置西鄂縣，屬南陽郡。應劭曰：「江夏有鄂，故此加西。」後漢因之，晉屬南陽國。宋廢。後魏復置，亦屬南陽郡。後周廢。縣南有精山，後漢光和末朱儁追南陽黄巾餘賊孫夏至西鄂精山，大破之是也。

安衆城，在府西南三十里。漢縣，屬南陽郡，武帝封長沙定王子丹爲侯邑。王莽居攝初安衆侯劉崇舉兵討莽，攻宛不克，敗死。後漢仍屬南陽郡。建安三年曹操擊張繡于穰，不克引還。劉表遣兵救繡，屯于安衆，守險以絶軍後。操還至安衆，繡追之，前後受敵，操乘夜鑿險僞遁，表、繡悉軍來追，操縱奇兵步騎夾擊，大破之。荀彧問操破敵之故，操曰：「虜遏我歸路，而與我死地也。」晉省入宛縣。○杜衍城，在府西南二十三里。漢縣，屬南陽郡，高祖封王翳爲侯邑。後漢建武三年祭遵擊叛將鄧奉弟衆于杜衍，破之，追至涅陽，即此。晉省。涅陽，見鄧州。

雉城，府北八十里。相傳秦文公時童子化雉止此，後因置雉縣。漢因之，屬南陽郡。晉屬南陽國。太和二年荆州刺史桓豁攻宛，敗之，追擒燕將趙盤于雉城是也。宋省。後魏復置北雉縣，屬北淯郡，西魏因置雉陽郡，隋初郡縣俱廢。

南鄉城，府西南百里。漢安衆縣地，地名沙堰。後漢始置南鄉縣，屬南鄉郡。晉屬順陽郡。姚秦析置南鄉郡，劉宋復故。蕭齊仍置南鄉郡，建武末陷于後魏。永元初陳顯達拔魏馬圈城，遣軍主莊丘黑進擊南鄉，拔之。旋復陷于後魏。梁普通六年晉安王綱自雍州遣長史柳渾破魏南鄉郡，尋復失之。西魏仍置南鄉郡及淅州於此。隋初郡廢，大業初又改淅州爲淅陽郡，隋末廢。又安山城，亦在縣西。隋廢。後魏置左南鄉縣，并置左鄉郡。西魏改郡爲秀山，縣爲安山。後周秀山郡廢，縣屬淅州。大業初并安山入南鄉縣。又有龍泉、湖里、白亭三縣，俱西魏置，屬南鄉郡，後周并入焉。

豫山，府東北十五里。孤峰峭立，俗名獨山。下有三十六陂。漢召信臣、東漢杜詩、晉杜預作陂溉田，民被其利，遺址猶存。又豐山，在城東北三十里。山海經：「山有九鍾，霜降則鍾鳴。」下有泉曰清泠。

百重山，府北七十里。山巒重複，幾及百重，其最著者曰鹿鳴、武陽、亂石、拓禽、鯉魚五山，皆高峻深險，乃三鵶之第一鵶也。○雉衡山，在府北七十五里。本名衡山，馬融廣城頌所謂「面據衡陰」者也。以在故雉縣境內，因名雉衡。寰宇記云：「以光武射雉於此而名。」悮。又有紫山，在府北二十五里。一名紫靈山。下有湯谷，冬夏常温。

分水嶺，府北七十里。水自嶺而下，南北分流，俗呼爲分頭嶺。其水爲鴉河，亦曰魯陽關水，北流入于汝水，南流入于淯水，此三鴉之第二鴉也。○卧龍岡，在城西南七里。起自嵩山之南，綿亘數百里，至此截然而止，回旋盤繞，相傳孔明草廬在其中。

淯水，府城東三里。俗名白河。源出河南府盧氏縣南山中，經内鄉縣東境，又東南流至府城東，遶城南而達於新野縣，府境諸水悉會焉，又南至湖廣光化縣東北，又東經故鄧城東南而入漢水。王莽末諸將共設壇場于淯水上沙中，立劉玄爲帝，即今府城南也。又後漢建安三年曹操擊張繡軍于淯水，敗還。志云：淯水舊有四堰，曰上石谷、馬渡港、蜣螂堰、沙堰，漢召信臣所置，溉田六千餘頃，後漢杜詩、晉杜預皆增廣之以溉稻田。宋太平興國三年西京轉運使程能上言：「白河舊從唐州南流入漢，請自南陽下向口置堰，回水入石塘沙河，合蔡河達京師以通湘潭之漕。」詔遣使督治，塹山堙谷，歷博望、羅渠、少柘山凡百餘里，月餘抵方城，地勢高水不能至，益發役興作，卒不可通。端拱初内使閻文遜等復請開古白河通襄、漢漕路至京，卒不就，蓋地勢懸絶，不可以人力回也。

湍河，在府西南三十里。湍音專。源出内鄉縣熊耳山之檜竿嶺，東南流經鄧州城北，折而東北至安衆故城，又南至新野縣東合于淯水。水經注：「湍水經安衆城西，涅水自鄧州來注之，堨而爲陂，爲安衆港。」魏武破張繡謂荀彧曰：「繡遏我歸師，迫我死地。」蓋二水之間，沿涉爲艱阻也。○梅谿水，在府西二十里。源出府北之紫山，南流經杜衍故城東，土地墊下，湍流注之。舊于安衆置堨，令遊水是瀦，所謂安衆港也。

洱水在府北四十里。亦出内鄉縣熊耳山，東南流入于淯水。府南又有泗河，與灌河、潦河及留山、黄渠等河俱注于淯水。○栗河，在府東南十里。志云：源出馬渡堰，分流至新野縣界仍入于淯水。又上石堰，在府北四十六里。南注于斗門、黄池等陂，拒柳等堰，達于唐縣、新野二縣，溉田千餘頃。

瓜里津，府北四十里，即淯水之津也。上有三梁，謂之瓜里渡。漢建武三年鄧奉拒光武于此，帝自赭陽西入討奉，斬之于夕陽下。今津西即夕陽聚。

沙堨，在故南鄉城北，即沙堰也。爲淯水四堰之一。聚沙以壅水，因名。齊建武二年後魏主宏遣將軍薛其度引兵向襄陽，軍于沙堨，齊南陽太守房伯玉、新野太守劉思忌皆城守拒魏兵。既而伯玉敗魏兵于沙堨，魏人引退。○石磝，在府城外三里。淯水環流，爲一城之勝。磝以禦水患而障城郭，向甚堅完，後漸毁壞。今甃石猶存。

三鴉路，府北七十里。自府境北出汝、洛之徑，道狹路深，稱爲險要。詳見前重險。

小長安聚，在府北三十七里。謝沈漢書：「光武初攻淯陽不下，引兵欲攻宛，至小長安與莽將甄阜戰，敗績。建武三年帝自將征鄧奉至堵鄉，奉自堵鄉逃歸淯陽，帝追破之于小長安聚，奉降。」郡國志淯陽有小長安聚。

夕陽聚，在府西北。袁山松漢書：「賈復從擊鄧奉，追至夕陽聚。」劉昭曰：「宛縣有夕陽聚。」是也。又淯陽南有安樂鄉，後漢安帝封胡廣爲侯邑，元魏時于此立樂宅戍。

百章郭。府西北六十里。淯水所經，舊爲戍守處。俗訛爲擊獐郭。又永饒冶，在府南。晉時置冶于此，有令掌之。永寧初永饒冶令空桐機斬安南將軍孟觀于此，時觀黨于趙王倫，引軍屯宛也。冶尋廢。○林水驛，在府南六十里。南出襄陽，此爲通道。

鎮平縣，府西七十里。西南至鄧州八十里。漢安衆縣也，宋爲穰縣地，金初置陽管鎮，後置鎮平縣，屬申州。元屬南陽府。明初省，尋復置。編户四里。

安國城，在縣東北。志云：漢初王陵聚衆南陽，以兵屬漢，封安國侯，蓋邑于此。

遮山，在縣東三十里。巒岫迢嶤，溝澗深阻，遮隔前後，故名。志云：漢世祖初起義師，兵敗爲王莽兵所追，此山遮隔，竟不能及，因曰遮山。

騎立山，縣西北五十里。山勢昂聳，狀若立騎，因名。又有五峰並聳，亦曰五朶山。上有龍湫三穴，又有礦産銅。

潦河，縣東四十里。志云：源出南陽縣之馬峙坪，西流經縣西北五十里之杏花山，又南流至新野縣界入于淯河矣。

柳泉。在縣東遮山北。廣五丈餘，溉田甚溥。又青龍泉，在縣之竹園保，引流溉田爲民利。○菱花池，在縣西南。俗名天池，廣五丈餘，有菱芡蒲魚之利。

唐縣，府東南百二十里。北至裕州百六十里，南至湖廣棗陽縣百九十里。漢置比陽縣，屬南陽郡，後漢因之。晉屬南陽國。後魏亦曰比陽縣，〔一〕屬新野郡，尋置東荆州治焉。西魏改爲昌州，又曰淮州。隋初爲顯州，以界内有顯望岡而名。大業初改州爲淮安郡，仍治比陽縣。唐武德四年仍曰顯州，貞觀九年改曰唐州，天寶初曰淮安郡，乾元初復爲唐州。五代梁移州治泌陽縣，改曰泌州。後唐復曰唐州，晉又改泌州，漢復爲唐州。宋因之，亦曰淮安郡。金仍爲唐州，元還治泌陽，屬南陽府。明初降州爲縣。編户五十里。

比陽廢縣，即今治。漢所置縣也。比一作「沘」。後漢初更始立王匡爲沘陽王，即此。魏、晉皆曰比陽縣。後魏得其地，置樂陵鎮於此。〔三〕太和三年齊義陽民謝天益自稱司州刺史，欲以州附魏。魏樂陵鎮將韋珍引兵度淮應援，略七千餘户而去，其後置東荆州于此。西魏得之，常置重兵以防東魏。北史：「西魏大統三年荆州刺史郭鸞攻東魏，東荆州刺史慕容儼敗却之。明年東魏東荆州刺史王則寇梁淮南是也。」隋志：「比陽縣，後魏曰陽平，開皇七年改爲饒良、大業初又改曰比陽，爲淮安郡治。」唐初爲顯州治，尋爲唐州治，天祐三年朱全忠徙州治泌陽，而以比陽縣屬焉。宋因之，金仍曰比陽縣。元至元三年復移州治比陽，以泌陽縣省入，而改比陽爲泌陽縣。明初省縣入州，又改州爲縣。又比陽故城在今縣東，漢舊縣治此。隋志：「後魏于比陽故縣置西郢州，西魏改鴻州。後周州廢，改置真昌郡。開皇初郡廢，大業初改饒良曰比陽，以故比陽縣省入。」是也。

湖陽城，縣南九十里。故蓼國地，後屬楚，謂之湖陽。竹書紀年：「楚共王會宋平公于湖陽。」史記：「沛公攻湖陽下之。」漢爲縣，屬南陽郡。後漢初光武封姊爲湖陽公主。建安二年曹操擊張繡于穰，拔湖陽，又攻舞陰下之。晉省入棘陽。宋、齊于此置戍，北魏太和二十二年克之，復置湖陽縣，又置西淮安郡及南襄州治焉。梁天監初魯陽蠻魯北鷰圍魏湖陽，魏將李崇擊平之。大通三年魏淮安太守晉鴻以湖陽來降，後復入于魏，改曰南平州。西魏改昇州，又改湖州，州尋廢。後周曰昇平郡，隋初郡廢，仁壽初復置昇州，大業初又廢州，以縣屬春陵郡。唐初復置湖州，貞觀初州廢，縣屬唐州。宋因之。金仍屬唐州，貞祐初廢爲鎮。宋嘉定十三年孟宗政敗金人于湖陽，即湖陽鎮也。○栢林廢縣，在湖陽城東北。隋志：「後魏置順陽郡，西魏改栢林郡，後周省郡，改置栢林縣，大業初廢入湖陽縣。」

慈丘城，在縣東七十里。漢比陽縣地，後魏置江夏縣，又置江夏郡。隋改置慈丘縣，屬顯州。唐屬唐州。元和十年山南東道帥嚴綬討吳元濟，敗于慈丘，却五十餘里，馳入唐州是也。五代周省入比陽。

昭越城，在縣東。後魏延興二年置昭越縣，屬初安郡。隋初郡廢，縣屬顯州。大業初改爲同光縣，尋廢。五代志：「比陽縣境有城陽廢郡城，後魏太和三年樂陵鎮將韋珍引兵度淮向義陽，略齊七千餘户，表置城陽、剛陵、義陽三郡，尋廢。」又五代志：「慈丘縣有後魏襄城郡城。」○勞州城，在縣東南。後魏所置州，以授蠻酋。北史：「永熙二年勞州刺史曹鳳、東荆州刺史雷能勝舉城降梁。」三城蓋相近矣。

謝城，在故湖陽城北。相傳周申伯徙封于此，詩所謂「肅肅謝功，召伯營之」，又曰「申伯番番，既入于謝」者也。國語：「鄭桓公問于史伯曰：『謝西之九州何如？』」蓋即古申伯地矣。荆州記「棘陽東北百里有謝城，光武封樊重少子丹爲謝陽侯，即此城」云。

唐子山，縣南百里。一名西唐山，唐因以名州。山麓西南有唐子亭，即唐子鄉也。劉縯等起兵討王莽，自新野屠唐子鄉，殺湖陽尉，蓋在此。又蓼山，在縣南九十里。縣本古蓼國地，山因以名。

大胡山，在縣東北三十里。亦曰大狐，張衡南都賦「天封、大狐，神仙之陬」是矣。亦曰壺山，泚水所出。後漢順帝時南陽樊英隱於壺山之陽，即此。

花山，在縣南。石晉天福六年安從進以襄陽叛，攻鄧州不克，退至花山，爲張從恩所敗。胡氏曰：「花山在湖陽北。」○中陽山，在縣東七十里。一名慈丘山，隋因此置慈丘縣。亦名上介山，瀙水出於此，流入泌陽縣界。

泚水，在縣南。源出大胡山，南流與澧水會謂之派水，又西南逕南陽縣南，至新野縣南而入於淯水。水經注：「泚水又西，澳水注之，水北出茈丘山，南入泚水。」呂氏春秋：「齊令章子與韓、魏攻荊，荊使唐蔑將兵應之，夾泚而軍，章子夜襲蔑斬之。」史記：「秦會韓、魏、齊兵伐楚，敗其兵于重丘，殺其將唐昧。」胡氏曰：「重丘即茈丘矣。」又王莽將甄阜、梁丘賜破漢軍于小長安，遂南渡潢淳，臨泚水，阻兩川間爲營，光武大破之于泚水西是也。泚水通作「比水」。

小長安，見南陽縣。

潢淳水，在縣西，赭水之支流也。水經注：「赭水支分結爲二湖，二湖流注合爲潢水，又南經棘陽縣之潢淳聚謂之潢淳水，又南經棘陽故城西謂之棘水。」光武擊甄阜、梁丘賜，阜、賜軍潰，士卒溺死潢淳水者幾二萬人是也。棘陽，見新野縣。潢淳，亦作「黃淳水」。

泌水，在城西。出自泌水縣銅山，流入縣界，又西會縣境之三家、八疊諸水，入南陽縣界與淯水合，流入於襄江。

召渠，在縣西。亦曰召堰。漢召信臣守南陽，障水溉田，民賴其利。唐盧庠爲刺史，使從事復修之，歲增良田四萬頃。志云：召集乘高瀉水，類關中鄭渠。宋嘉祐二年唐州守趙尚寬修復召信臣故迹，濬渠溉田，爲利甚溥，人亦謂之趙渠。熙寧五年常平提舉使陳世修請于唐州石橋南北岸累石爲虹橋，架淮水入東西邵渠，灌注九子等十五陂，可使二百里間水利均浹。議不果行，識者韙之。

馬仁陂，在縣北。泚水合衆流之水匯爲陂澤，溉田萬頃。又縣有三大陂，皆漢道遺跡也。宋嘉祐二年唐州守趙尚寬以土曠民希，四境之田，多入草萊，乃按視圖記，得召信臣故迹，發卒復三大陂，一大渠，皆溉田萬餘頃；又教民自爲支渠數十，轉入浸灌，四方之民來者雲集，比三年皆爲膏腴云。又高公陂，在縣境，凡四十四處。宋治平中知州高賦所作。

上閘，在縣南，亦潴水溉田處也。宋端平二年蒙古寇唐州，守將全子才棄師走，襄陽帥趙范敗蒙古兵于上閘而還。

石夾口關，在縣東北。唐志：「縣有石夾口關，昔時戍守處也。」

深橋。在縣南。蕭齊永明五年，荒人桓天生引魏兵至沘陽，齊將陳顯達遣兵與戰于深橋，大破之，天生退保沘陽。齊書云：「深橋距沘陽四十里。」

泌陽縣，府東二百二十里。西南至唐縣百二十里，東至信陽州二百三十里。漢置武陰縣，屬南陽郡。晉屬南陽國，宋、齊、後魏因之。東魏改置臨舞縣及期城郡，隋郡廢，以縣屬顯州。唐改縣曰泌陽，五代梁以泌州治此。歷宋至今唐州皆治泌陽。元移治比陽，又省泌陽入焉。明初復置。編户四十里。

舞陰城，在縣北十里。漢縣治此，後漢初更始封李軼爲舞陰王，既而光武封岑彭爲侯邑。又建安二年曹操與張繡戰于宛，敗還舞陰，破繡追兵於此。晉亦爲舞陰縣，姚秦置舞陰郡，劉宋復曰舞陰縣。蕭齊永明五年荒人桓天生兵寇舞陰，舞陰戍主殷公愍拒破之。既而魏將公孫邃等與桓天生復寇舞陰，公愍又擊破之。建武四年魏大舉入寇，詔軍主鮑舉助西汝南、北義陽二郡太守黄瑶起戍舞陰，蓋二郡並治舞陰也。明年爲魏所陷，仍曰舞陰縣，屬南陽郡，孝昌中改置舞陰郡治焉。東魏郡廢，改置臨舞縣。舞一作「潕」。隋志：「縣有東舞縣，〔三〕本後魏孝昌中置，屬期城郡。開皇十八年改爲昆水縣，屬顯州。大業初廢入臨舞縣。」

上馬城，在縣南。漢湖陽縣地，後魏置石馬縣，屬襄城郡。後訛爲上馬縣。西魏屬昌州，隋因之，大業初屬舂陵郡。唐初僑置于宛城内，屬宛州。貞觀八年廢州，以上馬縣地并入比陽縣。開元十六年復割湖陽縣地置上馬縣，〔四〕天寶初省入泌陽。又鍾離廢縣，在縣東南。後魏置西淮郡，治鍾離縣。隋志云：「後魏于鍾離縣置洞州及洞川郡，後周州廢，開皇初郡廢，十六年改鍾離曰洞川縣，大業初省入上馬縣。」○顯岡城，在縣西。隋志云：「舊置舞陰郡于此，開皇初郡廢，縣屬顯州。」唐貞觀三年縣廢。〔五〕

銅山，縣東四十里。相傳鄧通曾鼓鑄其上，因名。泌水所出也。又盤石山，在縣南四十里。今訛爲盤古山。縣東北八十里又有截軍山，與棋盤山並峙。

泌水，在縣南。源出銅山，西南流入唐縣界。杜佑曰：「光武初起兵，破王莽將甄阜、梁丘賜於此處。」

潕水，在縣北。志云：自平地湧出，如飛舞然，東北流達於舞陽縣東南，又東入於汝。舞陰、舞陽，皆以此水名也。○瀙水，在縣東北百餘里。源出唐縣之中陽山，流入舞陽縣界，經舞陽縣南，又東經縣境之象河關而入汝寧府遂平縣界。

馬仁陂，縣西北七十里，與唐縣接境。四面皆山，水豬其中，溉田甚廣。

象河關。在縣東北百二十里。東出遂平、西平，北達舞陽、葉縣，爲要隘之道，有巡司戍守。

桐柏縣，府東南三百里。東至信陽州一百六十里，南至湖廣隨州界四十里。漢復陽縣地，梁置淮安縣，又置華州及上川郡治焉。西魏改州曰淮州，又改純州，尋廢。後周復置大義郡。隋開皇初郡廢，改縣爲桐柏，屬顯州。唐屬唐州，宋因之，金亦曰桐柏縣。元廢。明朝成化十二年復置今縣。編户十八里。

平氏城，縣西北四十里。漢縣，屬南陽郡，更始立申屠建爲平氏王。晉屬義陽郡，北魏置漢廣郡于此。隋屬顯州，唐因之。宋開寶五年省入泌陽縣，爲平氏鎮。

復陽城，在縣東。漢縣，屬南陽郡。闞駰曰：「湖陽之樂鄉也，成帝元延二年置縣於大復山之陽，因名。」晉省。又淮南廢縣，在縣境。隋志：「西魏置淮南縣，屬淮州。隋屬顯州，開皇末改油水縣，大業初廢入桐柏縣。」

澧陽城，在縣西三十里澧水北。蕭齊永明六年，魏人築城于澧陽，陳顯達攻拔之，進攻泚陽是也。又有隔城，在縣西南。劉宋所置。蕭齊永明六年荒人桓天生引魏兵據隔城，齊將曹虎攻拔之，斬其襄城太守帛烏祝，天生棄平氏遁去。

桐柏山，在縣東一里。其山東南接隨州界，西接棗陽界，峰巒奇秀。上有玉女、卧龍、紫霄、翠微、蓮花諸峰，淮水出焉，禹貢所云「導淮自桐柏」者也。又旁有大木山，杜佑曰：「祖逖爲豫州刺史，藏家屬於此山。」又胎簪山，寰宇記：「在縣西北三十里。」水經云：「淮水出胎簪山，東北過桐柏山。」是也。

高老山，在縣東十里。一名栲栳山，一名高樂山，皆高老之訛也。峰巒峻起，高出羣山。其相連者又有石門山，兩山對峙，如門之闢，故名。

大復山，在縣東三十里。水經注：「淮水出桐柏支岡，潛行地下三十餘里，東出大復山南，謂之陽口，水南即復陽縣也。」括地志：「大復山南有淮源廟。」唐武德二年朱粲據南陽，淮安土豪楊士林等起兵攻粲，粲與戰于淮源，大敗，即此地矣。

淮水，在縣東。源出桐柏山，東入汝寧府信陽州界，又東會汝、潁、汴、沂、泗諸大川而入於海。天下有四瀆，此其一也。詳見大川及川瀆異同。

醴水，亦作「澧水」，在縣西。水經注：「醴水出桐柏山，與淮同源而別流西注，逕平氏縣東北，又西至唐縣境而入泚水。」

宜秋聚，在平氏故城西南。王莽末劉縯等起兵南陽，會下江兵王常等至宜秋，縯因説以合從之利，即此處也。劉昭曰：「平氏縣有宜秋聚。」

宜陽柵。在縣西。唐元和中立柵于此以拒淮西，李愬討吴元濟，自唐州徙屯宜陽柵，即此也。又縣東九十里有桐柏鎮，與信陽州接界，今置巡司戍守。

南召縣，府北百四十里。北至汝州魯山縣百二十里。漢西鄂縣地，唐爲向城縣地，宋爲南陽縣地。明初爲南召店巡司，成化十二年置今縣，屬南陽府。編户二十里。

東岐州城，在縣東北五里。志云：後魏嘗置東岐州於此。又爲南召故城，昔時戍守處也。其東北十里又有北召廢城，未詳所據。

丹霞山，一名留山，在縣西北三十里三鴉路中。金末武仙自三峰敗走南陽，收潰兵屯留山，即此。今山上有棲霞寺，寺後一峰，巉巖千仞，左右又有兩峰，最爲奇勝。三峰山，見開封府禹州。

礬山，縣南十五里。山産礬石。又縣西南二十里有天子望山，相傳光武嘗登此以望南陽，因名。○土地陂，在縣北。正德中亂賊劉三爲官軍所敗，走死於土地陂，即此。

三鴉水，在縣北魯陽關南七里。亦謂之魯陽關水。源出南陽縣分水嶺，下流東北出而入魯陽縣界。亦謂之鴉河。

魯陽關。在縣北五十里，與魯山縣分界，即三鴉路口也。史記：「趙惠文王元年趙梁將兵與齊合軍攻韓，至魯關下。」淮南子「魯陽公與韓戰酣，日暮揮戈，日返三舍」，即此地也。晉太和二年荆州刺史桓豁攻宛拔之，燕將趙盤退保魯陽；豁追擒之。太元三年苻堅遣兵分道寇襄陽，使其將石越等率精卒出魯陽關。關控據要險，自昔爲必争之地矣。今爲鴉路鎮，有巡司戍守。○清風店，在縣西南。近時羣賊自商洛窺郡境，北寇汝、洛，往往屯聚於此，官軍攻之不能克。

鄧州，府西南百二十里。南至湖廣襄陽府百八十里，西南至湖廣均州二百五十里，西至陝西商州六百四十八里，北至汝州四百九十里。

春秋時鄧侯國，戰國時屬楚。秦爲南陽郡地，兩漢因之。晉屬義陽郡，後改屬新野郡，宋、齊因之。後魏仍屬新野郡，尋置荆州於此，魏收志：「太和中荆州移治穰城。」西魏時以爲重鎮。置兵于此以備齊。隋初改爲鄧州，煬帝又改曰南陽郡。唐仍爲鄧州，亦曰南陽郡。五代梁置宣化軍於此，兼領唐州。唐改曰威勝軍，周改爲武勝軍。宋仍曰鄧州，亦曰南陽郡、武勝軍節度。金因之。元屬南陽府。明朝仍曰鄧州，以州治穰縣省入。編户三十七里。領縣三。

州古所稱鄧林之險，荀子曰：「限之以鄧林，荀子又云：「鄧地之山林。」蓋州境古多名材。緣之以方城。」方城見裕州。又荆州記：「酈縣有故城一面，未詳里數，號爲『長城』，即方城之西隅。其間相去六百里，南北雖無基築，皆連山相接，而漢水居其南，故楚屈完答齊桓公有『方城爲城，漢水爲池』之語。」酈縣故城，在今内鄉縣東，是州境亦有方城矣。又淮南子亦曰：「垣之以鄧林，綿之以方城。」春申君曰：「楚之右壤皆廣谷大川，山林谿谷，不食之地。」説者謂自鄧以西耳。今其地西控商洛，南當荆楚，山高水深，舟車輳泊，號爲「陸海」云。秦之末也，沛公自南陽入武關。後之有事關中者，往往圖武關，圖武關而州爲孔道矣。又自州而南徑指襄陽，兩驛而近，南北有事，襄、鄧爲之腰膂。三國之季魏王昶爲揚、豫都督，以宛去襄陽三百餘里，有急不足恃，乃徙屯新野。後魏盛時亦置荆州於穰縣，以控臨沔北。其後宇文泰欲經略江、漢，使楊忠都督三荆，鎮穰城，而沔口以西遂拱手取之矣。唐以襄、鄧爲重鎮，恃以震懾淮、沔。至德二載史思明遣兵寇鄧州，魯炅悉力拒守，炅時爲南陽節度使。經年賊不能陷。其後炅以糧援俱盡，突圍走襄陽。時賊欲南侵江、漢，賴炅遏其衝，南夏得全。其後淮西拒命，兵鋒輒及于鄧州；及蔡州之平，功亦集于唐、鄧。黄巢之入長安也，懼荆、襄之軍起而制其後，遣朱温陷鄧州，遂據之以扼荆、襄。事在廣明二年，温旋爲官軍所敗，引還長安。温既篡位，因置鎮於此，以犄角山南，屏蔽荆湖，其後襄、沔有變，實恃此以挫抑之。石晉天福六年安從進以襄陽叛，舉兵攻鄧州，敗還。高行周等自鄧州進擊，遂平之。迄于晚宋，蒙古由此以傾金人之汴、鄭，尋復道此以陷宋之襄、樊。虞允文有言：「鄧州襄、漢之籓籬，而實秦、楚之喉嗌也。」豈不信歟？

穰縣城，州東南二里。戰國時屬楚，後爲韓邑。史記：「韓襄王十一年，秦取我穰。」又秦武王封魏冉於此，爲穰侯。昭王二十四年與楚會穰。漢置穰縣，屬南陽郡，更始二年立廖湛爲穰王。建武三年耿弇擊延岑于穰，大破之。建安初張濟自關中入荆州境，攻穰，爲流矢所中死。二年濟族子繡敗曹操于宛，還屯穰，與劉表合。三年操圍繡于穰，不克而還。魏仍屬南陽郡，晉屬義陽郡，宋屬新野郡。後魏因之，又置荆州治焉。梁大通二年將軍曹義宗圍魏荆州，堰水灌城，不没者數阪，刺史王羆固守不下。既而魏遣將費穆馳救，義宗敗没。隋爲鄧州治，自是州郡皆治此。明初省縣入州。今城周八里有奇。

冠軍城，州西北四十里。漢縣，屬南陽郡。武帝以霍去病功多，割穰縣盧陽鄉、宛縣臨洮聚爲冠軍侯邑。後漢竇憲亦封此。魏、晉仍爲冠軍縣，屬南陽國。東晉隆安三年桓玄爲江州刺史，自夏口襲殷仲堪于江陵，仲堪出奔酇城，將奔長安，至冠軍，玄將馮該追獲之。劉宋亦屬南陽郡，後魏因之。隋屬鄧州。唐武德二年馬元規等擊朱粲于冠軍，敗之。既而粲稱楚帝于冠軍，尋敗奔王世充。貞觀初省入新城。夏口，見湖廣重險。酇城，見湖廣光化縣。

新城縣城，州西北七十里。漢冠軍縣地，後魏主宏太和中析置新城縣，屬南陽郡，西魏改曰臨湍。隋復爲新城縣，屬鄧州。唐因之，天寶初復曰臨湍。劉昫曰：「武德二年縣移治虎遥城，貞觀三年還治故臨湍聚，南去虎遥城十里。」是也。五代漢改曰臨瀨縣，宋建隆初省入穰縣。

涅陽城，州東六十里。漢縣，屬南陽郡，在涅水之陽，因名。高帝封吕勝爲侯邑，武帝元封四年復封朝鮮降人路最爲涅陽侯。晉屬南陽國。永嘉四年劉聰逼洛陽，詔徵天下兵入援，山簡自襄陽遣將王萬將兵軍于涅陽，爲羣盗王如所敗。劉宋亦曰涅陽縣，屬南陽郡。後魏因之。隋改課陽，屬鄧州。唐初因之，尋廢。俗呼赤眉城。又白牛城，在城東南。光武封劉嵩爲侯邑，後廢。

東陽城，在州東。本漢穰縣之東陽聚。後漢建武三年延岑爲耿弇所敗，自穰走東陽，朱祐等擊破之。劉昭曰：「淯陽有東陽聚，朱祐敗張成處也。」意穰縣舊與淯陽接境矣。又志云：州南三十里有樂鄉城，本漢之樂城縣，屬南陽郡。〔六〕後漢省。

馬圈城，州東北七十里。漢涅陽縣地，後魏於此置馬圈鎮。齊東昏侯永元初，陳顯達攻馬圈拔之。既而魏主宏發洛陽，自梁城至馬圈，命元嘉斷均口邀齊兵歸路，顯達敗還。梁普通六年曹義宗圍魏荆州，取順陽、馬圈。魏將裴衍尋敗義宗于析陽，復陷順陽，進圍馬圈。義宗擊敗衍，仍拔順陽。杜佑曰：「馬圈去襄陽三百里，在今穰縣北是也。」一統志：「内鄉縣順陽保北有馬尾鎮。」悮。梁城，見汝州。均口，見湖廣穀城縣。

晉城，在州東南。北魏置，梁普通六年晉安王綱自襄陽遣司馬董當門破魏晉城，又破馬圈、彫陽二城是也。彫陽或曰亦在州東。劉昫曰：「唐武德四年置平晉縣，屬鄧州，六年省入穰縣。」蓋置于晉城云。魏武城，在州西南五里。志云：曹操攻張繡時築。

紫金山，在州城西南隅。岡阜崛起，城據其上，因山爲墉，屹然險固。志云：州治南有福勝寺，寺東北隅有古塔，凡十三層，高百丈。中有一井，水嘗泛溢，俗呼「海眼」。憑塔而望，四遠廓然，亦有事時守禦所資也。○五隴山，在州城西。山有五堆連接，因名。

白崖山，在州西北，唐朱朴所云「北有白崖聯絡」者也。其上有香巖寺。自山而西，羣山連亘，以達于武關。又赤石山，亦在州西北。朝水出焉。○覆釜山，在州西北八十里，以形似名。俗呼吐霧山。上有青龍池，水嘗不竭。

析隈山，州南七十里。左傳僖二十五年：「秦、晉伐鄀，秦人過析隈入。」杜預曰：「析爲楚邑，隈其隱蔽處也。」今州有析隈山，俗訛爲厮隈山。○湯山，在州西七十里。山有兩峰，東西列峙，東峰上有湯廟。又禹山，在州西南九十里，與淅川縣接界。

岐棘山，在州東北。涅水發源於此。水經注：「涅水出涅陽縣西北岐棘山東南。」是也。○轂塘原，在州東南。後魏太和二十三年魏主宏殂于轂塘原，即此。

湍水，在州城北三里。自内鄉縣東南流入州境，經臨湍、冠軍故城間，又東南流至州北，復東北流入南陽縣界，州境諸水悉合焉。○涅水，在州東北。出岐棘山，經涅陽故城南，又東南經南陽縣安衆故城西而入于湍水。晉咸和七年桓宣破石勒將郭敬于涅水是也。

朝水，在州西南。源出赤石山，東南流經冠軍故縣界，又東南逕州南境而入新野縣界合於淯水。水經注：「晉杜預修六門陂，陂水散流，咸入朝水。」是也。又刁河，在縣南十五里。源出内鄉縣之蕭山，流經州界，亦至新野縣東南而入于淯水。

六門陂，在州西。漢召信臣爲南陽守，以建昭五年斷湍水立穰西堨石，至元始五年更開三門爲六石門，故號爲六門堨，溉穰、新野、涅陽三縣五千餘頃。晉太康三年鎮南將軍杜預復請開廣，利加于民。水經注：「湍水經穰縣爲六門陂，杜預復六門之遏，六門之水下給二十九陂，民資其利。六門既破，諸陂遂斷矣。」

鉗盧陂，在州南六十里。亦曰玉池澤陂。漢建昭中召信臣于穰南造鉗盧陂，累石爲隄，帝開六石門以節水勢，澤有鉗盧、玉池，因名。用廣灌溉，歲增多至三萬頃。後杜詩爲守，修復其業，於是有召父杜母之歌。王氏曰：「玉池陂蓋在宛縣。」

楚堰，州西北六十里。或曰晉杜預所作，引湍水溉田千餘頃，水經注所云楚堨也。高下相承凡八重，周十里，方塘引水，蓄泄不窮。又州北有廢永國渠。宋會要：「熙寧五年御史張商英言：『聞獻議者請開穰縣永國渠，引湍水灌溉民田，失召信臣故路，所鑿焦家莊地勢偏仰，水不通流。』詔宦者程昉疏治，功卒不成。」

千金鎮。在州西。宋靖康二年汴京爲金人所陷，范致虚以陝西五路之師出武關，至鄧州千金鎮，爲金將婁宿所敗，潰入潼關。志云：州東舊有板橋鎮。又有埸河關，在州南。今廢。

内鄉縣，州西北百二十里。東南至鎮平縣八十里，北至河南府盧氏縣四百八十里。春秋時楚之析邑，秦置中陽縣，屬南陽郡。漢爲析縣，屬弘農郡。後漢復屬南陽郡，晉屬順陽郡。劉宋時縣省。後魏復置析陽縣，兼置析州及析陽郡。西魏又改曰中陽縣，後周郡廢。隋諱中，改曰内鄉縣，屬析州。唐武德二年改置析州於此，貞觀中州廢，縣屬鄧州。今編户二十二里。

淅陽城，在縣治西。春秋時楚白羽地，亦曰析。左傳僖二十五年「秦、晉伐鄀過析」，即此。又昭十八年：「許遷于析，寔白羽。」戰國時秦昭王發兵出武關，攻楚取析是也。秦曰中陽縣，漢仍曰析縣，晉因之。後魏置析陽郡。魏收志析陽郡屬析州，領東西二析陽縣，此即西淅陽縣也。〔七〕梁普通六年曹義宗等取順陽、馬圈，與魏將裴衍戰于淅陽，敗還。後魏永熙末賀拔勝聞魏主修西入長安，使其長史元穎行荆州事守南陽，自帥所部西入關，至淅陽而還。既而東魏取荆州，蠻酋樊五能攻破淅陽郡以應魏。東魏荆州刺史辛纂欲討之，李廣曰：「淅陽四面無民，惟一城之地，山路深險，表裏羣蠻，不如完壘撫民，然後討之。」纂不從，果敗。魏因遣獨孤信取荆州，出武關，東魏恒農太守田八能帥羣蠻拒信于淅陽，又遣别將出信後，信進擊八能破之，遂乘勝襲取穰城。隋書云：「西魏置淅州，又改西淅陽爲内鄉縣。」劉昫曰：「後周改曰中鄉，隋始曰内鄉」也。又武德初析内鄉置默水縣，尋復省入内鄉。

酈縣城，在縣東。秦邑。二世二年沛公攻析、酈，皆下之是也。漢置酈縣，屬南陽郡，武帝封王同爲侯邑。晉仍屬南陽國，劉宋因之。後魏析置南酈縣，屬恒農郡，而北酈縣屬東恒農郡。後周復合爲酈縣。隋改爲菊潭縣。唐武德二年朱粲爲淮安土豪楊士林所敗，自淮源奔菊潭是也。唐亦曰菊潭縣，屬鄧州。五代周省。今城亦謂之下酈或謂之南酈。其北有北酈城，即後魏所析置縣也。淮源，見桐柏縣。○武關廢縣，在今縣西。後魏太和中置東恒農郡，領西城等縣，郡縣皆僑置也。西魏改縣曰武關，隋初廢郡，復省縣入菊潭。

丹水城，縣西南百二十里，南去丹水二百步。古鄀國。又爲商密地，左傳僖二十五年：「秦、晉伐鄀，楚人以申、息之師戍商密。」杜預曰：「丹水縣西南有密鄉，即楚所戍處。」又周禮職方氏：「分九州，爲商密之地。」秦置丹水縣，屬南陽郡。二世三年沛公破宛，引兵西至丹水。漢亦爲丹水縣，屬弘農郡。後漢屬南陽郡。晉屬順陽郡。建元初庾翼欲經略中原，表桓宣爲梁州刺史，前趣丹水，爲石趙將李羆所敗而還。劉宋仍屬順陽郡。後魏置丹川郡於此。後周郡廢，隋以縣屬析州，唐初縣廢。范汪荆州記：「丹水縣堯子朱所封，亦曰丹朱城。」

商於城，在縣西。本秦地，秦孝公封衛鞅以商於十五邑是也。又張儀以商於六百里之地誑楚。裴駰曰：「有商城在於中，故曰商於。」道元曰：「丹水經内鄉、丹水二縣間，歷於中北，所謂商於者也。」杜佑曰：「今内鄉西七里有於村，亦曰於中。」或曰商即商州，於即内鄉也。自内鄉至商州凡六百里，皆古商於地矣。唐上元末淮西運阻，轉運使劉晏以江、淮粟帛由襄、漢越商於以輸京師是也。今爲商於保。

三户城，在縣西南。春秋哀四年：「晉執戎蠻子赤與其五大夫，以畀楚師于三户。」是也。杜預曰：「丹水縣北有三户亭。」〔八〕後漢桓帝時，河間孝王子博封三户亭侯，延熹四年博改封任城王，蓋即故城置亭云。又縣西南百里有漢王城，城内有試劍池。其相近爲羅王城，未知所始。相傳春秋時楚人伐羅即此，悮也。

修陽城，在縣北。漢析縣地，後魏置修陽縣，兼置析州及修陽郡治焉，後周郡縣俱廢。又蓋陽城，亦在縣北。魏收志修陽郡領蓋陽、修陽二縣，是也。後周廢。或訛爲葛陽縣。○房陽城，在縣東。志云：漢哀帝封孫寵爲房陽侯，蓋邑于此。

熊耳山，縣東十二里。峰巒聳峙，連亘甚遠。其北麓接盧氏縣界，旁有檜竿嶺，湍水所出也。又蕭山，在縣東二十五里。上有蕭王廟，光武初封蕭王，因以名山。刁水所出。

丹崖山，縣西百里。巖岫參差，巖石多赤，稱爲奇勝。又白巖山，在縣西南三百九十里。峰巒綿亘，山巖瑩白，有水簾洞諸勝。○壘山，在縣北五十里。山石盡黑，亦名石黑山。又岝嶺山，在縣西北三百里。山巖峭拔。

太白山，縣南百二十里。峰巒高峻，下臨丹河，舊指此山爲順陽、淅川二縣分界處。志云：縣境群山回環，連接綿遠，與關中之南山、秦嶺參差映帶。此山亦以似關中之太白而名。

馬蹬山，縣西南百六十里。其東南有石穴山、岵山、王子山，綿聯百餘里。宋紹定六年孟珙破金將武仙于順陽，仙走保馬蹬山，于是順陽及申州、唐州皆來降。仙將劉儀亦降于珙，謂珙曰：「仙所據九砦，其大砦在石穴山，以馬蹬、沙窩、岵山三砦蔽其前，三砦不破，石穴未可圖也。若破離金砦，則岵山、沙窩孤立矣。」珙遂遣兵破其離金砦，又搗王子山砦，圍馬蹬，還至沙窩西與金人戰，敗之。復遣兵破其默侯里砦，惟板橋、石穴未破，珙遣儀招之。又料山勢窮蹙，必上岵山窺伺，乃遣將先奪岵山，駐軍其下。仙果登山，及半，伏兵四起，仙潰走。珙進軍小水河。儀言仙且謀往商州依險以守，珙急攻石穴破之，追敗仙于鮎魚砦，又追敗之于銀葫蘆山，降其衆七萬。離金、默侯里諸砦，蓋皆是時依山據險處也。小水河，亦山澗之名。銀葫蘆山，見汝州伊陽縣。

淅水，在縣西南百三十里。源出商州南山，注經縣南與丹水會。○丹水，在縣西南。源出商州清池山，出武關，又東南流經丹水故城，又東南而合于淅水，下流入于均水。戰國赧王三年秦人大敗楚師于丹陽，遂取漢中郡，蓋即丹水之陽矣。

淯水，在縣東。水經注：「淯水出酈縣北攻離山。」括地志：「淯水出熊耳山。」郡志云：淯水出嵩縣雙鷄嶺。雙鷄蓋攻離之訛也。今淯水經故酈城東南而達南陽縣界。○湍水，在縣東。出熊耳山槍竿嶺，經故酈城東，又東南入鄧州境。

菊潭，在縣北。源出縣西北之石澗山，亦曰析谷，亦名石馬峰，匯而爲潭。傍生甘菊，其水甘香特重于諸水，居人飲之多壽，隋因此名縣。漢志：「淅縣有黄水，出黄谷；鞠水，出析谷。」師古曰：「鞠水即菊潭也。」荆州記：「酈縣北八里有菊水。」○湧泉，在縣西。廣八尺，水極清澈，自下湧出，的皪如珠，溉田甚廣。

武關，在縣西百七十里，與陝西商州接界。襄、鄖、宛、洛由此入關，其捷徑也。詳見陝西重險。

西夾口關。在縣西北古城内。今有巡司。又荆子口關在縣西南，其相近者又有党子口關，俱間道通關中，有官兵戍守。○金斗關，在縣東北百十里。道路險僻，有巡司戍守。

新野縣，州東南七十里。南至襄陽府一百十里。漢縣，屬南陽郡，後漢因之。晉初爲義陽郡治，惠帝時改置新野郡。劉宋仍屬新野郡，後魏因之，後周郡廢。隋仍爲新野縣，屬鄧州。唐武德四年置新州于此，旋廢，縣仍屬鄧州。唐末省入穰縣。宋爲新野鎮，元復置縣，屬鄧州。今編户二十二里。

新野故城，在縣治南。漢置縣於此。後漢桓帝延熹七年南巡，幸新野。建安六年曹操擊劉備於汝南，備奔劉表，表益其兵，使屯新野。曹魏正始中王昶督荆、豫諸軍事，自宛徙屯新野。晉置新野郡，宋、齊因之。齊建武四年魏主宏自南陽至新野，新野太守劉思忌拒守，魏人攻之不克。明年魏將李佐拔新野，沔北大震。梁普通七年曹義宗據魏穰城以逼新野，不克而退。後周廢郡而縣不改。唐末縣廢，元始復置縣。今城周四里，即元時故址云。

棘陽城，縣東北七十里。古謝國也，或謂之黄棘。楚懷王二十五年秦、楚盟于黄棘，秦復與楚上庸。漢置棘陽縣，屬南陽郡，以在棘水之陽也。高帝封杜得臣爲侯邑。王莽地皇三年劉縯自湖陽進拔棘陽，既而敗于小長安聚，收兵還保棘陽。晉屬義陽郡，後屬新野郡。惠帝時封扶風王駿之子歆爲新野公，邑于此。劉宋屬河南郡，齊因之。後魏置漢廣郡，治南棘陽，兼領西棘陽縣。西魏改郡曰黄岡郡，又以西棘陽縣省入，而改南棘陽爲百寧縣。後周廢郡，又廢百寧縣入新野縣。〔九〕元志：「棘陽鎮在新野、湖陽二縣間。」是也。又棘陽有鄴鄉，東漢和帝封宦者鄭衆爲鄛鄉侯，〔一〇〕即此。

河南城，在故棘陽縣東北。劉宋大明中僑立河南郡，分沔北爲境，兼置河南縣爲郡治。蕭齊因之，後没于北魏。梁書：「天監五年江州刺史王茂侵魏荆州，誘魏邊民及諸蠻更立宛州，遣其所署宛州刺史雷豹狼襲取魏河南城。既而爲魏將楊大眼所敗，復取河南城，追茂至漢水，拔五城而還。」蕭子顯齊書雍州有河南郡，所領五縣惟棘陽爲寔土云。

東鄉城，在縣東。漢置新都縣，屬南陽郡，吕后時封張敖子侈爲新都侯。後王莽封于此，既篡漢，改曰新林。漢志：「本新野之都鄉，永始元年以封莽，始爲新都侯國也。」東漢廢入新野，謂之東鄉。又縣東有黄郵聚，元始三年有司請益莽黄郵聚、新野田是也。建武初遣傅俊、岑彭擊秦豐，先拔黄郵聚，吴漢又破秦豐于黄郵水上。黄郵水蓋即棘水云。

朝陽城，在縣西朝水之陽。漢縣，屬南陽郡。晉屬義陽郡，尋廢。亦曰朝城，俗呼刁城，今爲朝陽村。沈約宋志：

「江左僑立廣平郡，治襄陽。宋爲寔土，以漢朝陽縣地立廣平郡及廣平縣，領酇、陰、比陽等縣。」今酇、陰二縣見湖廣光化縣。

淯水，在縣西一里。自南陽流入縣界，又東南入于漢水。縣北有比水，縣西有湍水，東南有棘河，西北有刁河，凡府境之水悉流入焉。○湍水在縣西。亦自南陽流入縣界，至縣南合于淯水。元順帝至元二年鄧州大霖雨，湍河、白河溢。白河即淯水也。

棘水，在縣東。其上源即赭河也，自唐縣流入，經故棘陽城黄郵聚南，至縣東南而入于淯水，謂之棘口，俗訛爲力口。○朝水，在縣西。自鄧州界流經朝陽城東南而合于淯水。又有白水，在縣西南。自朝陽城西東南流而入于淯水。

樊陂，在縣西北。水經注：「朝水支分南北爲樊氏陂，東西十里，南北五里，俗謂之凡亭陂。漢樊宏兄重善農稼，開此陂以灌溉，因名。」又有豫章陂，在縣東南，灌田三千餘頃。今廢。

藍鄉。在縣東。王莽地皇三年，甄阜、梁丘賜敗劉縯于小長安聚，乘勝逕進，留輜重于藍鄉，縯潛師夜起襲之，盡獲其輜重處也。劉昭曰：「棘陽縣有藍鄉。」一統志：「泌陽縣有古藍鄉。」悮。

淅川縣，州西南百二十里。南至湖廣均州一百六十里，北至内鄉縣百五十里。漢淅縣地，後魏置東析陽縣，西魏改曰淅川縣，後周併入内鄉。唐初又置淅川縣，并置淅州於此。貞觀初州廢，縣亦尋省。成化七年析鄧州内鄉地置今縣。

編户十八里。

順陽城，縣東北三十里。本漢析縣之順陽鄉，哀帝初封孔光爲博山侯，因置博山縣，屬南陽郡。更始初析人鄧曄起兵南陽以應漢，或曰即博山也，世仍謂之順陽。建武四年延岑復寇順陽，爲鄧禹所敗，走漢中。明帝因改博山曰順陽縣，章帝封馬廖爲侯邑。建安中割南陽右壤爲南鄉郡，蓋治此。晉改爲順陽郡，咸康四年復改郡曰南鄉。永和十年桓温伐苻秦，水軍自襄陽入均口至南鄉是也。既而復曰順陽郡，劉宋及蕭齊因之。建武五年没于後魏，仍曰順陽郡。永元初崔慧景攻魏順陽，順陽太守張烈固守不下。隋初廢郡，縣屬鄧州。唐初因之，武德六年省順陽縣入冠軍縣。宋太平興國六年復升順陽鎮爲縣，仍屬鄧州。金省入穰縣，仍曰順陽鎮。宋紹定五年蒙古自金州趣汴，金人禦之于鄧州，屯順陽，完顏合達等議由光化截江與戰，不果，復還鄧州。淳祐中蒙古既滅金，謀寇荆、襄，積船材于鄧之順陽，孟珙潛遣兵焚其所積。一統志：「內鄉縣有順陽保。」括地志云：「順陽在穰西三十里。」似悮。○清鄉城，在故順陽城東。劉宋僑立鄭縣于此，屬順陽郡。後魏因之。西魏改爲清鄉縣，後周并順陽入焉。隋復置順陽縣，以縣省入。

豐鄉城，在縣西南。左傳：「楚人謀北方，司馬起豐、析以臨上洛。」續漢志析縣有豐鄉城是也。其地與湖廣上津縣接境。

禹山，縣東南三十里。本以禱雨得名曰雨山，後訛爲「禹」。蒙古侵金，自漢中金州而東，由光化渡漢江而北，金將完顏合達等與戰于禹山，不勝，將還鄧州，過光化對岸棗林後，蒙古突至，邀其輜重而去。棗林在禹山東二十餘里。

鷹子山，在縣東南。齊東昏侯初，陳顯達攻魏馬圈，魏人斷均口邀齊兵歸路，顯達引兵渡均水西據鷹子山築城，爲魏所敗，自分磧山出均口南走是也。分磧山，見襄陽穀城縣。

岵山，縣東二十五里。宋紹定六年孟珙破金武仙于岵山，仙遁走，即此處也。今詳見内鄉之馬蹬山。又太白山，在縣東南八十里。亦見内鄉縣界。

淅水，在縣西南三十里。東北流入内鄉縣境合于丹水。晉永和十年桓温伐秦，步兵自析川趣武關是也。○丹水，在縣北十五里。舊爲析川、順陽二縣分界處。東北會于淅水，又東注于均水，並流而南入于漢江。後漢初平二年曹操討袁術，率南陽之軍軍丹水，即此。

均水，在縣東。源出内鄉縣熊耳山，曰淯水，流經廢順陽縣西曰沟水，至故涉都城東北而入沔曰均水。漢志：「順陽西有白石山，南臨沟水，其入沔處亦曰淯口，亦曰均口，亦曰沟均口。」晉桓温伐秦，水軍自襄陽入均口，至南鄉，齊陳顯達攻魏馬圈，軍入沟均口是也。涉都，見襄陽府穀城縣。

花園頭關，在縣西北二百里。本在内鄉縣西北，成化中改屬縣界，今有巡司戍守。○峽口鎮，在縣西。其南即湖廣均州界也。金志内鄉縣有峽口鎮，今入縣界。

胡村。縣西北九十里。輿程記：「自縣西北水門四十里至嵮圍，四面皆山，又四十里至胡村，又陸行九十里至青山，又九十里爲清油河，又四十里而入武關是也。」

裕州，在府東北百二十里。東至開封府許州二百七十里，東南至汝寧府三百五十里，北至汝州二百里。

春秋時楚方城地，漢屬南陽郡，東漢因之。晉屬南陽國。蕭齊置北襄城郡，後魏因之。西魏曰襄邑郡，隋廢郡，以其地屬淯州。唐初置北澧州，貞觀中改曰魯州。州尋廢，改屬唐州。宋因之。金人始置裕州，元屬南陽府，明初以州治方城縣省入。編户三十二里。

領縣二。

州南蔽三關，謂義陽三關。北控鄭、洛，東掣許、蔡之肘，右拊宛、鄧之背，山連太室，川帶淮、汝，此亦形勝之所也。昔楚人圖北方，以宛、葉爲重地，所謂方城之險，州實當之。左傳曰：「葉在楚國，方城外之蔽也。」屈完對齊侯曰：「方城以爲城。」晉陽處父伐楚以救江，門於方城，荀偃伐楚侵方城之外，蓋地有所必争矣。秦白起伐楚取宛、葉，而楚之鄢郢危。魏公子無忌謂魏王：「秦葉陽、即葉縣。昆陽與舞陽、高陵鄰，高陵在舞陽縣東北。漢志「定陵有高陵山，汝水所出」，蓋因山以名邑。王氏謂馮翊之高陵，悮矣。繞舞陽之北以東臨許，南國必危。」蓋方城之險，秦既得之，則足以禍南國也。淮南子：「天下九塞，方城其一。」盛弘之荆州記：「葉縣東界有故城，始犨縣，見汝州魯山縣。東至瀙水，見舞陽縣。達泚陽界，今唐縣。南北連綿數百里，號爲方城，亦謂之『長城』。」林氏曰：「宛在方城内，葉在方城外，外有方城，内有冥阨，而宛、葉爲之表裏。」朱子曰：「荆州地勢四平，其守當在外，楚人謂方城爲城，漢水爲池是矣。」

方城廢縣，今州治。漢堵陽縣地，後魏置方城縣，爲襄城郡治，西魏爲襄邑郡治。隋初郡廢，縣屬淯州。唐初置北澧州，貞觀八年改置魯州，九年省，以縣屬唐州。宋亦曰方城縣，金爲裕州治，明初省。今州城周七里有奇。

堵陽城，在州東六里。漢縣，屬南陽郡。亦曰赭陽，堵音者，蓋通稱也。後漢建武二年封朱祐爲侯邑。是年堵陽人董訢反宛城，堅鐔攻宛，拔之，訢走還堵陽。明年帝自將至堵陽，訢降。晉仍屬南陽國，劉宋時省。蕭齊于此置北襄城郡，建武初魏將盧淵等攻堵陽以取葉倉，北襄城太守成公期拒守，魏不能克。四年魏復南寇，軍主胡松引兵助守赭陽，魏王因留諸將攻赭陽，自引兵南攻宛。既而別將韓顯宗將別軍屯赭陽，成公期遣胡松引蠻兵攻其營，爲顯宗所敗。五年陷于後魏，仍置北襄城郡。孝昌中又置襄州及襄城郡，又改置方城縣，廢堵陽入焉。亦曰堵鄉。水經注：「堵水南經小堵鄉，爲小堵水。」○襄邑城，在州南二里，西魏襄邑郡城也。隋志：「東魏析方城縣地置建城郡及建城縣，後齊並廢。」

真昌城，在州東南。後魏置北平縣，屬襄城郡。隋初郡廢，開皇九年改縣曰真昌，屬顯州。唐初屬北澧州，貞觀初省入方城縣。○青臺城，在州東南。唐元和十二年李愬遣方城鎮將李榮宗擊淮西青臺城，拔之。又元人築青臺城以圖襄陽。九域志方城縣有青臺鎮。今其地南接唐縣界。

方城山，州東北四十里，左傳「楚方城爲城」是也。又文三年：「楚圍江，晉陽處父伐楚以救江，門于方城。荀偃伐楚，侵方城之外。」史記：「秦昭襄王八年魏使公孫喜(二)韓使暴鳶共攻楚方城。」或曰楚置城于山上以爲要隘。其山連接南陽、唐縣、葉縣之境，幾數百里，亦曰長城山。曹魏太和二年張郃將兵伐吴屯于方城是也。杜預曰：「方城在葉南。」今州境本葉地。或謂之萬城。水經注：「楚欲争强中國，多築列城于北方以逼華夏，故號葉爲萬城。」唐勒奏土論曰：「我是楚也，世霸南土，自越以至葉垂，引境萬里，故號萬城矣。」或曰非也，方與万相似，好事者爲之説耳。

七峰山，在州北三十里。上有七峰列峙，下有暖泉，三時俱凉，至冬則暖。又泉白山，在州北四十里。山頂有泉下流如布，因名。與七峰山對峙。又北十里爲黄石山，亦奇勝。○大乘山，在州東南，裕州圖經所云「大乘峙前，方城鎮後」者也。志云：州東北二十里有招撫岡，相傳光武曾駐此招撫降衆云。

堵水，亦曰赭水。源出方城山，經州西，漢以此名縣，下流至唐縣界入于沘水，其相合處謂之會口。又州城東有潘河，出州北四十里之當陽山，南流合趙河，亦入于沘水。

賈河，州東四十里。源出縣東南之牛心山，流入舞陽縣界與沙水合。○聖井，亦在州東。其地四面皆下，井居其中，獨高仞餘，泉常仰溢云。

仙翁關。在州東北。道出汝、潁，舊爲戍守之處。又州有平臺鎮，今廢。

舞陽縣，在州東北一百四十里。南至泌陽縣一百八十里。漢置舞陽縣，屬南陽郡。應劭曰：「在舞水之陽，因名。」高帝封樊噲爲侯邑。東漢屬潁川郡。魏置舞陽郡，後仍改爲縣。晉屬襄城郡，後改北舞縣。蕭齊嘗置西汝南、北義陽二郡於此。後魏改置西舞陽縣，尋置定陵郡。隋初郡廢，仍爲北舞縣，屬許州。唐復爲舞陽縣，仍屬許州。宋因之。元省入葉縣，尋復置，屬裕州。今編户四十四里。

舞陽城，在縣西。戰國時魏邑。信陵君上安釐王書「秦葉陽、昆陽與舞陽鄰」，又曰「繞舞陽之北以東臨許，南國必危」，即此。漢置縣，晉爲北舞縣治。齊永明五年荒人桓天生引魏兵寇舞陰，雍州刺史陳顯達拒之，進據舞陽城。

封邑云。舊唐書：「舞陽初治古城内，元和十三年移吴城鎮，後又移今治。」又括地志：「今葉縣東十里舞陽故城，此爲樊噲封邑云。」

定陵城，在縣北灰河保。漢縣，屬潁川郡。更始初王鳳與偏將軍秀等徇昆陽、定陵、郾，〔二〕皆下之。晉屬襄城郡。胡氏曰：「後魏改置北舞陽縣爲定陵郡治，高齊因之，隋省入北舞縣。」郾，今許州郾城縣也。

紅陽城，縣西南三十二里。漢縣，屬南陽郡。有紅山在城北，因名。成帝封王立爲侯邑，後漢省。○東不羹城，在縣西北。漢志：「定陵有東不羹城。」楚靈王所謂「大城陳、蔡、不羹」者也。又有西不羹城，見前許州襄城縣。志云：縣北有楚王城，相傳楚平王所築。

十八盤山，縣南八十里。周迴一十八盤，因名。○高陵山，在縣北定陵城西。漢書志：「汝水出於此。」又縣西有蘇寨山，邑志云：瀙水源出於此。

沙水，在縣西南。源出汝州魯山縣之吴大嶺，東流經葉縣界與滍水會，又東入縣境，又東至許州襄城縣界入于汝水。○澧水，在縣北。源出方城山，經葉縣界流入縣境，又東至郾城縣界入於汝水。

瀙水，在縣南。自唐縣東北流達縣界，又東經沘陽界而入汝寧府境。又燒車水，在縣東。源出葉縣之黄城山，下流注於澧河。光武燒王尋輜重於此，因名。

舞水，在縣南。自泌陽縣流入境。志云：今縣東南有舞水，泉湧躍若舞，流爲三里河，即潕水也。舞陽之名以此。又縣北四十里有滁清河，周圍凡十里，俗作「狄青湖」，悮也。

百尺溝，在縣東北。水經注：「汝水經定陵城北，右則溰水入焉，左則百尺溝出焉。溝北通潁水于襄城縣，潁盛則南播汝，溢則北注。溝水夾岸層崇，亦謂之百尺堤。」○刁溝，或曰在縣東北，又東入許州郾城界。唐貞元十三年淮西吴少誠擅開刁溝入汝，詔止之不從。新、舊唐書以爲司洧河云。

北舞鎮。即故舞陽城也。金志舞陽縣有北舞、吴城二鎮，蓋皆舊縣治云。

葉縣，州北百二十里。東至襄城縣九十里，西北至汝州百四十里。春秋爲楚地，成十五年楚遷許於葉是也。秦曰葉陽，漢爲葉縣，屬南陽郡。晉屬南陽國。後魏屬南安郡，孝昌中置襄州於此，東魏因之。後周廢襄州置南襄城郡。隋初郡廢，以縣屬許州。唐初于此置葉州，貞觀初州廢，縣仍屬許州。開元三年置仙州，二十六年州廢，縣屬汝州。宋因之，金改今屬。編户三十三里。

葉城，在縣治東。漢縣治此，後漢因之。建安七年劉表使劉備屯新野，引兵北出至葉，曹操使夏侯惇等拒之，備一旦燒屯去，惇追之，李典曰：「敵無故退，疑必有伏。南道窄狹，草木深，不可進。」惇不聽，果敗。後魏爲襄州治。西魏大統四年取襄州，尋復爲東魏所取。十三年復入於西魏，十五年東魏復取之。蓋其地阻隘，高齊時亦保此以備周。唐初置葉州，尋罷。開元三年置仙州于此，分汝州之葉、襄城、唐州之方城、豫州之西平、許州之舞陽皆屬焉，既而復廢。今城周六里有奇，稱爲險固。

昆陽城，縣北二十五里。戰國時魏邑，蘇秦謂「南有昆陽」是也。漢置縣，屬潁川郡。王莽末光武大破王尋、王邑兵于此昆陽下。建武中封傅俊爲侯邑。晉屬襄城郡，後廢。

定南城，在縣東南。後魏置。魏收志定南縣屬南安郡。隋志云：「東魏置定南郡，後周廢爲定南縣，大業初省入葉縣。」○仙凫廢縣，在縣南。唐開元四年析葉縣地置仙凫縣，屬仙州，以漢王子喬曾爲葉令也。尋廢。

汝濆城，在縣東北。高齊置縣，又置漢廣郡於此。隋廢郡，以縣屬許州。唐貞觀初省入襄城縣。又卷城，在縣界。漢郡國志葉縣有卷城。左傳昭二十五年：「楚子使季然郭卷。」是也。杜預曰：「葉縣南有卷城。」

南安城，在縣西南。本葉縣地，後魏析置南安縣。魏收志：「太和十三年置郢州，十八年改爲南中府，天平初改置南安郡，屬襄州，治南安縣。」是也。高齊時南安城主馮顯降周，周使豐州刺史郭彦將兵迎之，尋郡縣俱廢。豐州即今湖廣均州。○蒲城，在縣東北。相傳蒲洪所築，因名。水經注：「湛水經蒲城北。」今爲蒲城保。寰宇記「縣西北十餘里有河山保，即後魏所置河山縣」云。

奇額城，寰宇記云：「在縣東北二十三里。」後魏置，爲南潁川郡治。魏收志南潁川郡領譙縣，蓋亦僑置縣也。

黄城山，在縣北十里。一名苦菜山，一名長城山。或以爲即方城山，非也。林氏曰：「葉在方城外。」是矣。冢墓記：「黄城山即長沮、桀溺耦耕處，下有東流水，子路問津於此。」

汝水，在縣北。自汝州郟縣流入，又東入許州襄城縣界。詳見大川。○濆水，在縣東。水經注：「汝水東南逕奇額城西北，濆水出焉，世謂之大濦水。」爾雅云：「汝出爲濆。」濆與隱聲相近也。

滍水，在縣東北一里。自汝州魯山縣之堯山發源，東南流入縣界，逕昆陽故城北，又東合於沙河，入舞陽縣界，下流入於汝水。左傳僖三十三年「楚人與晉師夾泜水而軍」，即滍水也。光武擊王邑、王尋，與敢死士三千人從城西水上衝其中堅，尋、邑大敗，士卒溺死，滍水爲之不流。晉杜預鎮襄陽，引滍、淯之水浸良田萬頃。唐顯慶二年幸許州，畋于滍水之南是也。

昆水，在昆陽故城南。源出魯山縣界，東南流入縣境，又東至舞陽界合于沙河。舊昆陽縣以此名。唐咸亨二年校獵于葉縣昆水之陽是也。○沙河，在縣北二十里。自魯山縣境流入，與滍水會而入舞陽界。

湛水，在縣北三十里。源出東南汝州魚齒山，經縣北入于汝水。左傳襄十六年：「晉伐楚，楚公子格及晉師戰于湛陂，楚師敗績，遂侵方城之外。」是也。周禮職方：「荆州，其浸潁、湛。」

東陂，在縣東。志云：春秋時楚葉尹沈諸梁所鑿，東西十里，南北七里。又有西陂，方二里，黄城山之水瀦于此。

昆陽關。在故昆陽城北。亦爲昆陽鎮，有兵戍守。一名陽關。東漢初王莽徵天下兵與漢戰，世祖以數千兵邀之於陽關，諸將懼莽兵盛，反走入昆陽處也。○講武臺，在縣東。唐武后講武于此。上有温泉。

汝州，東至開封府許州二百八十里，南至南陽府二百七十里，西至河南府盧氏縣三百里，北至登封縣一百十里，西北至河南府一百八十里，東北至開封禹州一百七十里，自州治至京師一千九百八十里，至布政司四百九十里。

禹貢豫州之域。周爲王畿地。春秋時爲戎蠻子邑，亦楚、鄭二國之境。戰國屬韓，秦屬三川郡，漢爲潁川、河南、南陽郡地。魏屬河南、舞陽等郡，晉屬河南、襄城郡，後魏屬汝北、魯陽二郡。東魏置北荆州，後周改和州。隋初曰伊州，大業初改曰汝州，以汝水爲名。尋改爲襄城郡。李密亦曰伊州，杜佑曰：「治陸渾縣。」一云治承休縣。唐初復曰伊州，貞觀八年復爲汝州，治梁縣，即隋承休縣也。天寶初曰臨汝郡，乾元初復曰汝州。五代因之。宋仍曰汝州，亦爲臨汝郡、陸海軍節度。金因之。元仍爲汝州，屬南陽府。明初因之，以州治梁縣省入，成化六年升爲直隸州。編户九十二里。領縣四。

州山川盤紆，原隰沃衍，南出三鴉則拊宛、鄧之背，北首伊闕則當鞏、洛之胸，西指嵩高而陝、虢之勢動，東顧汾、陘所謂汾、陘之塞也。見前新鄭陘山及襄城縣之汾丘城。而許、潁之要舉矣。春秋時晉、楚爭鄭，恒角逐於潁、湛間。及戰國之季，韓、魏、楚之師常戰于三梁下。及秦失其鹿，沛公自洛陽南入南陽，尋復自宛、葉北出鞏、洛，州其必經之道也。王莽之篡竊也，光武起於宛、鄧，遂收洛陽。既而赤眉以山東之衆西出陸渾，直走弘農，是時汝、潁之間幾於無日不戰也。東京既宅，南梁近在畿甸，路通宛、洛，巡幸屢經，因建爲苑囿。馬融上廣成頌，其略曰：「右轞三塗，左概嵩岳，面據衡陰，衡即雉衡山，見南陽府。背箕王屋，王屋山，見山西垣曲縣。浸以波、溠，波，見魯山縣；溠，見湖廣襄陽府。演以滎、洛。」滎，滎澤；洛，洛水。融蓋即廣成而侈言之。此亦足以見州之形勝矣。漢德寖衰，河南八關廣成其一，東南保障，此爲要膂。關東諸軍討董卓，分道出魯陽而北；曹操遷車駕都許，自梁而東；晉室濁亂，兵戎起於輦轂，攘奪接於羌胡，河、洛多故，兵鋒每及焉。元魏承之，以迄周、齊，爭逐之日，汝北、魯陽，朝秦夕楚，蓋西不得此則不能得志於汝、蔡，東不得此則不足以爭衡於伊、洛也。隋季紛紜，李密圍東都先斷襄城之援，唐攻王世充亦遣別軍出此以多其敵。厥後范陽流毒，因而淮西效尤，東面之防，近在汝、鄧。建中四年李希烈以淮西叛，寇陷汝州，官軍尋復取之。元和九年以移置懷汝節度使於此以禦淮西。李吉甫云：「汝州，東都藩蔽。」是也。廣明之亂，黄巢由淮北西趣汝州，遂陷東都。其後秦宗權之徒亦往往恣睢于此。宋三京陷没，汝州淪喪，岳武穆經略中原，先收汝州，西京旋下。宋嘉定八年蒙古窺金汴京，時金人守潼關、大河以拒之，蒙古乃由嵩山小路略汝州，遂趣汴。明初大兵取河南，分命鄧愈出汝、裕收南陽。州在嵩、洛、宛、潁間，爲碁劫之勢，自昔用兵者所必争也。

承休廢縣，在今州治子城東。本曰周承休城，漢武帝元封三年封姬嘉爲周子南君，以奉周祀，邑於此。元帝永光五年更置周承休侯國，〔一三〕屬潁川郡。成帝綏和初更進爲公，平帝元始四年更名爲邟。光武改封姬常于東郡畔觀縣曰衛公，以邟縣廢入陽城縣。桓帝時黄瓊封邟鄉侯，蓋邑於此。後魏置南汝原縣，兼置汝北郡。高齊改曰汝原縣，又改郡曰汝陰。後周郡廢。大業初改縣曰承休，尋爲襄城郡治。唐初爲伊州治，貞觀初以梁縣併入，而改承休爲梁縣，自是州郡皆治此。明初廢。括地志：「周承休城一名梁雀塢，在梁縣東北二十六里。」魏收志：「東魏武定中汝北郡移治梁雀塢。」或曰即梁瞿鄉也。水經注：「承休東南有梁瞿鄉，後魏世祖嘗駐軍于此。」杜預曰：「故承休城在梁縣東。」然則隋之承休非即古城矣。今州城周九里。

梁縣城，州西南四十五里。周邑，又嘗屬楚。國語：「惠王以梁與魯陽文子，文子辭曰：『梁險而在北境。』」是也。

戰國時謂之南梁，以別于大梁、少梁。亦謂之上梁。城渾曰：「鄭、魏之弱，楚以上梁應之。」亦謂之三梁。史記：「魏伐趙，趙與韓共擊魏，趙不利，戰于南梁。」又須賈說穰侯「梁惠王伐趙戰勝三梁」，即此。漢置梁縣，屬河南郡。後漢建武二年改封鄧禹爲梁侯。建安初曹操攻楊奉，拔其梁屯。晉屬襄城郡，後魏因之。太和二十三年齊將陳顯達攻魏馬圈諸城，魏主馳救，自洛陽南至梁城。孝昌中改屬汝北郡。隋屬伊州，尋屬襄城郡。唐武德四年杜伏威自丹陽遣兵助唐擊王世充，攻梁克之。貞觀初并入承休縣。○汝北城，在州城西南。魏收志：「孝昌二年置汝北郡，治陽仁城，領石臺等縣。天平初罷，武定初復置，治梁雀塢，五年移治楊志塢。」通典：「高齊置汝北郡，置兵于此以備周。」一名王塢城。

注城，在州西四十五里。故韓邑。史記：「魏文侯三十三年敗秦於注。」又趙孝成王元年田單攻韓注人，拔之。後訛爲治城。北魏時置治城縣于此，屬汝北郡，高齊廢。括地志「梁城在汝南，注城在汝北，隔水相對」云。

蠻城，在州西南。故戎蠻子國，亦曰鄤鄉城，亦曰蠻中聚，俗呼麻城，蠻與麻聲相近也。左傳昭十六年：「楚殺戎蠻子嘉，遂取蠻氏，既而復立其子。」哀四年：「楚單浮餘圍蠻氏，蠻氏潰。」東漢初祭遵獲山賊張滿於鄤聚，即此。

成安城，在州西。漢縣，屬潁川郡，武帝封韓千秋子延壽爲侯邑。東漢省。俗訛曰白泉城。○臨汝城，在州西六十里。唐先天初置縣，屬汝州。貞元八年移縣治石壕驛。五代時廢。宋建炎中翟興守西京，置鎮汝軍，劉豫因之。紹興六年岳飛遣將復鎮汝軍及河南長水縣，或曰即故臨汝城也。今爲臨汝鋪。又西北即彭婆鎮，入洛陽者必取道于此。

霍山，州東南二十里。春秋時有霍陽聚，蓋因山以名。杜佑曰：「漢于山下立霍陽縣，俗謂之張侯城。」或曰東漢初蠻中山賊張滿屯於此，故有是名。○鹿臺山，在州北二十里。有臺，狀如蹲鹿。又州東北二十里有風穴山。

魚齒山，在州東南五十里。左傳襄十八年：「楚伐鄭，次于魚陵，涉于魚齒之下。」杜預曰：「滍水經魚齒山下，故言涉也。」又湛水源于此，流入葉縣境。

空峒山，州西南六十里。唐盧貞云：「天下空峒有三，一在臨洮，一在安定，莊子稱黃帝問道空峒，游襄城，登具茨，訪大隗，皆與此山相接。」今山上有廣城廟，下有廣成城，漢廣城苑蓋亦因山以名也。又雲夢山，在州西南五十里。有水簾洞，相傳鬼谷子修道處。

鳴皐山，州西南六十里。亦曰狼皐山。汝水自山東流出峽，謂之汝阨。唐貞觀十四年作襄城宮于汝州西山，明年罷之。新志：「襄城宮亦曰清暑宮，在臨汝縣鳴皐山，南控汝水，睨廣成澤。」宋建炎二年翟進保西京，亂賊楊進剽掠汝、洛間，進擊敗之，追賊至此，爲賊所殺。進弟興復擊賊于鳴皐山北，遂殪之。

汝水，在州南五里。自魯山縣流入，合廣成澤水東南流而入郟縣界。後魏孝昌初汝水諸蠻據險爲亂，魯陽以南道路不通，詔元彧進討魯陽蠻，屯汝上。又永熙末魏主修以高歡犯洛，詔賀拔勝自荆州赴援，勝引軍軍汝水，即此處也。詳見大川。

廣成澤，在州西四十里。源出鳴皐山，合于汝水，一名黃陂，周圍百里，有灌溉之利，百姓賴之。舊有廣成聚，漢置廣成苑，東漢時往往校獵習射于此。安帝永初元年詔以廣成遊獵地假與貧民。靈帝初平元年置河南八關，廣成其一也。隋大業中置馬牧于廣成澤。歐陽忞曰：「廣成澤今爲廣潤河，蓋避朱梁諱」云。又有湯泉，在苑中。泉有九源，東南流注廣成澤。別有寒泉在其側，西流入于滍水，雖盛夏肅如冰谷。志云：梁縣西南六十里有温湯，可以熟米。一名皇女湯。後魏主修永熙二年狩于嵩高，遂幸温湯，即梁縣之温湯也。煬帝于此置温泉頓。唐儀鳳元年幸汝州温湯，後又屢幸焉。武后聖曆三年亦幸汝州温湯。又開元十年幸汝州廣成湯泉。金志「廢主亮正隆六年命環汝州百五十里内州縣商賈悉赴温湯買市，時將遊汝州湯泉」云。

西湖，州西八里。一名龍塘陂。其水四時不竭，溉田甚廣。○馬跑泉，在州東南。相傳光武經此，軍渴乏水，馬跑地得泉。寰宇記：「州西門外有洗耳河，源出登封縣之箕山，相傳許由洗耳處，南流入于汝河。」

榆關，在州境，戰國時楚之邊境。史記：「楚悼王三年歸榆關于鄭。」鄭即韓也。又十一年三晉伐楚，敗我大梁、榆關。大梁或曰即梁縣。

霍陽聚，在州東南二十里。左傳哀四年：「楚爲一昔之期，襲梁及霍，以圍蠻氏。」梁即故梁縣也。霍陽，杜預以爲山名。梁、霍皆蠻子之邑也。東漢建武二年祭遵攻新城蠻、柏華蠻，破霍陽聚，即春秋諸蠻部落矣。酈道元曰：「弘農有柏華聚。」新城見洛陽縣。後漢書作「厭新蠻」。

𦊆狐聚，在州西北三十里。史記：「秦昭王五十二年取九鼎寶器，遷西周公于𦊆狐。」𦊆憚同。徐廣曰：「𦊆狐聚在洛陽南一百五十里，梁、新城之間。」是也。又陽人聚，舊志：在梁縣西四十里。秦遷東周君于此。史記：「秦莊襄王元年滅東周，不絶其祀，以陽人地賜周君。」東漢初平二年孫堅討董卓，移兵梁東，爲卓將徐榮所敗，堅復收散卒進屯陽人是也。今有陽人故城。

沛公壘。在州東北大劉山南。漢高入關時駐此，世祖西征亦嘗駐焉，故山有大劉、小劉之稱。寰宇記：「大劉山在郟縣北三十里。」

魯山縣，州西南百二十里。南至南陽府南召縣百二十里。夏時劉累所遷之邑也。春秋時屬鄭，戰國時屬楚。漢爲魯陽縣，屬南陽郡，後漢及魏、晉因之。後魏太和十一年置魯陽鎮，十八年改爲荆州，尋改爲廣州。二十二年復改置魯陽郡，永安二年復置廣州。東魏武定中廣州移置于襄城縣。西魏得其地，仍置廣州，尋改曰魯州。隋初郡廢，大業初州廢，以魯縣屬襄城郡。唐初復置魯州，改縣曰魯山。貞觀初州廢，縣屬伊州，八年改屬汝州。今編户四十六里。

魯陽城，今縣治南。戰國時楚邑。史記：「魏武侯十六年伐楚，取魯陽。」漢置縣。後漢初平初關東諸將討董卓，袁術屯魯陽。既而孫堅與術合軍，二年堅敗卓兵至雒陽，還屯魯陽，自是常爲戰守處。後魏太和二十年廣州刺史薛法護降于齊，時州治魯陽也。二十三年魏主之喪自宛北還，太子恪至魯陽與喪會，乃即位。其後東、西魏相爭，魯陽尤爲重地。通典：「魯山縣東北十七里有魯城，即高齊所置，屯兵以備周處。」

犨城，縣東南五十里。春秋時楚邑。昭元年楚公子圍使伯州犁城犨。又史記：「沛公與秦南陽守莊齕戰于犨東。」漢置犨縣，屬南陽郡。建武初遣岑彭擊荆州羣賊，下犨、葉等十餘城。晉初爲犨縣，屬南陽國。後魏改爲翼陽縣，屬襄城郡。西魏爲雉陽縣，後周又置武山郡于此。隋初郡廢，開皇十八年改爲湛水縣，屬伊州。大業初復曰犨城縣，屬襄城郡。唐初廢。又河山城，在犨城東南。後魏太和二十一年置河山縣，屬魯陽郡，隋大業初省入犨城。寰宇記云：「今葉縣境之河山保是也。」

應城，在縣東三十里。古應國。左傳：「邘、晉、應、韓，武之穆也。」史記：「魏惠王六年與秦會應。」襄王十一年：「復與秦武王會于應。」又客謂周最以應爲秦王太后養地。秦昭王時范雎封于此，曰應侯。續漢志：「父城縣西南有應鄉。」後魏太和中置山北縣于此，屬魯陽郡。高齊時省。○繞角城，在縣東南。春秋時鄭地。左傳成六年：「楚伐鄭，晉救鄭，與楚師遇于繞角。」郡縣志魯山縣有繞角城。

平高城，在州西南十九里。杜佑曰：「宇文周築此以備齊，又置三鴉鎮爲戍守重地。」亦曰平臯城。城當三鴉之口，韋孝寬謂廣州義旅出自三鴉，指此城也。

汝南城，在縣東南。後魏永安初置汝南郡，治符壘縣，兼領汝南一縣。後齊廢郡，又以符壘縣并入汝南。隋仍曰汝南縣，屬伊州，隋末廢。○滍陽城，在縣東滍水之陽。或曰王世充所置。唐初置魯州，滍陽縣屬焉，貞觀初廢。又赤城，在縣東北三十里。或曰漢赤泉城也，高祖封楊喜爲赤泉侯，邑于此。志云：劉裕伐姚秦時築以屯兵。今爲赤城村。

魯山，在縣東北十八里。山高聳，迥出羣山，爲一邑巨鎮，縣以此名。一名露山。又彭山，在縣東南二十里。或曰以岑彭嘗屯兵于此而名。

堯山，在縣西四十里。夏孔甲時劉累遷魯，立堯祠於山上，因名。水經注「汝水東届堯山西嶺下，水流兩分，一水東逕堯山南爲滍水，一水東北出爲汝水」云。寰宇記：「堯山一名大陌山，一名大龍山，劉累以擾龍稱，故以名山。」

大盂山，在縣西南七十里，西接盧氏縣界。山頂並峞，四圍若城，俗呼爲大團城、小團城山。水經注：「汝水源出大盂山黄柏谷。」是也。○歇馬嶺，在縣西八十里。亦名孤山，波水所出。又西十里爲旲大嶺，沙河所出也。

汝水，在縣北。源出大盂山，東北流入伊陽縣界。春秋昭十九年「晉趙鞅、荀寅帥師城汝濱」，蓋是時滅陸渾而取其地也。

澧水，在縣南。源出堯山，東南流經廢犨城西，又東南入裕州葉縣界。唐天寶十五載南陽節度使魯炅立栅于澧水南以拒安禄山，禄山遣將武令珣攻之，炅兵潰走，即此處也。又鵶河，在縣西南。亦曰魯陽關水，自南召縣流入境，又東合于澧水。

沙河，在縣南五里。源出旲大嶺，東流至葉縣界合于澧水。縣南二十里有清水河，縣西三十里有當齊河，俱流入于沙河。

波水，在縣西。源出歇馬嶺，下流入于汝。周禮職方「浸波、溠」，馬融廣成頌「浸以波、溠」，杜預曰：「即此波水也。」

魯陽關。在縣西南九十里。與南陽府南召縣分界，一名鵶路鎮，自昔戍守要地也。今詳見南召縣。○歇馬嶺關，在縣西北九十里。路出盧氏縣界，有巡司戍守。

郟縣，州東南九十里。東至許州襄城縣六十里。春秋時鄭地，後爲楚邊邑。戰國屬韓，漢置郟縣，屬潁川郡。後漢省。魏復置，晉因之，改屬襄城郡。後魏改爲龍山縣，仍屬襄城郡。東魏爲順陽郡治。後周又嘗改置輔城郡。隋初郡廢，改龍山縣爲汝南縣，屬伊州。開皇十八年又改縣曰輔城，大業初復改郟城縣，屬襄城郡。唐屬汝州，宋屬許州，金還屬汝州。元初省入梁縣。後復置郟縣，仍屬汝州。今編户四十六里。

郟城，即今縣。故楚郟邑也。郟音夾。左傳昭元年：「楚公子圍使公子黑肱城郟。」又十九年：「令尹子瑕城郟。」是也。秦二世元年陳勝兵起，勝將鄧寵將兵居郟，章邯遣軍擊破之。漢置郟縣。自是常爲東西孔道。後魏太和十七年以縣有龍山，改置龍山縣。隋復爲郟城縣。唐建中四年李希烈叛，寇汝州陷之，哥舒曜以東都節度使進討，破希烈前鋒將陳利貞于郟城，進攻汝州，克之。志云：今城周十三里有奇，稱爲巖邑。

父城，在縣西四十里。春秋時楚邑，亦曰城父。杜預曰：「昭十九年楚費無極言于楚子『大城城父而寘太子以通北方』，即此城父也。故二十年無極譖楚子，建與伍奢將以方城之外叛。」史記「秦始皇二十二年李信破楚鄢郢，引軍而西，與蒙恬會城父，楚人隨而破之」，即此。漢置父城縣，屬潁川郡。光武攻父城不下，屯巾車鄉獲馮異處也。班固曰：「潁川有父城，沛郡有城父。」晉亦爲父城縣，屬襄城郡，後廢。司馬彪曰：「父城西南即巾車鄉。」

期城，在縣西南。本郟縣地，後魏置南陽縣於此，東魏兼置南陽郡。隋廢郡，開皇十八年改南陽縣曰期城，屬伊州。大業初廢入郟城縣。○賈復城，在縣東二十里。一名通鵶城，俗訛爲寡婦城。東漢初賈復擊郾，築城於此。

鳳翅山，縣西北四十里，以形似名。上有靈泉，澄渟不竭。又峨眉山，在縣西北三十里。峰巒綿亘，狀若列眉。縣北四十里又有扈陽山，扈澗水出焉。志云：峨眉、扈陽與鳳翅山參差連峙，爲縣之勝。又自縣而東南道多坦平，自縣而西北則山巖層疊，直接關、陝，天地之氣自此中分，形勢與成皋相似矣。

汝水，在縣東南十里。自汝州流入寶豐縣境，又東經縣界，又東南流入裕州葉縣界，縣境羣川悉流合焉。

滍澗水，在縣西十里。源出滍陽山，流入汝水。唐建中四年神策將劉德信等與李希烈將李克誠戰，敗于滍澗，即此。又長橋水，在縣東三十里，亦流入於汝。

漖水，在縣東南。水經注：「漖水源出魯陽縣北將孤山，東南流有柏水會之，下流入于汝水。」養水，在縣西南。亦自魯山縣流入縣境，或謂之沙水，下流入汝。續漢志襄城有養陰里。京相璠曰：「在郟縣西南。」或謂之沙城，以養水而名也。

摩陂，在縣南，汝水支流所匯也。後漢建安二十四年關羽圍曹仁于樊城，曹操自洛陽南救仁，駐軍摩陂。既而徐晃解樊圍，振旅還摩陂。曹魏太和六年如摩陂，明年有青龍見摩陂井中，魏主臨觀，紀元曰青龍，改摩陂爲龍陂。晉泰始四年吴主皓出東關，遣將入江夏侵襄陽，命司馬望統軍出龍陂爲二方聲援。唐于此置馬監，曰龍陂監。水經注：「摩陂縱廣可一十五里。」東關，見南直重險。

紀氏臺。在縣東北十餘里。續漢書：「世祖車駕西征，潁川盜賊羣起，郟縣賊延裒等攻縣令馮魴于縣舍，世祖東還，詣紀氏臺，羣賊自降，即此臺也。」○陽石寨，在縣西。宋紹興初李横敗劉豫兵于陽石，乘勝克汝州。或曰時劉豫置寨于此。

寶豐縣，州東南八十里。東南至裕州葉縣百一十里，西至魯山縣八十里。漢郟縣地，唐證聖初分郟城、魯山二縣地置武興縣，神龍初改爲中興縣，旋又改曰龍興，屬汝州。宋初因之，熙寧五年廢爲鎮。元祐初復故，宣和二年以縣有冶鑄場，改曰寶豐。金因之，元省入梁縣。成化十一年復置今縣，屬汝州。編户四十里。

寶豐城，在縣東。故縣治此，元廢。明朝復置縣，移于今治。又豢龍城，在今縣北。相傳豢龍氏劉累嘗居于此。金志寶豐縣有豢龍城，是也。

歇馬山，縣東南六十里。相傳漢高帝道出宛、洛，曾駐馬于此。又九里山，在縣東三十里，以延袤九里而名。○三堆山，在縣西三十里。又西五十里曰五垛山，以五峰相峙而名也。

青條嶺，在縣東。四面分水，其東南曰净腸河，流合滍水；又北爲馬渡河，又西爲綿封河，東北爲達老河；俱流合于沙河。

汝水，在縣南二里。自汝州流入境，又東入郟縣界。縣東有湖，闊二十里，即汝水所溢也，名曰楊家湖。志云：唐楊汝士居此，因名。

薛店。在縣東。奉天記：「唐建中四年討李希烈，官軍自汝州前進，至薛店爲賊所敗。」又縣東北有宋村。宋建炎四年牛皋邀敗金人于宋村，即此。

伊陽縣。州西五十里。西至河南府嵩縣九十里。周伊川地，漢爲陸渾縣地，唐、宋爲伊陽縣地，明初爲嵩縣地，成化十二年析嵩縣、汝州地置今縣，屬汝州。編户三十一里。

太和城，在縣西南。後魏時築。其後西魏得其地，置兵爲防禦之所。水經注：「汝水經太和城西，復經城北。」是也。

天息山，在縣西。水經：「汝水出天息山。」酈道元曰：「汝水出大盂山，非天息也。」今在縣西二十里。又九皐山，縣西北二十里。峰巖層峙，或以爲即鳴皐山之支麓。又甘泉山，縣北五里。上有泉，味甚甘，因名。

伊陽山，在縣西。岡隴綿亘，接嵩縣東之奉牛山。宋紹興二年河南鎮撫使翟興屯伊陽山，劉豫將遷汴，憚興，誘其下賊殺之。興子琮復守伊陽，三年乃奔襄陽。又山有伊陽臺，宋將李吉殪劉豫將梁進于此。

太和山，在縣西南。汝水經其下。山有太和谷，北魏置太和城，蓋以山名。又現山，在縣南二十里。志云：山有乾明寺，唐文皇嘗經此，喜其危峰獨現，因名。

銀葫盧山，在縣西南。宋紹定六年孟珙追金將武仙至此，大破之，仙逸去，降其衆七萬。又縣境有五重山，唐開元十五年稅伊陽五重山銀場，即此。

汝水，在縣南，自魯山縣流入境，又東入汝州界。志云：縣南八里有窄口，汝水所經也。又縣東十里有紫邏山口，相傳大禹所鑿，導汝水自東出云。

伊水，在縣西。自盧氏縣流經嵩縣南，東北出而經縣境，與嵩縣分界，又北流入洛陽縣境注于洛水。

上店鎮關。在縣西南三十里。縣境山谿錯雜，連屬深遠，自關而西南出鄧州之内鄉，北出盧氏，皆崎嶇曲折，歷險而達。今有巡司戍守。

附見

汝州衛。在州城内。洛陽中護衛，永樂六年爲伊府置，在河南府内，領左、右千户所二，嘉靖初廢。四十二年改置汝州衛，仍領千户所二。

校勘記

〔一〕後魏亦曰比陽縣　「後魏」，底本原作「後漢」，上文已云「後漢因之」，此不得再云「後漢」。職本、鄒本作「後魏」，是。今據改。

〔二〕置樂陵鎮於此　「此」，底本原作「比」，今據職本、鄒本改。

〔三〕東舞縣　隋志卷三〇淮安郡臨舞縣下作「東舞陽縣」，此脱「陽」字。

〔四〕唐初至開元十六年復割湖陽縣地置上馬縣　舊唐志卷三九、新唐志卷四〇均云宛州之廢在武德八年，非貞觀八年。又新、舊唐志及元和志卷二一記復置上馬縣在開元十三年，亦非十六年。

〔五〕唐貞觀三年縣廢　底本「貞觀」下原有「初」字，鄒本無，今據删。

〔六〕本漢之樂城縣屬南陽郡　「城」，漢志卷二八上作「成」。又「南陽郡」，底本原作「南鄉郡」，今據職本、鄒本及漢志改。

〔七〕此即西淅陽縣也　底本原脱「陽」字，今據職本及後魏志卷一〇六下補。

〔八〕丹水縣北有三户亭　「縣」，底本原作「經」，今據職本、鄒本改。

〔九〕又廢百寧縣入新野縣　「新」，底本原作「西」，今據職本改。

〔一〇〕封宦者鄭衆爲鄛鄉侯　「鄛鄉侯」，底本原作「曹侯」，今據職本及後漢書卷七八鄭衆傳改。

〔一一〕魏使公孫喜　底本原無「使」字，今據鄒本及史記卷五秦本紀補。

〔一二〕 徇昆陽定陵郾　「郾」，底本原作「堰」，今據職本、鄒本改。

〔一三〕 元帝永光五年　「永光」，底本原作「永元」。按元帝年號無「永元」者，漢書卷九元帝紀記周子南君爲周承休侯在永光五年，則此「永元」爲「永光」之訛，今據改。

陝西方輿紀要序

陝西據天下之上游，制天下之命者也。是故以陝西而發難，雖微必大，雖弱必强，雖不能爲天下雄，亦必浸淫横决，釀成天下之大禍。往者商以六百祀之祚而亡於百里之岐周，戰國以八千里之趙、魏、齊、楚、韓、燕而受命於千里之秦，此猶曰非一朝一夕之故也。若夫沛公起自徒步，入關而王漢中，乃遂收巴、蜀，定三秦，五年而成帝業。李唐入長安，舉秦、凉，遂執箠而笞鄭、夏矣。蓋陝西之在天下也，猶人之有頭項然，患在頭項，其勢必至於死，而或不死者，則必所患之非真患也。往者劉曜有關中，而敗亡於石勒；李茂貞、王行瑜有關中，而見役於朱温；李思齊、張思道有關中，而國師一臨，皆爲臣僕。夫劉曜固非石勒敵也，么麽如茂貞輩又豈知有天下之大略者哉？項羽率諸侯兵而入咸陽也，天下大勢已在掌握中，乃不用韓生之説，還都彭城，譬猶操戈而授人以柄。然猶慮關中之能爲天下患也，分土三降王欲以拒塞沛公。夫以三晉之强不足以當一秦，而三秦之弱，乃欲以當一漢，則羽之計亦左矣。劉裕之滅姚秦也，知王鎮惡之才而不用也，誠以鎮惡之才而資以關中之地，其勢必足以有爲。身爲篡弑之事，而授人以霸王之資，裕不若是愚也。故擕貳其權，隱授沈田子以殺鎮惡之計。鎮惡死，而關中束手而歸於赫連矣。裕固以爲寧失之赫連，不可以資鎮惡也。苻堅之用關中也，能亡燕而不能并晉也。宇文邕之用關中也，能滅齊吞梁而不能并陳也。隗囂用秦、隴及身而敗，赫連勃勃用關中再世而敗。張軌據凉傳祚六十餘年，趙元昊據夏享國且二百餘載。夫以區區之地，而能垂久若此者，豈非以天下之勢恒在西北，邊塞阻險，受敵一面，雖中才亦足以自保哉？隗囂既不能先收河西，又不能早圖三輔，事機已失，乃欲倔强自雄，宜其不振也。赫連勃勃非無縱横之才，而拓跋方强，凉、秦列峙，僅能拾取秦川，無暇越關、河而問苻、姚之舊轍矣。李唐一入長安，即并仁杲，平李軌，而後東向以争河、洛，亦懼秦、凉之掣其後也。諸葛武侯有言：「南方已定，事在中原。」夫以關中之地，豈不十倍於巴、蜀，武侯之賢，豈不知得關、隴十倍於保巴、蜀，而必先定南方者，蓋定南方然後可以固巴、蜀，固巴、蜀然後可以圖關中。武侯謹慎有餘，跋前疐後之舉，斷斷不敢出者也。夫重戰輕防，千古同戒，太宗之明，慮之必早矣。方苻秦之亡也，河西、隴右割裂紛紜，慮無不帝制自爲者，而卒不能越河、隴尺寸，何哉？夫亦地醜德齊，各有户牖之慮，連雞之羽，勢不能翺翔於雲霄之上耳。薛舉之東下高墌，志吞關中也，亦未嘗不以李軌爲患。唐畏薛舉之鋒，切切焉通好李軌以分薛舉之勢，使李軌能與薛舉戮力一心，雖太宗之英武，未必遂能得志於涇原也。是故李茂貞、王行瑜並峙於邠、岐而卒不能拒晉、汴之甲，李思齊、張思道連兵於鳳、慶而卒不能阻河中之師，豈惟勢分力弱，不足有爲，亦必貌爲比附，情寔參差也。夫以一隅之地，而彼此稱雄，互相觀望，此猶三秦降王之已事，有大力者出焉，未有不供其漁獵者也。嗚呼！蒲洪、姚萇之時可以用關中矣，而其人非也。諸葛武侯之才，足以用關中矣，而其時非也。張浚之時可以用關中，浚之識亦知關中爲可用，而其才非也。然吾觀自古以來，爲天下禍者，往往起於陝西。東漢當承平之際，而羌、胡搆亂於西垂，故良將勁卒盡在河、隴間。迨其末也，封豕長蛇，憑陵宫闕，遂成板蕩之禍。馬超、韓遂挾羌、胡之士而東，以曹操之用兵，幾覆於潼關，幸而超、遂亦兩相攜貳，智計不立，卒以解散耳。終魏之世，關、隴有事必舉國以争之，故以武侯、姜維之才智，而不獲一逞也。晉武帝既并天下，以關中勢在上游，爲作石函之制，非至親不使鎮焉。及元康之世，亂果始於關中。元魏之亂起於沃野、高平諸鎮而盛於蕭寶寅之徒，則亦關中爲厲階矣。女真入關中而宋室之中原遂不可復，蒙古入關中而金人之汴、蔡遂不可保。明初以北方爲慮，沿邊四鎮竭天下之力以供億之。及於輓季，獷夫悍卒奮臂而起，縱横蔓衍，以致中原鼎沸，宗社淪胥。此何爲者也？嗚呼，當創興之日，勢大力强，即有桀黠之徒，亦且弭耳俛首以就我之驅除；迨凌遲之際，庸夫牧豎忽然思逞，初視爲疥癬之憂，而卒有滔天之禍，雖時會使然哉，亦地勢形便爲之也。然則陝西之爲陝西，固天下安危所係也，可不畏哉？

讀史方輿紀要卷五十二

陝西一

禹貢曰：「黑水、西河惟雍州。」按黑水在雍州西北，西河在州東，此主冀州而言，故曰西河。周禮職方：「正西曰雍州。」應劭曰：「雍，壅也。四面有山，壅塞爲固也。」又爲西北之位，陽所不及，陰氣壅閼也。周都豐、鎬，則雍州爲王畿。東遷以後，乃爲秦地。孝公作爲咸陽，築冀闕，徙都之，謂之秦川，亦曰關中。按潘岳關中記：「東自函關，西至隴關，二關之間，謂之關中，東西千餘里。」三輔舊事云：「西以散關爲限，東以函谷爲界。」徐廣曰：「東函谷，南武關，西散關，北蕭關，秦地居四關之中，亦曰四塞。」其在天文，東井、輿鬼則秦分野，亦兼趙、魏之疆。按今榆林以北屬趙，同、華二州以東皆屬魏。而漢中在禹貢爲梁州之域，於春秋、戰國則楚地也。始皇并天下，置内史、上郡、北地、隴西暨漢中郡。項羽入秦，分其地爲雍、塞、翟三國，謂之三秦，而漢中則屬於漢。秦郡及三秦詳見首卷。漢有天下，都長安。武帝置十三州，以三輔屬司隸，而更置凉州，以地處西方，常寒凉也。其漢中則屬益州。後漢因之。建武初嘗以三輔置雍州，治京兆，旋罷。獻帝時復置雍州，并凉州屬焉。魏分河西爲凉州，隴右爲秦州，而司隸如故。蜀漢有漢中，置梁州治焉。二漢、三國，俱詳第二卷。晉改司隸爲雍州，而凉、秦、梁三州皆如故。及永嘉以後，劉、石、苻、姚相繼據之。時所置州郡紛紜難理，今見第三卷。劉裕滅姚秦，而其地旋没於夏，惟漢中之地常爲内境，以秦、梁二州並治焉。後魏置雍州及南秦、北秦等州，按雍州治長安。北秦州治上邽，今見鞏昌府秦州。南秦州治洛谷，見鞏昌府成縣。盡有雍州之地。迨西魏以及宇文周，則又南兼漢中矣。隋氏雖置司隸、刺史分部巡察，而不詳所統。餘州皆然。自南北朝至隋，俱見第四卷。唐貞觀中分天下爲十道，此爲關内、隴右道，而漢中屬於山南道。開元中又分爲京畿、關内、隴右及山南西道。以上詳見第五卷。唐末爲李茂貞及朱温所據，而漢中旋屬於王建。後唐同光中悉收復焉，應順初漢中又亡於孟蜀。唐末方鎮及五代十國俱見第六卷。宋初置陝西路，而於漢中置峽西路，〔一〕慶曆初改置鄜延、環慶、秦鳳、涇原四路，熙寧中又增置熙河路，既又分置永興路，凡六路。元豐六年改爲永興、秦鳳二路，而峽西亦析爲利州路。仍治興元，即今漢中府。金人得關中，亦置京兆、鄜延、慶原、熙秦等路。後又分熙秦爲鳳翔、臨洮二路，時漢中仍爲宋境。元置陝西等處行中書省於京兆，漢中亦屬焉。又置甘肅等處行中書省於甘州。元末李思齊、張思道等據其地，以上見七卷、八卷，後皆倣此。明初討平之。洪武九年置陝西等處承宣布政使司，領府八，屬州二十一，縣九十五，總爲里三千五百九十有七，夏秋二税大約一百九十二萬九千五十七石有奇。而衛所參列其間。今仍爲陝西布政使司。

西安府，屬州六，縣三十一。

長安縣，附郭。咸寧縣，附郭。咸陽縣，涇陽縣，興平縣，臨潼縣，渭南縣，藍田縣，鄠縣，盩厔縣，高陵縣，富平縣，三原縣，醴泉縣。

華州，屬縣二。

華陰縣，〔三〕蒲城縣。

商州，屬縣四。

商南縣，洛南縣，山陽縣，鎮安縣。

同州，屬縣五。

朝邑縣，郃陽縣，韓城縣，澄城縣，白水縣。

耀州，屬縣一。

同官縣。

乾州，屬縣二。

武功縣，永壽縣。

邠州，屬縣三。

淳化縣，三水縣，長武縣。

鳳翔府，屬州一，縣七。

鳳翔縣，附郭。岐山縣，寶雞縣，扶風縣，郿　縣，汧陽縣，麟遊縣。

隴州。

漢中府，屬州二，縣十四。

南鄭縣，附郭。褒城縣，城固縣，洋　縣，西鄉縣，鳳　縣。

寧羌州，屬縣二。

沔　縣，略陽縣。

興安州，屬縣六。

平利縣，石泉縣，洵陽縣，漢陰縣，白河縣，紫陽縣。

延安府，屬州三，縣十六。

膚施縣，附郭。安塞縣，甘泉縣，安定縣，保安縣，宜川縣，延川縣，延長縣，清澗縣。

鄜州，屬縣三。

洛川縣，中部縣，宜君縣。

綏德州，屬縣一。

米脂縣。

葭州，屬縣三。

吴堡縣，神木縣，府谷縣。

慶陽府，屬州一，縣四。

安化縣，附郭。合水縣，環縣。

寧州，屬縣一。

真寧縣。

平凉府，屬州三，縣七。

平凉縣，附郭。崇信縣，華亭縣，鎮原縣。

涇州，屬縣一。

靈臺縣。

静寧州，屬縣二。

莊浪縣，隆德縣。

固原州，衛所附見。

鞏昌府，屬州三，縣十四。

隴西縣，附郭。安定縣，會寧縣，通渭縣，〔三〕漳　縣，寧遠縣，伏羌縣，西和縣，成　縣。

秦州，屬縣三。

秦安縣，清水縣，禮　縣。

階州，屬縣一。

文　縣。

徽州，屬縣一。

兩當縣。

臨洮府，屬州二，縣三。

狄道縣，附郭。渭源縣。

蘭州，屬縣一。

金　縣。

河州，河州衛、歸德所附見。

洮州衛，

岷州衛，西固城所附見。
榆林衛，
寧夏衛，靈州、興武、韋州等所附見。
寧夏後衛，
寧夏中衛，
靖虜衛，
陝西行都指揮使司，屬衛七，屬所四。
甘州衛，附郭。
肅州衛，
山丹衛，
永昌衛，
涼州衛，
鎮番衛，
莊浪衛，三所附見。
西寧衛。碾伯所附見，羈縻司衛附見。

東瀕河，

黃河在榆林鎮東，又南經延安府東及西安府之東北，〔四〕與山西皆瀕河爲界。

南據漢水，

漢水在漢中府城南，東流過興安州北入湖廣界，陝西之境實逾漢水而南也。

西抵羌、戎，

肅州、西寧、洮州、岷州諸衛以西，皆古羌、戎地。

北届朔漠。

今榆林、寧夏、甘肅三鎮之地，皆以沙漠爲界。

其名山則有終南，秦嶺附。

終南山，在西安府南五十里，亘鳳翔、岐山、郿縣、三縣俱屬鳳翔府。武功、盩厔、鄠縣、長安、咸寧、藍田之境，皆謂之南山，禹貢謂之終南。雍州「終南、惇物」。詩謂之終南，亦謂之南山。秦風「終南何有」，小雅「南山有臺」及「節彼南山」之類，皆指終南也。詩傳：「周之名山曰終南。」左傳：「終南，九州之險也。」漢東方朔曰：「南山天下之阻也，南有江、淮，北有河、渭。其地從河、隴以東，商、洛以西，厥壤肥饒。」按漢書：東方朔曰：「南山出玉石金銀銅鐵良材，百工所取給，萬民所仰足也。又有秔稻梨栗，桑麻竹箭之饒，土宜薑芋，水多䵷魚，貧者得以人給家足，無饑寒之憂，故酆、鎬之間號爲土膏。」班固曰：「鄠、杜竹林，南山檀柘，號稱陸海。」其西都賦云：「表以太華、終南之山。」張衡西京賦曰：「終南、太一，隆崛崔崒。」按王氏應麟曰：「終南，南山之總名；太一，南山之別號。」據經傳皆以終南、太一爲一山，西京賦既並言之，則非一山矣。又潘岳西征賦曰：「面終南而背雲陽。」又云：「太乙巃嵸。」所謂太一，武功縣之太白山也。一統志：「太一山在終南西二十里。」悮。蓋終南脉起崑崙，尾銜嵩岳，鍾靈毓秀，宏麗瑰奇，作都邑之南屏，爲雍、梁之巨障，其中盤紆迴遠，深巖邃谷不可殫究。關中有事，終南其必争之險也。後漢建武二年，赤眉大掠長安，乃引而西，自南山轉掠城邑，入安定、北地。三國時漢、魏相持，必在南山褒、斜諸谷間。晉大興四年終南山崩，時劉曜竊據長安，説者曰：此曜亡之徵也。咸康三年侯子光聚衆杜南山，按南山在杜縣界中，故曰杜南山。僭稱帝，後趙將石廣擊斬之。地志曰「南山大谷凡六，六谷或曰子午、儻駱、褒斜南北分列，此六谷也。詳見漢中府子午等道。出奇步險，則南達漢中，東通襄、鄧，故後秦姚萇拜郝奴爲六谷大都督，使備南山之險」云。義熙十三年劉裕伐秦，使沈田子等入武關，恐田子衆少不敵，遣沈林子將兵自華陽循南山趨秦嶺往助之。宋元嘉二十二年魏盧水胡蓋吴作亂於渭北，民皆渡渭奔南山。明年魏發兵屯南山諸谷，以備蓋吴竄逸。隋大業末李淵入關，南山羣盗皆起兵應之。武德七年校獵於鄠之南山，遂幸終南。廣德初吐蕃入長安，亡軍叛卒，鄉曲無賴，多乘亂爲盗，吐蕃去猶竄伏南山五谷中，五谷見下元和志。乃設南山五谷防禦使討之。永泰二年京兆尹黎幹自南山引澗水穿漕渠入長安，不就。興元初李懷光叛附朱泚，車駕自奉天幸梁州，懷光遣將孟保等將精騎趣南山邀車駕，保逗遛不前，至盩厔而還，於是百官從行者皆得達行在。廣明以後長安多故，車駕往往入南山趣興元。五代梁開平三年，遣楊師厚擊叛將劉知俊，至華州，長安已爲岐守，按是時劉知俊以同州附李茂貞，復取長安，請兵於岐。師厚因以奇兵並南山疾驅而進，自長安西門入，遂克之。按長安西面三門，惟延平門最近南山。宋失中原，以南山與金人分界。其後蒙古突入山南，而宋與金人之患俱急矣。唐十道志：「西京南據終南，一行以天下山河之象，存乎兩戒，而終南分地絡之陰陽。」一行，唐貞觀時僧。山河兩戒說見舊唐書。柳宗元曰：「據天之中，在都之南；按晉潘岳關中記云：「終南一名中南。」言在天下之中，居都之南也。西至於褒、斜，又西至於隴首，以臨於戎；東至於商顏，按顏師古漢書註：「商顏者，商山之顏，譬人之顏額也。」又東至於太華，以距於關。關謂潼關。其物産之厚，器用之出，則璆琳琅玕，夏書載焉；紀堂條梅，按詩注：紀，山之廉角也；堂，山之寬平處；條，山楸也，材宜爲車版；梅亦材之美者。秦風詠焉。」元和志：「南山西接岐州，東抵陝、虢，其谷之大者有五，曰子午谷、斜谷、駱谷、藍田谷、衡嶺谷也。」按衡嶺亦作横嶺，見藍田縣。五谷之外，又有午心谷，見華陰縣。其谷北接華山，南通商洛，或與子午五谷爲六谷。其谷之小者約以百計，宋宣和六年种師道致仕，居南山豹林谷，是其類也。南山深遠，自昔常爲用兵之地。宋敏求曰：按敏求宋人，撰長安志。「終南橫亘關中南面，西起秦、隴，東徹藍田，相距且八百里。昔人言山之大者，太行而外，莫如終南。」胡三省曰：「關中有南山、北山，自甘泉連延至嵯峨、九嵕爲北山，自終南、太白連延至商嶺爲南山也。」按唐時京師每多水患，蓋諸山之水暴溢所致。羅洪先曰：「關中雖稱四塞，然南山東西通接商、洛、汝、鄧、漢、鳳、褒、沔，山深谷密，縈紆盤互，無慮數千里。內多巖洞窟穴，盜賊往往逋逃其中，潛通聲問，不啻萌蘖，故易稱『豶豕牿牛，渙丘解拇』，稱名取類，義宏遠矣。」嗚呼！羅氏之言豈意爲後來流賊之讖哉？按羅氏有廣輿圖傳於世。又史記：「秦嶺天下之大阻也。」按通釋：「秦嶺在商州西八十里。」一統志云：「秦嶺在西安府藍田縣東南。」恐未可據。西京記云：「長安正南山名秦嶺，東起商、洛，西盡汧、隴，東西八百里。」嶺根水北流入渭，號爲「八百秦川」。王應麟曰：「秦嶺北爲秦山，南爲漢山，周六百二十里。」舊記皆云南山深處高而長大者曰秦嶺，然而終南、秦嶺本一山矣。按括地志：「終南山一名南山，一名橘山，一名楚山，一名泰山，一名周南山，一名地肺山。」是亦以終南爲秦山也。六典云：「隴右道名山曰秦嶺。」或以爲今鳳翔府之岍山。

泰華，少華山附。

泰華山，在西安府華州華陰縣南十里，即西嶽也。舜典：「八月西巡狩，至于西嶽。」禹貢「導河至于華陰」，即華山之北矣。周禮職方：「豫州，其山鎮曰華山。」山海經：「太華之山，削成而四方，高五千仞，廣十里，遠而望之若華然，故曰華山。」按白虎通：「西方華山，少陽用事，萬物生華也。」爾雅云「西南之美者有華山之金石」云。漢成帝元延二年幸河東，陟西嶽而歸。後漢初平四年華山崩裂，灾異志云：「漢亡之徵也。」水經注：「華嶽有三峰，按勝覽云：華岳三峰，芙蓉、明星、玉女是也。直上數千仞，基廣而峰峻，疊秀迄於嶺表，有如削成。山頂有二泉，東曰太丘泉，西曰蒲池。東西分流，掛溜騰虚，直瀉山下。」今其山盤迴峻挺，翼帶河濱，控臨關險，壯都邑之形勝，扼雍、豫之襟喉。秦中險塞，甲於天下，豈不以踐華爲城，因河爲池，山川之雄，泰華裒然稱首哉？唐武德二年大獵於華山，按唐史，是年祀華山，明年復祀焉。上元初復較獵於華山曲武原。原在山下。天寶九載羣臣請封西嶽，不果。按是年將封華山，命鑿華山路，設壇場，既而以關中旱，不果。六典：「關内道名山曰泰華。」考唐玄宗華岳銘有曰：「雄峰峻削，菡萏森爽，是曰靈岳，衆山之長。偉哉此鎮，崢嶸中土，高標赫日，半壁飛雨。」又題名記：自開元迄後唐之清泰，登華岳者凡五百四十有二人。其峰巒洞谷，參差錯列，而峰之最著者爲蓮花諸峰，按華嶽志：「嶽頂中峰曰蓮華峰，東峰曰仙人掌，西峰曰巨靈足。」世傳華山初與蒲州首陽山爲一山，河神巨靈劈分爲兩，以通河流，掌迹猶存，故張衡西京賦云：「綴以二華，巨靈贔屭，高掌遠蹠，以流河曲。」曹植述征賦亦云「表神掌於岩谷」也。唐王涯爲之辨曰：「華嶽首峰有五崖，比斲破巖而列，自下遠而望之，偶爲掌形耳。謂是巨靈之迹，不亦誕哉？」又華山南峰曰落鴈峰，其相近者曰黑龍潭、仰天坪。西北曰毛女峰，東北曰雲臺峰。其與雲臺相近者曰公主峰，相傳漢南陽公主避王莽亂，入山得仙處也。洞之最著者爲碧雲諸洞，按華嶽志：「岳頂而東爲碧雲洞，下爲碧雲溪，稍西有王刁洞，昔仙人王遥與刁自然所居也。岳頂之東南曰老君洞，旁爲焦公岩。岳頂之北則爲仙人洞、水簾洞。其近毛女峰者道書以爲太極總仙洞也。」谷之最著者爲牛心諸谷。牛心谷，見前終南山五谷注。按華岳志：「碧雲洞旁有黄神谷、牛心谷。其相近爲藏馬谷，相傳谷有神馬藏焉，漢武求仙時馬自谷中出也。又有文仙谷，爲仙人賈君所居。迤西曰車箱谷。又有霧谷、後漢張超居此，宋陳摶命弟子鑿張超谷中石室是也。又西曰仙谷，一名石羊城。俗訛爲黄初平叱石成羊處。又西南曰桃谷、甕谷、竹谷、大敷谷，又西南則華陽藪也。」登華嶽之巔，俯視雲烟皆出其下，帝座微茫，彷彿可通也。按郭緣生述征記：「從山麓至山頂，升降紆迴凡三十三里，有天井、青柯坪、百丈崖。夾嶺以上至屈嶺爲絶頂處，道皆奇險。而夾嶺兩箱懸巖數百仞，路廣裁三尺餘，世亦謂此爲搦嶺也。」又少華山，在華州南十里，東去太華八十里。按張衡賦「綴以二華」，即太華、少華也。峰勢相連，視華山差小，故曰少華。其峰之名者曰少華諸峰，按華嶽志：「少華山正峰曰少華峰，峰之東曰獨秀峰，亦曰玉女峰，其下即敷水峪也。」谷之名者曰白石諸峪。華嶽志：「少華峰西有白石峪、潭峪、水峪，皆深廣。白石峪之西爲鄭南峰，華州本春秋時鄭始封地也。」志云：以後周所移鄭縣而名。又西則石隄峪也。華山層巖複嶺，與終南相環帶，信爲天設之險矣。

隴坻，隴關附。

隴坻即隴山，亦曰隴坂，亦曰隴首，在鳳翔府隴州西北六十里，鞏昌府秦州清水縣東五十里。山高而長，北連沙漠，南帶汧、渭，關中四塞，此爲西面之險。戰國策：范睢曰：「秦右隴、蜀。」按漢初張良亦云「關中右隴、蜀」，蓋以隴坂險阻與蜀道並稱也。又西京賦云：右有隴坻之隘。漢書：元鼎五年，自雍踰隴西，登崆峒。」王莽之篡也，命其右關將王福曰：「汧、隴之阻，西當戎狄。」後漢建武二年，赤眉引兵欲西上隴，時隗囂據天水，遣將楊廣迎擊，破之。六年遣耿弇、蓋延等七將軍從隴道伐蜀。隗囂懼，遂發兵反，使王元據隴坻，伐木塞道。諸將與囂戰，大敗，各引兵下隴。八年來歙襲取略陽。見秦州秦安縣。囂使王元拒隴坻，行巡守番須口，見隴州。王孟塞雞頭道，見平凉府扞頭山。牛邯軍瓦亭，見秦安縣。以上數處皆隴道要口也。囂悉衆圍略陽，不克。帝尋部分諸將數道上隴，略陽圍解。永和五年於扶風、漢陽築隴道塢三百所，置屯兵以備羌亂。既而羌入武都，燒隴關。隴關即大震關。永初以後，羣羌擾亂，屢斷隴道，窺三輔。三秦記：天水郡有大坂曰隴坻，其坂九迴，不知高幾許，欲上者七日乃得越，〔五〕故論都賦曰：「置列汧、隴，廱偃西戎。」西京賦亦云：「隴坻之隘，隔閡華戎。」言其高且險也。郭仲產秦州記：「隴山東西百八十里，登山巔東望秦川，四五百里，極目泯然。山東人行役，升此而顧瞻者莫不悲思。俗歌曰：「隴頭流水，鳴聲嗚咽，遥望秦川，肝腸斷絶。」又云：「隴頭流水，分離四下，念我行役，飄然曠野，登高遠望，涕零雙墮。」又張衡四愁詩曰：「吾所思兮在漢陽，欲往從之隴坂長。」度汧、隴，無蠶桑，八月乃麥，五月乃凍解。」說文：「登隴山，東望秦川，墟舍桑梓，與雲霞一色，高處可容百餘家，下處容十萬户。上有懸溜，吐於山中，匯爲澄潭，名萬石潨，流溢散下，皆注於渭。」〔六〕又有小隴山，志云：在隴州北。王氏曰：「在清水縣。」巖障舊志以大隴爲隴首，小隴爲隴坻。胡氏曰：「小隴山在隴州廢南繇縣西北。」非也，即今州西八十里之關山矣。高深，不通軌轍，亦曰分水嶺。自曹魏以後，秦、雍多故，未嘗不以隴坻爲要害。晉義熙八年，姚興分遣諸軍擊楊盛於仇池，興自雍赴之，與諸將會於隴口。即隴關之口。後魏正光五年，秦州賊莫折念生等作亂，李苗言：「隴賊猖狂，利於疾戰。如今隴東不守，汧軍敗散，時元志將兵軍汧。則兩秦遂强，謂秦州及南秦州也，見上沿革。時南秦州民張長命等亦據城應賊，故云兩秦。三輔危弱，國之右臂，於斯廢矣。」未幾念生遣其弟天生將兵下隴，與元志戰於隴口，志敗保岐州，賊勢遂熾。明年崔延伯破天生於黑水，見盩厔縣。追奔至小隴，岐、雍、隴東皆平。會將士稽留採掠，天生遂塞隴道，由是諸軍不得進。孝昌二年念生以秦州降，蕭寶寅使元修義西進，修義停車隴口，久不前。念生遂復叛。隋義寧初李世民破薛仁杲於扶風，追奔至隴坻。唐貞觀二十年，車駕逾隴山，幸靈州，撫定勅勒諸部。六典：「隴右道名山曰隴坻。」里道記：「隴山有新、故兩關：故關，大震關也；在隴州西七十里。舊志云：在清水縣東五十里。新關，安夷關也。」在隴州西四十里。先是武德五年突厥入原州，陷大震關。至德初安禄山遣其將高嵩以勅書繒綵誘河、隴將士，大震關使郭英乂擊斬之。廣德元年吐蕃入大震關，盡陷河西、隴右地。大曆三年鳳翔帥李晟出大震關，破吐蕃於臨洮。大中六年隴州防禦使薛逵奉詔移築故關，上言：「汧源西境切在故關，昔有隄防，殊無制置，僻在重岡之上，苟務高深；今移要會之中，實堪控扼。舊絶井泉，遠汲河流；今臨水挾山，當川限谷，危墻深塹，克揚營壘之勢。乞改爲安戎關。」一作「定戎」，今日安夷。從之。由是以大震爲故關，而安戎爲新關。天復二年李茂貞劫駕幸鳳翔，朱全忠討之，進軍鳳翔城下。遣將孔勍出大散，自鳳州西取成州，九域志：「鳳州西至成州二百七十里。」又北取隴州，又西至秦州，九域志：「成州北至隴州二百五十里，隴州西至秦州亦二百五十里。」不克，乃自故關引還。五代梁貞明二年，蜀將王宗播自秦州出故關，攻隴州，尋引歸。六年蜀將王宗儔等伐岐，出故關，壁於咸宜，入良原，咸宜見隴州，良原見涇州靈臺縣。復攻隴州，不克。漢乾祐初王景崇以鳳翔叛附蜀，蜀將韓保貞赴援，出新關，軍於隴州。宋建炎四年張浚敗績於富平，金人遂踰隴關取秦、鞏諸州。紹興十年楊政自鞏州入隴關，拔隴州，取岐州諸屯。明初徐達克隴州，逾隴關，秦州、鞏昌遂下。紀勝云：「大震關西漢時置。」地道記所稱「漢置隴關，西當戎翟」者也。世傳漢武帝登隴經此，遇雷震而名。俗歌曰：「震關遥望，秦川如帶。」隴關之名，大震舊矣。」宇文周天和中避諱改關曰大寧，亦曰隴山關，隋、唐復爲大震關。唐薛逵改築新關於隴山上，西去故關三十里。控扼要道，與故關並爲戍守處。秦、雍喉嗌，隴關當之矣。今大震關曰故關，安彝關曰新關。有故關大寨巡司，兩關俱屬焉。

龍門，

龍門山，在西安府同州韓城縣東北八十里，山西河津縣西北三十里。夾河爲險，古稱津要，禹貢：「浮於龍門、西河。」又曰：「導河積石，至于龍門。」亦謂之孟門。戰國策：吳起曰：「殷紂之國，左孟門。」蓋指龍門也。今山西吉州有孟門山，志以爲即龍門之上口。竹書：「晉昭公元年河水赤於龍門。」大事記：「周威烈三十三年，晉河岸傾，壅龍門至於底柱。」呂氏春秋：「龍門未闢，呂梁未鑿，河出孟門之上。」漢紀：「成帝元延二年，遊龍門。」今懸巖峻壁，夾河並峙，河經其中，驚濤激浪，震動巖谷，相傳大禹所鑿也。史記自叙：「遷生於龍門。」魏土地記：「龍門山，大禹所鑿，通孟津，河口廣八十里，岩深，鐫迹尚存。」三都記：「龍門外懸泉，而兩旁有山，水陸不通，魚鼈莫上，故江河大魚有暴腮龍門之困。」水經注：「河水出龍門，以兩山夾河而名。」晉太元二十一年，後秦姚興攻河東，故西燕所署河東太守柳恭等臨河拒守，興兵不得濟，汾陰薛疆引秦兵自龍門濟，遂入蒲坂，恭等皆降。後魏太和二十一年魏主宏自代北南還，至龍門，謂今河津縣。遣使祀大禹，尋置龍門鎮於此。舊志：龍門鎮西對夏陽之龍門山。蓋置於河東岸也。孝昌二年以薛修義爲龍門鎮將。永熙末高歡破潼關，屯華陰，龍門都督薛崇禮以城降歡。宇文周太和五年，齊將斛律光侵汾北，圍定陽，今山西吉州。築十三城，拓地五百里；宇文憲督諸將自龍門渡河，光退保華谷，華谷城，見山西稷山縣。憲攻拔其新築五城。隋大業十三年李淵起義師，至龍門，亦謂河津縣。任瓌請從梁山渡河徑指韓城，淵從之。括地志：「龍門之南即梁山，故龍門亦兼梁山之稱。」時唐兵蓋自龍門渡也。梁山，今亦見韓城縣。唐武德二年李世民討劉武周，自龍門乘冰堅渡河屯柏壁。見山西絳州。七年，治中雲得臣自龍門引河，溉田六千餘頃。通典：「韓城東北有龍門城，極險峻。」又有龍門關，蓋周、齊時攻守處。其地兩峰壁立，大河經此，扼束而出，南北蓋百餘里，關之下即禹門渡矣。

橋山，

橋山即子午山，亦曰子午嶺，在慶陽府合水縣東五十里。山綿亘深遠，其在延安府保安縣東六十里者亦曰艾蒿嶺，以嶺多艾蒿也。又葭州南六十里有艾蒿坪，亦為橋山東麓。其在鄜州中部縣治北者則曰橋山，以沮水穿山而過山若橋然也。相傳黃帝葬衣冠於此。史記：「黃帝葬橋山。漢元封初北巡朔方，還祭黃帝冢於橋山，釋兵須如。」須，一作「涼」。地志以為山南地名。即此。其在今榆林衛西南境者則曰橋門。後漢靈帝初段熲討東羌先零等，破之於高平逢義山，見平涼府鎮原縣。追羌出橋門。水經注：「橋山有長城門，故謂之橋門。」一名青嶺門，後唐長興四年李彝超以夏州拒命，遣軍討之，彝超使其兄阿羅出守青嶺門以拒官軍。薛居正曰：「自慶州而東北過奢延澤，至夏州青嶺門，即古長城門也。」寰宇記：「橋山南連耀州，北抵鹽州，東接延州，綿亘八百餘里。」蓋邠、寧、環、慶、延、綏、鄜、坊諸郡邑，皆在橋山之麓，宋人所稱橫山之險，亦即橋山北垂矣。又沮水出橋山，合於洛水，東西羣川皆會流於山下，俗亦謂其地爲川東、川西。

嶓冢，

嶓冢山，在漢中府寧羌州東北四十二里，禹貢「嶓冢導漾」是也。山海經以爲鮒嵎山。水經注：「沔水出武都沮縣東狼谷中。」沮縣，今略陽縣，狼谷蓋即嶓冢之谷。狼谷即嶓冢之異名矣。薛氏曰：「隴東之山皆嶓冢也。」唐六典：「山南道名山曰嶓冢。」又秦州西南七十里有嶓冢山，則西漢水所出。

西傾，

西傾山，在洮州衞西南二百五十里，禹貢「西傾因桓是來」寰宇記：「桓水自吐谷渾界流入洮州境。」是也。一名嵹臺山，又爲彊山，亦曰西彊山，或謂之馬寒山。劉宋景平中吐谷渾王阿豺升西彊山觀墊江源，即此山也。沙州記：「洮水與墊江水俱出漒臺山，嵹與漒通。山南即墊江源，山東則洮水源也。」墊江水即階、文之白水。郭景純曰：「自西傾山東南流入漢而至墊江，故段國以爲墊江水蓋即禹貢之桓水。」隋大業三年裴矩撰西域圖記，從西傾以去縱橫所亘將二萬里，蓋以西傾爲内外之界也。唐六典：「隴右道名山曰西傾。」今臨洮府西南百五十里有西傾山，鞏昌府漳縣西北八十里亦有西傾山，皆非禹貢之西傾也。

積石，

積石山，在西寧衛西南百七十里，禹貢「導河自積石」是也。水經注：河逕積石而爲中國河。成公子安大河賦曰：「潛崑崙之峻極，出積石之嵯峨。」俗謂之大積石山。又河州衛西北七十里有積石山，兩山如削，黄河中流，西臨蕃界，俗謂之小積石山。一名唐述山。後漢延禧三年，西羌餘衆復與燒何大豪寇張掖，校尉段熲擊之。羌引退，熲追之，且鬬且行，積四十餘日遂至積石山，出塞二千餘里，蓋自張掖而南，轉戰至積石，道路紆回，遂至於此。斬燒何大帥，降其餘衆而還。隋大業三年平吐谷渾，命劉權戍河湟郡積石鎮，大開屯田，捍禦吐谷渾，以通西域之路。唐貞觀八年遣李靖等攻吐谷渾，靖督諸軍經積石山河源至且末，且末見甘肅塞外曲先衛。窮其西境。蓋積石控據河津，實爲西面之險。唐六典：「積石，隴右道之名山也。」

賀蘭，

賀蘭山，在寧夏衛西六十里。其山盤踞數百里，上多青白草，遥望如駿馬，北人呼駿馬爲賀蘭也。山多果實，又産鉛，丹崖翠壁，巍然隆峻。唐建中二年，吐蕃請靈州之西，以賀蘭山爲界，許之。五代唐長興三年，夏州帥康福奏：黨項入寇，擊敗之，追至賀蘭山。宋景祐以後，趙元昊據有其地，建宮於賀蘭山東，今宮垣遺址尚存。慶曆四年，契丹主宗真親帥騎兵十萬，濟河入夏，遣將蕭惠與元昊戰於賀蘭山北，敗之。又皇祐初契丹伐夏，獲夏王諒祚之母於賀蘭山以歸。今賀蘭屹峙寧夏西北，實爲屏障。正統以後北人入套中西犯甘、涼，多取道於山後，甚且闌入山南，視爲通途。弘治二年督臣王越襲擊於賀蘭山後，敗之。嘉靖三年亦不剌駐牧賀蘭山後，出没擾邊。議者以打磑口、赤水墩諸處可以垜截，若設瞭望於山外，而於山南絡繹布置，防其衝突，庶寧夏完固，而河西之患亦寡矣。祁連。

祁連山，在甘州衛西南百里。山甚高廣，本名天山，匈奴呼天爲祁連也。漢元狩元年，霍去病出隴西擊匈奴至祁連，斬首三萬二百級。西河舊事：「祁連山在張掖、酒泉二郡界，産松柏五木，美水茂草。山中冬温夏冷，宜牧放，牛羊充肥，乳酪美好。」故匈奴歌曰：「奪我祁連山，使我六畜不蕃息。」是也。今自張掖以西，其大山多以祁連名。

其大川則有大河，

大河自西域入西寧衛及河州之境，遶蘭州而北，經靖遠、寧夏及榆林之境乃折而南，出龍門，抵華陰，復折而東，周匝三垂，皆大河也。禹貢曰：「浮于積石，至于龍門西河，會于渭汭。又曰：導河積石，至于龍門，南至于華陰。禹迹至今未改矣。又龍門以南，河山之會，秦、晉之郊也。春秋時其地屬晉，故其力足以拒秦。魯僖公九年，秦穆公援立夷吾，夷吾請割晉之河西八城與秦；左傳作「賂秦伯以河外列城五」，此從秦紀。背約不與，十五年戰於韓，獲晉君以歸；夷吾獻河西地，既而晉復取之。戰國初魏使吳起守西河，秦兵不敢東向。武侯嘗浮西河而下，所謂「美哉山河之固」者也。方是時魏築長城，自鄭濱洛以北，鄭即今華州。有上郡。其後秦數出兵攻魏，魏日以削。秦惠王六年魏始納陰晉，即今華陰縣。八年魏納河西地，孔氏曰：「同、丹二州之地也。」丹州，今延安府宜川縣。十年魏納上郡十五縣，今延安以北地。而河西之地盡入於秦。戰國策：繆留謂韓王：「魏兩用犀首、張儀，而西河之外亡。」是也。呂氏曰：「秦孝公用商鞅取河西地，其盡得河西則犀首、張儀之力也。」呂氏春秋：「吳起去西河而泣曰：『君誠知我而使我畢能，秦必可亡，而西河可以王。今君聽讒人之議而不知我，西河之爲秦也不久矣。』吳起果去魏入荆，而西河畢入秦，魏日以削，秦日益大。」秦紀：「穆公時嘗得河西地，而晉復取之，故孝公元年下令曰：『三晉攻奪我河西地。』於是出兵東圍陝城。」十年東地渡洛，此即謂北之洛川，所謂自鄭濱洛者也。賈生過秦所云「商君佐之，拱手而取西河之外」者也。自秦、晉以後，爭於關、河之交者，其盛衰强弱，無不以是爲判。又大河在關中，饋運所資也。春秋僖十三年：「秦輸粟於晉，自雍及絳相繼，命之曰汎舟之役。」孔穎達曰：「秦都雍，雍臨渭。晉都絳，絳臨汾。繇渭入河，又繇河以泝汾也。」漢歲漕關東粟以給中都官，多至六百萬石，大率取於關東諸郡，從河入渭。隋、唐都長安，皆泝河爲運。而河有三門底柱之險，見河南名山底柱。水流湍悍，輸輓爲勞。隋開皇三年以長安倉廩尚虛，詔西自蒲、陜，東至衞、汴，水次十三州，募丁運米，十三州，華、陜、穀、洛、管、汴、汾、晉、蒲、絳、懷、衞、相是也。於衞州置黎陽倉，陜州置常平倉，華州置廣通倉，轉相灌輸，漕關東及汾、晉之粟以給長安。唐大曆中劉晏爲轉運使，以江、汴、河、渭水力不同，各隨便宜，緣水置倉，轉相受給，江船不入汴，汴船不入河，河船不入渭；江船之運積河陰，今河南河陰縣。河船之運積渭口，渭船之運入太倉，歲輸粟百餘萬，無升斗溺者。宋以陜西用兵，歐陽修謂宜按唐裴耀卿之迹，不憚十餘里陸運之勞，裴耀卿置倉三門東西，亦見河南名山底柱。則河漕通而物可致，且紓陜西之困。明天順中延、綏多故，楊鼎請循河通餉；且議摘漕糧數千石赴陜，謂河南陜州。就令教習山、陜、河南之人，待舟楫通後乃許回運；且可順攜解鹽數十萬以充淮課，則國利大有益。鄭曉曰：「河自蒲州北至龍門，兩岸平廣可渡者百餘里，此誠關中之襟要，而華陰渭口又運道之喉嗌也。」今詳見川瀆異同。

漢水，西漢水附見。

漢水有二。一曰西漢水，源出鞏昌府秦州西南九十里嶓冢山，西南流經西和縣北，又南至成縣西接階州東北境，復折而東南，經成縣南流入略陽縣西謂之犀牛江，又南流經寧羌州東而合於嘉陵江，此即嘉陵江之上流，非禹貢所稱漢水也。嘉陵江見四川大川。其自寧羌州嶓冢山東流，經沔縣及褒城縣南，又東南經漢中府南，又東經成固縣及洋縣之南，西鄉縣之北，又東經石泉縣南，乃折而南經漢陰縣、紫陽縣之西，復折而東出興安州之北，又東經洵陽縣南，白河縣北而入湖廣鄖陽府界者，此即禹貢所云「嶓冢導漾，東流爲漢」之漢水也，俗亦謂之東漢水。詳見川瀆異同。

渭水，

渭水出臨洮府渭源縣西二十五里之南谷山，流經鳥鼠山下，在渭源縣西二十里。過縣北，東流經鞏昌府北及通渭縣、寧遠縣、伏羌縣之北，又流經秦安縣南、秦州之北，至州東南清水縣西，又東南流經山谷中，入鳳翔府隴州南界，又經寶雞縣南，而汧水自北入焉；汧水出隴州汧山，歷汧陽縣，至寶雞縣東三十里入於渭。又東經岐山縣及扶風縣南，又東經郿縣北，而斜水自南入焉；又東流入西安府乾州武功縣南，又東經盩厔縣北、興平縣南，又東經鄠縣北、咸陽縣南，而灃、鎬二水自南入焉；詳見西安府。又東過西安府城北，而霸、滻二水亦自南入焉；亦詳見西安府。又東歷臨潼縣北、高陵縣南，而涇水自北入焉；又東歷渭南縣北及華州之北，又東歷同州朝邑縣南，而漆、沮二水亦自北入焉；又東至華陰縣北而入於河。禹貢：「導渭自鳥鼠同穴，東會於灃，又東會於涇，又東過漆、沮入于河。」漢志：「渭水出鳥鼠同穴山，東至船司空見華陰縣。入河，過郡四，謂天水、扶風、京兆、馮翊。行千八百七十里。」漢漕渠所經也。元光六年鄭當時言：「異時關東漕粟從渭上，度六月罷，而渭水道九百餘里，時有難處。引渭穿渠起長安，旁南山下，至河三百餘里，徑易漕，度可令三月罷；渠下民田萬餘頃又可得以溉。此損漕省卒，而益肥關中之地，得穀。」上以爲然，令水工徐伯穿漕渠，渠成，水大便利，民得以溉。淮南子：「渭水多力，宜黍。」杜篤論都賦：「洪渭之流，徑入於河，大船萬石，轉漕相過。」是也。建安十六年，曹操擊馬超、韓遂，自蒲阪渡西河，循河爲甬道而南。超等自潼關退拒渭口。操多設疑兵，潛以舟載兵入渭，爲浮橋，夜分兵結營於渭南。既而進軍悉渡渭，與超等戰，大破之。晉義熙十三年，劉裕伐姚秦，王鎮惡等至潼關，請帥水軍自河入渭，徑趣長安。後魏太和二十一年，自長安還洛陽，汎渭入河。隋開皇元年，詔郭衍開漕渠，引渭水經大興城北，東至潼關，漕運四百餘里，關中賴之，名富人渠。四年又以渭水多沙，深淺不常，漕者苦之，詔宇文愷鑿渠引渭，自大興城東至潼關三百餘里，名廣通渠。漕運通利。唐天寶三載，韋堅爲運使，規漢、隋舊渠，皆起關門，西抵長安，通山東租賦，乃占咸陽壅渭爲堰，〔七〕絶灞、滻竝渭而東，注永豐倉下，見華陰縣，即渭水入河處。復與渭合。五行志：「元和八年渭水漲，絶濟。」〔八〕

大和元年歲旱河涸，輓漕者掊沙而進，米多耗。咸陽西十八里有興成堰，〔九〕秦、漢故漕渠也。咸陽令韓遼請疏之，東抵潼關二百里，可以罷車輓之勞。從之。天復四年，朱全忠劫遷車駕於洛陽，毀長安宮室百司及民間廬舍，取其材，浮渭沿河而下，長安自此丘墟，而漕渠之利亦廢不復講。王氏應麟曰：「渭川自大散關以北達於岐、雍，夾渭南北岸，沃野千里，謂之秦川。」關中有事，沿渭上下可度者不一處，戰守之宜，所在皆急，此誠都域之襟帶，畿輔之塹防也。

涇水，汭水附。

涇水，出平凉府西南四十里幵頭山之涇谷，淮南子：「涇水出薄洛之山。」華戎對境圖：「涇水上接蔚茹水，南流至幵頭山乃折而東。」東流經府城北，又經涇州北，又東歷邠州長武縣北，汭水入焉。汭水源出鳳翔府隴州西四十里弦蒲藪，東北流入平凉府華亭縣南，又東經崇信縣北，至涇州城北，又東南過長武縣北，而東流合於涇水。涇、汭同流，過邠州北，又東南流經淳化縣西南，又南經永壽縣東，又南歷谷口，見醴泉縣。至醴泉縣東，又東南流過咸陽縣東北，涇陽縣南，至高陵縣西南二十里而合渭水。禹貢所謂「涇屬渭汭」者是也。周禮職方：「其川涇、汭。」詩公劉：「芮鞫之即。」芮、汭同。鞫，水外也。左傳成十三年：「晉侯以諸侯之師及秦師戰於麻隧，在涇陽縣西南。秦師敗績，師遂濟涇，及侯麗而還。」劉伯莊云：「侯麗在涇陽縣境。」襄十四年：「晉帥諸侯之師伐秦，濟涇而次，秦人毒師上流，師人多死。」樂史曰：「濟處即今涇陽縣之睢城渡。」史記：「秦桓公二十六年，晉率諸侯伐秦，秦軍敗走，追至涇而還。景公十八年，晉悼公敗秦軍，追度涇，至棫林而還。」棫林，或曰即咸林，今華州也。又關中溉田之利，莫如涇水。漢志：「涇水出幵頭山，東南至陽陵入渭，陽陵見高陵縣。過郡三，〔一〇〕安定、扶風、馮翊也。行千六十里。」秦始皇初，韓聞秦好興事，欲罷讀疲。之，毋令東伐，乃使水工鄭國間說秦，令鑿涇水自中山見涇陽縣。西抵瓠口爲渠，〔一一〕瓠口，索隱曰：「即谷口。」見醴泉縣。竝北山東注洛北山即九嵕、嶻嶭諸山。三百餘里，欲以溉田。中作而覺，秦欲殺鄭國。國曰：「始臣爲間，然渠成亦秦之利也。」秦以爲然，卒使就渠。渠就，用注填閼之水，溉舃鹵之地四萬餘頃，收皆畝一鍾，六斛四斗爲鍾。於是關中爲沃野，無凶年，秦以富強，卒併諸侯，因命曰鄭國渠。漢元鼎六年，左內史倪寬請穿六輔渠以益溉鄭國旁高卬仰通。之田。太始二年，趙中大夫白公復奏穿渠，引涇水，首起谷口，尾入櫟陽，見臨潼縣。注渭中，袤二百里，溉田四千五百餘頃，因名曰白渠。顏師古曰：「六輔渠在鄭渠上流之南，白渠在鄭渠之下流之南。」民得其饒，歌之曰：「田於何所？池陽、谷口。鄭國在前，白渠起後。舉臿爲雲，決渠爲雨。涇水一石，其泥數斗。且溉且糞，長吾禾黍。衣食京師，億萬之口。」言此兩渠饒也。後漢遷雒，而鄭、白兩渠漸廢。晉建興四年，劉聰使劉曜寇長安，曜陷馮翊，轉掠上郡、北地，進至涇陽，謂涇水北。渭北諸城悉潰，遂逼長安。義熙十三年，劉裕伐秦，王鎮惡自河入渭，秦主泓遣其將姚彊等合兵屯涇上以拒之，爲鎮惡所敗。其時涇水左右皆戰地也。宇文周以後，渠堰之利復起。唐永徽六年，太尉長孫無忌言曰：「渠水帶泥淤，灌田益肥美。又渠水發源本高，向下支分極衆，若使流至同州，則水饒足。比爲碾磑用水，洩渠水隨入渭，加以壅遏耗竭，所以失利。」詔盡毀水上碾磑，以利民田。天寶以後，涇、渭之間，屢遭寇亂。廣德二年回紇、吐蕃逼奉天，還攻涇州不克，遂涉涇而遁。又是時勢豪之家，多引涇水營私利，民田益困。大曆十三年，勅毀白渠支流碾磑以溉田。杜佑曰：「秦、漢時鄭渠溉田四萬頃，白渠溉田四千五百頃，唐永徽中兩渠灌浸不過萬頃，大曆中減至六千頃，畝朘一斛，歲少四五百萬斛。復兩渠之饒，誘農夫趣耕，河、隴可復也。豈徒自守而已哉？」元和志：「太白渠在涇陽縣東北十里；中白渠首受太白渠，東流入高陵縣界；南白渠首受中白渠，東南流，亦入高陵縣界。」劉禹錫曰：「涇水東行注白渠，釃而爲三，以沃關中。白渠之利不廢，關中可無磽埆憂也。」宋史：「淳化二年涇陽民杜思淵言：『涇河内舊有石翣，以堰水入白渠，溉雍、耀田，歲收三萬斛。其後多歷年所，石翣壞，三白渠水少，溉田不足，民頗艱食。乾德中節度判官施繼業率民用竹木爲堰，壅水入渠，緣渠之民，頗獲其利。然每遇暑雨水驟，堰輒壞，至秋復以民力葺治，役煩而堰終不固。乞依舊修疊石堰，爲暫勞久逸計。』詔從之，尋復中止。至道初度支判官梁鼎、陳堯叟言：『鄭、白二渠舊史溉田以萬計，今所存不及二千頃。鄭渠難興工，請修三白渠舊迹。』詔皇甫選、何亮相度。選等言：『鄭渠並仲山而東，鑿斷岡阜，首尾三百餘里，連亘山足，岸壁頽壞，堙廢已久。度其制置之始，涇河平淺，直入渠口。暨年代寖遠，涇河陡深，水勢漸下，與渠口相懸，水不能至。峻巖之處，渠岸廢久，實難致力。三白渠溉涇陽、櫟陽、高陵、雲陽、三原、富平六縣田三千八百五十餘頃，宜增築堤堰以固護之。舊設斗門一百七十有六以節水，宜悉繕治。渠口舊有六石門，謂之洪門。亦曰洪口堰。今亦圮，若復議興置，則其功甚大。且欲就近度岸勢，別開渠口，以通水道，令渠官行視疏濬。又涇河中舊有石堰，修廣皆百步，捍水雄壯，謂之將軍堰，廢壞已久。杜思淵嘗請興修而不克，仍止造木堰，涉夏水潦堰輒壞。欲自今溉田畢，即命水工拆堰木寘岸側，充秋季修堰之用。』詔行之，於是自仲山南移治涇陽，未幾復敗。景德三年，博士尚賓經度鄭、白渠。賓言：『鄭渠久廢不可復，今自介公廟在涇陽縣北。回白渠洪口，直東南合舊渠以畎涇河，〔三〕灌富平、櫟陽、高陵等縣，經久可以不竭。』工畢，民果獲利。景祐三年漕臣王沿言：『三白渠溉田數萬頃，今纔及三千餘頃，宜以時修治。又鄭、白渠皆上源高處爲堰，沿渠立斗門，多者至四十餘所，以分水勢，其下別開小渠，分以溉田。其作堰之法，用石錮以鐵積之於中流，擁爲雙派，南流者仍爲涇水，東流者釃爲二渠，故雖駭浪不能壞其防。』詔從其言，修三白渠。熙寧五年詔三白渠爲利甚大，又有舊迹，可極力修治。是年涇陽令侯可議鑿小鄭渠，引涇水高與古鄭渠等。又都水丞周良孺言：『自石門北開二丈四尺，堰涇水入新渠，可溉田二萬餘頃；開至臨涇，涇陽縣西三十里涇水南有臨涇鎮。就高入白渠，則水行二十五里，利益廣；開至三限口，五十餘里接雲陽，可溉田三萬餘頃。』詔如其議，自石門至三限合白渠興修，既而復罷。六年復詔修舉。大觀四年豐利渠成，見涇陽縣。疏涇水入渠，下與白渠會，溉涇陽、醴泉、高陵、櫟陽、三原、富平、雲陽七邑之田，總二萬五千九十有三頃。」元史：「宋熙寧中修白渠故蹟，自仲山旁開鑿石渠，從高瀉水，名豐利渠。大統八年涇水漲，毀堰塞渠，復疏導之。至大初御史王琚請於豐利渠上更開石渠，從之。至正三年以新渠堰壞，導流益艱，乃復治舊渠口堰，成，凡溉農田四萬五千餘頃。」明洪武中耿炳文守西安，修築涇陽洪渠諸堰以溉民田，繇是軍需無缺。永樂以後屢經修治，成化中項忠、余子俊、阮勤等並鑿石通水，引涇入渠，謂之廣惠渠，白渠之利得以不廢。水分三限，舊志：自仲山下截涇河築洪堰，引入白渠，下至涇陽縣北白公斗門，分爲三限，宋、元以來舊迹也。上限入雲陽、三原、櫟陽，亦曰北限。中限入三原、高陵、櫟陽，南限入涇陽，皆立斗門以均水，凡一百三十五處。志云：三限閘在涇陽縣北五里，北曰大白，中曰中白，南曰南白。大白之下爲邪堰，堰之上渠分爲二，北曰務高渠，南曰平皋渠。中白渠之下二十里爲彭城閘，渠分爲四，北曰中白渠，南曰中南渠，又南曰高望渠，又南曰禍南渠。中南渠之下又北分者曰折陂渠，南分者曰昌連渠。獨南白渠無分。其五縣分水以三限及彭城爲要地云。說者謂秦、漢時涇河平淺，古溝澮猶有存者，故引河作渠，直易易耳。年久涇河益深，水勢與渠口相懸，必益就上流，然後能引水，而疏鑿非故渠，且多石，故其用力尤難。劉麟有言：「北隨舊址以開渠，南高涇、渭之岸，東北杜入河之口，如李冰壅江作堋法，即高陵、櫟陽以北，舄鹵變爲沃壤矣。」

洛水，

洛水源出慶陽府合水縣北二十里白於山，漢志云：「洛水出北地歸德縣蠻夷中。」又匈奴傳注：「洛水出上郡雕陰秦冒山。」一云周時有洛國居此。又西羌傳：「洛川有大荔之戎。」歸德廢城，見慶陽府。雕陰，見延安府甘泉縣。東北流經廢洛源縣，見慶陽府。又東經延安府保安縣西南，又南經安塞縣、甘泉縣西，歷鄜州城東，又南經洛川縣西南，中部縣東，而沮水入焉，沮水自中部縣子午嶺東南流而入于洛水也。唐五行志「太和四年鄜、坊水漂三百餘家」，即洛水矣。於是洛水亦兼沮水之稱；又南流經宜君縣東而入西安府耀州境，過州西又南合於漆水；漆水自同官縣界流經耀州三原而合洛水。歷三原縣東北，富平縣西北及白水縣東，又東南流經澄城縣西南，至同州西，唐五行志：「開元十五年洛水溢入鄜城，平地丈餘，壞同州城市及馮翊縣，漂居民二千餘家。」鄜城見洛川縣。又東南流至朝邑縣南而入渭水。禹貢「漆、沮既從」，杜佑曰：「洛即漆、沮。」蓋三水同流也。周禮職方「雍州浸曰渭、洛」，周紀「西伯獻洛西之地於紂」，即此洛水也。於春秋時與涇、渭並爲三川。國語：幽王三年，西周三川皆震。」左傳昭二十二年：萇弘曰：「周之亡也，三川震。」謂西周。韋昭以涇、渭、汭爲三川。杜預曰：「涇、渭、洛也。」東魏楊休之對高歡曰：「河、洛、伊爲三川，涇、渭、洛亦爲三川。」漢劉向云：「昔周岐山崩，三川竭，而幽王亡。」史記六國表：「顯王三年秦敗韓、魏之師於洛陰。」又洛河在關中，亦灌溉所有事也。史記：「武帝時莊熊羆言：『臨晉民願穿洛以溉重泉以東萬餘頃故鹵地。重泉見蒲城縣。誠得水，可令畝十石。』於是穿渠，自徵引洛水至商顏下。徵即今澄城縣。商顏，杜佑曰：「即商原也。」岸善崩，乃鑿井，深者四十餘丈。往往爲井，井下相通行水，水頹以絶商顏，〔一三〕東至山嶺十餘里間。井渠之生自此始。穿渠得龍骨，〔一四〕故名曰龍首渠。括地志：「伏龍寺在同州馮翊縣西北四十里。」〔一五〕故老云：「漢穿渠得龍骨，因立祠焉。」是也。作之十餘歲，渠頗通，猶未得饒，後遂廢。」後周保定二年亦於同州開龍首渠，以廣灌溉云。

洮水，

洮河，出洮州衛西傾山，見上。經衛南，東北流經岷州衛北，又折而北入臨洮府西南境。盤東山中千數百里，始經府城南，又西北入蘭州境，合湟水注於黃河。沙州記：「洮水出强臺山。」强臺即西傾也，故洮水亦兼强川之名。以其西接黃沙，謂之沙强。段國云：「黃沙在澆河郡西南一百七十里。」其沙南北百二十里，東西七十里，西極大陽川，周回數百里，都不生草木，蕩然黄沙，望之若人委乾糒於地。其東則爲洮强。自洮强南北三百里中，地草徧是龍鬚而無樵採。水經注：「洮水與蜀白水俱出西傾山。見名山西傾。洮水東北流經吐谷渾中，又東北經臨洮、安故、狄道，又北至枹罕而入於河。諸縣皆在洮東、洮西，悉羌人所居也。」蜀漢延熙十年，姜維與魏將郭淮、夏侯霸戰於洮西，匈奴白虎文率部落降維。十八年姜維自枹罕趣狄道，魏將王經前軍逆戰於故關，關在洮水西，蓋漢關故址。不利，經度洮水與維戰於洮西，大敗。炎興初魏鄧艾遣王頎等攻姜維於沓中，見洮州衞。維聞鍾會已入漢中，引還。魏將楊欣自甘松亦見洮州衞。追躡維於强川口，大戰，維敗走。晉咸和二年涼將韓璞與趙將劉胤夾洮相持七十餘日，爲胤所敗。胡氏曰：「强川口在强臺山東南，即洮水口也。前涼張駿於此置强川郡，後乞伏國仁亦置焉。」又吐谷渾爲乞伏乾歸所敗，其王樹洛干帥衆奔莫何川，亦見洮州衞。沙强諸戎悉附之。義熙十二年乞伏熾磐攻秦洮陽公彭利和於强川，利和奔仇池，熾磐因置益州，鎮强川。其地亦謂之南强，舊皆吐谷渾地，後魏、後周及隋、唐盛時，皆斥逐吐谷渾，郡縣其地。宋時爲羌人所據，元祐二年羌酋鬼章城洮州以居，熙河總管姚兕、种誼討之。兵分兩路，並洮水而進：兕部洮西，擣講朱城，見河州衞。遣人走間道焚河橋，絶西援；誼部洮東，使岷州蕃將包順爲前鋒，谿哥龍谷見洮州衛。宵濟，進至洮州，壁青藏峽，同上。大敗鬼章兵，復洮州。洮河者，亦隴右西南之巨防矣。元朱思本曰：「洮河出羊撒嶺北，東北流過臨洮府，凡八百餘里與黃河合。」羊撒嶺，或曰西傾山之支嶺也。

西海。

西海，在西寧衛西三百餘里。闞駰曰：「西海東去西平郡二百五十里。」亦曰僊海，酈道元曰：「古西僊之地也。」亦曰青海，亦曰卑禾羌海，闞駰曰：「金城臨羌縣西有卑禾羌海。」亦曰鮮水海，亦曰允谷鹽池，西海則其總名也。海方數百里。漢元鼎四年先零羌與匈奴通，攻令居，見西寧衛。圍枹罕，遣將李息、徐自爲擊平之，始置護羌校尉，羌乃去湟中依西海、鹽池。神爵初西羌叛，酒泉太守辛武賢請擊罕幵在鮮水上者。又趙充國請治湟陿以西道橋七十所，令可至鮮水左右。元始四年王莽誘塞外羌獻鮮水海允谷鹽池，置西海郡。後漢永元中，護羌校尉周鮪等擊滅叛羌，西海及大、小榆谷見西寧衛。無復羌寇。隃糜相曹鳳言：「自建武以來，諸羌犯法者常從燒當種起。所以然者，以其居大、小榆谷，土地肥美，有西海魚鹽之利，阻大河以爲固，故彊大，常雄諸種。今者衰困亡逃，宜及此時建復西海郡縣，規固二榆，廣治屯田，隔塞其交關之路。又植穀富邊，省委輸之役，國家可以無西方之憂。」從之，乃繕修故西海郡。晉隆安四年後涼楊軌叛，起兵攻姑臧，兵敗屯廉川，降於禿髮烏孤。軌尋爲羌梁饑所敗，西奔傉海，襲乙弗鮮卑而據其地。義熙九年沮渠蒙遜遣兵襲破卑和、烏啼二部，卑和即卑禾也。〔一六〕二部蓋在西海旁。十三年蒙遜復遣將襲烏啼及卑和部，皆破降之。西魏初涼州刺史史寧與突厥分道襲吐谷渾，還會於青海。隋開皇初遣元諧等襲吐谷渾，敗之於青海。隋書：「青海在吐谷渾中，周回千餘里。海中有小山，每冬冰合，以良牝馬置此山，至來春牧之，牝馬皆孕，生駒號爲龍種。青海西十五里，吐谷渾伏俟城在焉。隋伐吐谷渾得其地，以俗傳置牝馬於小山上得龍種，因置馬牧，縱牝馬二千匹於川谷，以求龍種，無效而止。」唐貞觀八年段志寧出西海道破吐谷渾，追奔八百餘里，去青海三十里。既又使李靖出西海道節度諸軍，盡平其地。十二年吐蕃擊破吐谷渾，吐谷渾王諾曷鉢遁於青海北。龍朔二年吐蕃大破吐谷渾，屯於青海。咸亨二年薛仁貴等擊吐蕃，敗於大非川，青海遂没於吐蕃。儀鳳三年洮河總管李敬玄擊吐蕃，敗於青海之上。永隆元年吐蕃贊婆寇良非川，河源軍副使黑齒常之敗之，又追破之於青海。二年贊婆畜牧於青海，常之復掩破之。武后萬歲通天初，吐蕃請罷安西四鎮戍兵，并求分十姓突厥之地。郭元振議以青海吐谷渾爲國家要地，使吐蕃歸之，以易四鎮十姓，不果。開元十四年吐蕃悉諾邏寇大斗拔谷，見涼州衞。遂破甘州，焚掠而去。涼州都督王君㚟度其兵疲，引兵躡其後。吐蕃自積石軍西歸頓大非川，君㚟追之，及青海西，乘冰而渡，襲其輜重而還。三十五年河西節度副大使崔希逸敗吐蕃於青海西。天寶初隴右節度使皇甫惟明破吐蕃大嶺軍，又敗之於青海。五載，河西、隴右節度使王忠嗣與吐蕃戰於青海、積石，皆大破之。七載，哥舒翰爲隴右節度使，築神威軍於青海上，吐蕃來攻，翰擊破之。又築城於龍駒島，時有白龍見，因號應龍城，吐蕃不敢近青海。明年翰遣謫卒二千戍龍駒島，冬冰合，吐蕃大集，戍者盡没，於是以後中原多故，青海不復爲王土。明正統以後，逋寇竄集於青海，論者常引爲西顧之憂云。

其重險則有潼關，

潼關，在今西安府華州華陰縣東四十里，東至河南閿鄉縣六十里。古桃林塞也。左傳文十三年：「晉侯使詹嘉處瑕，瑕見山西猗氏縣。守桃林之塞。」杜氏曰：「桃林在弘農華陰縣東，潼關是矣。」自函谷至斯，高出雲表，幽谷祕邃，深林茂木，白日成昏，又名雲潼關。亦曰衝關，河水自龍門衝激至華山東也。王氏曰：「自靈寶以西，今河南靈寶縣。潼關以東，皆曰桃林。自崤山以西，崤山，見河南名山三崤。潼津以南，通稱函谷。」范睢謂「左關坂」，即崤函也。蘇秦曰「秦東有崤、函之固」，賈生過秦亦曰「秦孝公據崤、函之固」者也。史記：「周慎靚王三年，楚、趙、魏、韓、燕同伐秦，攻函谷關，秦出兵逐之，五國之師皆敗走。秦始皇六年，楚、趙、魏、韓、衛合從伐秦，取壽陵，胡氏曰：「壽陵在新安、宜陽間。」至函谷敗還。」

林氏曰：「春秋時崤、函晉有也，故能以制秦；秦得崤、函，而六國之亡始此矣。」當蘇秦之約從也，山東六國共攻秦至函谷關，秦出兵擊六國，六國皆引而歸，豈非天險不可犯耶？沛公伐秦，不從函谷入，乃引而還，襲攻武關破之，誠畏其險也。及沛公軍霸上，項羽引軍而西，或説沛公亟守函谷關，既而項羽破守關兵，至鴻門。本紀：「時項羽至關不得入，使黥布先從間道破關下軍，遂得入至咸陽鴻門。」鴻門，今見臨潼縣。此非函關不足恃也，沛公方弱，陰欲貳於羽，而外不能與抗，雖守亦不固也。張良勸都關中，則云：「關中左崤、函。」淮南子：「九塞，崤坂其一也。」五行志亦云：「函谷關拒山東之險，地利烏可忽歟？」括地志：「函谷故關在陝州桃林縣南十一里。」〔一七〕今河南靈寶縣。有關城在谷中，深險如函，因名。其中劣通，東西十五里，絶岸壁立。其上柏林蔭谷中，殆不見日，荀卿謂之松柏之塞，西去長安四百里。秦法，日入則閉，雞鳴則開。漢初因其制，置關都尉守之。景帝初，吴、楚謀叛，吴遣其臣應高説膠西王卬曰：「王幸而許之一言，則吴王率楚王略函谷關，守滎陽敖倉之粟，拒漢兵。治次舍，須大王矣。」武帝元鼎三年從楊僕言，徙故關於新安東界，以故關爲弘農縣，東徙蓋三百里，謂之新關。今見河南新安縣。王莽居攝二年，關東翟義等兵起，遣其黨武讓屯函谷關。東漢初王霸屯函谷關，擊滎陽、中牟賊平之，此新關也。王元説隗囂曰：「請以一丸泥東封函谷關，圖王不成，其弊猶足以霸。」杜篤論都賦云「關函守嶢，山東道窮」，嶢，嶢關。見藍田縣。此仍據故關言之。班固西都賦「左據函谷、二崤之阻」，張衡西京賦「左有崤、函重險桃林之塞」，此兼新、故關言之也。桓帝初平二年校獵上林苑，遂至函谷關。延熹九年復幸函谷關。靈帝光和五年校獵上林，歷函谷關，遂狩於廣城苑。見河南汝州。此皆新關也。獻帝初平二年董卓脅帝西幸長安，出函谷關，是時關猶在新安。建安十六年曹操破馬超於潼關，潼關之名始見於此。是時關已在華陰，蓋中間所更置，而史不之載也。魏志：「建安十六年曹公遣兵討張魯於漢中，關中諸將馬超、韓遂等疑懼，同時俱反，部衆十萬屯潼關；曹公自將擊之，與超等夾關而軍；既而自潼關北渡河，曹公自留南岸斷後，馬超擊之，幾不免。」諸葛武侯出師表謂操殆死潼關，正此事也。魏正始初弘農太守孟康言移函谷關更號大崤關，又爲金關。此以關城既移，欲更定新關之名耳。新關，謂在新安者。晉大安二年河間王顒舉兵關中，使其將張方自函谷東犯洛陽。永嘉三年，時南陽王模守關中，模將趙染以蒲坂降劉聰，聰使染等攻模於長安，戰於潼關，模兵敗，染長驅至下邽。下邽，見渭南縣。咸和三年後趙石虎攻趙蒲坂，劉曜馳救，自衡關北濟，衡關，史誤作「衞關」。虎懼，引退。九年後趙石生舉兵于長安討石虎，虎遣其子挺爲前鋒向長安，生遣將郭權拒之，戰於潼關，挺敗死，虎奔還澠池。今河南屬縣。永和六年苻健遣其弟雄率衆先驅，自潼關入，時杜洪據長安，遣兵逆戰於潼關北，敗走，健遂入關中。十年桓温伐秦不克，還自潼關。太元十八年氐帥楊佛嵩叛奔後秦，河南太守楊佺期等追之，敗佛嵩於潼關。後秦將姚崇趣救，佺期引却。義熙十二年秦姚懿以蒲坂叛，秦主泓遣姚驢屯潼關。十三年劉裕伐秦，前鋒王鎮惡自澠池徑抵潼關，檀道濟等自陝北渡河攻蒲阪，秦主泓使姚紹督軍五萬守潼關，又遣兵救蒲阪。沈林子謂檀道濟曰：「蒲阪城堅兵多，未可猝拔，不如并力争潼關。若得之，蒲阪不攻自潰矣。」從之。姚紹出戰，大敗。紹復使姚鸞屯大路即三崤路也。以絶道濟糧道。鸞分遣尹雅將兵戰於關南，皆爲晉軍所敗。紹又遣姚讚屯河上以斷水道，亦敗走。裕尋至潼關，遂克之。既而裕自長安東還，夏王勃勃圖取關中，其臣王買德曰：「青泥、上洛南北險要，青泥關見藍田縣。先遣遊軍斷之；東塞潼關，絶其水陸之路，三輔不足取也。」勃勃遂遣軍向長安，而分命其子昌屯潼關。十四年長安亂，朱齡石等奔潼關，關中遂入於勃勃。西征記：「函谷左右絶岸高十丈，中容一車。沿路逶迤入函道六里有舊城，城周百餘步，北臨大河，南對高山，姚氏置關以守峽。宋武帝入長安，檀道濟、王鎮惡或據山爲營，或平地結壘，爲大小七營，濱帶河陰。姚氏亦保據山原，阜上尚傳故迹。」水經注：「河在關内南流，衝激關山，因謂之潼關。晉所謂桃林之塞，秦所謂楊華也。又西有潼水，東北注於河。河自潼關東北流，水側有長阪，謂之黄卷坂，見河南閿鄉縣。傍絶澗。陟此坂以升潼關，潘岳西征賦所云『泝黃卷以濟潼』也。歷此出東嶠通謂之函谷關，邃岸天高，空谷幽深，澗道之峽，車不方軌，號曰天險，西京賦云『巖嶮周固，襟帶易守』者也。」宋元嘉二十七年遣兵北伐，雍州刺史隨王誕遣其屬柳元景等自南陽北出，入盧氏，拔弘農，進向潼關，遂攻之。魏戍主婁須棄城走，將軍龐法起等據之，關中豪傑所在蠭起，西山氏、羌皆來送欵。會王玄謨等自滑臺敗退，魏軍深入，宋主以元景等不宜獨進，皆召還。二十九年復遣雍州刺史臧質分道向潼關，魏人聞之，遣軍屯守。北史：「魏孝昌三年關中亂，秦州賊莫折念生遣其黨據潼關，既而魏復得之。未幾蕭寶寅以關中叛，遣兵守潼關，魏主遣長孫稚等討之，至恒農，楊侃謂稚曰：『昔魏武與韓遂、馬超據潼關相距，遂、超之才非魏武敵也，然而勝負久不決者，扼其險要故也。今賊守禦已固，雖魏武復生，無以施其智勇。請分兵自蒲坂而西。』從之。稚遂克潼關，入河東。」永熙三年高歡入洛，魏主西入關，歡自追迎之，至弘農，攻陷潼關，進屯華陰。尋退屯河東，使別將薛瑜守潼關。宇文泰復進攻潼關，斬瑜。東魏天平二年司馬子如等攻潼關，宇文泰軍霸上以備之。三年復遣高敖曹趣上洛，竇泰趣潼關，歡軍蒲坂，造三橋欲渡河。宇文泰謀先襲其潼關軍。關之左有谷，謂之小關。宇文深請選精鋭潛出小關擊賊，從之。竇泰敗走，歡軍乃退。後周保定四年，宇文護約突厥共伐齊，護軍至潼關，遣尉遲迥爲前鋒趣洛陽，權景宣帥山南之兵時周人有荆、襄之地，山南謂荆、襄也。趣懸瓠，見河南汝寧府。楊檦自邵郡出軹關。邵郡，今山西垣曲縣。軹關，見河南濟源縣。大象二年尉遲迥舉兵相州討楊堅，堅遣將楊尚希將兵鎮潼關。隋大業七年移潼關道於南北鎮城間堳讀關。獸檻谷，〔一〇〕去舊關四里餘。十三年唐公淵濟河而西，遣世子建成等將兵屯永豐倉，見華陰縣。守潼關以備東方兵。屈突通自河東引兵趣長安，爲唐軍所拒，東保潼關北城，與唐相持。唐史：「潼關有南北二關城，煬帝各置都尉守之，謂爲都尉南城、都尉北城。唐公初濟河，遣建成戍永豐倉備潼關，別將王長諧遂克潼關南城而守之。既而屈突通謀攻長安不克，乃保潼關北城，爲劉文靜所敗，北城亦降於唐。」天授二年益移關向北，近河爲路。開元十二年以華州岳祠南爲通衢，舊入關而西，路在岳祠北也。天寶十四載安禄山陷東都，封常清敗走，至陝，謂高仙芝曰：「潼關無兵，若賊豕突入關，則長安危矣。陝不可守，不如引兵先據潼關以拒之。」仙芝從之，賊至不得入。既而哥舒翰代仙芝守潼關，屢却賊兵。尋奉詔與賊戰於靈寶西原，敗績，賊遂入潼關，玄宗西狩。至德二載郭子儀自河東遣其子旰等濟河擊潼關，破之。安慶緒自洛陽遣兵救潼關，旰等大敗。既而子儀將收東京，追賊至潼關，克華陰、弘農二郡，破賊將崔乾祐於潼關。乾祐走保蒲津，子儀又遣趙復等敗賊，關内軍進收永豐倉，關、陝始通。杜佑曰：「舊關在靈寶縣南，今通塗反在關北，則舊關非衿束之要矣。」今關即天授間所置，其地上躋高隅，俯視洪流，歷崤、函而至潼津，數百里間，盤紆峻極，實爲天險，所謂「秦得百二」者此也。河之北岸爲風陵津，見華陰縣，又見山西蒲州。又北至蒲關六十里，河山之險，邐迤相屬，自此西望，川途曠然，豈非神明之奥區，帝宅之户牖哉？自開元而後，牧華州者多帶防禦潼關軍使，即漢設都尉之意也。乾符三年王僊芝寇汝州，逼東都，詔鳳翔帥令狐綯發兵守陝州潼關。又小關曰禁谷，亦曰禁坑。廣明初黄巢陷虢州，張承範屯潼關，僅得軍二千人爲守禦之備。關左有谷，平日禁人往來，以榷征税，所謂禁坑也。賊至倉卒，官軍忘守，時汝鄭將齊克讓以軍萬人屯關外，力戰，饑甚而潰，遂從谷入。谷中灌木壽藤，茂密如織，一夕踐爲坦途。明日賊急攻潼關，關外有天塹，賊驅民千餘人入其中，掘土填之，須臾即平，引兵而度，夜縱火，焚關樓俱盡。承範方分兵守禁坑，而賊已入矣。賊夾攻潼關，關上兵皆潰。朱梁開平三年，劉知俊以同州附於李茂貞，又襲華州，以兵守潼關。劉鄩討之，乘間入關，華州降，知俊遂遁。漢乾祐初，亂將趙思綰據長安，虢州伶人靖邊廷殺州將，驅掠州民奔思綰，至潼關，守將出擊，其衆皆潰。郭威又李守貞以河中叛，先遣兵據潼關，潼關度河至河中百餘里。陝州將王玉復克而守之。郭威奉命討守貞，自陝州進，分遣别將白文珂自同州、常思自潼關進，尋克河中。宋室南遷，潼關入於金，而永興六路遂不可復。嘉定十五年蒙古木華黎取金河中，遂趣長安，遣安赤將兵斷潼關。既而金人盡棄河北、山東、關、陝，惟守河南保潼關，鐵木真謂金精兵盡在潼關是也。又降人李昌國言於蒙古曰：「金遷汴將二十年，所恃以安者惟潼關、黃河耳。」紹定四年金人聞蒙古入饒風關，見漢中府西鄉縣。遣徒單兀典行省閿鄉以備潼關。及蒙古圍汴，兀典發兵入援，潼關遂入於蒙古。元致和元年燕帖木兒作亂，迎懷王圖帖睦爾於江陵。將至汴，遣孛羅等將兵守潼關，又遣襄陽、鄧州兵守武關。既而諸王闊不花等破潼關，克閿鄉；陝州別將鐵木哥出武關，破鄧州、襄陽。又也先帖木兒北渡河中趣懷、孟，下郡縣三十餘，橫絕數千里，河南、河東皆大震；既聞上都陷，乃引還。至正末元主詔潼關以西屬李思齊，潼關以東屬擴廓帖木兒。明洪武二年馮宗異破潼關，太祖曰：「潼關三秦門户，扼而守之，李思齊輩如穴中鼠耳。」既而自關以西次第降下。今有關城，設衛防禦，又以備兵使者駐其地。

武關，

武關，在西安府商州東百八十里，東去河南內鄉縣百七十里。文穎曰：「在析西百七十里。」析即內鄉也。舊爲秦、楚之衿要。左傳哀四年：「楚人謀北方，司馬起豐、析以臨上雒，使謂陰地之命大夫士蔑曰：士蔑，晉大夫也。『將通於少習以聽命。』」杜氏曰：「豐，豐鄉也；見河南析川縣。析，析縣也；見上。上雒，今上洛郡；即商州。陰地，河南山北，自上洛以東至陸渾也。陸渾，今河南嵩縣。郡縣志：「商州即晉陰地。」悮。又今河南盧氏縣有陰地城。少習即武關，謂將大開武關道以伐晉。」京相璠曰：「武關，楚通上雒阨道也。」春秋時武關屬晉，非秦有也。秦未得武關，不可以制楚，故穆公之世秦伐鄀與楚争商密，鄀國本治商密，今内鄉縣之丹水城。商密近武關也。蘇秦説楚威王：「秦起兩軍，一軍出武關，一軍下黔中，則鄢、郢動矣。」楚懷王十八年，秦使人告楚，請以武關之外易黔中地。二十年齊遺楚王書：「王取武關、蜀、漢之地，則楚之强百萬也。」三十年秦昭王紿懷王會武關，至則閉執之以歸。頃襄王元年秦出武關攻楚，取析十五城。及秦并六國，東至齊，即墨大夫入見秦王曰：「使鄢郢大夫收楚地，則武關可入；三晉大夫收晉地，則臨晉之關可入也。」秦始皇二十八年，自南郡繇武關歸。二世二年陳涉使其將宋留將兵定南陽，入武關。三年沛公南出轘轅，見河南鞏縣。略南陽，攻武關入秦。漢元年遣將軍薛歐、王吸出武關，東略地。三年轅生説漢王，出武關軍於宛、葉間。宛、葉，俱見河南南陽府。景帝三年七國反，吴王濞臣田禄伯曰：「願得五萬人，别循江、淮而上，收淮南、長沙，入武關，與大王會。」當是時周亞夫擊反者，將會兵滎陽，發至霸上，趙涉説曰：「從此右走藍田，出武關，抵洛陽，不過差一二日，直入武庫擊鳴鼓，諸侯聞之，以爲將軍從天而下。」賈誼新書所謂建武關、函谷、臨晉關者，大抵爲備山東諸侯設也。淮南王安謀反，欲發南陽兵守武關矣。武帝太初四年，徙河南都尉治武關。時武關屬弘農郡。太史公貨殖傳：「南陽西通武關。」應劭曰：「武關，秦南關也。」王莽居攝二年，以東郡翟義兵起，遣逯並屯武關。更始初遣申屠建等攻武關，析人鄧曄、于匡起兵應漢，攻武關都尉朱萌，萌降。二年赤眉擾關中，樊崇、逢安自武關，徐宣等從陸渾關，見河南嵩縣。兩道俱入。後漢建武三年馮異擊破延岑於藍田，岑自武關走南陽。獻帝初平四年李傕等作亂，呂布自武關奔南陽。晉永興三年，東海王越等遣兵入關中迎車駕，成都王穎自武關奔新野。永嘉四年洛陽陷於劉聰，豫州刺史閻鼎奉秦王業於密，見河南密縣。鼎尋奉業自宛趣武關入關中。永和七年桓溫伐秦，步兵自淅川趣武關，敗秦軍於藍田，進至霸上。義熙十二年劉裕伐秦，遣沈田子等趣武關。明年田子入武關，進屯青泥。見藍田縣。姚泓來戰，敗之。後魏孝昌二年，汝、潁羣蠻斷三鴉路，按三鴉路見河南重險。引梁兵圍荊州，魏荊州治穰城。遣都督崔暹將兵救之，至魯陽不敢進，乃别遣將軍裴衍等將兵出武關，通三鴉路以救荊州。東魏天平初，高歡遣侯景擊賀拔勝於荊州，勝敗降梁，東魏遂取荊州。宇文泰遣獨孤信出武關，攻東魏兵於淅陽，見河南内鄉縣。遂襲下穰城，即是時荊州治。既而東魏復取之。三年高歡使高敖曹繇武關趣商洛，擊宇文泰。敖曹自商山轉鬬而進，遂攻上洛。又西魏大統六年，東魏侯景出三鴉，將復荊州，宇文泰遣李弼等出武關，景引退。括地志：「武關山，地門也。」唐至德二載興平將王難得攻安慶緒於武關，敗之，克上洛郡。廣德初吐蕃入長安，郭子儀至商州，發武關防兵收長安。建中四年朱泚據長安，尚可孤自襄陽入武關赴援，軍於七盤，亦見藍田縣。敗泚兵，遂取藍田。又是時江、淮朝貢爲淮西李希烈所阻，皆繇宣、饒、荆、襄趣武關。中和四年黄巢爲李克用所敗，自藍田入商山，從武關逸去。五代至宋皆置兵於此，以爲商、洛、宛、鄧之防。元致和初燕帖木兒迎立懷王，遣兵守武關，諸王闊不花等遣將破之，遂引而東。今繇河南南陽、湖廣襄、鄖入秦者，必道武關。自武關而至長安四百九十里，多從山中行，過藍田始出險就平。夫武關之於潼關，猶陰平之於劍閣也。然陰平僻而險，武關徑且易，故尤能爲秦患。志曰：武關之西接商洛、終南之山以達於岍、隴，武關之東接熊耳、馬蹬諸山以迄於轘轅，大山長谷，動數千里，倘逋逃者視爲淵藪，秦、楚、梁、豫之間患未有已也。杜篤云「一夫守壘，千夫沉滯」，武關之謂乎？

散關，

散關，在鳳翔府寶雞縣西南五十二里，漢中府鳳縣東北百二十五里。有大散嶺，置關嶺上，亦曰大散關，爲秦、蜀之噤喉。南山自藍田而西，至此方盡。又西則隴首突起，汧、渭縈流。關當山川之會，扼南北之交，北不得此無以啓梁、益，南不得此無以圖關中，蓋自禹迹已來，散關恒爲孔道矣。漢元年漢王自故道故道即鳳縣。出陳倉，定三秦。説者謂出陳倉必繇散關也。後漢志注：「散關故城在陳倉縣南十里，有散谷水，因名。」東漢初漢中王嘉與延岑戰，岑引兵北入散關，至陳倉，嘉追破之。建武四年，公孫述遣將李育等出屯陳倉，將徇三輔，馮異擊破之。元初二年虞詡爲武都太守，叛羌遮詡於陳倉崤谷，詡計却之。胡氏曰：「崤谷即今之大散關。」建安二十年，曹操討張魯，自陳倉出散關，至河池。蜀漢建興六年，諸葛武侯出散關，圍陳倉。宋元嘉十九年，遣裴方明等平仇池。既而魏主燾遣古弼等督隴右諸軍自祁山南入，皮豹子等督關中諸軍自散關西入，俱會仇池，遂取之。梁承聖二年，益州刺史武陵王紀引兵侵荆州，梁主繹求援于西魏，宇文泰曰：「取蜀制梁，在茲一舉。」遂遣尉遲迥自散關伐蜀。後周天和五年，周主西巡，如散關。隋義寧元年唐公李淵定長安，使姜謩、竇軌俱出散關，撫定隴右。唐上元二年奴剌、党項寇寶雞，燒大散關，南侵鳳州，大掠而西，鳳翔節度使李鼎追破之。天寶末西幸成都，道出散關。光啓二年田令孜劫上自寶雞幸興元，以楊晟爲興鳳節度使，守散關。邠寧帥朱玫來追，攻散關不克。繼而玫復遣將王行瑜攻散關，晟敗走，行瑜進屯鳳州，攻興州。天復二年李茂貞劫車駕幸鳳翔，朱全忠討之，軍於虢縣，遣將孔勍出散關，攻鳳州拔之，又拔秦、隴二州，至成州而還。朱梁貞明二年，蜀遣將王宗綰等自鳳州出大散關，破岐兵，遂取寶雞，進圍鳳翔。五年又出散關擊岐，度渭水，會大雨而還。六年蜀將陳彦威復侵岐，出散關，軍於箭筈嶺。見寶雞縣箭筈關。後唐同光三年郭崇韜伐蜀，自寶雞入散關，指其山曰：「吾輩進無成功，不得復還此矣。」長興元年石敬瑭入散關，攻董璋於東川。及石晉末，蜀人乘中原之亂，遣兵攻鳳州，尋分兵扼散關以絶北兵之援，鳳州降蜀。劉漢初，蜀將張延釗等出散關及隴州以逼鳳翔，王景崇拒却之，又追敗之於散關。乾祐初，景崇以鳳翔叛，蜀兵赴援，軍於散關。趙暉攻鳳翔，遣別將李彥從擊敗蜀兵。既而蜀將安思謙復自散關應援，擊漢兵於箭筈寨。周顯德二年命鳳翔節度使王景攻蜀，自散關入，拔其秦、鳳諸州鎮。南宋初恒屯重兵於此，以備金人，而金人亦盛兵寶雞以當大散之衝。嘉定十年金人入寇，遣完顏阿鄰入大散關攻西和、階、成州。明年復犯大散關。紹定四年蒙古拖雷入大散關，而梁、洋諸州悉見塗炭。寶祐五年蒙古主蒙哥南寇，繇隴州入散關擣蜀口。明初定關中，徐達亦分軍自鳳翔出散關，下興元。蓋梁、益有事，必在散關，入散關而南出褒斜，西走階、文，蜀亦岌岌矣。元豐志：「繇長安而至商州二百餘里，從商州至金、洋皆數百里。興元去長安蓋千二百餘里，自駱谷關至洋州亦五百餘里，惟寶雞南入大散至梁州五百里而近。」今皆以連雲棧爲經途，而大散之勢益重矣。

蕭關。

蕭關，在平涼府鎮原縣西北百四十里，關中四關之一也。括地志：「蕭關亦名隴山關。」襟帶西涼，咽喉靈武，實爲北面之險。漢文帝十四年匈奴入朝那、蕭關，殺北地都尉，至彭陽，使奇兵燒回中宮，見隴州。候騎至雍、甘泉。景帝三年，吴王濞反書曰：「燕王北定代、雲中，摶讀專，統帥之也。胡衆入蕭關，走長安。」武帝元鼎五年行幸雍，踰隴，登崆峒，北出蕭關，獵新秦中。元封四年復幸雍，通回中道，遂出蕭關。自魏、晉以後，關中多故，蕭關皆爲往來孔道。唐武后久視初，以魏元忠爲蕭關道大總管，以備突厥。神龍元年置蕭關縣。天寶十五載，太子按軍平涼，議出蕭關趣豐安，見寧夏靈州所。曰：「靈州我之關中也。」大中三年吐蕃以秦、原、安樂三州及原州之石門、驛藏、制勝、石峽、木峽、六盤、蕭七關來降。安樂州即故寧夏中衛之鳴沙州。七關俱見鎮原縣及固原州境内。五年白敏中帥邠寧，平党項，乃規蕭關，通靈威道；靈州、威州之道也。又置武州於此，以控三州、七關之險。宋自天聖以後，西夏多事，蕭關南北築城置戍，幾無虚日。明初徐達繇静寧、隆德至蕭關，遂取平涼。蕭關誠控扼要地矣。

右按陝西山川四塞，形勝甲於天下，爲自古建都重地，雄長於兹者，誠足以奄有中原矣。然外虞羌、戎之警，内殷資儲之慮，則設邊備議屯政者，往往聚訟焉。而漢、唐成轍，固瞭如矣。漢志：「雍州有鄠、杜竹林，南山檀柘，號稱陸海，爲九州膏腴。天水、隴西多林竹。及安定、北地、上郡皆迫近外域，修習戰備，高尚氣力，以射獵爲先，故秦詩多車馬田獵之事。自武威以西，本匈奴昆邪王、休屠王地，習俗頗殊，地廣民稀，水草宜畜牧，故凉州之畜爲天下饒。」項羽入關，韓生説羽曰：「秦地山河四塞，地肥饒，可都以霸。」漢六年田肯説高祖曰：「秦，形勝之國也，帶河阻山，隔絶千里，持戟百萬，秦得百二焉。地勢便利，其以下兵於諸侯，譬猶高屋之上建瓴水也。」後漢建武中，杜篤獻論都賦曰：「西被隴、蜀，南通漢中，北據谷口，東阻嶔巖。即嶢關。關函守嶢，山東道窮，置列汧、隴，壅偃西戎。拒守褒斜，嶺南不通。杜口絶津，朔方無從。」此亦足以見雍州之大都矣。又永建初隴西羌反，校尉馬賢擊降之。四年虞詡上疏曰：「禹貢雍州厥田惟上，沃野千里，又有龜兹鹽池，今見故寧夏後衞。以爲民利，水草豐美，土宜産牧，因渠以溉，水舂河漕，用功省而軍糧足，故孝武、光武築朔方，開河西置上郡，皆爲此也。」乃復三郡，使繕城郭，激河浚渠爲屯田，省内部費歲一億計。唐築受降諸城，廣事屯田，而邊儲以足，徭戍減省。豈非雍州饒沃，不必虚中國以事疆場之明驗歟？宋趙鼎曰：「經營中原，當自關中始。」汪若海曰：「將圖恢復，必在川、陜。」淳祐十二年，時蒙古主蒙哥欲以中州封同姓，命忽必烈於汴京、關中自擇其一。姚樞曰：「南京河徙無常，土薄水淺，瀉鹵生之，不若關中厥田上上，古名天府陸海。」忽必烈遂請關中，蒙古主并以河南與之，繇是地廣兵强。章俊卿有言：「自蜀江東下，黄河南注，而天下大勢分爲南北，故河北、江南爲天下制勝之地，而挈南北之輕重者又在川、陝。」夫江南所恃以爲固者長江也，而四川據長江上游，下臨吴、楚，其勢足以奪長江之險。河北所恃以爲固者黄河也，而陝西據黄河上游，下臨趙、代，其勢足以奪黄河之險。是川、陝二地，常制南北之命也。

校勘記

〔一〕而於漢中置峽西路　「峽」，底本原作「陝」，上文已有陝西路，此不得再爲陝西路。職本、鄒本均作「峽西路」，通釋卷三列至道三年所定天下十五路中亦有峽西路，今據改。

〔二〕華陰縣　底本原作「華陽縣」，今據職本、鄒本改。

〔三〕通渭縣　底本原作「通溜縣」，今據職本、敷本及鄒本改。

〔四〕又南經延安府東及西安府之東北　「及」，底本原作「又」，今據職本改。

〔五〕三秦記至七日乃得越　鄒本「乃得越」作「乃越」，又「越」下有「高處可容百餘家，清水四注，東望秦川，如四五里」十九字。然後漢志注引三秦記又止「高處可容百餘家，清水四注下」十二字，而太平御覽卷五六引三秦記却有「高處可容百餘家，下處數十萬户，上有清水下注。俗歌曰：隴頭流水，鳴聲嗚咽，遥望秦川，心肝斷絶，去長安千里，望秦川如帶」四十八字。

〔六〕郭仲産秦州記至皆注於渭　鄒本無「説文，登隴山，東望秦川」九字，而「墟宇桑梓」至「皆注於渭」一段在「俗歌曰」之前。今核諸後漢志注所引秦州記，除個别文字外，均與底本同，鄒本所引，乃本之太平御覽卷四九所引周地圖記，非郭仲産秦州記文。郭文太平御覽卷五六亦有所引，然與鄒本所載差異較大。

〔七〕壅渭爲堰　「堰」，底本原作「極」，鄒本作「堰」。舊唐書卷一〇五韋堅傳云「奏請于咸陽擁渭水作興成堰」，新唐書卷一三四韋堅傳亦云「堅爲使，乃占咸陽，壅渭爲堰」，則鄒本作「堰」是，今據改。

〔八〕絶濟　「濟」，底本原作「齊」，今據鄒本及新唐書卷三六五行志改。

〔九〕咸陽西十八里有興成堰　「西」，底本原作「四」，今據職本、鄒本改。

〔一〇〕過郡三　「郡」，底本原作「都」，今據職本、鄒本改。

〔一一〕涇水自中山　「山」，底本原作「出」，職本、鄒本均作「山」，史記卷二九河渠書亦云：「乃使水工鄭國閒説秦，令鑿涇水自中山西邸瓠口爲渠。」今據改。

〔一二〕以畎涇河　「畎」，底本原作「畂」，今據鄒本及宋史卷九四河渠志改。

〔一三〕水穨以絶商顔　「穨」，底本原作「賴」，今據職本及史記卷二九河渠書改。

〔一四〕穿渠得龍骨　底本原作「穿得渠龍骨」，今據職本、鄒本及史記卷二九河渠書乙正。

〔一五〕伏龍寺　史記卷二九河渠書正義引括地志作「伏龍祠」。

〔一六〕卑和即卑禾也　「禾」，底本原作「和」，今據職本、鄒本及水經河水注「卑禾羌海」改。

〔一七〕函谷故關在陝州桃林縣南十一里　「十一里」，史記卷七項羽紀、卷六三老子韓非傳引括地志均作「十二里」，卷七五孟嘗君傳又作「十三里」，而寰宇記卷六則云：「古函谷關在縣南十里一百六十步。」

〔一八〕坶獸檻谷　鄒本作「坑檻谷」，與底本異。又字書無「坶」字，疑爲「埇」字之訛。

讀史方輿紀要卷五十三

陝西二

西安府，東至河南陝州四百五十里，東南至河南南陽府九百九十里，南至漢中府興安州六百八十里，西至鳳翔府三百四十里，西北至平涼府六百五十里，北至延安府七百四十里，東北至山西蒲州黄河界三百五十里，自府治至京師二千六百五十里。

禹貢雍州地，周爲王畿，東遷後屬秦，始皇置内史郡。漢初爲渭南郡，尋復爲内史。景帝二年分置左、右内史，此爲右内史。武帝太初元年改京兆尹，與左馮翊、右扶風爲三輔。後漢因之。三國魏改尹爲守，後爲秦國，又爲京兆國。晉爲京兆郡，兼置雍州治此，愍帝時都焉。後没於前趙劉曜，及苻健、姚萇相繼都之。赫連夏時號曰南臺。後魏亦曰京兆郡，仍置雍州治焉。西魏亦都於此。後周復爲京兆尹。隋初置雍州，大業三年改爲京兆郡。唐初復曰雍州，天授初亦曰京兆郡，是年復故。開元三年改曰京兆府，時亦謂之西京，至德二載改爲中京，上元二年復曰西京，廣德初亦曰上都。詳見州域形勢。天祐初廢爲佑國軍。五代梁改爲大安府，又改軍爲永平軍。後唐復爲京兆府。晉曰晉昌軍，漢曰永興軍。宋復爲京兆府，亦曰永興軍。初置陝西路，後析爲永興軍路，皆治此。金亦曰京兆府。兼置京兆府路。元曰安西路，皇慶初又改爲奉元路。明初改爲西安府。領州六，縣三十三。今仍曰西安府。

府名山聳峙，大川環流，憑高據深，雄於天下。戰國時蘇秦説秦惠王曰：「秦四塞之國，被山帶渭，東有關、河，南有巴、蜀，西有漢中，北有代、馬。」楚、漢間韓生説項羽曰：「關中阻山帶河，四塞之地，地肥饒可都以霸。」漢初婁敬説高祖曰：「秦地被山帶河，四塞爲固，卒然有驚，百萬之衆可立具，入關而都之，此搤天下之亢而撫其背也。」張良曰：「關中左崤、函，右隴、蜀，沃野千里，南有巴、蜀之饒，北有胡苑之利，此所謂金城千里，天府之國。」賈誼亦言「踐華爲城，因河爲池」者也。又東方朔曰：「漢興，去三河之地，止灞、滻以西，都涇、渭之南，此所謂天下陸海之地。」東漢初寇恂曰：「長安道里居中，應接近便，從容一處，可制四方。」杜篤論都賦亦備言長安之險固，謂「進攻則百克，退守則有餘」也。詳見前。又班固曰：「昔后稷封斄，公劉處豳，太王徙郊，文王作豐，武王治鎬，其民有先王遺風，好稼穡，務本業，故豳詩言農桑衣食之本甚備。有鄠、杜竹林，南山檀柘，號稱陸海。」其西都賦云：「漢之西都，在於雍州，實曰長安。左據函谷、二崤之阻，表以太華、終南之山；右界褒斜、隴首之險，帶以洪河、涇、渭之川。衆流之隈，汧湧其西。華實之毛，則九州之上腴焉；防禦之阻，則天地之奥區焉。賦有云「睎秦嶺，睋北阜，挾灃、灞，據隴首」，此專言都城之形勝也。又有「前乘秦嶺，後越九嵕，東薄河、華，西涉岐、雍」，此槩言西都之形勝也。張衡西京賦亦云：「左有崤、函重險，桃林之塞，右有隴坻之隘，隔閡華戎。」晉潘岳西征賦云：「邪界褒斜，右濱汧、隴，面終南而背雲陽，跨平原而連嶓冢，九嵕巀嶭，太乙巃嵸；南有玄灞素滻，湯井温谷，北有清渭濁涇，蘭池周曲；浸決鄭、白之渠，漕引淮、海之粟。」蓋山川形勝，莫若西京也。且原隰沃野，則資儲易足；地勢便利，則戰守有餘。有事於中原者，未嘗不屬意於此焉。北魏孝武初，高歡破爾朱兆於鄴西，入洛陽，召賀拔岳於關中。薛孝通説岳曰：「今以華山爲城，黄河爲塹，進可以兼山東，退可以封函谷，奈何束手受制於人？」隋末李密爲楊玄感謀曰：「關中四塞，天府之國，宜直取長安，據險而守之。」及密攻東都，柴孝和亦説密曰：「秦地山川險固，秦、漢所憑以成王業。不若西入長安，然後東向以清河、洛。」唐自太原舉義，先入長安，根本既固，遂以削平羣雄也。宋初太祖西巡，至洛，欲留都之，議者以爲不可。帝曰：「遷河南未已，終當居長安耳。」蓋貴形勝也。建炎中，張浚以五路之師敗於富平，而關中遂不可復，豈非永興一路尤爲五路之禁要歟？論者曰：雍州之險在華嶽與黄河，交會在於潼關，然必東南有宛、洛，東北有晉、絳，而後可以爲固。無宛、洛則武關、崤、函之險可入；無晉、絳則臨晉之阻可入。昔人言臨晉以限東諸侯，武關以限南諸侯，而函谷以限河北，此三關者，誠長安之重地歟！又建都議云：都關中者以漕運爲重，而尤以耕屯爲主。張良云：「河、渭漕輓天下，西給京師。」東方朔曰：「酆、鎬之間，號爲土膏，其價畝一金。」司馬相如上林賦曰：終始灞、滻，出入涇、渭，酆、鎬、潦、潏，紆餘逶迤，經營乎其内，蕩蕩乎八川分流。釋之者曰：長安之地，潏、鎬經其南，涇、渭遶其後，灞、滻界其左，灃、澇合其右。此八川者，蓋灌輸所資也。又虞詡曰：「雍州厥田惟上，水春河漕。」晉潘岳曰：「黄壤千里，沃野彌望。」唐杜佑曰：「雍州之地，厥田上上，鄠、杜之饒，號稱陸海。」唐志：長安有興成、見咸陽縣。五門、或云在醴泉縣。六門、見武功縣。龍首、見咸寧縣。涇堰、即白渠。滋堤，即霸水。凡六堰，皆有丞，貞觀六年廢。貞元四年京兆尹鄭叔則言：「涇陽有三白渠限口，其六縣分水之處，六縣，涇陽、雲陽、三原、富平、高陵、櫟陽。實爲利害。請准諸堰例置監掌之。」十三年詔昆明池俯近都城，蒲魚所産，令韓皐充使修堰。十六年以東渭橋納給使兼白渠、漕渠、昇原、見鳳翔府寶雞縣。成國見武功縣。等渠堰使，自是歲常修治。蓋自秦、漢以來皆因八川之流，環遶畿輔，用以便漕利屯。隋建新都，八川之流，漸移其舊。唐人踵之，而渠堰之制益備，然灌溉之利，去秦、漢時遠甚。宋以西夏之擾，關中多故，屯田足食之計，乍修乍輟。見前大川涇水。今且陵谷遷改，川原非故矣。夫關中形勝，自古建都極選也。其便漕利屯之策，不班班可考歟？

今府城，隋開皇二年所營大興城也。漢都城在今城西北十三里，本秦離宮，漢高帝七年始都於此。城狹小，惠帝三年更城長安，周圍六十五里，六年始成之。紀年「惠帝元年始作長安城西北方，至五年乃畢，蓋前此未有城」云。城南爲南斗形，北爲北斗形，人呼爲斗城。亦名陽甲，始也，取一陽初生之義。北負渭水，南直南山子午谷。有十二門：東面三門，東出南頭第一門曰霸城門，亦曰青城門：霸城門色青，民間因以名也。或曰青門。廣陵人邵平爲秦東陵侯，秦破爲布衣，種瓜青門外。廟記亦曰青綺門。又洞冥記：「武帝時有雀羣翔于霸城門，因改爲青雀門。莽天鳳三年霸城門災，莽因更爲仁壽門無疆亭。」東出中門曰清明門，亦曰籍田門：門內有籍田倉也。或曰凱門。漢宮殿疏：「第二門名城東門，莽更爲宣德門布恩亭。」東出北頭第一門曰宣平門，亦曰東都門。庚子山云「望宣平之貴里」，言貴戚所居也。民間謂之東都門，或曰東城門，其郭門亦曰東都門。景帝三年以七國反，軍東都門外。又東城門至外郭亭十三里。有廣明亭，在郭門外，又東即廣明苑也。霍光之廣明，都肄郎羽林。昌邑王賀入承大位，至廣明東都門。龔遂曰：「此長安東郭門也。」又逢萌掛冠於東都門，即此矣。王莽改宣平門曰春天門正月亭。更始初漢兵誅莽，從宣平門入。三年赤眉自高陵進攻東都門，城門校尉李況開門納之。初平三年董卓部曲李傕等作亂，屯南宮掖門，王允扶帝上宣平門避兵。興平二年傕等復作亂，車駕東幸，出宣平門。南面三門，南出東頭第一門曰覆盎門，亦曰下杜門：廟記曰：「覆盎門與洛門相去十三里二百十步，有魯班輸所造橋。」征和二年戾太子戰敗於長樂闕下，南奔覆盎城門是也。其南有下杜城，應劭曰：「杜陵之下聚落也。」或云即杜城矣，故亦曰杜門。

又曰端門，北對長樂宮。莽更名曰永清門長茂亭。南出中門曰安門，亦曰鼎路門；北對武庫。莽更爲光禮門顯樂亭。南出西頭第一門曰平門，亦曰西安門。北對未央宮，即便門也。古平、便同字。建元三年初作便門橋，渡渭水趨茂陵。永光元年酎祭宗廟，出便門，欲御樓船，薛廣德當車諫止是也。莽更爲信平門誠正亭。西面三門，西出南頭第一門曰章城門，亦曰章門；一爲光畢門，莽更爲萬秋門億年亭。胡氏曰：「章門或謂之白門。北魏孝昌末蕭寶寅據關中以叛，屢爲魏所敗，其將侯終德因還軍襲寶寅，至白門，寶寅始覺，即是門也。」西出中門曰直城門，亦曰直門；宮殿疏：「亦名龍樓門。」張晏曰：「門樓有銅龍也。」又趙倢伃所居鉤弋宮，在直城門外。莽天鳳初大風發直城門屋瓦，莽更爲直道門端路亭。西出北頭第一門曰西城門，亦曰雍門。水北有函里，民名曰函里門。或曰突門。莽更爲章義門著誼亭。北面三面，北出東頭第一門曰洛城門，亦曰高門；宮殿疏：「又名鸛雀臺門，門外有臺，漢武承露盤在臺上。其外又有客舍，名曰客舍門，亦曰洛門，或謂之利城門。莽更爲進和門臨水亭。門外有石橋。」北出中門曰廚城門，亦曰朝門；長安城北面之中門也。內有長安廚宮，因名。赤眉入長安，更始單騎走，從廚城門出是也。或曰廣門。莽時更爲建子門廣世亭。北出西頭第一門曰橫門，亦曰橫城門。橫讀曰光。元鳳四年更立樓蘭王弟尉屠耆爲王，改其國號曰鄯善，丞相率百官送至橫門外。蜀漢建興六年，魏延請出子午谷襲長安橫門邸閣，蓋魏置邸閣於橫門以積粟云。門外有橋曰橫橋。莽時更爲朔都門左幽亭。又橫門外郭有都門，又有棘門，黃圖：「棘門在橫門外，漢徐厲軍於此，以備匈奴。」又有通門，亥門也。藝文類聚載長安十二門，其宣平、覆盎、橫門、東都、青綺諸門則漢名也，萬秋、宣成、章義、仁壽等門則莽名也。又有元成、磔石，不知其名何據。漢舊儀：「長安城方三十里，經緯各長十五里。」周回則六十五里。唐志：「長安故城東西十三里，南北十二里。」潘岳關中記：「長安城皆黑壤赤城，今尚赤如火，〔一〕堅如石，父老相傳鑿龍首山土爲之。」漢之盛時，宮殿臺觀，高下羅列千有餘區，及王莽更壞，赤眉殘破，西京宮闕，半爲禾黍。又變亂迭乘，氐、羌竊據，以及西魏、後周之際雖數有增飾，而前規未逮。隋開皇二年以故都制度狹小，歷年既久，宮宇朽蠹，乃議遷都於故城之東南十三里，南直子午谷，呂氏圖云：「南直石鱉谷。」北枕龍首原，長安志云：「西北據渭水。」左臨灞、滻，右抵灃水，長安志云：「西枕龍首原。」西京記：「隋、唐都城在龍首原。」是原在城北也。曰大興城，隋文帝初封大興公也。或曰其地本名大興村。遂定都焉。大業九年，發丁男十萬城大興。唐初因之，永徽四年又復增築，名長安城，後亦曰京師城。實録：「唐永徽五年築京師羅郭，開元十八年築外郭，貞元四年又築夾城。」六典：「長安左河、華，右隴坻，前終南，後九嵕。」京城即外城也。南北十五里一百七十五步，東西十八里一百十五步，周六十餘里。此因隋舊。皇城即內城，俗名子城。南北三里一百四十步，東西五里一百十五步，周二十五里。宮城有三，所謂「三內」也。一曰西內，在皇城內西北隅，正門曰承天。即隋大興宮城正南門也。初曰廣陽門，開皇二年造。九年平陳，獻俘於廣陽門。既又御廣陽門宴將士。仁壽初改曰昭陽門。唐武德初改曰順天門，神龍初始曰承天門。六典：「長安宮城亦曰太極宮城，南面三門，中承天，東長樂，西永安。又大興宮城正北門曰玄武，東北門曰至德。」一曰東內，在皇城內東北隅，即西內之東北也。正門曰丹鳳。即大明宮也。高宗龍朔二年置。自是天子常居東內。建中四年涇原軍作亂，陳丹鳳門外。宮苑簿：「大明宮南面五門，西來第一門曰興安，第二門曰建福。又至德三載改丹鳳門曰明鳳。」一曰南內，在皇城內東南隅。唐志：「在東內之南，所謂興慶宮也。自東內達南內有夾城複道，經京城之通化門，人主往來兩宮，人莫知之。宣宗時於夾城南頭開便門，俗號新開門。」三內皆有宮城。志云：唐西內有三城，外一重曰京城，外郭城也，南近樊川，北連禁中；內一重曰宮城，惟列府寺，不使雜人居之；又內一重曰內宮城，大極宮在其內，即隋之大興宮也。今省城正直宮城之地。其皇城之門凡七：南面三門，中曰朱雀，亦曰端門，其北對承天門，門外西街有都亭驛。東曰安上，至德三載以安祿山叛，改安上曰先天，尋復舊。胡氏曰：「安喜門樓當在其上。大順初遣張濬討李克用，御安喜門樓餞之。明年楊復恭作亂，御安喜門，劉恭望謂禁軍『天子親在街東督戰』是也。」西曰含光；東面二門，南曰景風，北曰延喜；大中三年河、隴老幼詣闕，帝御延喜門樓見之。西南二門，南曰順義，北曰安福。六典：「安福門西直京城之開遠門。」乾寧二年李茂貞等再犯闕，上御安福門待之，即此。京城之門凡十：南面三門，正中曰明德門，北當皇城之朱雀門，南出抵終南山。五行志：「元和八年京師大水，城南深丈餘，入明德門猶漸車輻是也。」東曰啓夏門，門外即杜曲也。其西南二里有圓丘、先農、籍田三壇。乾寧二年邠岐兵犯闕，駕出啓夏門，趣南山。西曰安化門；至德三載改曰達禮門。東面三門，正中曰春明門，隋名也。唐公李淵義師至長安，營於春明門西北。既又遷館於安興坊，坊在安興門外。自都城東行者多出是門，故唐人詩云「春明門外即天涯」也。南曰延興門，隋之安興門也，唐改。北曰通化門，建中四年涇原軍作亂，自長樂坡入通化門。興元初李晟收京城，耀兵通化門外。西面三門，正中曰金光門，隋名也。唐初舉義師，劉弘基次長安城，振隊金光門。廣明初黄巢入關，田令孜以帝自金光門出趨駱谷是也。唐志：「自此西出趨昆明。」南曰延平門，北曰安遠門，隋曰開遠門，唐改。唐書：「天寶十二載，時中國强盛，自安遠門西盡唐境萬二千里。」又安遠門揭候署曰「西極道九千九百里，」示戍人無萬里行也。至德三載改安遠曰開遠。光啓初王重榮、李克用逼京師，帝自開遠門出幸鳳翔。北面一門，曰光化門。宋氏曰：「唐京城諸門大抵皆因隋。唐永徽四年築長安故城，三旬而畢。開元十八年又築西京外郭，九旬而畢。」舊唐書：「京城内有東西兩市，南北十四街，東西十一街，街分一百八坊，坊廣長皆三百餘步。皇城南大街曰朱雀街，街東五十四坊，萬年縣領之；街西五十四坊，長安縣領之。京兆尹總其事。」長安志：「朱雀街南北盡郭有六條坡，象乾卦六爻，横亘城中，亦謂之六岡。隋宇文愷營都城，於九二爻置宫殿以當皇居，九三列百司以象君子之數，九五貴位，不欲常人居之，故置玄都觀、興善寺鎮其地。寶曆初裴度宅在朱雀街東永樂坊，略與街西安善坊、玄都觀東西相對，忌度者以爲宅近岡原，蓋近第五岡也。」又有苑城，本隋大興苑也，亦開皇二年置。唐曰禁苑，亦曰三苑。以三大内皆有苑也。苑城東西二十七里，南北三十二里，周迴一百二十里。東接霸水，西接長安故城，南連京城，北枕渭水。西京記：「苑西即太倉，倉北距中渭橋，與長安故城接，故城亦隸苑中。」又苑有四面監及總監，以掌種植。其南面監亦曰長樂監，中有離宫亭館凡二十四所。」凡十門：南面三門，中曰景耀，六典：「禁苑南門直宫城玄武門。」

東曰芳林，唐紀：「元和十二年築夾城，自東内雲韶門過芳林門，西至修德里通興福佛寺。」西曰光化；東面二門，南曰光泰，程大昌曰：「在京城通化門北，小城之東門，門東七里即長樂坡。」呂大防長安圖：「光泰門在大明宮東苑之東。」興元初李晟收京城，與賊戰光泰門外米倉村，乘勝入光泰門。明日復陳於光泰門外。又中和三年李克用等數敗黄巢，於渭南光泰門入，賊遂從藍田逸去。北曰昭應；西面二門，南曰延秋，天寶末安禄山陷潼關，上密與貴妃、皇子等黎明出延秋門西幸。中和初黄巢據長安，諸道會兵進討，鳳翔行軍司馬唐弘夫等進薄長安，巢東走，别將程宗楚等自延秋門入。賊近在霸上，詗知官軍不整，引軍襲敗之，復據長安。北曰玄武；北面三門，中曰啓運，東曰飲馬，西曰永泰。苑中又有白華門，殿門名也。李晟敗賊於光泰門，賊衆走入白華門。既而晟軍入苑城，進至白華門。又望僊門，亦苑中門名也。李晟收長安時亦屯兵於此。三苑地廣，故唐世用兵多在苑中。景龍末臨淄王隆基討韋氏之亂，集兵苑中。天寶末安禄山陷西京，使安思順將兵屯苑中以鎮關中。又興元初朱泚據長安，自含元殿徙居苑中之白華殿。元圖經：「今奉元路城，唐天祐元年匡國節度使韓建所築新城也。朱全忠遷昭宗於洛，毁長安宫室百司及民廬舍，長安遂墟。建去宫城外郭城重修子城，即皇城。南閉朱雀，東閉延喜，西閉安福三門，北開玄武門，是爲新城。城之制内外二重四門，門各三重。今門惟一重，内重基址尚存。東西又有小城二，以爲長安、咸寧縣治。」程大昌有言：「昆明鑿而鎬都爲池，隋城立而漢京爲苑。」夫陵谷變常，玄黄易位，所當慨者豈惟城郭淪亡云爾。城邑考：「府城即唐末新城之址，明洪武初增修，城周四十里。門四，東長樂，南永寧，西安定，北安遠。嘉靖五年、隆慶二年皆嘗葺治。」

長安縣，附郭，在府治西。本秦杜縣之長安鄉，始皇封其弟成蟜爲長安君，楚懷王亦封項羽爲長安侯，漢初以封盧綰。高帝五年置長安縣，定都於此。惠帝始築城，在今縣西北。王莽更曰常安。後漢復舊，魏、晉以後因之。隋遷縣於今治。唐仍曰長安縣。唐志：「縣治長壽坊，乾封初分置乾封縣，治懷直坊，長安三年復併入焉。」五代梁改曰大安，後唐復舊。今編户五十五里。

咸寧縣，附郭，在府治東。本杜縣地，後周始置萬年縣於長安城中，此爲萬年縣地，隋遷都後改曰大興，唐復曰萬年。唐志：「縣治宣陽坊，乾封初分置明堂縣，〔二〕治永樂坊，長安三年復併入，天寶七載改爲咸寧，乾元初復故。」五代梁改曰大年，後唐復舊。宋曰樊川，金復改曰咸寧。今編户八十二里。

長安故城，府西北十三里。本長安鄉，漢初盧綰封長安侯。班固曰：「長安，故咸陽也。」蓋與咸陽界壤相接耳。高祖七年都此，自是置城邑，其後嘗繕益廣。王莽之亂，光武徙都雒陽，初平中獻帝復都此。後漢紀：「初平三年董卓部曲李傕等作亂，圍長安，長安城峻不可攻，守之八日，會内有叛者，傕等乃引兵入城。既而傕等再作亂，駕復東徙。」又長安有小城及外城，晉建興四年劉曜陷長安外城，麴允等退保小城以自固，城中饑困，乃降於曜。永和十年桓温伐秦，進至灞上，苻健帥老弱固守長安小城是也。後燬。宋元嘉十一年，魏人發秦、雍兵築小城於長安城内。西魏大統四年，宇文泰自北邙遁還恒農，東魏降卒趙青雀等遂反，據長安子城，旋討平之。賈耽縣道記：「長安故城在今苑中渭水南，隔渭水北對秦咸陽宫，西晉時嘗置安夷護軍於城内，其後更迭爲宫邑，隋建新都始移於今所。大業十三年唐公淵義師渡河，軍馮翊，遣劉弘基等南渡渭，軍長安故城。既而世民亦自阿城進屯焉。」三輔故事：「長安城中有八街、九陌。」漢京兆尹張敞走馬章臺街，丞相劉屈氂妻梟首華陽街，陳湯斬郅支單于懸首藁街；又有香室街，亦曰香街，魏主子攸初元或言漢高立太上皇廟於香街，黄圖云「太上皇廟在長安香室街」是也；又有尚冠前街，亦曰尚冠里，賈耽云「漢京兆府在故城内尚冠里」；其相次者爲夕陰街，太常街，熾盛街，凡八街。九陌一作「九市」，市各方二百六十八步，六市在道西，三市在道東，四里爲一市，以致九州之人，在突門夾横橋大道。元和志：「漢長安大俠萬子夏居柳市，太學諸生朔望集槐市，司馬季主卜於東市。又有西市在醴泉坊，隋曰利人市。此皆漢市之可考者。」

霸陵城，府東三十里。春秋時秦繆公築霸宫於此，昭襄王時謂之芷陽宫。秦紀：「悼太子死魏，歸葬芷陽。又宣太后亦葬焉。」三秦記云：「秦襄王葬芷陽，謂之霸上。」其後漢文帝起陵邑於此，因更名霸陵，亦置縣治焉。文帝二年從霸陵上，欲西馳下峻阪，袁盎諫止處也。後漢仍爲霸陵縣。興平二年李傕等作亂，奉車駕夜至霸陵。曹魏景初元年，徙長安銅人於洛陽，重不可致，留之霸城。晉曰霸城縣，屬京兆郡。永康初封趙王倫子詡爲霸城侯，明年倫篡位，立爲霸城王。永和九年呼延毒起兵霸城，苻秦將苻法等討滅之。後魏亦曰霸城縣，後周廢。唐武德二年析萬年置芷陽縣，七年廢。三秦記：「白鹿原東有霸川，川之西阪故芷陽也。」漢曰霸陵，沛公去鴻門，從驪山下道芷陽間行趨霸上，謂張良曰：「從此道至吾軍，不過二十里。」孔氏曰「鴻門至霸上四十里，間行不過二十里」云。

南陵城，在府東南二十五里。漢文帝七年置南陵城，薄太后葬焉。廟記云：「在霸陵南十里，因曰南陵。」太后嘗言

「東望吾子，西望吾夫」，俗因名其陵爲見子陵。括地志：「陵在長安滻水東原上，霸陵之西。」〔三〕元始四年，縣爲王莽所廢。唐建中四年朱泚據長安，劉德信將兵自汝州入援，破泚衆於見子陵，即此。或曰見子陵，秦莊襄王陵也，在臨潼故新豐縣南三十五里。始皇陵在其北，故名。非即南陵也。

杜陵城，府東南十五里。周杜伯國也。秦武公十一年初置杜縣。漢宣帝元康元年葬於杜東原上，曰杜陵。更縣曰杜陵縣，時亦謂之下杜，對陵而言也，屬京兆尹。後漢建武二年延岑屯杜陵，赤眉將逢安擊岑，岑大破之。晉曰杜城縣，後魏曰杜縣，後周省入萬年縣。○奉明城，在故長安城東。漢宣帝置縣，屬京兆尹，後漢省。水經注：「奉明縣廣成鄉有廣明苑，史皇孫及王夫人葬於郭北，宣帝移於苑北，以爲悼園，因置縣以奉園陵。」又山北城，在今府東南五十里。後魏分長安、藍田二縣地置縣，屬京兆郡，後周廢。

阿城，在府西三十四里，即秦所作阿房宮也。黃圖：「秦作宮阿基旁，天下謂之阿房。」孔穎達曰：「宮在今上林苑中，雍州郭城西南面，即阿房宮城東南面也。」始皇三十六年，作朝宮渭南上林苑中。先作前殿阿房，周馳爲閣道，自殿下直抵南山，表南山之巔以爲闕，爲複道，自阿房渡渭，屬之咸陽，即此。顏師古曰：「阿房墻壁崇廣，故俗呼爲阿城。」漢武帝欲籍阿城以南、盩厔以東、宜春以西除爲上林苑，屬之南山。晉建興初劉聰將趙染襲長安，將軍麴鑑自阿城馳救，染引却。大興三年劉曜以巴酋句徐、厙彭等相結爲亂，因於阿房殺之，於是四山氐、羌、巴、羯盡反，衆至三十餘萬，關中大亂。太元九年慕容沖敗秦兵於灞上，遂據阿房以偪長安。隋末李世民入關，自涇陽引兵趨司竹，還頓於阿城，即此。一統志：「阿房宮在今咸陽縣東二十五里。」

龍首山，府北十里。長六十里，首入渭水，尾達樊川，頭高二十丈，尾漸下高五六丈，土赤不毛。隋以長安城狹小，改作新都於此。亦曰龍首原。

終南山，府南五十里，都城之巨鎮也。又太一山，志云：在府西南八十里。一統志云：「在終南山南二十里。」蓋即終南之異名矣。詳見名山。

子午谷，府西南百里，南達漢中。或謂之蝕中。漢王之國，從杜南入蝕中。元始五年王莽始通子午道，從杜陵南直絕南山經漢中，置子午關於谷内。魏延謂諸葛武侯「當子午而北」，即此。詳見漢中府子午道。

石鱉谷，府南六十里。谷口有大石如鱉，因名。吕大防曰：「隋築都城，南直南山石鱉谷。」是也。今咸寧、長安以此分界。或謂之太乙谷。

錫谷，府東南六十里。有路達歸安鎮，合義谷路通漢中府。志曰：義谷近藍田縣。元至正二十一年張良弼引兵出南山義谷，屯藍田，受察罕帖木兒節制，良弼陰貳於察罕，即此。

細柳原，府西南三十里。有細柳觀。又漢之柳市亦在其地，張楫以爲周亞夫屯兵處。漢郡國志長安有細柳聚。元和志：「萬年縣東北三十里有細柳營，而細柳原在故昆明池南，非戍守要地。說者以爲周亞夫屯兵處，非也。」或曰文帝時昆明未鑿，徐厲軍渭北，而劉禮、亞夫軍渭南，内外聯絡，以防衛京城，安知其非是？杜佑亦曰：「細柳原，蓋亞夫屯於此。」

樂遊原，府南八里。其地最高，四望寬敞，本秦時宜春苑地，漢宣帝神爵三年起樂遊苑於此。關中記：「漢宣帝立廟於曲池北，號樂遊廟。」蓋初爲苑，後因爲廟。唐曰樂遊園，其南即曲江池。○少陵原，在府西南四十里。漢宣帝葬許后於此。唐貞觀七年校獵於少陵原。志云：漢時名鴻固原。又神禾原，在府南三十里，下臨樊川。其相近者又有鳳棲原，志云：在少陵北。

長樂坡，府東北十里，滻水西岸。本名滻阪，隋文帝惡其名，改爲長樂陂。亦曰長樂坡，有長樂驛，唐時爲迎餞之所。建中四年發涇原軍救襄城，過京師，至滻水而作亂。涇原帥姚令言自禁中出，馳至長樂坡，遇亂兵擁之，西入通化門，車駕倉卒幸奉天。或謂之三陵坡。明洪武二年徐達取奉元，渡涇、渭，軍於三陵坡，父老出迎是也。襄城，今河南許州屬縣。○狗脊嶺，唐志：「在京城東市。」蓋龍首山之支隴，唐爲行刑之地。又子城西南有獨柳樹，亦爲行刑處。

渭水，府北三十里。自咸陽縣流入境，合灃、鎬二水，東流經府北，又東合霸、滻諸川入臨潼縣界。詳見前大川渭水。

霸水，在府東二十里。源出藍田縣南山谷中。漢志注：「霸水出藍田谷，亦名藍谷水也。」自南山北流，經縣西，歷白鹿原東，〔四〕又北經府東霸陵故城西，又北入於渭水。本名滋水，秦穆公更名，以章霸功。」始皇二十二年，命王翦伐楚，送至霸上。通釋云：「霸水經白鹿原謂之霸上。」或曰即霸陵城西也。沛公破秦軍於藍田，至霸上；既入咸陽，復還軍霸上。漢十一年上自將討黥布，太子監關中兵，軍霸上。文帝後六年備匈奴，使劉禮屯霸上。景帝三年七國反，周亞夫擊之，將會兵滎陽，發至霸上。又昭帝崩，昌邑王徵至霸上，大鴻臚郊迎。晉永安初，河間王顒將張方劫遷車駕趨長安，顒迎於霸上。永興三年東海王越等發兵謀討顒，顒遣張方屯霸上。既而越等遣兵入關，敗顒將馬瞻等於霸水。建興四年劉曜寇長安，華輯監京兆、馮翊、弘農、上洛四郡兵，屯霸上，畏曜兵强，不敢進。永和十一年桓温敗苻秦軍於藍田，頓兵霸水上，王猛來謁，温問：「三秦豪傑何以不至？」猛曰：「今去長安咫尺，而不渡霸水，百姓未知公心，所以不至也。」温尋與秦軍戰於白鹿原，敗還。太和五年苻堅使王猛伐燕，送之霸上。太元九年，慕容沖自華陰進向長安，苻堅遣將姜宇等拒之于霸上，敗死。十年苻秦將竇衝據兹川，有衆數萬，拒姚萇。兹川即霸水也。義熙十三年劉裕伐姚秦至潼關，秦主泓軍霸上。其將姚讚自定城退屯鄭城，晉軍逼之，又退屯霸東。未幾王鎮惡入長安，劉裕自鄭城引軍西，鎮惡迎於霸上。十四年赫連勃勃陷長安，築壇於霸上，稱皇帝。西魏大統初東魏將司馬子如等軍潼關，宇文泰軍霸上以拒之。隋開皇四年後梁主巋入朝於隋，辭還，隋主餞之霸上。胡氏曰：「府東二十餘里有霸橋，霸水經其下。又東十里爲霸城，又東五十里即新豐古城也。」舊時霸水爲畿南大川，奔流入渭，唐貞元四年嘗暴溢，殺百餘人，蓋下流漸壅，山水驟決所致也。自唐以後，遷絶不可復問矣。紀勝：「霸水出秦嶺，合藍谷、傾谷諸水入滻水，而北注於渭。」

滻水，舊志云：在府東十五里，源亦出南山谷中。漢志注：「與霸同源而異流，經藍田縣白鹿原西，又北至霸陵城南合於霸水。」西京道里記：「滻水在長樂坡西。」隋開皇三年引滻水北流入苑，謂之滻渠，亦曰龍首渠。唐太極初幸滻水東，耕籍田。開元二十六年迎氣於滻水之東。至德二載收西京，僕固懷恩與回紇兵自城南過，營於滻水東。廣德初吐蕃逼西京，度便橋，車駕出苑門，度滻水。胡氏曰：「出光泰門渡滻水也。」既而郭子儀自商州遣軍出藍田，徑度滻水，吐蕃疑懼，引去，子儀因自商州至滻水西入長安。車駕尋自陝還，子儀率百官迎於滻水。興元初李晟收復京城，華州帥駱元光敗朱泚衆於滻西。六典：「禁苑包大明宮北，東距滻水。」長安志：「滻渠在長安縣東北五里，自故霸陵城界龍首鄉馬頭控堰滻水入渠，西流過萬年城東而入長安縣東，又北流注渭。」蓋滻水本入霸水，自隋遷都後，堰滻水爲渠，而霸、滻之流漸亂。王氏曰：「唐時以渠導入城者有三：一曰龍首渠，自城東南導滻水至長樂陂，釃爲二渠，一北流入苑，一經通化門興慶宮，自皇城入太極宮，以渠近龍首原而名；二曰永安渠，自城南導交水從大安坊西街入城，北流入苑注渭；三曰清明渠，亦導交水自大安坊東街入城，繇皇城入太極宮。宋大中祥符七年，陳堯咨知府事，以城内井泉大半鹹苦，乃相度城東二里之龍首渠，其水清冷甘冽，可五六十丈，開渠引注入城，散流廛閈，民咸賴之。明天順初，守臣余子俊以宋渠湮塞，乃相城外西南有交、潏二水，源流未竭，因地勢高下導之，灌注城市。其水清甘，民皆取給焉。亦謂之通濟渠。志以爲成化中開，悮也。又城東今有景龍池，引水入城，即龍首渠舊迹矣。舊志：滻水出藍田縣，合荆谷諸水北流入霸水。

灃水，府西三十里。出鄠縣南山谷中。漢志注云：「源出秦嶺，西北經子午谷，又得豐谷口水，故名焉。」張楫曰：「灃水出鄠南山豐谷也，東北流經故長安城西，又北至咸陽縣境入渭。」禹貢「灃水攸同」，詩「豐水東注」，老子「豐水出，深十仞而不受塵垢，金鐵在中，形見於外」是也。成帝鴻嘉中，王商穿長安城，引内灃水注第中。晉大興中劉曜嘗立囿於水上，曰灃水囿，尋省囿以與貧民。義熙十三年後秦姚恢以安定叛，南據郿城，秦主泓遣姚裕等屯灃西以備之。唐至德二載，廣平王俶敗安慶緒將安守忠等於豐水，遂復京師。地說：「灃水出豐谷，北流經漢龍臺觀，東南與渭水合於短陰山。」舊志：灃水出南山，合太平、高觀谷水東至咸陽入渭。一云灃水今名賀蘭渠，東北流注交水。

鎬水，府西北十八里。源亦出南山谷中。舊志云：出太白山西谷中。悮也。北流經故長安城西南注昆明池，又北爲鎬池，又北經阿城西達咸陽縣境入於渭。十道志：「鎬池在長安城西，昆明池北，即周故都。」詩：「考卜惟王，宅是鎬京。」書傳云：「文王作豐，武王理鎬。」鄭康成曰：「鎬在豐東，豐、鎬相去蓋二十五里。」秦始皇時鎬京故址毁，漢武帝穿昆明池而故址益無可究。廟記云：「鎬池周二十一里。」晉大興三年劉曜起凌霄臺於鎬池。唐貞觀中以鎬池并入昆明池。括地志：「鎬水今不入渭。」有漕渠西自長安入注於渭，漢武元光六年所開也。自唐貞觀間堰豐、鎬二水入昆明池，二水於是斷流。今則昆明池亦涸爲民田，而豐、鎬之流不可復問矣。地志：「鎬池在咸陽縣西南二十五里。」

滮水，府西北二十里。亦曰滮池水。水經注：「鎬水上承鎬池，西北流與滮池合。」滮池水本出鎬池西而北流入鎬，詩「滮池北流」是也。晉太元十一年苻秦將鄧景帥衆據滮池以擊後秦，時竇衝據兹川，與景相首尾是也。圖經：「滮池一名聖女泉。」

潏水，在府南十里。出南山石鱉谷，亦謂之沉水。水經注：「沉水上承樊川皇子陂，北逕長安城西與昆明池水合。」呂忱曰：「潏水出杜陵之樊川。潏音决，亦曰沉。北流合昆明池，又東北流入渭。」或謂之高都水。西漢末五侯王氏大治池沼，引潏水入長安城，百姓歌之曰：「壞决高都，竟連五杜。」唐至德二載郭子儀敗賊於白渠，遂自西渭橋進屯潏西是也。白渠，今見三原縣留運橋。

澇水，府南五十里。源出鄠縣南山澇谷，亦曰潦水，經縣西南秦萯陽宫西，又北合渼陂水，又北流至長安縣界入於渭。一統志：「澇水下流合於潏水，入渭。」

交水，府南三十里。一名福水，上承樊川，西至石碣遂分爲二，一注灃水，一入昆明池。志云：長安南有梗梓谷水，出南山中，北流合潤國渠，又西北流至長安縣東南三十里入交水。又有豹林谷水，亦出南山中，北流，有竹谷水自南來會焉，子午谷水自東來會焉，並流入於交水。

樊川，在府南三十里。其地本杜縣之樊鄉：一云周仲山甫所封，或曰非也，漢初樊噲賜食邑於此川，因以名。潏水所經也，本名後寬川，漢初始曰樊川。程大昌以爲即御宿川，唐貞觀十四年大獵於此。

御宿川，在府西南四十里。宿亦作「羞」。如淳曰：「御羞，地名，在藍田。其地肥沃，出御物。」揚雄謂之御宿。黄圖云：「川在長安城南，漢武帝爲離宫别館，禁禦人不得往來遊觀，長宿其中，因名。」師古曰：「川在樊川之西。」是也。唐廣德初吐蕃入長安，郭子儀自御宿川循山而東，將趨商州，即此。一名華嚴川。〔五〕

牛首池，括地志：「在長安縣西北三十八里漢上林苑中。」史記「秦上林苑旁有牛首池」是也。〔六〕池中有自生之韭，亦名韭澤。一云在咸陽縣境渭水南。黄圖：「上林中有十池曰初池、麋池、大臺池、郎池、牛首池、蒯池、積草池、東陂池、西陂池、當路池。」初學記：「上林有十七池，曰承靈池、昆靈池、天泉池、龍池、魚池、蒯池、困池、鶴池、西陂池、當路池、東陂池、太一池、牛首池、積草池、麋池、舍利池、百子池。」師古曰：「蒯，草名也。可以織席，因名。」又圖經：「長安西有冰池，西北又有盤池。」今並廢。

太液池，在漢建章故宫西，未央宫北，周迴十頃，亦謂之倉池。水經注：「沉水枝渠至章門西，飛渠引水入池，東爲倉池，中有漸臺，起三山爲蓬萊、方丈、瀛洲以象海中神山。」亦曰清淵海。池邊多雕菰紫籜，鳬鴈充滿。西魏大統初宇文泰與公卿如昆明池觀魚，行至漢故倉池，即此。後漸堙廢。○唐中池，在太液池南，周迴十二里。唐，庭也。又有影娥池，在建章故宫中，漢武所鑿，使宫人乘舟翫月處。

昆明池，在府西南三十里，地名鸛鵲莊。漢書：「元狩三年減隴西、北地、上郡戍卒之半，廢謫使穿昆明池。」〔七〕臣瓚曰：「西南夷昆明國有滇池，方三百里，漢欲伐之，故作池以習水戰。周迴四十里，凡三百二十頃。」三秦記：「池中有靈沼，名神池，堯時治水嘗停船於此。」陸機曰：「堯時已有汚池，漢因而深廣之。」水經注：「交水西至石碣，武帝開昆明池所造。」有石闥堰，在長安縣西南三十三里。後漢建武二年赤眉大掠長安，引而西，鄧禹乃南至長安，軍昆明池，謁祠高廟，大饗士卒。唐武德九年幸昆明池，貞觀五年獵於昆明池。括地志：「貞觀中修昆明池，豐、鎬二水皆悉堰入，無復流派。」括地志：「昆明池深六尋，袤十里。」貞元十三年命京兆尹韓皐浚之，追漢制引交河及豐水合流於池，又修石炭、賀蘭兩堰，并造太堰以匯衆流。大和九年復浚之。雍勝録云：「池在長安故城西十八里。池中有豫章臺及刻石爲鯨魚，旁有二石人，象牽牛、織女立於河東西。池中養魚以給諸陵祭祀。自宋以後不加濬治，遂堙爲民田。」胡氏曰：「武帝作石闥堰，堰交水爲池。昆明基高，故其下流尚可壅激以爲都城之用，於是並城疏列三派，城内外皆賴之。唐大和以後石闥堰廢，而昆明涸矣。」舊志云：上林苑中有波、郎二水，武帝因鑿爲昆明池。

定昆池，府西南十五里。唐景龍二年安樂公主恃寵，請昆明池爲私沼，帝不許，自鑿定昆池，袤數里，即此也。今亦廢。朝野僉載「定昆池方四十九里，直抵南山」云。

隆慶池，在府城東。六典：「隆慶坊南有井，武后時忽湧爲小池，袤數十丈，常有雲氣，或黄龍出其中。至景雲間，潛復出水。其沼浸廣，里人悉移居，遂鴻洞爲龍池。」實録云：「則天時長安城東隅民王純家井溢，浸成大池數十頃，號隆慶池。相王子五王立第於其北，望氣者言鬱鬱有帝王氣，中宗景龍三年幸隆慶池以厭之。開元二年作興慶宫於此，謂之南内。」長安志：「龍池在躍龍池南，本是平地，自垂拱初載後因雨水流潦爲小池。後又引龍首渠水分溉之，日以滋廣。至景龍中彌亘數頃，深至數丈，常有雲龍之祥，後因謂之龍池。」程大昌曰：「志云隋城外東南角有龍首堰，自此堰分滻水北流，至長樂坡分爲二渠，其西渠自永嘉坊西南流，經興慶宫，則是龍池之成，引滻水之力也。」

曲江池，在今府城東南。漢武帝時鑿。其水曲折似嘉陵江，因名。唐志：「朱雀街東第五街，皇城東第三街，其南有曲江池，周六七里。」亦名芙蓉池。本秦隑洲，司馬相如賦「臨曲江之隑州」，顔師古云：「曲岸之洲，謂曲江也。」漢武帝因秦宜春苑故址鑿而廣之爲曲江池，宣帝時起樂遊苑以爲校文之所。唐開元中更疏鑿之。南有紫雲樓、芙蓉苑，西爲杏園、慈恩寺，江側菰蒲葱翠，柳陰四合。都人遊賞，中和節三月三日最盛。玄宗嘗錫臣僚宴飲於此，後秀士登第者亦賜宴焉，本漢時校文之義也。文宗大和九年從鄭注言，浚曲江及昆明池。雍録：「曲江基地最高，隋營京城，宇文愷以其在城東南隅，地高不便，故缺此地，不爲居人坊巷，而鑿池以厭勝之。又會黄渠水自城外南來，遂從城外包之入城爲芙蓉池，且爲芙蓉園。唐作紫雲樓於江上。其後頽圮，大和六年復作之。」胡氏曰：「曲江池，漢時周六里餘，唐時周七里，占地三十頃。今且堙爲平陸矣。」一統志云：「池在今府東南十里。」

蓬萊池，在唐東内禁苑中，憲宗嘗畋遊於此。志云：池在蓬萊殿北，亦名太液池，池中有蓬萊山。自蓬萊池西出玄武門入重元門，即苑中也。重元蓋苑之南門，對宫門玄武門。又有魚藻池，亦在東苑内，唐穆宗時嘗發神策軍浚之。其相近者又有凝碧池。○龍首池，在唐東内苑中。志云：苑中有龍首殿，龍首池引龍首渠之水自城南注此。元和十三年浚龍首池。又西内有海池三，太極宫圖云：「東海池在玄武門内之東，近凝雲閣；北海池在玄武門内之西；又南有南海池，近咸池殿。」武德九年上方泛舟海池，世民殺太子建武等於玄武門是也。今皆湮廢。

廣運潭，在府東九里望春宫之望春樓下。天寶三載韋堅所鑿。志云：初滻水御苑左有望春樓，堅於其下鑿爲潭，以聚江、淮運船，賜潭名廣運。未幾潭不可漕。又天寶二載京兆尹韓朝宗引渭水入含光門，置潭西街以貯材木。〔八〕宫殿圖：「望春樓在霸水西，臨廣運潭，潭在京師苑城東。」

河池陂，在昆明池東。池水流經陂北，東合沉水。一名女觀陂。○雁鶩陂，在鎬池北。亦承昆明之下流，方六頃。沈約詩「東出千金堰，西臨雁鶩陂」是也。

皇子陂，在府西南二十五里。周七里。十道志：「秦葬皇子，起冢陂北原上，因名。」隋文帝改曰永安陂。○塔陂，在府南二十里韋曲之西。地有浮圖，産稻極美，土人謂之塔陂米。

王渠，在府西。其上流曰昆明故渠；自昆明池東逕河池陂北，又東合沉水，亦曰漕渠；逕故長安城南，至漢青門外有沉水枝渠流入焉，枝渠自章門西入城，爲倉池；又逕未央宫北，桂宫南，謂之明渠；又東逕武庫北及長樂宫北而東出城，合昆明故渠，又分爲二，謂之王渠，東北注渭水。今涸。蘇林曰：「王渠，宮渠也，猶今御溝。」漢哀帝爲董賢治大第，開門鄉北闕，引王渠灌園池。崔豹古今注：「長安御溝謂之楊溝，植楊於溝上。」又戴延之西征記：「御溝引金谷從閶闔門入。」雍州圖經：「金谷水出藍田西終南山，西入霸水。」○七里渠，在故長安城宣平門外。上有飲馬橋。亦曰七里溝，唐長慶中王播濬之以便漕。

靈軹渠，在府西南漢上林苑中。武帝所穿，起盩厔縣東十五里平地，北流入苑，用以溉田，河渠書「關内則輔渠、靈軹」是也。一名蒙籠渠。

清渠，在府南。程大昌曰：「唐京城西北有漕渠，南出豐水，逕延平、金光二門，至京城西北角，屈而東流，逕漢故長安城南，至芳林園西又屈而北，流入渭。清渠在漕渠東，直秦故杜南城，稍東即香積寺北。」至德二載郭子儀圖復西京，自潏西擊賊安守忠等於清渠，敗績。

運木渠，在府南。唐大曆元年京兆尹黎幹請開漕渠，自南山谷口引潏水直抵景風、延喜二門入苑，以漕薪炭，謂之運木渠。久之不就。又鹽渠，在故長安城南。唐武德七年長安古城鹽渠水生鹽，色紅白，謂之瑞鹽。今皆湮廢。

長樂宮，在府西十四里長安故城東隅。周二十里。本秦興樂宮也，始皇時建。漢高帝五年都長安，九月治長樂宮，七年宮成，諸侯皆朝。既而未央宮成，乃以未央宮爲朝會之所。其後長樂宮每爲太后所居，亦謂之東宮，又謂之東朝。元康四年神雀集長樂宮。五鳳三年鸞鳳集長樂宮東闕樹上。宮西有長信、長秋、永寧諸殿，正殿内又有温室。更始入長安居長樂宮，三年徙居長信宮。黄圖「從洛門至周廟門中有長信宮」，蓋即長信殿矣。赤眉入長安，劉盆子復居長樂宮。後廢，西魏以後復修治之。隋大業十三年，唐公淵軍馮翊，進趣長安，命世子建成等自永豐西趨新豐，進至長樂宮。既而淵入長安，還屯長樂宮，與民約法十二條。天寶以後廢。○章臺宮，在長安故城中。秦宮也，中有章臺，因名。或曰章臺，戰國時諸侯宮室之通稱。蘇秦説秦曰：「諸侯莫不西面而朝於章臺之下。」説楚亦曰「南面而朝章臺」是也。秦紀：「楚懷王西至咸陽，朝章臺。」孔氏曰：「臺在渭南，漢有章臺街，街蓋在臺下。」又明光宮，在長樂宮後，漢太初三年所作。黄圖：「明光宮南聯長安，北通桂宮。」

未央宮，在府西南十八里長安故城西南隅。漢高祖七年蕭何起未央宮，斬龍首山而營之，高出長安城。北闕曰玄武，東闕曰蒼龍。東南立武庫，西爲太倉。自此常爲朝會之所。王莽時改曰王路堂。地皇初大風，毁王路堂。更始初義兵入城誅莽，莽將王邑等距擊北闕下，未央宮被焚。後漢初平元年董卓劫遷車駕入長安，復葺未央殿居之。西京雜記：「未央宮周迴二十二里九十五步五尺，街道周迴七十里。臺殿四十三，其三十二在外，其十一在後宮。池十三，山六，門闥凡九十五，而昭陽殿在宮中尤爲巨麗。」漢宮殿疏：「未央宮有金馬門、青瑣門、朱鳥堂、畫堂，甲觀非常室。又有延年、合歡、承明、昆德、白虎、麟趾、玉堂、金華、宣室諸殿，天禄、石渠、麒麟三閣。又有鉤盾、弄田。」鉤盾，宮寺名。弄田，天子燕遊之田也。又有曲臺，爲天子習射處。水經注：「未央宮蒼龍闕内有閶闔、止車諸門。」劉曜據長安，復營治焉。西魏以後亦增修之。大統四年置紙筆於揚武門外以求其失。揚武門或以爲即漢止車門。又有露門，或以爲即故閶闔門也。宇文周倣古制外朝曰路門，謂曰露。程大昌曰：「漢未央宮在唐禁苑中，改爲通光殿。貞觀七年從上皇置酒故漢未央宮。會昌中詔重修未央宮。蓋自隋至唐，屢經修治。」元和志：

「未央宮東距長樂宮一里，中隔武庫。」○桂宮，在未央宮北。漢武帝建，周十餘里，中有明光殿，從宮中複道上城西至建章宮。關中記：「桂宮一名甘泉宮，武帝作迎風臺以避暑。」或謂之北宮，亦謂之紫宮。水經注：「宮内有走狗臺、柏梁臺。」又有壽宮，亦武帝所作以奉神君者，元狩五年置酒壽宮是也。黄圖：「漢有犬臺宮，在長安西二十八里。」

建章宮，在府西南二十里，故未央宮西南上林苑中。周迴二十里。漢武帝太初元年以柏梁臺災，更作宮，度爲千門萬户。其東别起鳳闕，乘高望遠，一名别風闕，又謂之圜闕。上立銅鳳凰，故曰鳳闕。時又於其南立神明臺、井幹樓。顔師古曰：「上林苑中有宮十二，建章宮其一也。」又西有蒲萄宮，哀帝元壽二年單于來朝，以太歲厭勝所在舍之，因起此宮。赤眉入長安，壞建章宮。今俗呼貞女樓，即建章故闕云。○明堂，在長安故城外。水經注云：「在鼎路門東南七里。其制上圓下方，有九宮十二室。」又漢圓丘，亦在故長安城南。成帝建始二年罷雍五畤，始祀昊天上帝於南郊是也。志云：漢圓丘在昆明池南。唐武德初於明德門外道東二里立圓丘，高十二丈，東北去啓夏門外亦二里有奇。

宜春宮，在今府東南，近曲江池。黄圖：「在杜縣南，秦離宮也。」趙高葬二世杜南宜春苑中，即此。漢亦爲宜春宮，武帝嘗東遊宜春。又於宮東置苑，亦曰宜春下苑。初元二年罷宜春下苑，是也。其在鄠縣者又有宜春觀云。○長門宮，在府東北。括地志：「漢長門故亭在萬年縣東北苑中。」文帝十六年於長門道北立五帝壇。景帝時竇太主獻長門園，武帝改爲宮。如淳曰：「長門者，因長水爲名。」

宣曲宮，在府西南昆明池西。漢置宮於此。又邑名也，高祖封功臣丁義爲宣曲侯。亦爲胡騎所屯，漢置長水校尉掌長水、宣曲胡騎。又武帝微行，私置更衣，從宣曲以南十二所夜投宿長陽、五柞諸宮是也。長水，見藍田縣。○有望春宮，在府治東十里滻水西岸。隋開皇中建，大業初改爲長樂宮。唐志：「萬年縣有南望春宮，臨滻水西岸；有北望春宮，下臨廣運潭。」朱泚之亂，援軍遊騎時至望春樓下是也。

長安宮，在長宮故城東。戴延之西征記：「苻秦築宮於長安東城，中有太極殿，西魏以後皆謂之長安宮。」有肅章門。宇文周建德二年，周主弟直作亂，襲攻肅章門，蓋宮西南門也。宮中有大德、永安、正武等殿。建德六年毁路寢、會義、崇信、含仁、雲和、思齊等殿，以其壯麗也。又有天興宮，後周主贇所居。其東爲正陽宮，周主闡所居也。楊堅輔政，以正陽宮爲丞相府，亦謂之東宮。天興宮東門曰崇陽門，堅每繇此如東宮。又臨光殿亦在天興宮，楊堅受禪處也。唐廢。

太極宮，在今府治西北，即隋大興宮。隋開皇三年營新都，名其城曰大興，宮殿亦皆以大興爲名。其北苑亦曰大興苑，唐人謂之西內。正殿曰太極殿，即隋之大興殿也。一云後爲翠微殿。殿東曰武德殿，又東曰延恩殿。隋開皇二十年陳兵武德殿，廢太子勇。又大業十三年以武德殿爲丞相府，唐公淵居之。太極殿西曰承慶殿，又西有承乾殿。唐武德三年，元吉居武德殿，世民居承乾殿。宮之北有臨湖殿，武德九年建成、元吉入玄武門，至臨湖殿覺變是也。西京記：「太極宮城西有弘義宮。」武德五年以秦王有尅定天下之功，别建此宮居之。亦謂之西宮，承乾殿在焉。秦王既誅建成等，隨居東宮。宮在太極宮東，内爲武德等殿，有左右長林門。太宗尋即位於東宮之顯德殿。

而西宮有山林勝景，貞觀二年高祖徙居之，改曰大安宮。宮中又有丹霄、垂拱等殿，其東宮又有萬春、立政等殿，而兩儀、甘露、神龍、天成、披香、千秋等殿亦俱在太極殿以北，又相思殿則在玄武門内也。六典：「太極殿次北曰朱明門，門之左曰虔化門，高祖初爲丞相視事虔化門。朱明門之右曰肅章門，肅章之西曰揮政門。」貞觀十年葬長孫皇后，將軍段志玄、〔九〕宇文士及分統士衆出肅章門是也。自太極殿以北曰兩儀殿，古之内朝也。其東曰獻春門，内爲萬春殿。又東曰立政門，内即立政殿。其西爲宜秋門，又西爲百福門，内爲百福殿。又太極殿門之東爲恭禮門，自虔化門南出之門也。又南即宮城之長樂門。太極門西曰安仁門，自肅章門南出之門也。又南即宮城之永安門。太極宮圖：「宮西有左藏庫，庫西曰通明門，天寶十一載改曰鳳集門，而玄武門之西有青霄門，或謂之凌霄門，亦曰凌雲門，與嘉德等門，俱爲宮門。宮中又有通内諸門，〔一〇〕曰九僊、睿武、顯道、金液、玄德、白獸、凌煙閣及東西上閣、左右銀臺門。」劉昫曰：「西内中别殿臺閣，凡三十四所。」〔一一〕

大明宮，府治東北五里。唐爲東内，貞觀八年建。初名永安宮，旋改曰大明宮。六典：「大明宮在禁苑東南，西接宮城之東北隅。」程大昌曰：「太極宮之後苑也，在龍首山上。龍朔二年改作，謂之蓬萊宮，取殿後蓬萊池爲名。」正殿曰含元殿，殿成遂移仗居之，更命故宮曰西内，咸亨初又改曰含元宮，武后長安初復曰大明宮。其含元殿據龍首山之東趾，階上高於平地四十餘尺，南爲丹鳳門，殿東曰翔鸞閣，西曰棲鳳閣，二閣之下爲東、西朝堂，後殿則宣政殿也。殿之東西有東西廊，與西内太極殿之東西廂皆有日華、月華門。其西上閣之西則爲延英門，門左曰延英殿。自宣政殿而北則紫宸門，門右曰崇明門，左曰光順門。〔一二〕光順門外爲昭慶門，門南直光範門，而紫宸門内之紫宸殿，即内衙正殿也。又西曰金鑾殿，殿當龍首山。坡隴之北有金鑾坡，即龍首山之支隴，隱起平地，坡陀逶迤，殿在坡東，因以爲名。宫内又有長樂門、長樂殿，又有芳蘭殿，或曰紫蘭殿也。貞觀二十年宴回紇諸酋長於芳蘭殿。大明宫圖：「玄武門右有玄武殿，後有紫蘭殿。又紫宸東西爲左、右銀臺門。左銀臺門北爲太和殿；殿西爲清思殿，又南爲宣徽殿，北爲珠鏡殿；而右銀臺門内有麟德殿，殿有三面，亦謂之三殿。又紫宸之北爲温室、浴堂等殿，温室殿西南，浴堂殿東則少陽院也。其觀德殿在宜春門北，射殿也。」貞觀十四年侯君集獻高昌俘於此。或曰亦在大明宫内。劉昫云：「東内别殿臺觀亦三十餘所。」

興慶宫，在今府治東南五里。初曰隆慶坊，玄宗在藩時宅也。開元初避諱改曰興慶坊，宋王成器等居之。二年成器等獻興慶坊宅爲離宫，許之，始建興慶宫。後謂之南内。宫中有文泰、南薰、大同諸殿，宫南臨大道有長慶樓。其西南隅又有二樓，西曰花萼相輝，南曰勤政務本，至德中上皇自蜀還居此。上元二年李輔國逼遷上皇於西内，而南内漸廢。雍録：「南内在皇城中，直東内之南是也。」又僊都宫，在今府西。隋志：「長安縣有僊都、福陽、太平等宫。」唐廢。

太和宫，府南五十里。終南山有太和谷，〔三〕唐武德八年置宫於此。貞觀十年廢，二十年復置，勅命翠微宫。宫中有含風等殿，籠山爲苑，列臺觀其中。二十一年以翠微宫險隘，不能容百官，乃改營玉華宫於宜君縣之鳳凰谷，永徽中廢爲翠微寺。

上林苑，在舊長安城西十里。本秦苑。史記：「秦都咸陽，諸廟及章臺、上林皆在渭南。」是也。漢建元三年開廣之，延袤三百里。李吉甫云：「漢上林苑在長安西北十四里，周匝二百四十里。苑中有昭臺宮，又有平樂觀。」括地志：「觀在未央宮北，周十五里。」宣帝地節中，霍禹等馳逐平樂觀。王莽居攝二年以三輔兵起，使其黨王惲屯平樂觀是也。後漢建武三年，馮異屯軍上林苑中。時羣盜延岑等分據藍田、長安及諸城邑，合兵擊異，異大破之，於是招徠降附，撫慰百姓，三歲上林成都云。○博望苑，黄圖云：「在長安城南杜門外五里。」元和志：「在今長安城北五里。」漢武爲太子立博望苑，使通賓客之處也。

禁苑，今府城北。唐志：「皇城北爲禁苑。」雍録：「唐太極宮北有内苑，有禁苑，太極宮居都城北，内苑又居宮北，禁苑又居内苑之北。禁苑廣矣，南面全包漢之都城，東抵霸水，其西南兩面攙出太極宮之前，與承天門相齊。承天門西排列景耀等三門，皆禁苑門也。」六典：「禁苑北臨渭水，東距滻川，西盡都城，周百二十里。」興元初李晟收京城，議兵所從入，諸將請先取外城，據坊市，然後北收宮闕。晟曰：「坊市狹隘，賊若伏兵格鬭，居人驚亂，非吾利也。今賊重兵皆聚苑中，不若自苑北攻之，潰其腹心，賊必奔亡。如此則宮闕不殘，坊市無擾，策之上也。」諸將從之，遂定京邑。志云：禁苑中有漕渠，首受灃水，北流矩折入於禁苑而東流，又矩折北流入於渭。苑地自漕渠之東，大安宮垣之西，南出與宮城齊。詳見前苑城。

逍遥園，在今府城西，亦漢時舊苑也。水經注：「沉水合昆明池，其枝津東北流逕鄧艾祠南，又東分爲二，一水東入逍遥園。」晉建興初劉聰使劉曜、趙染寇關中，染襲長安，入外城，既而退屯逍遥園。義熙十二年王鎮惡自河入渭趨長安，姚泓屯於逍遥園。後魏孝昌二年，蕭寶寅爲秦賊敗於涇州，收散卒屯逍遥園，即此。

韭園，在長安故城西。志云：牛首池亦名韭澤，韭園蓋在其旁。晉太元九年苻堅將李辨等召集西州人屯於韭園，即此。又栗園，在今府城南。隋文帝嘗幸此。

芙蓉園，在府東南，近曲江池。西京記：「芙蓉園本隋離宮，周十七里。」劉餗小説：「園本古曲江，隋文帝惡其名曲，改曰芙蓉，以水盛而芙蓉多也。」唐貞觀七年幸芙蓉園，二十年又幸焉。雍録「開元二十年築夾城通芙蓉園，自大明宮夾東羅城，複道經通化門、安興門入興慶宮，次經春明門、延喜門則至芙蓉園」云。

杏園，志云：在曲江池西。唐制，進士放榜後於此宴集。又園内有慈恩寺塔，本隋無漏寺地，唐初廢。貞觀十二年高宗在青宮，爲文德皇后請立寺，因名。寺南臨黄渠，竹松森邃，浮圖七層，崇三百尺，唐進士賜宴後率題名於此，所謂「雁塔題名」也。又梨園，在禁苑光化門北。唐景龍四年御梨園毬場。開元初教法曲於梨園，即此。又有梨園在涇陽縣甘泉山下。志云：禁苑中芳林門内又有芳林園。○奉成園，唐志：「在丹鳳門南，出第六坊之安道坊。德宗初立，命馬璘子獻其園，隸官司，謂之奉成園。」

靈臺，在府西四十里。漢靈臺也，高二十丈，周迴四百二十丈。三輔故事：「周靈臺在鄠縣豐水東。漢靈臺在長安故城西北八里，本秦之清臺，漢曰靈臺。」郭緣生述征記：「長安宮中有靈臺，高十五仞。」水經注：「漢靈臺在秦阿房宮南，南去明堂三百步，鎬水經其西，漢平帝元始四年立。」〔一四〕晉愍帝末劉曜逼長安，南陽王保遣將胡崧破曜於靈臺。義熙十三年後秦姚恢自安定叛，南攻郿城，進逼長安，秦主泓使姚紹等拒之，與恢相持於靈臺，恢敗死，即此臺也。黄圖：「長安西有周靈臺。」悮。

漸臺，在未央宮西南太液池中。高二十餘丈，以池水所漸而名。漢兵斬王莽於此。又神明臺，在建章宮中，高五十丈，上有九室。又有昆明臺，在昆明池西。水經注云：「漢故臺也。」○鴻臺，黄圖云：「在長安宮中，秦始皇二十七年築，高四十丈，上起觀宇，嘗射鴻於上，因名。」漢惠帝四年長安宮鴻臺灾，即此。

子午關，在子午谷内，即漢元始中王莽所置關也。見上子午谷。

曲牢堡，在府東。晉太元十六年，苻登自雍攻後秦將金榮於范氏堡，克之。遂渡渭水，攻後秦京兆太守韋範於段氏堡，不克，進據曲牢，復自曲牢向繁川，軍於馬頭原，爲姚萇所敗，退屯於郿。胡氏曰：「曲牢在杜縣東北，范氏堡在渭北，段氏堡又在曲牢堡東北。繁川即樊川也。馬頭原蓋在龍首山之南麓。」○莎城鎮，在府東南。唐乾寧二年邠、岐二鎮兵作亂，上出啓夏門趨南山，宿莎城鎮。胡氏曰：「鎮在長安城南近郊。」

中渭橋，在府西北二十五里，故長安城北。本名横橋，秦始皇都咸陽，諸廟及章臺、上林皆在渭南，架橋渭上以通南北。黄圖：「渭水貫都以象天漢，横橋南渡以法牽牛是也。」三輔舊事：「横橋架長安北二里横門外，秦始皇造。漢承秦制，廣六尺，長三百八十步，六十八間，七百五十柱，一百二十梁，號石柱橋。」關中記：「石柱以北屬扶風，以南屬京兆。其北首壘石水中，故曰石柱。亦曰渭橋。」漢吕后之亂，大臣迎立代王。王至高陵，使宋昌馳之長安觀變。昌至渭橋，丞相以下皆迎。昌還報，王乃馳至渭橋。始元初大雨，渭橋絶。甘露二年呼韓邪單于來朝甘泉，就邸長安。上自甘泉還，諸蠻裔君長王侯數萬咸迎渭橋下，夾道陳，上登渭橋，咸稱萬歲。更始初漢兵討莽，長安旁兵四會城下，莽兵出擊之，度渭橋皆散走。後漢末橋壞，魏武嘗更修之。雍録：「中渭橋在今咸陽東南二十二里。渭水南有長樂宮，北有咸陽宮，此橋通二宮之間。漢末董卓毁之，魏文帝更造。其後復毁。晉永和十一年秦苻生發三輔民治渭橋，義熙十三年劉裕入關又毁之。後魏時更造，貞觀十年移於今所。」宋敏求曰：「漢之渭橋，約其地望即唐太極宮西而太倉北也。」亦曰中渭橋。漢文帝二年行出中渭橋，即此。唐至德二載安慶緒之黨據長安，別將王伯倫等攻中渭橋破之，乘勝至苑門，敗死。廣德初吐蕃入長安，尋引却，命築城於鄠縣及中渭橋，屯兵以備之。建中四年朱泚據長安，馬燧遣河東兵入援，屯中渭橋。元和十一年渭水溢，毁中橋，尋復修治。中和三年李克用討黃巢，進軍渭橋，騎軍軍於渭北。乾寧二年邠、岐、華三鎮兵犯闕，李克用帥河東兵討之，軍中渭橋是也。志云：中渭橋與東、西渭並爲三橋。興元初李晟復京師，車駕自興元還長安，晟等謁見於三橋。景福二年鳳翔帥李茂貞、静難帥王行瑜犯闕，軍於盩厔，進逼官軍於興平，官軍潰，乘勝進攻三橋。乾寧三年邠岐兵邀劫車駕，上幸石門，李克用入援，營於渭橋。既又命克用遣騎三千駐三橋爲備禦。克用尋還鎮，上遣諸王戒丕募兵屯三橋，岐帥李茂貞托言討己，復犯闕。蓋三橋並立於渭上，京師北面之險也。石門，見藍田縣。

東渭橋，在府東北五十里。漢高祖造此以通櫟陽之道，或曰景帝時所作也。史記：「景五年三月作陽陵、渭橋。」索隱云：「渭橋有三，通咸陽路者曰西渭橋，通高陵路者曰東渭橋，在長安城北者曰中渭橋。」陽陵即今高陵縣境。程大昌曰：「灞水合渭之地有東渭橋。」劉裕伐秦，王鎮惡自河入渭，姚泓使姚丕守渭橋，既而鎮惡至渭橋大破丕軍，遂入長安平朔門，即東渭橋也。唐咸亨三年王思順運晉、絳之粟於河、渭，增置渭橋倉，自是歲運每繇河陰、太原轉遞至東渭橋倉。永泰初吐蕃、回紇入寇，命李忠臣以淮西兵屯東渭橋，馬璘、郝廷玉以鎮西、河南兵屯渭橋。建中四年朱泚據長安，汝、鄭應援，使鄭德信破賊兵於見子陵，以東渭橋有積粟，因進屯之。既而李晟等自蒲津濟，軍於東渭橋。興元初晟奉詔與李懷光合軍咸陽，尋復移軍東渭橋。橋舊有營壘，晟益修治之。廣明初黄巢入長安，使其將朱温屯東渭橋。既而義武帥王處存入援，引兵屯渭橋。中和初鄜延帥李孝昌、夏州帥拓跋思恭討黄巢，屯東渭橋，與朱温相拒，孝昌等尋敗却。三年宰相王鐸都統諸道軍討黄巢，使定難、保大二軍屯渭橋，共逼西京。四年邠夏援兵皆屯東渭橋以討黄巢。天復二年朱全忠自河中引軍趨鳳翔，至東渭横橋，遇霖雨，留旬日乃復進是也。元和志：「東渭橋在萬年縣東四十里。」

西渭橋，在府西北五十里。本名便橋，漢武建元三年作此以通茂陵之道，長安西門曰便門，此橋與門相對，因名。亦曰便門橋。唐時亦曰咸陽橋。元和志：「西渭橋在長安西四十里，東去故長安城二十里，跨渭水上。」漢宣帝受單于朝，登渭橋，即此西渭橋也。唐武德末突厥寇涇州，進至渭水便橋之北。太宗出玄武門徑臨渭水，呼頡利隔水與語，與盟於便橋之上。至德二載郭子儀收西京，自西渭橋進屯潏西。廣德初吐蕃敗唐兵於盩厔，遂渡便橋入長安。永泰初吐蕃復入寇，詔諸將屯東渭橋、便橋拒之。建中四年朱泚作亂，詔韓遊瓌拒朱泚於便橋。三橋蓋形援相及矣。

霸橋，在府東二十五里，舊跨霸水上。王莽地皇三年霸橋水灾，更名爲長存橋。隋時更造以石，唐人以餞别者多於此，因名爲銷魂橋。橋凡十五虹，長八十餘步，元季修築，明成化六年布政使余子俊增修。今霸水遷徙，橋在平陸矣。志云：唐有霸橋驛，在長樂驛東二十里，今爲霸橋遞運所。○石橋，在故長安城東北洛門外。晉義熙十三年劉裕伐秦，王鎮惡自河入渭趣長安，秦主泓自霸上引兵還屯石橋。既而泓引軍救姚丕於渭橋，爲鎮惡所敗。泓奔石橋，遂降於鎮惡。唐中和初昭義帥高潯討黃巢，克華州，與巢將李詳戰於石橋，敗奔漢中。

羌橋，在故長安城東。以苻姚諸羌而名。周主邕建德初如羌橋，頒賜長安以東諸軍是也。後毁。○王橋，或云在故長安城東王渠上。唐中和初拓跋思恭以夏綏兵及鄜延帥李孝昌討黃巢，時黃巢據長安，官軍與戰於王橋，不利。

馬柢柵，在府西南。後魏孝昌三年蕭寶寅據長安以叛，其長史毛遐等起兵於馬柢柵以拒之。又九曲寨，在府東。唐興元初朱泚將張光晟屯此，時李晟屯東渭橋，相距十餘里，光晟密送欵於晟是也。

棘門，在府西北。漢文帝後六年以匈奴入上郡，使徐厲爲將軍，次棘門。孟康曰：「棘門在長安北，秦宮門也。」如淳曰：「在横門外。」括地志：「棘門在渭北十餘里。」志云：今咸陽縣東北十八里有棘門。

嘉禾倉，三輔故事：「在長安縣東，漢置。」其細柳倉在長安西北，今入咸陽縣界。又常滿倉，在故長安西北六里。黄圖：「漢太學在長安西北七里，其東爲常滿倉，倉之北爲槐市。」

霸昌廐，府東北三十八里。漢所置馬廐也。景帝中二年使田叔等按梁事，還至霸昌廐，悉燒梁獄辭，即此。又交道廐，在府西北六十里，近咸陽縣之廢延陵，亦漢所置馬廐云。

軹道亭，在府東。漢宮殿疏：「亭東去霸城觀五里，觀東去灞水百步。」沛公入關，秦王子嬰降軹道旁。又吕后七年祓還，過軹道。水經注：「軹道在長安縣東十三里。」括地志：「在萬年縣東北十六里苑中。」又徐廣曰：「杜縣有亳亭，即湯所起處。」似悮。

臨皋驛，府西十里。唐元和初劉闢以西川叛，高崇文平之，檻送京師，詔神策軍領闢等自臨皋驛至闕下，御興安門樓受俘。又景福二年李茂貞犯闕，陳於臨皋驛。胡氏曰：「驛與長樂坡，爲京城東西出入要地。」志云：今府治東南有京兆驛。

米倉村，在苑城東光泰門外。又有神麚村，在苑東。唐興元初李晟收長安，自東渭橋移軍於光泰門外米倉村。朱泚軍來戰，晟破之。既又分命諸將直抵苑墻神麚邨，夜開苑墻二百餘步。賊旋樹栅塞之，晟軍拔栅而入，賊大潰。神麚村亦作「神麚倉」。新唐書：「神麚村在苑北。」

章敬寺，在府城東。唐志：「寺在通化門外。」大曆二年，宦者魚朝恩以所賜莊爲帝母章敬吳后造寺，以資冥福，因名。興元初李晟討朱泚，敗之於神麚倉東，遂入苑城。賊潰，進敗之於白華門。泚西走，晟因屯含元殿前，舍於右金吾仗，使兵馬使孟涉屯白華門，尚可孤屯望僊門，駱元光屯章敬寺，晟以牙前二千屯安國寺，以鎮京城。白華等門見前苑城。○安國寺，在城南。雍録：「在朱雀街東第四街長樂坊，開元中建。」其南又有興唐寺，會要云：「興唐寺在大寧坊。神龍初太平公主爲武后立罔極寺，開元三年改爲興唐寺。永泰初吐蕃遣使請和，詔元載等與盟於興唐寺。」

安業寺，唐志：「在宮城南安業坊。」貞觀二十三年太宗崩，以安業坊濟度尼寺爲靈寶寺，盡遣太宗嬪御爲尼，武氏與焉。又資聖寺，在皇城南崇仁坊。長孫無忌宅也，龍朔三年立爲寺。又西明寺，在延康坊。本楊素宅，貞觀初賜魏王泰，泰卒立爲寺。○薦福寺，在今府城南。志云：本隋煬帝潛藩，後爲蕭瑀宅，唐天授初改爲寺。中有浮圖，俗呼爲小鴈塔。又興善寺，在今城南六里。舊在朱雀街東，隋開皇中建。唐大和二年建天王閣，雄勝甲於海内。

香積寺。在府西南。唐至德二載郭子儀自扶風進兵收西京，至長安西，陳於香積寺北，灃水之東。吕氏圖：「寺在子午谷正北微西。」子儀陳於寺北，距灃水，臨大川。所謂大川者，沉水、交水及唐永安渠也。蓋寺在灃水之東，交水之西，子儀先敗於清渠，至此則循南山出都城後，據地勢以待之也。

咸陽縣，府西北五十里。東北至涇陽縣五十里，西北至醴泉縣七十里。秦置縣，孝公徙都於此。山南水北曰陽，縣在九嵕諸山之南，渭水之北，山水皆陽，故曰咸陽。漢初改爲新城縣，元鼎三年曰渭城縣，屬右扶風郡。後漢省。晉咸和中石勒置石安縣，苻秦兼置咸陽郡，後魏因之。隋郡縣俱廢。唐武德二年復置咸陽縣，屬京兆郡。宋因之。元省入興平，尋復置。今縣城周八里有奇。編户十二里。

咸陽城，志云：咸陽有三故城：其一在今縣東三十里，秦所都也；其一在今縣東北二十里，苻秦咸陽郡城也；其一在今縣東二十里，唐縣城也。元時置縣於今治。秦本紀：「孝公十二年，〔一五〕衛鞅築冀闕於咸陽，徙都之。其後並都於此。秦初併六國，收天下兵聚之咸陽，又徙天下豪富十有二萬户居焉。每破諸侯，輒寫放其宫室，作之咸陽北阪上，南臨渭水，殿臺複道周閣相屬。北至九嵕、甘泉，南至長楊、五柞，東至河，西至汧、渭之交，〔一六〕東西八百里，南北四百里，離宫別館，相望於道，窮年忘歸，猶不能徧。」及項羽屠咸陽，燒秦宫室，火三月不滅。既而漢王還定三秦，曹參東取咸陽，改爲新城縣，其後改曰渭城，又爲石安。西魏仍爲咸陽郡。大統四年雍州民于伏德等叛保咸陽，宇文導討平之。十六年宇文泰討齊高陽，以宇文導屯咸陽，鎮關中。隋郡縣俱廢。唐復置咸陽縣，貞觀十年畋於咸陽。劉昫曰：「縣初治鮑橋，旋移治於杜郵。」鮑橋或以爲即石安縣舊治云。志云：今縣治明初洪武四年所遷，景泰三年始築城，周四里有奇。嘉靖二十六年以城南臨渭水，其險足恃，乃拓東西北三隅四里有奇，合於舊城。

渭城故城，在縣東北十七里。志云：秦孝公所居也。漢元鼎三年渭城縣置於此，後漢縣廢而城如故。晉永安初河間王顒鎮關中，遣軍犯洛陽，顒頓軍於鄭爲之聲援。雍州刺史劉沈起兵新平進討顒，顒因還屯渭城。太寧三年劉曜以其子胤爲大單于，置單于臺於渭城是也。

零武城，在縣東。本零武鄉。晉建興初劉曜、趙染逼長安，將軍麴鑒自阿城進救，追曜等，大敗於零武。三年劉曜等自馮翊轉寇上郡，麴允去黃白城軍於靈武，即零武也。苻秦置零武縣，屬咸陽郡。後魏因之，亦曰靈武，後周廢。○景陵城，在縣東北。漢初曹參將兵守景陵，三秦將章平等攻參，參大破之。正義曰：「景陵，縣名也。」

長陵城，在縣東三十五里。漢高帝陵也，亦曰長山。吕后六年置陵邑，太初以後屬左馮翊，後漢縣廢。志云：縣北有蕭城，世傳蕭何所築以守長陵，因名。漢百官注：「長陵有南北西三面，而東面無城。」一名原陵。

安陵城，在縣東二十一里。本秦之舊邑，漢惠帝葬此，置安陵縣，太初以後屬右扶風，魏廢。雍勝録：「安陵有程地，周書『王季宅於程』，孟子『文王卒於畢郢』，郢即程也。」周有程伯休父，蓋得姓於此。漢惠帝七年崩，葬安陵，徙關東倡優樂人五千户以爲陵邑，善於啁譏，俗號安啁陵。又渭陵，在縣東北十三里，漢元帝陵也。漢書：「王莽使壞渭陵園門，曰『勿使民思漢氏。』」又延陵，成帝陵也，在縣西北十五里。義陵，哀帝陵也，在縣西八里。康陵，平帝陵也，在縣西二十五里。亦曰康陵阪。自渭陵以下始不復置邑云。

畢原，在縣北五里。亦謂之咸陽原。詩註：「畢，終南山之道名也。」書注：「周公葬於畢原。」南北數十里，東西二三百里，亦謂之畢陌。通典曰：「文王葬畢。」初王季都之，後畢公高封焉。又武王及成、康亦皆葬此。縣志云：渭水經城南九嵕、甘泉諸山，控城北畢原，即九嵕諸水之麓也。亦謂之咸陽北阪，漢武又更名爲渭城北阪。王氏曰：「畢原無山川陂湖，井深五十丈。秦謂之池陽原，漢曰長平陂。石勒建縣於此，又名石安原。」志云：今長安縣西南二十八里有畢原。又云：畢原在涇陽縣南十里。

濁谷，在縣北。後魏太和十七年，北地民支酋聚衆附於齊，進至咸陽北濁谷，魏將穆亮與戰，爲酋所敗。或曰谷蓋近九嵕山麓。

陳濤斜，在今縣東。其路斜出，故曰斜。宋敏求退朝録引唐人文集曰：「唐宫人墓，謂之宫人斜，四仲遣使者祭之。」此或内人所葬地歟？唐至德初房琯將兵復西京，至便橋，遇賊將安守忠於咸陽之陳濤斜，琯軍大敗。又德宗興元初，李晟屯東渭橋討朱泚，與李懷光會軍於咸陽西陳濤斜。或云：斜者山澤之稱，亦曰陳濤澤。杜甫有悲陳陶詩，爲房琯作也。亦謂之咸陽斜，蓋近長安城西北。

渭水，在縣南一里。自興平縣流經此，又東與長安縣接界。志云：縣東三十五里有安劉渡，縣西七里有安陽渡，又西八里有兩寺渡，皆渭水南北渡處也。○涇水，在縣東北四十里。自醴泉縣流入境，與涇陽縣分界。漢建始四年安陵岸崩，壅涇水逆流是也。

灃水，縣東南三里。自長安縣西北流入境，注於渭。又澇水，在縣西南二十里。亦自長安縣西流入境，下流入渭。

周氏陂，在縣東三十里。漢賜周勃田宅於此，陂因以名。亦謂之周氏曲。又東入高陵縣界。唐高祖數幸周氏陂，過故墅是也。長安圖：「陂南一里即故蘭池宮，故墅在高陵縣界。」又同州南有故市。○興成堰，在縣西十八里，秦、漢時堰渭水爲漕渠處也。唐太和元年咸陽令韓遼請疏之，東達永豐倉，罷車輓之勞云。

蘭池，在縣東。亦曰蘭池陂。黄圖：「始皇三十一年微行咸陽，逢盜蘭池。」史記：「景帝六年，伐馳道樹填蘭池。又漢武帝責楊僕受詔不至蘭池。」元和志：「蘭池陂在縣東二十五里。」始皇引渭水爲池，東西二百里，南北二十里，築爲蓬萊山，刻石爲鯨魚，長二百丈，置蘭池宮。唐武德七年太宗出豳州禦突厥，高祖餞之於蘭池宮是也。縣志：縣南八里有牛首池、野韭澤，蓋皆與長安縣接境。

德陽宮，括地志：「在咸陽縣東北二十九里，漢景帝廟也。帝所自作，諱廟故言宮。」一統志：「縣境渭水南有長信宮，秦始皇初居長信宮、祈年宮，即此。」

望賢宮，縣東五里。唐開元中建，天寶末西幸至咸陽望賢宮。至德二載自鳳翔還西京，至望賢宮。又上皇幸蜀還，肅宗備法駕奉迎於此。其後懿宗數幸焉。志云：自便橋涉渭宮，其必繇之道。

細柳倉，在今縣西。元和志：「縣西南二十里有細柳倉，漢舊倉也。漢文帝後六年匈奴入上郡，使周亞夫爲將軍，次細柳，即此。」史記匈奴傳：「亞夫軍長安西細柳北。」服虔曰：「細柳在長安西北。」如淳曰：「在渭北石徼西。」三輔故事：「細柳在直城門外阿房宮西北維。」皆指此也。亦謂之柳中，漢初樊噲從入關，攻下柳中，即細柳云。

杜郵亭，縣東二十里，即唐咸陽縣治也。秦白起伏劍於此。秦紀：「武安君出咸陽西門十里至杜郵，遂自殺。」水經

注：「安陵南渭渠側有杜郵亭。」孔穎達曰：「今咸陽城本秦杜郵。」一統志：「唐咸陽城在渭水北杜郵館西，今其地亦名孝里亭。」○成貳壁，在縣境。成貳，人姓名也。晉太元十年慕容冲將高蓋攻渭北諸壘，秦太子苻宏與戰於成貳壁，大破之。胡氏曰：「壁在渭北。」

便橋。在今縣城東南，即長安之西渭橋。雍録云「西渭橋在咸陽縣西二十里」，蓋縣移今治也。又中渭橋，志云：在今縣東二十五里。亦詳見長安縣。○渭水驛，在今縣治東。

涇陽縣，府北七十里。西北至醴泉縣九十里，北至邠州淳化縣九十里，東北至三原縣三十里。本秦邑，昭王弟悝封此，號涇陽君。漢爲池陽縣地，後魏置涇陽縣，屬咸陽郡，後周縣廢。隋復置，屬雍州。唐初因之。武德九年突厥入寇，自涇州進至高陵，尉遲敬德敗之於涇陽。天授二年隸鼎州，大足初還屬雍州。宋屬京兆府。元省入高陵，尋復置。今城周五里有奇。編户五十里。

雲陽城，縣西北三十里。秦縣。始皇二十五年使蒙恬通直道，自九原至雲陽，既而徙五萬家於雲陽。漢亦爲雲陽縣，屬左馮翊。後漢建武二年赤眉自隴坻大略而東，鄧禹拒之不克，遂棄長安走雲陽。又漢中王嘉敗赤眉於谷口，就穀雲陽，遂詣禹降。永康元年東羌先零掠雲陽。晉省，後復置。後魏屬北地郡。後周置雲陽郡。隋開皇初郡廢，縣屬雍州。唐貞觀元年改爲池陽縣，八年復曰雲陽，天授二年置鼎州於此。大足初州廢，縣仍屬雍州。會昌四年幸雲陽，校獵。乾寧二年，李克用敗邠寧叛帥王行瑜，還軍雲陽是也。五代時縣屬耀州，宋因之。金屬京兆府，元至元初并入涇陽。

石門城，在縣北。本雲陽縣地，唐武德元年分置石門縣，三年兼置泉州，領石門、温秀二縣。貞觀元年廢泉州，改石門曰雲陽，而改雲陽曰池陽，八年廢。温秀城，見永壽縣。

宜秋城，在縣西北。水經注：「鄭渠自中山西瓠口東流逕宜秋城北，又東逕中山南。」晉永和八年故趙將張居據宜秋，稱秦王，苻健擊斬之。

嵯峨山，縣北四十里。一名巀嶭山，東西二十五里，南北二十里。又名慈娥山。頂有三峰，其西又有二峰亞於三峰。或云此爲禹貢之荆山，特出雲表。登其巔則涇、渭、黄河舉在目前，視秦中如指諸掌。長安志：「嵯峨讀曰巀嶭，慈娥山又在其東。」括地志：「山在雲陽縣北十五里。」或謂之北山。唐建中四年朱泚攻奉天，李懷光自河中馳援，軍於蒲城，尋引兵循涇陽並北山而西，敗泚兵於醴泉，泚懼引還長安。廣明中宦者曹知慤以黄巢陷長安，集壯士據嵯峨山南，爲堡自固，賊不敢逼。田令孜忌之。中和四年令孜遣邠岐將王行瑜潛師自嵯峨山北，乘高襲攻，合營盡殪。又天祐末華原賊帥温韜聚衆嵯峨山，暴掠畿内，發掘陵寢。城冢記：「嵯峨山，唐德宗崇陵在其上。」

中山，志云：在縣西北七十里。圖經：「中山北接嵯峨，西拒冶谷，南並九嵕，涇河自中而出，故名中山。」或曰以山在冶水西，涇水東也。漢元鼎初獲寶鼎於汾陰，薦之甘泉，鼎至中山，氤氲有黄氣蓋焉。俗訛爲仲山，云漢高祖兄仲居此。山多竹箭，鄭國渠經其下。水經注：「鄭渠首承涇水於仲山西瓠口，所謂瓠中也，爾雅以爲周之焦穫。」河渠書：「鑿涇水自中山。」是矣。後周主贇嘗祈雨於仲山。唐武德四年獵於仲山。貞觀初置折衝府，一曰仲山府，蓋以山名。又有泉曰小師泉，冬夏不溢不涸。括地志：「仲山在雲陽西十五里。」城冢記：「唐宣宗葬此，謂之貞陵。」

甘泉山，縣西北百二十里。周迴六十里。一名石鼓原，一名磨石原，亦曰磨盤嶺，又名車盤嶺，甘泉出焉。舊志云：山在雲陽縣西北八十里。登者必自車箱阪而上，阪在雲陽縣西北三十八里，縈紆曲折，單軌財通。上阪即平原宏敞，樓觀相屬。范雎説秦王「北有甘泉、谷口之固」，即甘泉山也。漢七年帝幸甘泉以備匈奴。文帝三年匈奴入北地，居河南爲寇，帝初幸甘泉。十四年匈奴入蕭關，至彭陽，候騎至雍、甘泉。後六年匈奴入上郡、雲中，烽火通於甘泉、長安。輿地志：「甘泉山有宮，秦始皇所作林光宮，周匝十餘里。漢武帝元封二年於林光宮旁更作甘泉宮，自是屢幸焉。宮周十九里，宮殿臺觀略與建章相比。百官皆有邸舍，常以五月避暑，八月始歸。其地最高，去長安三百里，望見長安城堞。又於宮城築通天臺，去地百餘丈，雲雨悉在其下。元朔五年復立泰畤於甘泉，時亦謂之雲陽宮。」漢紀：「太初元年朝諸侯，受計於甘泉，作諸侯邸是也。後往往朝會於此。宣帝亦數幸焉。甘露三年幸甘泉，匈奴呼韓邪來朝。黄龍初匈奴復朝甘泉。元帝亦數幸甘泉。」後漢時漸廢，西魏時復修治。後周主邕數如雲陽宮。唐貞觀二十年幸漢故甘泉宮是也。漢書音義：匈奴祭天處，在雲陽甘泉山下。秦奪其地，徙休屠王於右地，故雲陽有休屠金人。屠音除。又車箱阪，水經注謂之長箱阪，志云：即冶谷口，往甘泉之道。

冶谷，在縣西北五十餘里。亦謂之谷口。雲陽宮記：「冶谷去雲陽八十里。山出鐵，有冶鑄之利，因名。入谷便洪潦沸騰，飛泉激射，兩岸皆峭壁對峙，凛然凝深。」又曰入冶谷二十里有百里槐樹，樹北有泉名金泉。谷中有毛原監。或謂之雲陽谷。後魏孝昌初稽胡劉蠡升居雲陽谷，稱天子。自離石以西，安定以東，方七八百里常被其患，謂之「胡荒」。東魏天平二年高歡襲敗之於離石西境，尋爲歡所滅。離石，見山西永寧州。

石安原，縣西南七里。高二十丈，東西三十八里，南入咸陽縣界爲咸陽原。十六國秦苻健嘗登此，嘆曰「美哉斯原」，因慨然有終焉之志。又豐稔原，在縣北二里。亦謂之北原。唐永泰初回紇、吐蕃合兵圍涇陽，郭子儀拒之，退屯北原，即此。志云：縣西北近冶谷口有覆車原，抵洪門監曰西域原，冶谷水東岸曰百頃原，西岸曰豐樂原，東南岸曰清凉原，其勢蜿蜒不絶，或闊或狹，隨在殊稱。洪門，縣西北白渠堰口也。舊設監於此，接醴泉縣界，去縣治七十里。

長平坂，縣西南五十里。亦南接咸陽縣北，東方朔謂秦時置獄處也。漢武帝上甘泉經此。宣帝自甘泉還登長平阪。又有長平館在其上，元后登長平館，臨涇水是也。後漢章帝建初七年幸長平館。又興平元年馬騰等謀襲長安誅李傕等，勒兵屯長平觀。觀與館通。顔師古曰：「涇水之南原，今謂之睢城阪，東南去長安五十里。」

涇水，縣南七里。經仲山、九嵕山間，出冶谷口，東南流入高陵縣界。王莽天鳳三年，長平館西岸崩，壅涇水不流，毁而北行是也。有花池渡，在縣南十里，通長安。又東曰宋村渡，在縣東南十五里，通臨潼。又縣西五十里爲狄道渡，西南三十里爲臨涇渡。又有睢城渡，在縣西南二十里。相傳襄十四年諸侯伐秦時濟此，漢、唐之通津也。津口有橋曰涇橋。

鄭國渠，在縣西北六十里洪口。唐志雲陽縣有古鄭國渠。又六輔渠，在縣西北。漢元鼎六年左内史兒寬所穿，亦謂之輔渠，亦謂之六渠。師古曰：「在雲陽、三原兩縣界。」

白渠，亦在縣西北六十里。引涇水南行至縣北五里，立三限閘以分水，北曰太白渠，中曰中白渠，南曰南白渠。元志：「三限閘在洪口堰下七十里。」又有彭城閘，在三限下二十里，餘詳大川涇水。○仇班渠，舊在縣西。或云白渠之支渠也。晉太元十年苻堅與慕容沖戰於仇班渠，大破之，又破之於雀桑。既而戰於白渠，秦兵大敗。雀桑，或云堡聚名也，亦在縣西北。又唐志涇陽縣有茂農渠，蓋亦白渠之支渠矣。今皆湮廢。

豐利渠，在縣西北。宋熙寧七年殿中丞侯可議自仲山旁鑿石渠引涇水，東南與小師泉會，下流合白渠，不果。大觀四年渠成，疏涇水入渠，民賴其利，因賜名曰豐利。志云：豐利渠口在白渠之上，即洪堰也。明成化中撫臣項忠等復自舊渠上並石山鑿渠口，引涇入渠，易名曰廣惠渠，而白渠之利得以不廢。

冶谷水，縣西北五十里。出冶谷中，流經縣之嵯峨、武康、青龍等鄉，溉灌民田凡數百頃，下流入渭。志云：冶谷水分渠十二，曰上王公渠、下王公渠、磨渠、上北泗渠、下北泗渠、仙里渠、天津渠、高門渠、廣利渠、海西渠、海河渠、暢公渠。又有清谷水，在縣北六十里，即清水也。自三原縣流入境合冶谷水，分渠凡六，曰原成渠、公進渠、下五渠、木丈渠、廣惠渠、廣濟渠。○五龍水，水經注：「出雲陽宮西南，今謂之五龍谷泉，流逕長箱阪下。」

焦穫澤，在縣西北仲山西。詩：「玁狁匪茹，整居焦穫。」史記：「犬戎殺幽王，取周之焦穫。」爾雅：「焦穫，十藪之一也。」後謂之瓠口。水經注：「涇水東南流經瓠口，鄭、白二渠出焉。」○龍泉陂，在縣南三里，周迴六里，多蒲魚之利。

望夷宮，在縣東南八里。秦始皇建。臨涇水，望北夷，因名。趙高使其婿閻樂弑二世於此。

池陽宮，在縣西北十里。漢建，在長平阪北。甘露二年呼韓邪單于來朝，就邸長安，宿長平阪。上自甘泉宿池陽宮，登長平阪，詔單于毋謁。後漢建初七年幸長平，御池陽宮，東至高陵，造舟於涇而還是也。

梨園寨，在縣西北。王褒雲陽宮記：「車箱阪下有梨園，漢武帝所築，大一頃，樹木數百株，青翠繁密，望之如車蓋，因以爲鎮名。」唐乾寧二年李克用討邠寧王行瑜，進攻梨園寨，屢敗其兵，梨園閉壁不敢出。既而食盡棄城走，別將李罕之邀擊之，殺獲無算，克梨園等三寨，克用因進屯梨園是也。

麻隧。在縣西南。史記晉世家：「厲公三年與諸侯伐秦至涇，敗秦人於麻隧。」又悼公十四年使六卿率諸侯伐秦，度涇，大敗秦軍，至棫林而去。世本：「鄭桓公居棫林。」棫林一作「咸林」，今華州也。

興平縣，府西百里。北至醴泉縣四十里，西至武功縣五十里。漢槐里縣地，屬右扶風，始元中爲平陵縣地，三國魏黃初中改爲始平縣，以縣北始平原名。晉置始平郡，治槐里，始平縣屬焉。後魏仍爲始平縣，屬扶風郡，西魏移扶風郡治焉。隋廢郡，縣屬雍州。唐天授二年改隸稷州，大足初還隸雍州，景龍二年改爲金城縣，〔一七〕至德二載始改今名。貞元中常以神策軍屯此，曰興平鎮。宋仍屬京兆府。今城周七里有奇。編户十七里。

槐里城，縣東南十一里。周曰犬丘，懿王所都，後更曰廢丘。志云：以其地久廢於戎也。項羽封章邯爲秦王，都廢丘。漢元年章邯迎擊漢軍於陳倉，兵敗還走，止戰好畤，復敗走廢丘。漢王引水灌之，廢丘降，章邯自殺。漢三年始置槐里縣。後漢建初七年幸槐里。晉初爲始平郡治。建興四年南陽王保鎮上邽，遣其將胡崧救長安。崧破劉曜於靈臺，引還槐里，長安遂陷。太元十九年姚興敗苻登，乃即帝位於槐里。後魏廢始平郡，以縣屬扶風郡，後周廢入始平縣。其西城曰小槐里，魏武以楊阜爲武都太守，徙其郡於小槐里，即此城矣。又縣東十五里有文學、武學二城，各高一丈五尺，相傳秦章邯所築。其相近又有舒丘城，漢桓帝封皇甫嵩爲舒丘侯，邑於此。

平陵城，縣東北二十里。漢昭帝陵邑也，屬右扶風。陵南有肥牛亭，元延初張禹請平陵肥牛亭地，即此。後漢仍爲平陵縣，曹魏改曰始平，後魏時遷於今治。唐貞觀十二年畋於始平。景龍二年送金城公主出降吐蕃至此，〔一八〕更名金城縣。天寶末西幸，夜將半乃至金城。至德二載改曰興平縣。志以爲興平軍置於此，悮也。中和初邠寧將朱玫討黄巢，軍興平，巢遣兵圍之，玫引却。西川帥陳敬瑄復遣將李鋋等軍興平，屢敗賊兵，即今縣矣。一統志：「平陵在咸陽縣東北十三里。」

茂陵城，縣東北十七里。本槐里之茂鄉，漢武建元二年析置陵邑，屬右扶風。後漢因之，三國魏廢。志云：平陵縣與茂陵城相去二里。又縣南十五里有樊噲城，相傳噲圍章邯於廢丘時築。城南有武延臺，亦噲所築以望廢丘城者。

馬嵬城，縣南二十五里。舊志云：在咸陽西，去長安百餘里。孫景安征途記：「馬嵬所築，不知何代人。」晉太元十一年，苻麟有衆數千，保據馬嵬，爲姚萇所敗，奔漢中。十九年，後秦將姚詳據馬嵬堡以拒苻登。元魏正光中，崔延伯軍於此，以拒秦州賊莫折天生。唐置馬嵬驛，景龍四年中宗送金城公主入番，别於馬嵬驛。城北有馬嵬坡，天寶末玄宗西幸，至馬嵬驛，六軍不發，因賜貴妃死，葬於馬嵬坡。坡旁有馬嵬泉，周數十步，深百尺，流入白渠。其泉久涸，洪武中忽湧一泉於舊泉之旁，行役者資焉。

始平原，在縣治北二里。亦曰北芒巖。原長數百里。〔一九〕或曰即咸陽北阪之别名也。北芒西原，或謂之黃山。志云：縣北一里即黃麓山。

六陌，志云：在馬嵬坡西。晉元康七年周處攻叛氐齊萬年於六陌，後軍不繼，力戰而死。太元十九年苻登擊姚興，自六陌趣廢橋是也。

渭水，在縣城南。自武功縣流入，經黃山宮南，揚雄甘泉賦所云「北遶黃山」是也。天寶末西幸，至馬嵬，太子爲父老所留，西至渭濱，擇渭水淺處乘馬涉渡，自奉天北上趨新平是也。渭水又東入鄠縣境。志云：縣南十五里有清水，東流入渭。

成國渠，縣北一里。志云：魏司馬懿所開，初自陳倉至槐里達於臨晉，引汧、洛溉舃鹵之地三千餘頃，故址漸堙。近時復浚之，上承汧水合韋川、莫谷、香谷諸水，溉武功、興平、咸陽、高陵等田萬餘頃，今漸廢。志云：縣南二里有清渠，十里有普濟渠，十五里有昇原渠，縣西十二里又有五泉渠，舊皆引水溉田，今並涸。

馬牧澤，縣東南二十里。南北廣四里，東西二十一里，即長安志所稱四馬務也。一曰飛龍務，二曰大馬務，三曰小馬務，四曰羊澤務，凡三百七十頃。又有百頃澤，在縣西二十五里渭水南，周迴十六里，多蒲魚之利。志云：縣西二十里有宋泊，周四十里；西南十五里有曲泊；皆渭水所溢而成也。

黃山宮，在縣西南三十里渭水北。宮闕簿云：「漢惠帝二年建。」東方朔傳：「武帝微行，西至黃山宮遇盜處也。」漢志槐里有黃山宮。武帝建元三年始爲微行，北至池陽，西至黃山，南獵長楊，東遊宜春是也。又宣帝地節中，霍雲多從賓客獵黃山苑中。莽天鳳三年，民訛言黃龍墜死黃山宮中，奔走往視，莽惡之，即此。

劉迴堡，在縣東南。晉義熙十三年劉裕入長安，以沈田子爲始平太守。及裕還，赫連勃勃遣其子璝向長安，至渭陽，田子將兵拒之，畏其衆盛，退屯劉迴堡，即此。○婁館，在縣西。唐乾寧三年李茂貞再犯闕，官軍與戰於婁館，敗績，茂貞遂進逼京師。

廢橋，在縣西北。苻登自六陌趨廢橋，後秦將姚詳據馬嵬堡以拒之。姚興遣尹緯馳救，緯趨廢橋以待登。登兵爭水不得，渴死者十二三，爲緯所敗。橋蓋在馬嵬之西。胡氏曰：「廢橋近櫟陽。」似悮。

長寧驛。縣西四十里。輿程記：「自縣治北白渠驛四十里至長寧驛，又四十里至郃城驛，即武功縣也。」又底張驛，在縣東北三十里。驛東爲底張村遞運所。

臨潼縣，府東七十里。西北至涇陽縣七十里。周爲驪戎國，秦爲驪邑，漢置新豐縣，屬京兆尹，後漢移陰盤縣寓此。晉仍曰新豐縣，兼置陰盤縣，屬京兆郡。後魏因之。隋初并陰盤入新豐，縣屬雍州，大業初屬京兆郡。唐仍屬雍州，垂拱二年改爲慶山縣，神龍初復故。天寶三載分新豐、萬年置會昌縣，七載省新豐縣，改會昌曰昭應。宋大中祥符間以縣臨潼水，改曰臨潼，屬京兆府。今城周四里。編戶五十二里。

新豐城，縣東十五里。漢高祖以太上皇思東歸，置此以象豐邑，兼徙豐人及枌榆舊社於此，〔三〇〕故曰新豐。自長安東出關者必由此。漢文帝指新豐示慎夫人曰：「此走邯鄲路也。」更始初李松等至華陰，分遣偏將軍韓臣等西至新豐，敗莽軍，追奔至長門宮；興平二年李傕等作亂，駕幸新豐；晉永嘉五年劉聰遣子粲等寇長安，粲軍於新豐，雍州刺史麴特等擊破之，粲走還平陽；建興二年劉聰遣劉曜、趙染等寇長安，染屯新豐，索綝與戰於城西，敗之，皆此城也。唐武后改曰慶山，又改屬鴻州，大足初還屬雍州，天寶七載省入昭應縣。

櫟陽城，在縣北三十里渭水北。或曰本晉之櫟邑，晉悼公十一年秦取我櫟是也。杜氏釋例云：「櫟，蓋在河北。」史記：「秦獻公二年，自雍徙都櫟陽，因城之。」項羽入秦，封司馬欣爲塞王，都櫟陽。顏氏曰：「國以塞名者，取河、華之固爲阨塞也。」漢高祖初都此。二年，令太子守櫟陽，諸侯子在關中者皆集櫟陽爲衞。既而葬太上皇於城北原，謂之萬年陵，因分置萬年縣於城中爲陵邑。武帝以後屬左馮翊。後漢建武二年封景丹爲櫟陽侯，尋廢櫟陽入萬年縣。晉屬京兆郡，後魏屬馮翊郡。後周徙萬年縣於長安，隋又改萬年曰大興縣，尋分置萬年縣於此。唐初又改大興曰萬年，而改隋之萬年曰櫟陽。天授初改隸鴻州，大足初還隸雍州。宋屬京兆府，元省櫟陽縣入臨潼。今亦曰萬年鎮。

廣陽城，在縣北。又東北有彰縣城。後魏太和二十一年分萬年置彰縣，景明初又分彰縣置廣陽縣，俱屬馮翊郡。後周移萬年縣入長安，而移廣陽入舊萬年城。隋廢彰縣，復改廣陽曰萬年。通典：「漢櫟陽城，在今櫟陽東北二十五里。」唐櫟陽即魏廣陽縣也。西魏大統三年，高歡侵魏，軍蒲阪，宇文泰軍於廣陽以禦之，即此城云。

陰盤城，在縣東。酈道元曰：「漢靈帝建寧三年改新豐爲都鄉，封段熲爲侯邑，後立爲陰盤城。」魏收曰：「陰盤縣本屬安定，晉屬京兆，魏真君七年并入新豐，太和十一年復置陰盤縣於縣東二十里司馬村，鴻門、戲水正屬縣界。」宋白曰：「京兆昭應縣東十三里有故城，後漢靈帝末移安定郡陰盤縣寄理於此，今亦謂之陰盤城。後魏太和九年復移而東，今昭應縣東三十二里零水西、戲水東司馬村有陰盤故城是也。」晉永寧二年河間王顒鎮長安，謀東擊齊王冏，遣其將李含屯陰盤。又有陰盤驛，後魏孝昌三年蕭寶寅謀據關中，攻殺關右大使酈道元於陰盤驛，即此。

驪戎城，縣東二十四里。故驪戎國。春秋「晉獻公伐驪戎，滅驪子」，即此地也。秦紀：「始皇十六年置麗邑，三十五年徙三萬家於麗邑。」即驪戎故城也。里道記云：「城高一丈五尺，周四里。」

驪山，縣東南二里，因驪戎所居而名。周紀：「幽王無道，申侯與犬戎共攻王，殺王驪山之下。」潘岳西征賦所云「軍敗戲水之上，身死驪山之北」者也。秦始皇二十七年作甬道，自咸陽至驪山八十里。又營葬於驪山，役徒七十萬人。漢元年沛公會項羽於鴻門，自驪山下，〔三〕道芷陽，間行趨霸上。山頂舊有露臺鄉，極高顯，漢文帝欲作露臺處。晉太元九年慕容沖進攻長安，苻堅使苻方戍驪山，明年沖攻殺之。秦將苟池等復與沖戰於驪山，敗死。山西北麓有温泉，後周至唐數臨幸焉。唐先天二年幸新豐，講武於驪山下。開元初復講武於驪山。山左右皆峻嶺，如雲霞繡錯，因有繡嶺之名。天寶初改曰會昌山，七載復改曰昭應山，俗仍謂之驪山。長慶二年幸華清宮，畋於驪山是也。其東支麓曰脯浮山，冷水出焉。又東南曰金斧山，石罅中有石如斧而名。亦謂之金谷，谷中常温。衛宏古文奇字序云：「秦既改古文爲篆隸，恐天下不從，乃密令冬月種瓜於驪山谷中温處，皆熟，詔博士諸生説之，前後七百人，人人各異，則皆使往視，因伏機陷之。後人號其處爲坑儒谷，又爲愍儒鄉，唐天寶中改爲旌儒鄉。」一云坑儒谷在縣西南五里。又城冢記：「始皇陵在縣東八里驪山下。驪山水泉本北流，皆陂障使東注，北迳陵下，水積成池，謂之魚池。又山無石，取於渭北，故靡費工力最多。」志云：魚池在始皇陵東北五里。

慶山，縣東南三十五里。唐武后時因風雷湧出，初高六尺餘，漸高至二百餘尺，詔以爲慶山。荆州人俞文俊上書曰：「地氣不和而堆阜出，今陛下以女主處陽位，山變爲灾，以爲慶山，臣以爲非慶也。」

鴻門阪，縣東十七里。水經注：「新豐古城東有阪，長二里餘，塹原通道，南北洞開如門，謂之鴻門。」項羽兵四十萬在新豐鴻門，沛公兵十萬在霸上，此即沛公會項羽處。有鴻門亭，漢神爵元年從方士言，祠天封苑火井於鴻門。或謂之蘉城。趙悼襄王四年，龐煖將趙、楚、魏、燕之鋭師入函谷，攻秦蘉。徐廣曰「新豐有蘉鄉」也。亦謂之掫城。更始以赤眉將入關，使王匡等軍新豐，李松軍掫以拒之。後城廢。里道記：「自新豐古城西至霸城五十里，又西十里則霸水。」史記云「鴻門去霸上四十里」，蓋約言之也。

鸜鵒谷，縣東北十里。層崖疊壑，飛淙瀑水。唐史：「武德元年鸜鵒谷水清，世傳此水清，天下平也。」又韋嗣立營别廬於此，中宗臨幸，賜名幽棲谷。谷旁又有鳳凰原，後漢書：「延光二年鳳凰集新豐原，因以名。」

渭水，在城北三十里。自咸寧縣東流入縣境，與高陵縣分界，又東入渭南縣境。唐先天二年獵於新豐之渭川，即此處也。又縣西北四十里有交口渡，以近涇、渭交流處而名。○潼水，在縣西半里。源出驪山，西北流入於渭水。

戲水，縣東三十里。源出驪山鴻谷，東經戲亭北入渭。宋元嘉二十三年，魏主燾討叛胡蓋吴等，自汾陰濟河，至洛水橋，聞蓋吴在長安北，以渭北乏穀草，欲渡渭南，循渭而西。崔浩以爲：「今去蓋吴營六十里，輕騎趨至，可以必克。克吴，南向長安，不過一日。一日之乏，未至有傷。若從南道，吴徐入北山，猝未可平。」不從，自渭南向長安，至戲水，吴衆聞之，悉散入北山，軍無所獲。洛水橋，今見朝邑縣。

冷水，在縣東。亦謂之零水。水經注："冷水出肺浮山，經陰盤、新豐兩原之間，漢靈帝立陰盤城，冷水際城北出，亦謂之陰盤水，又北流絶漕盤溝注於渭。其入渭處謂之零口。"唐聖曆二年鴻州水漂千餘家，蓋即冷水云。

清水陂，縣西南十里，多水族之利。志云：縣南十五里有煮鹽澤，多鹽鹵，苻秦於此煮鹽，周迴二十里。

華清宫，在縣東南。志云：驪山西北有温泉，在今臨潼縣南百五十步。秦始皇初砌石起宇，漢武更加修飾焉。十道志："温泉有三所，其一處即皇堂石井，後周天和四年宇文護所造。大象初天元如温湯。隋文帝時更修屋宇，并植松柏千餘株。開皇十五年幸温湯。唐武德六年亦幸驪山温湯，貞觀四年復幸焉，自是歲常臨幸。十八年詔閻立本營建宫殿，賜名温湯宫，咸亨二年改温泉宫，開元二年以後臨幸益數。十一年又改作新宫。天寶初更驪山曰會昌山。三載以新豐去宫遠，析新豐、萬年二縣地置會昌縣，治温泉宫西北，遂改温泉宫曰華清宫。六載發馮翊、華陰民築會昌羅城，益治湯井爲池，環山列宫室。中有朝元、重明等閣，九龍、長生、明珠等殿。又置百司及十宅，王公亦各置第舍，自是每十月臨幸，歲盡乃還宫。七載改縣曰寶應，山名亦改焉，而華清宫如故。制作宏麗，雕飾侈靡，不可名狀。湯有供奉及太子、宜春、少陽、玉女諸名，天寶末爲賊毁，惟太子、少陽二湯存焉。元和以後復加修治。十五年穆宗幸華清宫，寶曆初幸温湯，咸通中亦幸焉。廣明以後鞠爲茂草矣。"楊大年曰："隋置太和宫，在驪山絶頂，唐武德中改置於終南山。"又有白鹿觀，在縣西南十五里。本名驪山觀，唐武德中幸温泉經此，改今名。

零口鎮，在縣東三十六里。即零水入渭處，爲往來之通道。唐貞觀十八年幸零口。永徽元年零口山水暴出，漂廬舍，即此。宋白曰："天授二年於零口置鴻州，又於郭下置鴻門縣，縣尋廢。大足二年又廢鴻州。鎮蓋古鴻門地也。」中和三年李克用等敗黃巢兵於零口，進軍渭橋。天復初朱全忠入關，次於赤水，進至零口，聞車駕西幸，復還赤水。後唐應順初，潞王從珂舉兵鳳翔，所至迎下，尋自昭應至零口是也。赤水，見華州。

戲亭，在縣東。魯語「幽王滅於戲」是也。蘇林曰：「戲在新豐東南三十里。」周幽王舉烽燧徵諸侯以説褒姒處。秦二世二年陳涉遣周文收兵入關，至戲軍焉，二世使章邯擊却之。既而項羽破函谷關，進至戲西。漢元年諸侯罷戲下，各就國是也。顏師古曰：「今有戲水驛。」蓋唐置驛於此。

畦時，在廢櫟陽縣東北二十五里故櫟陽城中。晉灼曰：「形如種韭，一畦畦中各一土封也。」秦獻公二年，櫟陽雨金，因以爲得金瑞，作畦時以祀白帝，即此。

曲郵聚，在縣南二里。俗謂之郵頭。漢儀：「五里一郵。」郵，今之候也。漢高伐黥布，張良送至曲郵。亦曰曲亭。漢成帝樂霸陵曲亭，南更營昌陵，即此。○千户固，在縣西。晉太元十五年苻登與姚萇相持，登趨長安據新豐之千户固，去長安五十里。

昌亭驛。在縣東南三十里。漢成帝鴻嘉元年於新豐戲鄉置昌陵縣，以奉初陵，永始元年罷。關中記：「昌陵在霸陵城東二十里。成帝作初陵，或言不便，乃於步昌亭起昌陵。取土成山，與粟同價，靡費巨萬，積年無成，乃復還延陵。」其後置驛於此。延陵，見咸陽縣。○東陽驛，在縣東。水經注：「渭水過新豐東合西陽水，又東合東陽水，二水並南出廣鄉原。」驛蓋置於水上。後魏永熙末，魏主修西入關，宇文泰迎謁於東陽驛，即此。今縣治西爲新豐驛。又安幕坳，在縣東二十里。相傳漢高祖幸新豐安營幕於此，因名。

渭南縣，府東百四十里。東至華州五十里，東北至同州百四十里。漢新豐縣地，苻秦析置渭南縣，屬京兆郡。後魏孝昌三年改置南新豐縣及渭南郡，西魏復爲渭南縣。後周屬雍州，隋因之。唐初屬華州，武德五年復隸雍州，天授二年改屬鴻州，大足初州廢還隸雍州。五代周復屬華州，宋因之，熙寧六年省入鄭縣，爲渭南鎮，元豐初復故。金、元因之。明嘉靖三十八年始改今屬。〔三〕今城周七里有奇。編户八十六里。

蓮勺城，在縣北七十里。漢縣，屬左馮翊。師古曰：「蓮勺讀曰輦酌。」後漢因之，晉亦屬馮翊郡，後魏仍爲蓮勺縣。隋屬雍州，大業初縣廢。如淳曰：「城南有鹹池，縱廣十餘里，鄉人名爲鹵中，漢宣帝微時嘗困於蓮勺鹵中。」是也。或曰鹵池在今蒲城縣界。

下邽城，在縣北五十里。秦武公伐邽戎，取其人置縣，隴西有上邽，故此爲下。漢亦曰下邽縣，屬京兆尹，後漢省入鄭縣，桓帝時復置。晉屬馮翊郡。永嘉末南陽王模將趙染降劉聰，帥騎兵攻模於長安，敗模兵於潼關，長驅至下邽。後魏置延壽郡於此。隋廢郡，以縣屬同州。唐垂拱初改屬華州。四裔縣道記：「下邽故城在唐下邽縣東南二十五里，渭水之北。」九域志：「富平縣至下邽三十五里，下邽至華州六十五里。」唐乾寧三年李茂貞犯闕，上出至渭北，如富平，華州節度使韓建請幸華州，乃自下邽趨華州。又五代梁貞明六年，晉將李存審救同州，敗劉鄩兵，略地至下邽，謁唐帝陵而還。宋仍屬華州，金因之，元省。又城冢記：「下邽城東南有物定倉城。」西京雜記：「物定倉近渭河岸，收貯五穀，先定其物性則不浥壞，俗訛爲無底倉。」

靈源城，在縣境。西魏分渭南置靈源縣，又析置中源縣，後周省。一統志：「縣東北九十里有甘泉城，俗傳赫連勃勃所築。又縣南十里有休屠王城，漢時休屠王部落來降者築城居此，因名。」

玄象山，縣東南三十七里。一名倒獸山，或謂之倒虎山。苻秦末隴西處士王嘉隱居倒虎山，有異術是也。又有石樓山，在縣西南五十里。一名石鼓山。

明光原，在縣東四里。亦曰新豐原。後魏置南新豐縣於原西偏，隋開皇中以原上乏水，移縣於今治。又東暘谷，在縣東十三里。

渭水，在縣城北。自臨潼縣流入境，又東入華州界。西魏大統三年，高歡寇馮翊，軍於許原西。宇文泰至渭南，造浮橋於渭，令軍士輕騎渡渭，輜重自渭南夾渭而西是也。志云：縣北有上漲、下漲二渡，即渭水津濟處。

酒水，在縣城西。水經注謂之首水，源出石樓山，東北流歷新豐原東，合東暘谷水注於渭。又縣東二十里有赤水，蓋與華州接界處也。

金氏陂，在舊下邽城東南二十里。漢車騎將軍金日磾有功，賜田宅於此，陂因以名。水經注：「白渠經蓮勺城南，又東注金氏陂。」是也。唐武德二年又引白渠灌之，置監屯於此。

步高宮，在縣西南。水經注：「首水逕秦步高宮，世名立市城。」三輔黃圖謂之市丘城，或曰即步壽宮也。隋圖經：「秦步壽宮在縣西南三十里。」○遊龍宮，在縣西十里。唐志：「開元二十五年更置。」又縣東十五里有隋所置崇業宮。志云：縣治東南今有豐原驛。

藍田縣，府東南九十里。南至商州二百四十里。秦縣。玉之次美者曰藍，縣之山出玉，因名。漢亦曰藍田縣，屬京兆尹。晉仍屬京兆郡。後魏太平真君七年省入霸城縣，十一年復置。後周兼置藍田郡，尋廢郡，縣仍屬京兆。今城周五里。編户十九里。

藍田故城，志云：在縣治西十一里。竹書「梁惠成王三年秦子向命爲藍君」，蓋向之故邑。後置縣。周赧王三年楚懷王因丹陽之敗，悉國兵復襲秦，戰於藍田，大敗。又沛公與秦軍戰於藍田南，敗之。漢建安十七年馬超餘衆屯藍田，夏侯淵擊平之，即此處也。後周時縣移今治。

嶢柳城，今縣治也。晉永和十年桓温伐秦，破青泥，秦主健遣太子萇帥衆軍嶢柳以拒之。又義熙十五年劉裕伐姚秦沈田子、傅弘之等，入武關，進屯青泥，秦主泓使姚和都屯嶢柳拒戰，即此城也。或謂之柳嶢城。○青泥城，在縣南七里。晉永和十年桓温伐苻秦，入武關，别將薛珍攻上洛，進擊青泥城，破之。義熙十三年沈田子等屯青泥，秦主泓自將擊之，敗走。既而夏王勃勃圖取關中，從王買德言，使將兵屯青泥。十四年義真自長安引而東，夏赫連璝逼之，至青泥，晉兵大敗，義真僅免。唐時置青泥驛。志云：縣東南三十里有思鄉城，相傳宋武帝入關築城於此，南人思鄉，因以名之。傍多柳，一名柳城。

白鹿城，在縣西十五里。後周時置縣，隋廢。唐武德二年復置，三年改爲寧人縣，貞觀初廢。又玉山廢縣，在縣南。亦後周置，隋初廢。唐武德三年復置，貞觀初廢。

七盤山，縣南十里。旁有綷坡。杜佑曰：「七盤十二綷，藍田之險路也。」王莽命王級曰：「繞霤之固，南當荆楚。」繞霤者，言四面塞阨屈曲，水回繞如屋霤然。唐廣德初吐蕃入長安，上幸陜州。郭子儀將詣商州發兵，恐吐蕃逼乘輿，留軍七盤，三日不行。建中四年朱泚據長安，李晟討之。尚可孤以神策兵保七盤，受晟節制。既而敗泚將仇敬，遂取藍田。貞元七年刺史李西華患此路之險，自藍田至內鄉開新道七百餘里，回山取途，人不病涉，謂之「偏路」，行旅便之。明年元主詔李思齊由七盤、金、商圖復汴、洛，是也。

嶢山，縣南二十里。亦謂之嶢嶺，秦因以名關。又東南五里有蕢山，漢高入武關，引兵繞嶢關，踰蕢山擊秦軍，至藍田，遂西入咸陽是也。

藍田山，縣東南三十里。周禮：「玉之美者曰球，其次曰藍。」山出玉英，因名。亦曰玉山。又形如覆車，亦名覆車山。李廣屏居藍田山下，見草中石，以爲虎而射之處也。寰宇記：「山有古華胥氏陵。」

秦嶺，在縣東南，即南山別出之嶺。凡入商洛、漢中者，必越嶺而後達，班固西都賦「前乘秦嶺」是也。由此東出，即藍田關矣。劉裕伐秦，以沈田子等入武關，恐衆少不敵，遣沈林子將兵自秦嶺往取之。蓋自華陽循山西南至秦嶺也。時裕軍於今河南閿鄉縣界。

橫嶺，縣北三十五里。自藍田西達驪山之道。嶺北爲韓公堆。唐廣德初吐蕃入長安，郭子儀走商州，發武關防兵，使長孫全緒將之，北出藍田，至韓公堆，吐蕃疑懼遂引却，即此。志云：縣南二十五里有桓公堆，蓋桓溫伐秦時駐此，因名。

石門谷，縣西南五十里。唐時有石門鎮，乾寧二年邠岐兵犯闕，上出長安啓夏門，駐華嚴寺，晡晚出幸南山莎城，尋徙石門鎮，駐於佛寺。既而李克用入援，遣將史儼將兵詣石門侍衛是也。又大峪谷，亦在縣西南。近代羣賊爲官軍所迫，傍終南山入商洛，更深入大峪。官軍逐之，東走輞谷川，復入大山遠竄。志云：縣東南接商洛諸山，有大峪谷、弫鄉溝諸險，路通潼關。莎城鎮，見咸寧縣。○倒回谷，在縣東南五十里。志云：霸水源出於此。或謂谷在七盤山北，悮。

白鹿原，縣西五里。相傳周平王時有白鹿遊此，因名。晉桓温伐秦，敗秦兵於藍田，別將桓中又敗苻雄于白鹿原。水經注：「狗枷川經白鹿原西，原上有狗枷堡，秦襄公時堡也。」又云：「原在霸川西。」三秦記：「驪山西有白鹿原。」通釋云：「白鹿原在咸寧縣東二十里。」志云：咸寧縣東有神谷，在滻水東白鹿原。原蓋跨咸寧、臨潼境內矣。雍勝録「白鹿原者，南山之麓坡陀爲原也。東西十五里，南北二十里，霸水行於原上，至於霸陵，皆此原」云。

涼風原，縣西南四十五里。南接石門谷，北入故萬年縣界。遁甲開山圖：「驪山西有涼風原，亦雍州之福地也。」一名風涼原。

霸水，在縣西。水經注：「源出縣之藍田谷，亦曰藍田谷水，經藍關歷白鹿原東，下流入渭。」漢建昭四年藍田山崩，壅霸水，即此。○滻水，在縣南。北流經白鹿原西，又北合於霸水。志云：縣有荆谷水，出縣東南秦嶺之荆谷。又有石門谷水，出石門谷，北流合廣谷、採谷、庫谷諸水，經白鹿原東，又北會於滻水。

長水，在縣西北。水經注：「長水出白鹿原，亦謂之荆溪，溪水西北有狗枷川流合焉。川水有二源，俱出南山谷中。西川東北流逕涼風原西，東川西北流歷涼風原東，二川會流逕白鹿原西，又北逕杜陵廢縣東注於荆溪，又北入於霸水。」勝覽：「狗枷川出南山，合圍谷、岐孟谷、崔谷諸水爲一川，西北流入咸寧縣界。」胡氏曰：「漢有長水校尉，掌長水胡騎，即此長水也。」顏師古曰：「今鄠縣東有長水鄉，故胡騎所屯，以姚萇諱改曰荆溪。」

輞谷水，在縣南八里。谷口乃驪山、藍田山相接處。山峽險隘，鑿石爲塗約三里許。商嶺水自藍橋伏流至此，有千聖洞、細水洞、錫水洞諸水會焉。如車輞環輳，自南而北，圜轉二十里。過此則豁然開朗，林野相望。其水又西北注于霸水。亦謂之輞川。

萬泉宮，在縣東南四十里。唐永淳初建，亦曰萬全宮。會要：「儀鳳三年於藍田作凉宮，名曰萬泉，弘道初廢。」

藍田關，縣東南九十八里。志曰：藍田關即秦之嶢關。子嬰遣將拒嶢關，沛公引兵攻嶢關未下，踰蕢山擊秦軍，大破之。又漢王使周勃守嶢關，轉擊項籍。杜篤論都賦所云「關函守嶢，山東道窮」者也。晉太安二年，以義陽賊張昌擾亂江、沔，詔雍州刺史劉沈將兵出藍田關以討昌，不果。亦名青泥關，王買德謂赫連勃勃「青泥、上洛，南北之險」是矣。西魏大統三年，東魏高敖曹拔上洛，欲入藍田關，不克。唐天寶末安禄山陷河南，遣兵圍南陽，詔以虢王巨爲河南節度。巨自藍田出南陽，賊解圍去。或謂之藍田道，唐中和三年黄巢據長安，兵數敗，陰爲遁計，發兵搤藍田道。既而李克用等破賊於渭南，入長安，賊自藍田入商山逸去。魏土地記：「藍田縣有嶢關，亦名曰嶢柳，道通荆州。」

大昌關，在石門谷南。唐史：天寶中崔湜言：「山南可引丹水通漕至商州，自商鏟山出石門，北抵藍田，可通輓道。」以湜充使，開大昌關，役徒數萬，竟不能通，即此。

藍橋。在藍田關南。唐中和初忠武監軍楊復光克鄧州，逐黄巢將朱温，至藍橋而還，即此。志云：橋在縣東南五十里。似悮。

鄠縣，府西南七十里。西北至乾州武功縣百里。夏爲扈國地，殷爲崇國地，周爲豐邑地，秦爲鄠甘亭。扈、鄠一也。漢置鄠縣，屬右扶風。晉屬始平郡，後魏屬京兆郡，隋因之。今城周六里有奇。編户二十三里。

鄠城，在縣北二里。古扈國也。左氏傳：「夏有觀、扈。」杜預曰：「鄠縣有扈鄉。」秦改爲鄠，漢縣治此。又縣西南五里有甘亭，以在甘水之東而名。夏啓伐有扈，誓師於甘，即此。○鐘官城，在縣東北二十五里，相傳秦始皇銷兵鑄簴於此。一云在長安上林苑中。漢鐘官也。唐時故城猶存。貞觀十八年駕幸鐘官城。

酆城，在縣東五里。殷爲崇侯虎國，文王伐之，故詩云「既伐於崇，作邑於酆」也。酆宫在焉。周武王雖遷鎬，而酆宫不改。書云：「步自宗周，至於豐。」左傳昭四年：「楚椒舉曰：『康有酆宫之朝。』」杜預曰：「豐宫東有靈臺，康王於是朝諸侯。」孔穎達曰：「豐去長安西鎬池二十五里。」括地志：「鄠縣東三十五里有文王豐宫。」

牛首山，縣南二十五里。張衡西京賦所云「繞黄山而欵牛首」者也，澇水出焉。志云：牛首山東有白雲山，與縣相值。又東有圭峰。

雞頭山，縣東南三十里。十六國春秋：「秦苻生棄長安欲西上隴，士卒散盡，遂入雞頭山，爲追兵所害。」又縣南有五𥓰山，與牛首、雞頭諸山皆爲鄠之南山，蓋終南支阜也。唐武德七年校獵於鄠南山。又紫閣峰亦在縣東南三十里。

庫谷，在縣南南山。唐置庫谷關。六典：「庫谷在鄠縣，就谷在盩厔，百工監在陳倉，太陰監在陸渾，伊陽監在伊陽，兼置將作監，掌採伐材木處也。」又甘谷，亦在縣南山。唐武德八年幸鄠縣，校獵於甘谷。

渭水，縣北九十里。自興平縣流入境，與咸陽縣分界。○澧水，在縣南。出南山豐谷，北流入長安縣境。

澇水，在縣西三里。出南山澇谷，北流經故萯陽宮西。成化中澇水泛溢，撫臣項忠導廣濟渠流入城濠，又北入長安縣界。又甘水，在縣西南。水經注：「甘水出南山甘谷，亦北流經秦萯陽宮西，又北逕甘亭西合於澇水。」又有扈水，在縣南。出南山扈陽谷，一名馬腹陂，流合於甘水。

高觀谷水，縣東南三十里，西北流入於澧水。又有太平谷水、檀谷水，俱出終南山，注於澧水。

渼陂，縣西五里。唐十道志：「陂周十四里，產魚甚美。」寶曆間嘗勑尚食禁採捕，水則任民溉田及碾磑，大和中復勑還府。其水西北流入澇。志云：縣東南十八里有八部澤，周五十里。

甘泉宮，在縣西南十二里。程大昌曰：「古以甘泉名宮者三：秦甘泉宮在渭南，漢甘泉宮在雲陽磨石嶺上，隋甘泉宮在鄠縣，對甘泉谷。」或曰甘泉爲秦之南宮，隋宮疑即秦舊址也。秦宣太后誘義渠戎王，殺諸甘泉。又始皇十年迎太后於雍，入咸陽，復居甘泉宮。二十七年作甘泉前殿，築甬道，自咸陽屬之。此皆渭南之甘泉，隋復置宮於此。又有隋太平宮，在縣東南三十里，以對太平谷而名。

萯陽宮，縣西南二十三里。秦惠文王時建，始皇九年遷太后於萯陽宮。漢甘露二年幸萯陽宮屬玉觀是也。萯讀曰倍。又縣北有宜春觀，漢武帝建。水經注：「澇水經漢宜春觀，合渼陂入渭。」

靈臺，在縣東北。周靈臺也。志云：鄷宮又東二十五里即靈囿之地，中有靈臺，詩所稱「經始靈臺」者。春秋僖十五年：「秦、晉戰於韓，秦獲晉侯以歸，舍諸靈臺。」是也。又有龍臺，在縣東北三十五里，一名龍臺觀。三輔故事：「龍臺高六丈，去豐水五里，漢時龍見陂中，故作此臺。」張楫曰：「龍臺在豐水西北。」有龍臺澤，亦名觀水，上林賦所云「登龍臺」者也。澤中又有馬祖臺。

田家碓。在縣西。舊爲碾碓之所。唐天復初宦官韓全誨等以朱全忠將至長安，劫上幸鳳翔。上至鄠縣，李茂貞迎車駕於田家碓，明日至盩厔是也。

盩厔縣，府西南百六十里。西北至鳳翔府二百里，北至乾州武功縣四十里。漢縣，屬右扶風。山曲曰盩，水曲曰厔，故以名縣。後漢省。晉末復置，仍屬扶風郡，後魏因之。後周保定中徙縣於鄠縣西北，而於此置恒州及周南郡。尋州郡俱廢，移縣治此，屬京兆郡。隋仍舊。唐天寶元年改曰宜壽縣，至德初復故，天復初改屬鳳翔府。宋因之。金貞祐四年又置恒州於此，元州廢，縣屬安西路。今城周五里有奇。編户四十里。

宜壽城，縣西一里。唐天寶中縣治於此。至德初房琯將兵收西京，分軍一自宜壽入，一自奉天入，一自武功入，既而皆爲賊所敗。中和初鳳翔帥鄭畋討黄巢，軍盩厔，即此。

終南城，在縣東三十里。西魏時置縣，屬雍州。後周屬恒州，尋廢。唐武德二年復分盩厔置終南縣，貞觀八年省。宋爲盩厔縣之清平鎮，大觀初置清平軍，後置終南縣，以清平軍使兼領。金廢軍，仍置終南縣。元廢。隋志：「後周時分盩厔置倉城、温湯二縣，尋並廢。」

五福山，在縣東南。縣北去終南山三十里，山其支峰也。志云：縣東南四十里有太微峰，形勢嵯峨，直接太虚。其地又有五峰聳峙，俗呼五福山。又東南十里爲玉女洞，旁有飛泉甚甘。水經注：「甘水出玉女峰。」是也。又有芒谷，亦在縣東南，芒水出此。相傳馬融曾讀書谷中，石室存焉。

沉嶺，縣南五十里。蜀漢景曜初，姜維率衆出駱谷，經沉嶺向長安，即此。今亦名姜維嶺。又有關家洞，近駱谷。明初大兵下西安，元將桑麻失里守關家洞，徐達破走之。

老子陵，縣東三十里。一名石樓山，又名樓觀山。舊有尹先生草樓，即關令尹故宅。秦始皇於樓南立老子廟；晉元康中重葺，蒔木萬株，連亘七里。水經注：「就水東北經大陵，世謂之老子陵。」是也。唐武德七年幸樓觀山，謁老子祠。既又改爲宗聖觀。開元末得玄元像於樓觀山間，即此。

渭水，在縣北五里。自武功縣流入界，與興平縣接境。水經注：「縣有就水，出南山就谷，北流與黑水及三泉合，又北注於渭。又有田谿水，出南山田谷，北流逕長楊宮西，又東北注於渭。又東有涌水，出南山東谷，東北流逕長楊宮東，又北逕望仙宮，又東北耿谷水注之。水發南山耿谷，北流與柳泉合，東北逕五柞宮合涌水注於渭。」

黑水，在縣西南。水出南山黑谷，北流合於就水。後魏正光末秦州賊莫折念生遣其弟天生東侵岐、雍，軍於黑水，魏將崔延伯軍於馬嵬以拒之，既而選精兵西度黑水向天生營。蓋自馬嵬越渭水而南，又度黑水而西也。

芒水，在縣東南。出南山芒谷。水經注：「芒水經盩厔縣竹園中分流注渭。」蜀漢延熙二十年姜維出駱谷，至沉嶺，爲鄧艾所拒，壁於芒水是也。○甘水，在縣東十里，縣東六十五里有甘河鎮，以此名；志云縣東北五里又有漳水；下流俱入渭水。

駱谷水，在縣西南。出駱谷北，流逕長城戍西，又北注於渭。水經注：「駱谷水出郿塢東南山駱谷北。」是也。○韋谷渠，在縣西南三十五里。自南山流逕清化店北入渭，一名廣濟渠。又縣有夾水溝，近代官軍敗賊於此。

望僊澤，縣東南三十里。周十里。又東南五里有仙遊潭，亦曰五龍潭，唐時歲降中使投金龍於此。

長楊宮，黄圖云：「在縣東南三十里，秦宮也。」又有五柞宮，在縣東南三十八里，亦秦故宮。漢武南獵長楊，即此。漢書：「武帝後元二年幸長楊宮，崩於五柞。」水經注：「二宮相去八里。」長楊有長楊數畝，揚雄作長楊宮賦，謂此。宮門有射熊館，元帝永元五年幸長楊射熊館，成帝元延三年校獵長楊射熊館。五柞宮門外有柞樹五。又南有清梧觀，觀前有梧桐三，因名。○宜壽宮，在縣南三十里。周、隋時建。又隋志：「縣有宜壽、文山、仙遊、鳳凰等宮。」

司竹園，元和志云：「在縣東十五里。」隋圖經云：「十二里。」史記「渭川千畝竹」，漢書王莽傳「霍鴻負倚芒竹」，即此地也。師古注：「芒竹在盩厔南，芒水之曲而多竹林也。」穆天子傳：「天子西征，至玄池，奏廣樂三日，是曰樂池，乃植之竹。」漢時謂之鄠、杜竹林，有竹丞。魏置司守之。晉永和六年苻健至長安，故趙將杜洪、張琚屯司竹。九年秦胡陽赤起兵司竹，苻雄等擊滅之。後魏有司竹都尉管領，歲終以竹功之多少爲考課。隋末西域商胡何潘仁入司竹園爲盜，與李神通攻下鄠縣以應李淵。唐廣德初吐蕃入寇，入奉天、武功。郭子儀奉詔鎮咸陽，方至，吐蕃已自司竹園渡渭，循山而東，渭北行營將吕月將破之於盩厔西，既而敗没。寰宇記：「園周圍百里，以供國用。」宋有司竹監，蘇軾云：「盩厔官竹園，臨水數十里不絶。」蓋北跨武功，西連郿縣，東接鄠、杜，皆古司竹地矣。明設司竹局大使典之。

駱谷關，縣西南百二十里。通釋：「駱谷在長安西南二百里。」唐武德七年開駱谷道通梁州，因置駱谷關。〔三〕在今關外九里，貞觀初移於此。至德二載安慶緒之兵據長安，崔光遠破賊於駱谷。興元以後，關中多故，每由駱谷幸興元。又天祐初邠岐以車駕遷洛，傳檄合兵討朱全忠，全忠自河中西入關，引兵北屯永壽，南至駱谷，邠岐兵竟不出。詳見漢中府黨駱道。○柴家關，在縣南百七十里，有巡司。又縣西南百里有十八盤巡司。

長城戍。在縣西南三十里。蜀漢延興二十年，姜維出駱谷至沉嶺，時長城積穀甚多而守兵少，魏司馬望、鄧艾進兵據之以拒維。晉永和五年石趙亂，梁州刺史司馬勳謀取雍州，出駱谷破趙長城戍，壁於懸鉤，去長安二百里。王氏曰：「懸鉤在長城戍東，地險固，内控駱谷之口，外通雍、豫之境。」既而勳釋懸鉤，東出武關，遂拔宛城。宛城，今河南南陽府也。○賀城戍，在縣西。晉永和中司馬勳破趙長城戍，又拔賀城，三輔豪傑多殺守長以應勳，凡三百餘壁，即此。又女媧堡，亦在縣西南。晉永和十年桓温伐秦，梁州刺史司馬勳軍出子午谷，爲苻雄所敗，退屯女媧堡。

高陵縣，府北八十里。西至涇陽縣五十里，東至三原縣三十五里。本秦縣，爲左輔都尉治所。漢屬左馮翊，三國魏改爲高陵縣，屬京兆郡。晉因之，尋復舊。後魏熙平中復改爲高陵縣，馮翊郡治焉。隋初郡廢，縣屬雍州，大業初復曰高陵縣，屬京兆郡。今城周四里有奇。編户十四里。

左馮翊城，縣西南二里。括地志：「即高陵故城也。」秦昭王封同母弟顯爲高陵君。又呂氏之變，代王乘傳詣長安，至高陵休止。更始末，赤眉至高陵，王匡等迎降。潘岳關中記「三輔舊治長安城中，長吏各在其縣治民，光武東都之後，扶風出治槐里，馮翊出治高陵」，即此城也。

陽陵城，縣西南三十里。索隱云：「在長安東北四十二里。」是也。本秦弋陽縣，景帝五年營陵邑改焉，太初以後屬左馮翊。後漢改屬京兆，曹魏時廢。帝王世紀：「陽陵山方百二十步，高四十丈，西去咸陽縣十五里。」○鹿苑城，在縣南二十五里。唐武德二年析高陵地置，貞觀初廢。

鹿苑原，縣西南三十里。唐貞觀四年，獵於鹿苑，是也。原上有鹿臺祠，元至正二十一年張良弼貳於察罕，營于鹿臺。二十六年擴廓總諸道兵，良弼復不應命，擴廓遣關保等攻之於鹿臺。既而明師平山西，渡河趨奉元。良弼由野口北遁，徐達等渡渭駐三陵陂，遂入奉元。野口，或云即醴泉縣治谷口。又有奉政原，在縣南十里。

渭水，縣西南二十里。與臨潼縣接境，合於涇水，又東入渭南縣界。○涇水，亦在縣西南二十里。自涇陽縣東南流，合於渭水，又東經廢櫟陽縣界。晉義熙十三年劉裕伐秦，王鎮惡自河入渭趨長安，姚泓使姚彊等合兵涇上以拒之。蓋在縣界。

南白渠，在縣北。白渠自涇陽縣來，分三限，中白渠首受太白渠入縣界，南白渠首受中白渠東南流亦入縣界。水經注：「白渠又東，支渠出焉，東南流經高陵故城北。」是也。唐寶曆初，縣令劉仁師更濬古白渠水道，渠成，名曰劉公渠，堰曰彭城堰。白氏六帖：「高陵有清、白二渠，交口置斗門，堰清水三分入白渠，二分入清渠。」

龍躍宮，縣西四十里。地名十里店，亦謂之故墅，唐高祖龍潛處也。武德六年置宮，七年臨幸焉。德宗改爲修真觀。志云：龍躍宮西接咸陽周氏陂。唐高祖屢幸周氏陂，過故墅，即此。○雍門，徐廣曰：「在高陵縣。」秦都咸陽，自雍門以東至涇、渭，殿屋複道，周閣相屬是也。

東渭橋。在縣南十里。詳見長安縣。橋西二里有新開渡，縣西南二十里有黃家渡，又西南十里有孫張渡，俱渭水津濟處。

富平縣，府北九十里。西北至耀州七十五里，西至三原縣五十里。漢縣。本治寧夏之廢迴樂縣界，後漢徙治今慶陽府之廢彭原縣界，晉徙懷德城，屬北地郡，後魏移於懷德城東北。後周置中華郡，旋廢郡，以縣屬馮翊郡。隋改屬京兆郡。唐屬雍州，徙治義亭城，天祐中屬耀州，五代以後因之。明萬曆三十八年改今屬。城周三里。編户四十四里。

義亭城，即今治。古鄉亭也。唐初富平縣治懷德故城東北，武德五年校獵於富平，開元中始移於義亭城。宋因之。建炎中張浚以五路之師次於富平，吴玠曰：「兵以利動，今地勢不利，未見其可。」諸將不聽，及戰，爲敵所敗。○懷德城，在縣西南十五里。漢縣也。志云：縣舊治在今朝邑縣界，此城乃後漢建安中因舊名移置於此，晉爲富平縣治。

頻陽城，在縣東北六十里。秦厲公二十一年初縣頻陽，以在頻水南而名。始皇二十一年王翦謝病歸頻陽，即此。漢亦爲頻陽縣，屬左馮翊。更始初鄧曄遣其屬王憲爲校尉，將數百人北渡渭，入左馮翊界，北至頻陽，所至迎降。晉仍屬馮翊郡，後魏因之，後周廢。魏收志頻陽有廣武城，一統志云：「在今縣南十五里。」又縣南三十里有秦穆公城，西南兩面有墻，各高一丈五尺，相傳秦穆公築。

美原城，在故頻陽北三里。故土門縣，苻秦以頻山有二土門，因置土門護軍。後魏景明元年改爲縣，屬北地郡，隋大業初廢入華原縣。唐咸亨初析富平、華原、同州之蒲城縣地置美原縣，治故土門城，屬京兆府。上元初党項寇美原、同官，大掠而去。天祐三年，靜難帥李繼徽合關中諸道兵攻夏州，軍於美原，朱全忠遣同州帥劉知俊等擊敗之。五代梁開平末，李茂貞置鼎州於此，朱友瑱改曰裕州，後唐廢州，縣仍屬京兆。宋屬耀州，金因之，元廢入富平縣。

荆山，縣西南十里懷德故城北。禹貢「荆、岐既旅」，又曰「導岍及岐，至於荆山」，所謂北條之荆山也。帝王世紀：「黄帝采首山銅，鑄鼎荆山下。」〔三〕又云：「禹鑄鼎於荆山，下有荆渠。」漢書注「懷德縣南有荆山」，蓋主朝邑縣之懷德城而言。○迤山，在縣西南二十五里，孔氏謂之靡迤。昔周東遷，以岐、豐之地賜秦襄，遂有周畿内八百里，東至迤山是也。

頻山，縣東北七十里。秦時於山南置頻陽縣，頻水出焉。應劭云：「秦置縣於頻水之陽也。」今爲大石、小石二澗。○中山，在縣西北四十五里，與涇陽縣接界。或以在縣境者爲中山，在涇陽者爲仲山，悮。

龍泉山，縣西北十五里。唐中宗定陵在焉。代宗永泰初，吐蕃寇富平，焚定陵殿，即此。又檀山，在縣西二十五里，代宗元陵在其上。縣西北二十里爲天乳山，有兩峰相對，唐文宗葬此，謂之章陵。○金甕山，在縣東北三十里，唐順宗豐陵在焉。縣西北四十里爲紫金山，其上有懿宗簡陵。又萬斛山，在縣東北九十里。

八公堆，在縣東南二十五里。其堆兩畔各有小谷，象公字，中心有堆，故曰八公堆，亦曰八公原。金人繇扶風東還，將犯永興，宋將賀師範與戰於此，敗死。今壘壁尚存。

漆沮水，在縣西北。自耀州南流經此入白水縣界，其支流經懷德城南而爲石川等堰。○石川堰，在縣南五里，亦曰石川河。寰宇記：「漆沮水一名石川河。」又縣南十五里有常平堰，又南五里爲龍門堰，皆漆沮之支流也。鄭、白二渠舊自涇陽東入注焉。志云：縣境南有富平堰。後周書：「西魏大統十六年涇州刺史賀蘭祥修富平堰，開渠引水，東注於洛，人獲其利。」

澤多泉，縣西十三里。東流入漆沮河，有灌溉之利。志云：縣西南二十里有直城渠，又西南八里有楊九渠，縣西二十五里有永濟渠。又有文昌渠，在縣西北十七里。又西北八里爲高望渠。又長澤渠，在縣西北三十里。又西北五里爲石水渠。又白馬渠，在縣西北四十里。又西北三里爲偃武渠。以上九渠，俱引漆沮之水互相灌注，溉田甚廣。

雨金堡，縣東南三十里。周八百步，中有一泊，每天雨水色如金，因名。史記：「秦獻公十八年櫟陽雨金。」縣本古櫟陽縣界，堡因以名。又直市，在縣南十五里，秦文公所置，以物價無二而名。

靈感寺。在今縣治西。唐中和二年王鐸將兩川、興元之衆討黃巢，屯於靈感寺，即此。

三原縣，府北九十里。西至耀州九十里，西南至醴泉縣百十里。漢池陽縣地，苻秦置三原護軍，以其地在清鄷原、孟侯原、白鹿原間，故名。後魏廢。西魏置三原縣，屬北地郡。後周置建中郡，建德初郡廢，縣屬馮翊郡。隋屬京兆郡。唐武德二年改爲池陽縣。六年改曰華池，復分置三原縣，屬北泉州。貞觀初廢三原縣，而改華池爲三原，屬雍州，天授初改隸鼎州，大足初仍隸京兆府。五代唐屬耀州，宋以後因之。明弘治四年改今屬。城周九里有奇。編户三十四里。

池陽城，縣西北二十里。漢縣。應劭曰：「在池水之陽也。」惠帝三年置，武帝時屬左馮翊，後漢因之。晉爲扶風郡治，永和九年苻秦孔持起兵池陽，苻雄擊滅之。義熙十二年，赫連勃勃遣兄子提南侵池陽，秦將姚裕擊却之。十四年傅弘之大破赫連璝於池陽。後魏亦曰池陽縣，屬咸陽郡。後周縣廢，移三原縣治焉。唐武德四年移三原縣治清水南，改爲池陽縣。五年校獵華池，即池陽也。六年復還舊治，改曰華池縣，貞觀初改爲三原縣。元至元十二年始移縣於龍橋鎮，即今治也。長安志：「池陽舊城俗名迎冬城，南去涇陽縣二十八里。」唐會昌中涇原帥史憲誠築三原城，疏涇於隍，積錢儲粟，以便戍守。五代梁開平四年，岐王李茂貞合邠、涇兵攻夏州帥李仁福，全忠救之，遣軍屯三原，即故池陽矣。

三原故城，在今縣北。通典：「苻秦置三原護軍於巀嶭山北，後魏罷護軍置三原縣，後周移治漢池陽城。唐武德四年幸三原，是年移縣治於清水南，改曰池陽。六年又分置三原縣。貞觀初以華池爲三原，而此城遂廢。」

永安城，縣北五十里。或云即毛鴻賓堡也。宋白曰：「三原縣有鴻賓柵，後魏孝昌二年蕭寶寅作亂，關右刺史毛鴻賓立義柵以捍賊，因名。」唐太子建成將詣仁智宮，未至六十里，悉留其官屬於毛鴻賓堡是也。寰宇記：「後魏永安元年於此置北雍州，因名爲永安城。」唐肅宗嘗勅改爲建京郡，旋廢。貞元中又以神策軍分屯永安城是也。仁智宮，見宜君縣。

黄白城，在縣西南二十里。水經注：「秦曲梁宮也，後爲黄白城。」東漢興平二年李傕等作亂，欲劫車駕幸池陽黄白城。晉愍帝初劉曜等寇長安，詔麴允屯黄白城以拒之。永和六年苻健入關中，羌酋白犢屯黄白城，迎降於健，即此。

嶤門山，縣西北三十里。其山兩合如門。括地志：「山亦名石門山。兩崖峻險，途出其中，相傳嶤鑿山爲門，因名。」周顯王五年秦獻公敗三晉之師於石門，蓋即此。又有浮山，在縣北二十里。○嶻嶭山，在縣西北四十里，與涇陽縣接界。

齊天原，縣西北二十里。志云：原長七里，南連白鹿，北連嶻嶭，有清谷水出焉。一名鬼谷，相傳蘇秦、張儀師事鬼谷先生處。史記索隱：「扶風之池陽，潁川之陽城，俱有鬼谷，蓋因其人所居爲號。」○孟侯原，在縣西北。志云：其相近者又有白鹿、清酆二原。清酆一作「清風原」。

青谷，在縣北。或曰即清谷也。五代梁開平二年，岐王李茂貞遣梁降將劉知俊攻靈州，梁遣康懷貞攻静難軍，知俊釋靈州而還，梁急召懷貞等旋師，遣兵迎援于三原青谷，即此。

漆沮水，在縣東北。自耀州流入境，與鄭渠合，又東流入富平縣界。志云：縣北有鄭渠。水經注：「鄭渠東經嶻嶭山南，又經池陽故城北，又東南與沮水合。」是也。

清水，在縣西。自耀州而南入縣境，逕黄白城西南絶白渠，屈而東流爲曲梁水，又東南絶白渠瀆，至萬年鎮爲五丈渠，又經藕原東，東南流注於渭水。志云：清水今自縣西南流入涇陽縣合於冶谷水，亦謂之清谷水。萬年鎮，見臨潼縣。〔二五〕

太白渠，在縣南十里。清谷水合焉，東南流入渭。水經注：「渭水又東得白渠支口，又東與五丈渠合。」是也。○長孫堰，在縣北三十里，又縣東北二十里有馬牌堰，又東北五里有木王堰，皆自耀州境引濁谷水爲灌溉之利。志云：縣西又有邢堰。白渠北限地高，水勢微，不能及，遂堰清、冶二谷水，經縣之龍橋鎮，東至邢村，截河爲堰。其水與涇合流，以溉三原、櫟陽并渭南屯所之田。堰下水分二渠，中有深溝，即古白渠故道，恐水流軼入，堰之以分灌高田。今名其溝曰乾溝。

寡婦渡，在縣西北。晉義熙末赫連勃勃遣其子璝向長安，傅弘之破之於池陽，又破之於寡婦渡。宋白曰：「慶州北十五里有寡婦山，是水發源於其山，下流爲寡婦渡。」

留運橋，在縣東南白渠上。唐至德二載，郭子儀奉詔自河東赴鳳翔，賊將李歸仁自長安邀之於三原北，子儀使將僕固懷恩等伏兵擊之於白渠留運橋，殺傷殆盡是也。

黄洛堡，在縣東北。晉升平初姚襄自杏城進據黄洛，秦主苻生遣苻黄眉等擊之，佯敗走，襄追至三原，黄眉等前後夾擊，襄敗死。杏城，見中部縣。○和寧堡，在縣北。姚秦初秦馮翊太守蘭櫝率衆自頻陽入和寧，謀攻姚萇於長安是也。或云和寧在嶺北杏城之東南，似悮。

蕩社。在縣西南。史記：「秦寧公三年遣兵伐蕩社。」司馬貞曰：「西戎之君，號曰亳王，〔三六〕蓋成湯之胤，其邑曰蕩社。」括地志：「三原縣有湯陵。」又有蕩臺，在始平縣西北。蕩社蓋在三原、始平之界。○建忠驛，在縣治北，明初置於此。

醴泉縣，府西北百二十里。西北至乾州四十里，東南至涇陽縣九十里，西南至武功縣九十里。漢谷口縣地，屬左馮翊。後漢及晉爲池陽縣地。後魏爲寧夷縣，屬咸陽郡。西魏置寧夷郡，後周改爲秦郡，尋廢。隋開皇十八年改縣曰醴泉，大業中屬京兆郡。唐貞觀初廢，明年復置。宋仍屬京兆府。金屬乾州，元因之。明嘉靖三十八年改今屬。

縣有内城，土城也。元末築，周里許。成化四年增築東西南三面。外城周六里有奇。編户二十一里。

谷口城，縣東北七十里。本漢縣，文帝六年淮南王長遣其黨謀以輂車四十乘反谷口。後漢建武二年漢中王嘉大破赤眉於谷口，即此。縣尋廢。西魏武帝修於谷口置寧夷、温泉二護軍。〔三七〕其地即古之寒門也。亦曰冶谷。當九嵕山東，仲山之西，涇水出山之處，故謂之谷口。仲山之北寒凉，故又謂之寒門。西北去甘泉山八十里，燕鞠武所稱「秦北有甘泉、谷口之固」者。又封禪書「公孫卿曰：『明廷者，甘泉也。所謂寒門者，谷口也。』」即古城矣。

仲橋城，縣東三十里。晉咸和四年長安入於石趙，劉曜子胤復自上邽趨長安，軍於仲橋是也。隋爲醴泉縣治。唐永泰初吐蕃入寇，移兵攻醴泉。建中末李懷光敗朱泚兵於醴泉。志云：唐末移縣而西，今縣東北十里泔北鎮即其故址，元末又移今治。胡氏曰：「鄭國渠經仲山下，渠上有橋，謂之仲橋，在九嵕山東。」金志：「縣有仲橋鎮。」○新時廢縣，在縣東；又有甘泉廢縣，近甘泉山；皆後魏置，後周廢。

九嵕山，縣東北六十里。有九峰俱峻，山之南麓即咸陽北阪也。志云：山高六百餘丈，周十五里，與甘泉相埒。西征賦云「九嵕巀嶭，太乙巃嵸」，西都賦「冠以九嵕，陪以甘泉」，西京賦「九嵕、甘泉，固陰沍寒」是也。山之北謂之嶺北，晉以後新平、北地、安定諸郡皆謂嶺北地。太元九年姚萇規取關中，時慕容沖方攻長安，萇因議移屯嶺北，廣收軍資以待秦亡燕去，拱手取之。義熙三年赫連勃勃圖關中，侵掠嶺北諸城戍，曰：「使彼疲於奔命，我遊食自若，不及十年，嶺北、河東皆爲我有，長安在我計中矣。」唐武德四年獵於九嵕。貞觀末太宗葬此，謂之昭陵。六典：「九嵕，關内道之名山也。」

武將山，縣北二十里。一名馮山，或謂之五將山，唐肅宗建陵在焉。又西北三十里曰承陽山。左右有水，合流入甘河，黄圖所謂浪水也。○覆甑山，在縣東北四十五里。又東北五里爲青峰山。志云：縣東北三十五里有鳳凰山，魏徵墓在焉。又石泉谷，在縣北四十里。又北四十里爲白水谷。

涇水，縣東北三十里。自永壽縣南流，經谷口而南，有甘水來匯焉。志云：甘水源出永壽縣，經乾州至縣西北，又東會涇水，謂之涇甘渡。今渡在縣東五十里。

洪口堰，在縣東北六十里。即谷口。方言：「石阻河流爲洪也。」堰接涇陽縣界，涇水會甘水流經此。元英宗至治初，陝西屯田府言：「自秦、漢至唐、宋，每年例於八月差使水户，自涇陽西仲山下，截河築洪堰，改涇水入白渠，溉田七萬餘頃。」詔從之。又十里即白渠故迹矣。

醴泉宫。在縣東南三十里。寰宇記：「漢宣帝置宫於此，旁有泉湧出，味如醴，因以名宫。」後周主邕天和三年如醴泉宫，其後數如醴泉。唐貞觀中泉復湧出，因重修故宫云。

附見

西安左衛。在府城内。又有西安前、後二衛，俱洪武初置。又西安右護衛，洪武中爲秦府置。

校勘記

〔一〕長安城皆黑壤赤城今尚赤如火　三輔黄圖卷一漢長安故城下云：「地皆黑壤，今赤如火。」後漢志注引辛氏三秦記曰：「長安地皆黑壤，城中今赤如火。」與此所引潘岳關中記稍有字異。

〔二〕乾封初分置明堂縣　元和志卷一、舊唐志卷三八謂明堂縣置於乾封元年，舊唐書卷五高宗紀又云置於乾封三年，而新唐志卷三七、寰宇記卷二五、唐會要卷七〇、長安志卷七均云明堂縣置於總章元年。玉海卷九六云：「乾封三年二月十二日詔造明堂，于是改元總章，置明堂縣。」唐大詔令集卷九九載置乾封明堂縣制之發布時間爲總章元年十一月二十二日，則置縣時間當以總章元年爲是。

〔三〕括地志至霸陵之西　史記卷四九外戚世家引括地志云：「漢南陵縣，本薄太后陵邑。陵在東北，去縣六里。」此引括地志爲司馬貞引廟記後按語，非括地志文。

〔四〕歷白鹿原東　「原」，底本原作「泉」，職本作「原」。本書下文引通釋云「霸水經白鹿原謂之霸上」，則職本作「原」是，今據改。

〔五〕一名華嚴川　「川」，底本原作「州」，今據職本、鄒本改。

〔六〕史記至是也　史記卷一一七司馬相如傳集解引漢書音義曰：「牛首，池名，在上林苑西頭。」史記無「秦上林苑旁有牛首池是也」之文。

〔七〕廢謫使穿昆明池　漢書卷六武帝紀作「發謫吏穿昆明池。」如淳曰：「食貨志以舊吏弄法，故謫使穿井，更發有貲者爲吏也。」師古曰：「謫吏，吏有罪者，罰而役之。」本書引漢書有誤。

〔八〕置潭西街　新唐志卷三七長安縣下云：「置潭於西市，以貯林木。」則此「西街」當作「西市」。

〔九〕將軍段志玄　「志」，底本原作「恩」，今據職本及舊唐書卷二太宗紀改。

〔一〇〕宮中又有通内諸門　「又」，底本原作「人」，今據職本、鄒本改。

〔一一〕西内中別殿臺閣凡三十四所　舊唐志卷三八作「別殿亭觀三十五所」。

〔一二〕左日光順門　「左」，底本原作「右」，今據鄒本改。

〔一三〕終南山有太和谷　「谷」，底本原作「宮」，今據職本改。

〔一四〕漢平帝元始四年立　「漢平帝」，底本原作「漢文帝」。按文帝無元始年號，職本作「漢平帝」，水經渭水注亦云：「有靈臺，是漢平帝元始四年立。」今據改。

〔一五〕孝公十一年　史記卷五秦本紀記衛鞅築冀闕於咸陽在孝公十二年，此作十一年誤。

〔一六〕西至汧渭之交　底本原無「至」字，史記卷六秦始皇本紀正義引廟記云：「北至九嵕、甘泉，南至長楊、五柞，東至河，西至汧、渭之交，東西八百里。」今據補「至」字。

〔一七〕景龍二年改爲金城縣　元和志卷二、新唐志卷三七與此同，舊唐志卷三八、寰宇記卷二七、唐會要卷六、輿地廣記卷一三均作景龍四年改名。考諸舊唐書卷七中宗紀，景龍元年以雍王女爲金城公主；景龍三年十一月吐蕃遣大臣來逆女；景龍四年正月中宗幸始平，送金城公主歸吐蕃；二月，改始平爲金城。事實甚明，當以四年爲是。新唐書卷八中宗紀、卷二一六上吐蕃傳亦作四年，可證。

〔一八〕景龍二年送金城公主出降吐蕃　「二年」當作「四年」，參見上條。

〔一九〕原長數百里　「原」，底本原作「泉」，今據職本、鄒本改。

〔二〇〕枌榆舊社　「社」，底本原作「址」，職本、鄒本作「社」。史記卷二八封禪書云：「後四歲，天下已定，詔御史，令豐謹治枌榆社。」西京雜記、大明一統志卷一八、嘉慶重修一統志卷二二八亦作「枌榆社」，今據改。

〔二一〕自驪山下　底本原無「山」字，今據鄒本及史記卷七項羽紀補。

〔二二〕嘉靖三十八年始改今屬　「始」，底本原作「治」，今據職本、鄒本改。

〔二三〕因置駱谷關　「谷」，底本原作「公」，今據職本、鄒本改。

〔二四〕鑄鼎荆山下　「荆」，底本原作「金」，職本、鄒本均作「荆」，今據改。

〔二五〕萬年鎮見臨潼縣　「見」，底本原作「出」，職本、鄒本作「見」。本書同卷臨潼縣櫟陽城下云：「今亦曰萬年鎮。」職本等作「見」是，今據改。

〔二六〕西戎之君號曰亳王　「王」，底本原作「里」，鄒本作「王」。史記卷五秦本紀司馬貞索引曰：「西戎之君號曰亳王，蓋成湯之胤。」則鄒本作「王」是，今據改。

〔二七〕西魏武帝修　按元修爲北魏孝武帝，不當云「西魏」。參見北史卷五孝武帝紀。

讀史方輿紀要卷五十四

陝西三　西安府下

華州，府東二百里。東至河南陝州三百十里，南至商州二百里，北至同州七十里。

周畿内地，鄭始封邑也。地名咸林。毛詩譜：「宣王封其弟於咸林之地，是爲鄭。」周語：「鄭桓公爲周司徒，采地咸林。」後屬於晉。左傳：「晉侯賂秦以河外列城五，南及華山。」戰國爲秦、魏二國之境。秦屬内史，漢屬京兆，後漢爲京兆、弘農二郡地，魏、晉因之。後魏爲華山郡，地志：「東晉太元十二年分弘農之華陰、京兆之鄭、馮翊之夏陽、郃陽等縣置華山郡，後魏蓋因晉舊。」太和十一年別置華州，後於此置東雍州，西魏改曰華州。隋初郡廢，大業初州廢，屬京兆、馮翊二郡，義寧初置華陰郡。唐復曰華州，垂拱初改泰州，尋復故。天寶初亦曰華陰郡，乾元初復曰華州，建中四年升爲鎮國軍，唐志：「至德以後有潼關防禦鎮國軍使，州刺史領之。」乾寧三年又升爲興德府，天祐三年仍曰華州。五代梁曰感化軍。一作「威化」，悞。後唐復曰鎮國軍。周顯德初軍廢，仍曰華州。宋初復曰鎮國軍，皇祐五年改鎮潼軍。仍曰華州，亦曰華陰郡。金因之，貞祐三年又改爲金安軍。元仍曰華州，尋以州治鄭縣省入。明初因之，屬西安府。編户四十九里。領縣二。

今仍曰華州。

州前據華嶽，後臨涇、渭，左控桃林之塞，右阻藍田之關，自昔爲關中喉舌，用兵制勝者必出之地也。地志：「華州内扼秦、雍之口，外拊河、洛之背，戰國秦惠王六年魏納陰晉，而三晉之亡自此始。」爭衡河、洛間者，可勿加之意哉？

鄭城，在州城北，即鄭桓公所封邑。戰國時屬魏，魏文侯十七年西攻秦，至鄭而還。後入於秦，武公十一年初置鄭縣。漢屬京兆，後漢初赤眉入關，立劉盆子於鄭北。晉亦屬京兆郡，太安二年河間王顒起兵長安，東逼京師，頓軍於鄭。太元九年慕容冲自華陰進向長安，苻堅使苻暉拒之，戰於鄭西，暉大敗。義熙十三年劉裕攻潼關，姚讚自定城退屯鄭城，裕進軍逼之，讚屯霸東。後魏置華山郡於華陰縣，鄭縣屬焉。後置東雍州，亦曰華山郡，移治於此。通志：「古鄭城在州東北二十五里，鄭始封邑也。」後周時移於州西南九里，隋開皇中移入州城内。大業初縣屬京兆郡，唐以後皆爲州治。五代梁貞明四年，晉將李存審等救朱友謙於同州，分兵攻梁華州，克其外城，即此。元省。

今城周七里有奇，有門四。

武城，括地志：「故城在鄭縣東北十三里。」左傳文八年：「秦伐晉，取武城。」史記：「秦康公二年伐晉，取武城，以報令狐之役。」又秦厲公二十一年，晉取武城。魏文侯三十八年伐秦，敗我武下，即武城下也。漢置武城縣，屬左馮翊，後漢廢。或謂之武平城，亦謂之光武城，相傳光武征隗囂曾駐於此。○彤城，在州西南。周彤伯國，戰國時秦、魏遇於彤。史記「商君反，死彤地」，即此。胡氏曰：「在京兆鄭縣界。」

沈陽城，州東南十五里。沈亦作「沇」。漢置縣，屬左馮翊。舊在沈水北，因名。志云：縣舊治渭北，漢安帝時移治於此，尋廢。

赤城，在州西。亦曰䜌城。水經注：「渭水又東逕䜌都城北，故潘邑，殷契所居也。」世本曰：「契居蕃。」闞駰曰：「蕃在鄭西，即䜌城也。」俗名爲赤城。苻健入秦，據赤城以抗杜洪，即此。○古長城，在州北三里。戰國秦、魏分界處。寰宇記：「古城連接今州城，官路經其中。」宋白曰：「華州東南有魏長城。」又有長澗水，南出太華山側長城東，而北流注渭。

少華山，州南十里，以次於太華而名。山之西有石隄峪，在州西南十二里。唐乾寧末昭宗幸華州，韓建擅殺諸王於此。山之東又有敷水峪，在州東南十四里獨秀峰下，敷水出焉。又東南六里曰小敷峪，旁有寧山。宋元祐間小敷峪崩。天禧五年近峪口阜頭峰崩，其崩處名半截山，亦曰復成山。又東爲方山，接華陰縣界。志云：阜頭山在州東南十五里。餘附見名山太華。

龍耳山，州西南四十里。山後有符嵎山，符嵎水出焉。○馬嶺山，在州西南百里。其相接者爲石積山。水經注：「石橋水南出馬嶺山，積石據其東，驪山距其西。」是也。或曰積石山亦名石積山。劉裕伐秦，王鎮惡自河入渭趨長安，姚泓使其將胡翼度分兵屯石積，疑即此。又竹山在州西南百四十里，竹水出焉。

廣鄉原，在州西。晉太元十五年馮翊人郭質起兵廣鄉，移檄討姚萇。胡氏曰：「鄭縣之廣鄉原也。」

渭水，在州北十二里。自渭南縣流入界，東經沈陽城北入華陰縣境。或曰渭水南岸有葫蘆灘，明初大兵下河南，元臣李思齊自潼關退屯葫蘆灘，即此。

赤水，州西三十里。水經注：「大赤水即竹水也，一名箭谷水；又有小赤水，亦名灌水，出州西南石脆山，亦名高谷水；俱流經州北注於渭。」後魏永安三年爾朱榮使爾朱天光等討關中賊万俟醜奴，時赤水蜀賊斷路。賀拔岳擊破之於渭北。九域志華州鄭縣有赤水鎮。唐天復初朱全忠自同州故市南渡渭，西趨赤水，即此。

石橋水，在州西十里。源出馬嶺山，北流入渭。舊有石橋跨其上，水因以名。亦曰小石橋水。又有東石橋水，在州東十四里。水經注曰：「故沈水也，亦出馬嶺山，北流經鄭城東，有故石梁，又北經沉陽故城北入於渭。」劉裕伐秦，王鎮惡自河入渭，秦將姚難自香城引兵而西，鎮惡追之，秦主泓自霸上還屯石橋以爲之援，此西石橋也。唐中和初昭義帥高潯合河中兵討黄巢，收華州，尋敗於石橋，潯奔河中，華州復爲巢所陷，此東石橋也。或以爲長安故城洛門外之石橋，悮矣。香城，見朝邑縣。

五港河，在州西。志云：石隄峪之水北流爲五港河，合赤隄峪水入沙澗、石橋河以達於渭。近西一帶諸水曰西溪，亦有小曲江之名。○敷水，在州東十四里。出大敷峪，流入華陰縣界。

利俗渠，唐志：「在鄭縣西南二十三里，引喬谷水爲渠。」又羅文渠，在州東南十五里，引小敷谷水爲之，支分溉田。開元四年詔陝州刺史姜師度開故渠，又立隄以捍水害。志云：今州東十里有羅紋橋，白石峪水流其下，遞運所置於此。

神臺宮，唐志：在鄭縣東北三里。隋置普德宮於此，咸亨二年改曰神臺宮，爲巡幸駐頓之所。

羅文寨。在州東羅文渠上。五代梁貞明六年同州降晉，梁遣劉鄩圍之。晉兵馳救，鄩敗，退保羅文寨，尋復爲晉將李存審所敗。○華山驛，在州治北，又西達臨潼縣境之東陽驛。

華陰縣，州東七十里。東至河南閿鄉縣一百十里。春秋時晉陰晉地，秦曰寧秦，漢初曹參食邑寧秦是也。尋置華陰縣，以在華山之北而名，屬京兆尹，後漢改屬弘農郡，魏、晉因之。後魏亦爲華陰縣，屬華山郡。隋屬華州，大業初屬京兆郡。唐復屬華州，垂拱初改曰僊掌縣，神龍初復故，寶曆中又改爲太陰縣，尋復曰華陰。今城周不及三里。編户三十四里。

陰晉城，縣東南五里。春秋時故城也，初屬晉，後屬魏。史記：「趙肅侯二年與魏惠王遇於陰晉。又魏文侯三十六年秦侵我陰晉。」秦惠文王五年魏納陰晉於秦，更名曰寧秦。漢改曰華陰，建武二年馮異敗赤眉於華陰。初平二年關東諸將討董卓，卓還長安，使其黨段煨屯華陰。興平二年李傕等作亂，帝幸華陰，露次道旁。晉咸和九年後趙將郭權據上邽，石虎遣將郭敖擊之，軍於華陰，上邽豪族殺權以降，即故陰晉城也。後遷於今治。唐武德六年幸華陰，既又校獵於華陰是也。

船司空城，縣東北五十里。漢置縣，屬京兆，本主船之官也。王莽時曰船利，爲渭水入河處。後漢省入華陰。水經注：河水歷船司空與渭水合，即春秋時之渭汭。左傳閔二年：「虢公敗犬戎於渭汭。」晉建興二年劉聰遣劉曜等寇長安，曜屯渭汭。咸和八年後趙石生舉兵長安，討石虎軍於蒲阪，其將郭權拒虎於潼關，生遁還長安，權亦收餘衆退屯渭汭，即此。○平舒城，在縣西南十里，即秦時平舒道。始皇三十六年使者夜過平舒，有人持璧遮使者，即此。圖經華陰有平舒城。

定城，在縣東十里。郭緣生述征記：「定城去潼關三十里，漢末鎮遠將軍段煨所造，夾道各一城，渭水經其北。」劉裕將檀道濟等攻潼關，秦將姚紹出戰而敗，退屯定城，據險拒守，即此。後魏永熙三年置定城縣，尋廢。隋主伐陳，親餞將士，至定城陳師誓衆是也。今爲定城驛。

潼津城，在縣東。唐天授初分華陰置潼津縣，長安二年廢爲潼津驛。有石橋亦名潼津橋，潼關水所經也。一統志：「今關城內有潼津橋，疑唐時即關城置縣。」○敷西城，在縣西二十五里，以在敷水之西而名。郭緣生述征記：「苻、姚時所置。」魏收志：「太和十一年分夏陽縣置敷西縣。」隋廢。唐爲敷水驛，元和四年，內侍破驛門，以馬鞭擊元稹處也。九域志華陰有敷水鎮。

長城，在縣西二里。史記：「魏築長城，自鄭濱洛以北。」此即其故址。後魏永熙末高歡追魏主修，攻潼關克之，進屯華陰長城是也。宋白曰：「華陰有長城，戰國時分秦、晉之境，邊晉之西謂之陰晉，邊秦之東謂之寧秦。」恐悮。

華山，縣南十里。亦曰大華，亦曰西嶽。宋大中祥符四年車駕祀汾陰，遣近臣祀西嶽是也。山之東有牛心谷，南通商洛，爲險阨處。又有車箱谷，在縣西南三十里華山麓。谷方而長，如車箱然。又西有霧谷，後漢張超居此，能布五里霧。谷口有泉，亦曰霧泉。餘詳名山太華。

松果山，縣東南二十七里。山海經：「華山之首曰錢來山，與松果山相連。又有鳳居山，在縣西二十里，通途所經。」相傳唐開元間有鳳瘞於此。

風陵堆，在潼關衛城東三里黄河北岸，北至蒲關六十里。帝王世紀以爲女媧陵也。唐天寶初風雨晦冥，忽失所在，乾元中復故。唐志：「風陵屬河中，有風陵關。」高歡遣竇泰攻潼關，宇文泰潛軍襲之，竇泰自風陵渡，爲宇文泰所敗，即此。

黄河，縣東北五十里。自延安府宜川縣界南流出龍門而下，歷韓城、郃陽、朝邑縣東，其東岸爲山西之河津、滎河縣界；又南經縣境渭水入焉，禹貢所云「會於渭汭」者也；折而東流入蒲州界，又東爲芮城縣界，南岸則河南閿鄉縣界。柳宗元云：「衡奔太華，運肘東指。」是矣。

渭河，在縣北。其北岸即朝邑縣界。志云：渭水自華山北逕入於河，其入河之處即故船司空城北也。渭口在焉，亦曰渭汭。漢嘗置倉於此。更始初王莽將郭欽等爲漢兵所敗，收散卒保渭口京師倉，漢將李崧等進攻之。又渭口之東即潼關也。建安十六年曹操自蒲阪渡西河，循河爲甬道而南，馬超等自潼關退屯渭口。晉義熙十三年劉裕伐秦，至潼關，王鎮惡請率水軍自河入渭，即渭口也。又縣有漕渠，唐天寶初韋堅自禁苑西引渭水，因石渠會灞、滻，經廣運潭至縣入渭。今堙廢。

敷水，縣西二十四里。出華州東南敷水谷，東北流經縣境入渭水。一名敷水渠，唐開元二年姜師度鑿之以洩水害。五年刺史樊忱復鑿之，使通渭漕。○潼谷水，在縣東南四十里。流經松果山下，又東北入於黄河，即潼關水也。志云：潼水在關西一里，關因以名。

泉店渠，在縣東二十里。又東五里有公莊、定成二渠。○醴泉渠在縣東南十里，又縣南十里有黄神渠，縣西二十五里有興洛渠，皆有灌溉之利。

華澤，在縣西。胡氏曰：「華陰之澤也。」晉太元九年慕容泓起兵屯華陰，苻堅使苻叡擊之，戰於華澤，叡敗死。〇野狐泉，在縣西南。唐廣明初張承範守潼關以拒黃巢，潼關陷，敗奔野狐泉遇援兵處也。或云藍田縣西北十五里有咽瓠泉，訛爲野狐泉。又鎬泉，在縣東二十九里。其泉或湧或止，俗傳以爲「河眼」。

集靈宮，在華山北麓。志云：山麓有集靈宮、存神、存僊等殿，又有集僊宮、望僊觀，皆漢、晉時置。黃圖：「望僊觀，晉武帝建。」〇瓊岳宮，在縣西十八里。隋大業四年建，本名敷水宮，唐顯慶中改曰瓊岳。又金城宮，在縣東十三里。亦隋置，唐武德三年廢，顯德三年復置。又圖經云：「縣南八里有雲臺觀。以華山險峻難登，先置下宮於山麓，天寶初勅於熊宇嶺置中方，號曰太清宮，在縣南六里。」

潼關，縣東四十里。有關城，周十二里。洪武三年置潼關衛，直隸中軍都督府。五年修築舊城，九年增修，依山勢曲折爲固。門六，又水門三。志云：古潼亭也。後漢延光四年詔改葬故太尉楊震於華陰潼亭，今關西大道旁即震墓也。建安中移函谷關於此，因改名潼關，自是常爲天下之襟要。宋大中祥符四年車駕祀汾陰，出潼關，渡渭河，蓋由潼關渡蒲津也。今關北六十里爲大慶關巡司，即山西之蒲津矣。詳見重險潼關。

永豐倉，在縣東北。或曰即渭口倉也。本漢置倉之地，後廢。隋開皇三年於華州置廣通倉，大業初改曰永豐倉。通釋：「隋於衛州置黎陽倉，洛州置河陰倉，陝州置常平倉，而於華州則置廣通倉，轉相灌注，漕關東汾、晉之粟以給京師。」大業九年楊玄感圍東都不克，其黨李子雄勸玄感直入關中，開永豐倉以賑貧乏，三輔可指揮而定。十三年李淵起義師，薛大鼎、任瓌謂淵曰：「今濟河直據永豐倉積粟，雖未得京師，關中已定。」既而淵引軍而西，華陰令李孝常以永豐倉降，淵使世子建成等屯於此。淵尋引兵還如蒲津，自臨晉濟渭，至永豐勞軍。至德中郭子儀討安慶緒，據永豐，關、陝之路始通。志云：倉在渭水入河處，即漢之船司空也。又有臨渭倉，亦在縣境。唐置。

楊氏壁。在縣東北。後魏主修永熙末自洛陽西奔關中，高歡將薛修義渡河據楊氏壁，魏將薛端擊却之，宇文泰乃僑置南汾州鎮楊氏壁。胡氏曰：「壁在龍門西岸華陰、夏陽之間。」蓋華陰諸楊遇亂築壁自守處。○忠武頓，在縣東。唐史：「武德六年秦王世民自并州還，上自華陰勞之於忠武頓。」又敷水鎮，在縣西敷水上。唐置敷水驛於此，爲往來孔道。九域志：「縣有敷水鎮。」今縣治東有潼津驛。又潼關衛有潼關驛及潼關遞運所。

蒲城縣，州北百二十里。西至富平縣四十里。漢重泉縣地，屬左馮翊。後魏太和十一年置南白水縣，屬白水郡。西魏改爲蒲城縣，白水郡治焉。隋初郡廢，縣屬同州。唐初因之，開元四年改爲奉先縣，屬京兆府，天祐中復屬同州。五代時屬京兆。宋初屬同州，開寶四年復爲蒲城縣，改屬華州。今城周八里有奇。編户六十七里。

重泉城，縣東南五十里。史記「秦簡公塹洛城重泉」，即此。漢置縣，屬左馮翊。後漢因之。晉仍屬馮翊郡，後魏廢。寰宇記：「唐奉先城距今縣治三十里，即故蒲城縣；其地有晉城，相傳晉公子重耳所築；俱在縣東南。」○賈城，在縣西南十八里。古賈國也。左傳桓九年「芮伯、梁伯、賈伯伐曲沃」，此即賈伯城矣。又西南二十二里有魯王宫城，大統記以爲魯哀王城，板築之迹猶存。或曰魯當作「滷」，王當作「潢」，蓋昔煮鹽之處。

沙城，在縣東沮水側。英雄記：「曹操與馬超隔渭水而陣，渡渭輒爲超騎所衝突。婁子伯説操『以今時天寒，可起沙爲城，以水灌之，一夕而成』，即此處。」○長城，在縣東五十里。洛水所經，闞駰以爲即沮水也。戰國時爲秦、魏之疆，築長城於此，名曰「塹洛」。稍南有木屐堆四，在沮水岸側。相傳禹治水棄屐於此，泥積成堆，各周二里，崇百尺。

堯山，縣北二十里。一名浮山，相傳堯時洪水爲災，此山獨浮也。唐穆宗葬此，曰光陵。其前又有一山，與堯山疊峙，名爲重山。

豐山，縣西北三十里。縣之名山也，一名蘇愚山。唐睿宗葬此，曰橋陵，縣因有奉先之名。又金粟山，在縣東北三十里。山有碎石，若金粟然。唐玄宗葬此，曰泰陵。又金幟山，在縣西北二十里。唐憲宗葬此，曰景陵。○蟠龍山，在縣西三十里。志云：唐明皇嘗遊此於山下，得石如蟠龍，因名其地爲龍東鄉。

白堂山，縣東北三十五里。舊圖經：「白起嘗立寨於此，因名。」其南爲不羣山，亦曰孤山，以諸峰相接，唯此獨峙而名。又有馬冢山，在縣西北五十里。志云：縣西北四十里有白馬谷。

洛水，縣東五十里。與同州接境，又東南流入朝邑縣界。亦謂之沮水。今縣東南有晉城、鄧蔡二渡，蓋即洛水津濟處。志云：縣南有南河水，其上流即同官縣之烏泥川，東流入洛。

西鹵池，縣西四十里。長安志：「白鹵鹽池東入沮水，闊五十丈，深二丈。」蓋鹵水泛漲流注，故曰鹵渠。又有東鹵池，在縣南二十里。漢書「宣帝微時困於蓮勺鹵中」，謂此池也。唐至德後，鹽不復生。

梁田陂，在縣西三十里。唐中和二年李克用自沙苑進軍乾坑，與諸道兵合，黃巢將尚讓等將十五萬衆屯於梁田陂，合戰，賊衆大敗。梁田陂，劉昫作「良天陂」。

乾坑，縣西北六十里，東北接澄城縣界。漢武帝時臨晉人莊熊羆言：「願穿洛水溉重泉以東田萬餘頃故惡地，誠得水，可令畝十石。」於是發卒穿渠，自徵引洛水至商顔下，蓋即龍首渠之尾也。唐中和三年李克用由河中濟，討黄巢，自沙苑進屯乾坑，即此。胡氏曰：「乾坑在沙苑西南，又西南即梁田陂。」

穆公砦，縣東北三十里。志云：秦穆公屯兵處，其相近有秦白起砦。又縣東四十里沮水西岸舊有晉太子虛糧砦。

○温湯府，在縣東南六十里，唐折衝府也。有温湯，源出沮水岸，西流二里仍入於沮水。長安志：「縣有唐折衝府五，曰相原，曰孝德，曰温湯，曰宣化，曰懷仁。」

野人堡。在縣西北。晉太元十八年苻登將竇衝叛登稱秦王，登攻衝於野人堡，即此。

附見

潼關衛。在華陰縣東潼關城中。洪武三年置，轄右千户、中千户二所。餘見前潼關。

商州，府東南二百二十里。東至河南南陽府七百四十里，北至河南陝州四百里，西南至漢中府興安州六百二十里，東南至湖廣鄖陽府七百三十里。

禹貢梁州地，古商國也。春秋時屬晉，所謂陰地是也。以在洛水之上源，亦曰上雒。」戰國初屬魏。國策：「楚、魏戰於陘山，魏許秦以上雒。」戰國屬秦，衛鞅封於此，爲商君。始皇并天下，屬内史。漢屬弘農郡，後漢屬京兆尹。晉初爲京兆南部，泰始二年改置上洛郡。後魏太延五年置荆州於此，太和十一年改洛州。後周改爲商州。隋初廢郡，煬帝又改州爲上洛郡。唐復爲商州，天寶初亦曰上洛郡，乾元初復故。宋因之。元以州治上洛縣省入。明初改州爲縣，成化十二年復升爲州。編户二十八里。領縣四。今仍曰商州。

州扼秦、楚之交，據山川之險，道南陽而東方動，入藍田而關右危，武關巨防，一舉足而輕重分焉矣。周禮職方氏分九州，爲商、密之地。孔氏曰：「商，商邑，即今州；密，密鄉，今河南内鄉縣境之廢丹水縣。其地相連，皆古所稱阨塞也。」史記：「秦孝公十一年城商塞，曰嶢關，見藍田縣，去今州百六十里。曰武關，曰白羽城，今河南内鄉縣。曰蒼野聚，在州南。州爲秦東南險塞也。」晉義熙十三年赫連勃勃謀取關中，王買德曰：「青泥、上洛，南北險要。」唐建中四年朱泚據長安，侍御史万俟著開金、商運路，奉天圍解，諸道貢賦俱至。孔穎達曰：「四瀆以江、河爲大，商州乃江、河之交也。秦嶺西水入於河，東水入於江；熊耳山北水入於河，南水入於江；清池山東水入於河，南水入於江；而州境之水其大者曰楚水、洛水、丹水云。」

上洛廢縣，即州治。春秋時晉地。左傳哀四年：「楚司馬起豐、析以臨上雒。」竹書「晉烈公三年楚人伐南鄙，至於上洛」，即此。漢元鼎四年置上洛縣。東漢末以縣在武關、嶢關之間，置上洛都尉。建安十一年高幹舉兵并州，不克，欲南奔荊州，上洛都尉王琰捕斬之。晉爲上洛郡治。通記曰：「郡在洛上，故名。」後魏爲荊州治，又爲洛州治。周爲商州治。隋以後因之，元廢。今州城周五里，有門四。

商洛廢縣，州東九十里。古商邑，契所封也。戰國時爲商於地，蓋近南陽之界。秦商君封此，張儀以紿楚懷王也。漢置商縣，屬弘農郡，後漢屬京兆尹，晉屬上洛郡。後魏皇興四年置東上洛郡，永平四年改屬上庸郡。後周改縣爲商洛縣，屬上洛郡。隋屬商州，後因之。金貞元二年廢爲商洛鎮。盛弘之荆州記「武關西北百二十里有商城」，謂此也。孔氏曰：「縣南一里即商洛山。」

高車山，州南二里。相傳漢高后使張良高車駟馬以迎四皓處。又州北三里有高車嶺。又有戴雲峰，在州北三里。其山欲雨先雲，崒嵂高出，望之如旗，俗謂之搠刀山，蓋州主山也。一名智亭山，以四皓隱此，智能避世而名。

熊耳山，州西五十里。山東西各一峰，狀如熊耳，因名。山海經：「熊耳山上多漆，下多椶，浮濠之水出焉。」今山產椶漆。唐六典以爲伊水所出，悞也。志云：自州西三十里逾丹水有馬蘭峪。又西十里爲野人峪，林谷深僻。又十里爲麻澗，澗在熊耳峰下，山澗環抱，厥地宜麻，因名。自麻磵行六十里而至秦嶺。

冢嶺山，在州南六十里，洛水所出。山海經：「讙舉之山，雒水出焉，東北流注於玄扈之水。」一統志：「今州西北百二十里有讙舉山。」

商洛山，州東南九十里。皇甫謐云：「南山曰商山，又名地肺山，亦稱楚山，蓋即終南之支阜矣。」六典：「山南道名山曰商山。」漢初四皓隱於此。亦謂之商阪。蘇秦曰：「韓西有宜陽、商阪之塞。」司馬貞曰：「商阪在商、洛間，適秦、楚之險塞也。」西魏大統三年，高歡使高敖曹分軍趨上洛，敖曹自商山轉鬭而進，攻上洛克之，即此。州西南九十里爲良餘山，亦名秦望山，乳水所出，此又商洛之支隴矣。班固西都賦「商洛緣其限」，漢書「高祖發巴、蜀之民定三秦，遷其渠帥於商洛之地」，即今州境也。蓋商洛爲山之統名，王維詩「商山包楚、鄧」是也。○清池山，在州北六十里。清池水出焉，或曰即丹水也。一統志：「州東南二百里有竹山，丹水所出。」

丹崖山，在州南。山皆赤壁，亦曰紅崖山。宋慶曆初知商州皮仲容議采洛南縣紅崖山、虢州青水冶青銅，置阜民、朱陽二監。志云：州東十五里東原上有紅崖冶，其地產銅，舊有錢官。又三十五里有洛原監，亦宋時錢官也。朱陽監，今見河南陜州。

秦嶺，在州西八十里。其地有澗曰息邪澗，丹水所出也。今有秦嶺巡司，在州西百二十里。餘詳名山終南。

劉嶺，州南五十里。甚危峻，有萬木森羅其上，宋高宗割商、秦之半畀金人，以劉嶺爲界，即此。又黄沙嶺，在州北二十五里。上有馬跑泉，流合於普濟渠。

老君峪，州東百里，北有路通函谷關。又州西百里有黑龍峪。○椎平原，在州西三里。志云：漢名也。又西一里爲金雞原。又西十一里爲仙娥峰，唐時於此置仙娥驛。

洛水，在州東。發源冢嶺山，東北流經洛南縣北入河南盧氏縣境。詳見河南大川洛水。

楚水，在州東南。源出商洛山，北流會於丹水。志云：楚水有兩源，其東源出商山，西源出良餘山，即乳水矣。

丹水，州城南一里。水經注：「丹水出秦塞，東南流與清池水合，又東流出武關入河南內鄉縣界。」呂氏春秋：「堯有丹水之戰，以服南蠻。」史記：「漢高入秦，王陵起丹水以應之。」今水側有王陵城。又唐天寶中崔湜建言山南可引丹水通漕至商州，自商鑱山出石門，北抵藍田。使湜通之，不就。

普濟渠，在州北。志云：戴雲峰之麓有二泉，東曰少谷泉，西曰西平泉，合爲普濟渠，通入城市以供日汲，又南注於丹水。又州東有商顏渠，舊引洛水至商山下，因名。

武關，在州東百八十里。有巡司戍守。輿程記「自武關西北行五十里至桃花鋪，又八十里至白羊店子，又八十里至麻澗，又百里至新店子，又百里而至藍田縣，皆行山中，至藍田始出險就平」云。今詳見重險武關。

蒼野聚，州南百四十里。左傳哀四年：「楚人謀北方，司馬起豐、析以臨上洛，左師軍於菟和，右師軍於蒼野。」杜預曰：「上洛東有菟和山。」

安山驛。州北五十三里，其地有安山，山下有紫榆澗，清池水經焉；又商於驛，在州西五里：皆唐置。

商南縣，州西北八十里。明初爲商縣地，成化十二年改縣爲州，析置今縣。城周不及二里。編户十五里。

漢王城，縣東三十一里。相傳沛公入關時所築。今爲富水堡，有富水巡司，本唐之富水驛也。又今縣治，即唐之層峰驛云。

商洛山，縣南一里。蓋州境之山多以商洛名。

分水嶺，在縣西十里。其水分東西流。又縣南二十五里有雙廟嶺。又南十五里有吐霧山，峰嶺最高，天將雨則霧起，因名。又十里爲大、小嶺關，南望荆楚，數百里如在目前。

兩河。在縣南。西入雷家灣，東出金斗溝，斜流百餘里。自雷家灣以下名上兩河，自徐家店以下名下兩河。又有扶川，在縣南百里，分上中下三川，流合於兩河。其下流皆注於商州洛水。志云：兩河在縣南四十里，城東有冰河，西三十五里有清油河，俱爲灌溉之利。

洛南縣，州東七十里。東南至河南淅川縣四百十里。漢上洛縣地，晉置拒陽縣，屬上洛郡，後魏因之，西魏復置拒陽郡。隋廢郡，縣改今名。唐、宋因之。金仍屬商州，後廢爲洛南鎮。明成化十二年復置。今城周三里有奇。編户二十里。

拒陽城，在縣東南。東晉時置縣於此。舊唐書「隋改拒陽爲洛南，舊治拒陽川，顯慶三年移理清川」，即今治矣。

玄扈山，縣西北百里。相傳黃帝受圖處，玄扈水出於此。亦謂之陽虛山。水經：「讙舉山、玄扈山、陽虛山、獲輿山、龍餘山、蠱尾山、鹿蹄山、冢嶺山、竹山，皆一山而異名也。」〔一〕○陽華山，在縣東北。水經注：「洛水自上洛縣東北流經拒陽城西北，分爲二水，枝渠東北出爲門水，門水又東北歷陽華之山，即華陽也，武王歸馬之處。」秦魏冄同父弟芊戎封華陽君，亦此地。

魚難山，縣東北八十里。志云：縣東八十里有大谷龍山。其山北接秦嶺，多出麩金。又北爲魚難山，魚難水出焉。崖高五十餘丈，謂之撲水崖。魚不能過，故曰魚難。又南經石門入洛，兩石相夾，中通行路，崖高萬仞，極爲險阻，俗謂之鬼門也。通志：「商南縣東八十里有魚難山。」○書堂山，在縣東。山高聳，北望太華，南俯商、鄧。

洛水，縣北七里。其上流曰玄扈水，今名黑潭子。志云：縣西百里有洛水泉，出秦嶺，下流入於洛水。

洪門堰，在縣東北。水經注：「洛水歷陽華之山，又東北歷峽謂之鴻關水。」是也。其支流東北至河南靈寶縣而注於河。宋爲洪門堰。紹興十年金人陷商州，州守邵隆破金人於洪門，復商州，即此。

石家坡砦。縣東四十里。有巡司戍守。又三要巡司，在縣東南九十里。

山陽縣，州東南百十里。東至湖廣鄖西縣界二百四十里。漢商縣地，唐以後爲豐陽縣地，元仍爲商縣地。明初因之。成化十二年商山盜王彪作亂，事平，督臣原傑析置今縣。城周二里有奇。編户十二里。

陽亭城，在縣西南。古有陽亭聚，後魏太延五年僑置魏興郡於此，太和五年置陽亭縣爲郡治。隋廢。

天柱山，在縣南八十里。壁立萬仞，形如天柱，其上平坦，有清池，冬夏不竭。又孤山，在縣東六十里。四面平坦，山獨挺峙。

任嶺，縣東南百三十里，與湖廣上津縣接壤。志云：縣東二百餘里有光照山，與湖廣鄖西縣界壤相錯。

甲河，縣南百二十里，以方向而名。俗訛爲夾河，下流入於漢水。水經注：「甲水出秦嶺，東南流與關柎水合。」○兩河，在縣南百五十里。發源秦嶺，至縣界竹林關有銀花河流合焉，因稱兩河。志云：銀花河在縣東八十里。

關柎水，在縣南。水經注：「關柎水出陽亭北青泥山，南逕陽亭聚西，俗謂之平陽水，南合豐鄉川水，又南入上津注甲水以達漢江。」

竹林關。縣東百三十里。有巡司戍守。又縣東南百五十里有豐陽巡司，以故豐陽縣地而名。

鎮安縣，州西南百五十里。北至府城二百五十里，南至漢中府興安州洵陽縣三百二十里。漢商縣地，後魏豐陽縣地，周、隋因之。唐萬歲通天初析置安業縣，屬商州，景龍三年屬雍州，景雲初還屬商州，乾元初改爲乾元縣，屬京兆府。五代漢乾祐三年改爲乾祐縣。宋仍屬京兆府，金廢。明景泰二年改置今縣。城周五里有奇。編户十八里。

乾祐廢縣，縣北七十里。唐置安業縣於此，後爲乾元縣治，五代漢曰乾祐縣，元至元中廢。今爲乾祐巡司。

豐陽廢縣，在縣東南。宋白曰：「漢商縣地，晉泰始三年析置豐陽縣，治豐陽川。永和九年苻秦置荆州於豐陽川，即此地也。」魏收志：「魏太安二年置豐陽縣爲上庸郡治。」後周縣屬商州，隋、唐因之。劉昫曰：「舊治吉川城，麟德初移理豐陽川。」宋仍屬商州，金貞元二年廢爲豐陽鎮。胡氏曰：「豐陽與湖廣上津縣接界，地當秦、楚之交，舊爲衝要。宋紹興中割秦、商之半畀金人，以劉嶺爲界，止存上津、豐陽二縣。」是也。

車輪山，縣南二十五里。其水流爲鎮安河，遶縣治南下流入於柞水。○長陵山，在縣北二十里，以崖岫綿延而名。又北六十里有天書山。

夢谷山，縣東北二十里。其山危峻。又五十里爲重崖山，崖谷重疊，望之無窮。

柞水，在縣東五里。出秦嶺，流入洵陽縣界，合旬水入於漢江。又藴水，出舊乾祐縣西南七里考山，下流入於柞水。

旬水，出縣南百里之旬山，亦曰洵水，東南流入洵陽縣境。

豐陽川，在縣東南。水經注：「水出弘農鄉東山，西南流逕豐鄉故城，又西南合闞𣏌水。」或謂之乾祐渠，亦謂之豐水。志云：縣北九十里有乾祐渠，至縣東三里爲乾祐河，即豐陽川矣，下流入洵陽縣界合旬水。又秋林川，在縣東南八十里，亦流合於豐陽川。豐鄉城，今見河南淅川縣。

五谷關。在縣西。唐置關於此。志云：縣西三百五十里有五郎壩巡司，接漢中紫陽縣界。又有舊縣巡司，在縣東北百二十里。○洵水府，在縣南，唐之折衝府也。志云：商州有洵水、玉京二府。

同州，府東北二百八十里。東至山西蒲州八十一里，南至華州華陰縣七十八里，西北至延安府鄜州四百五十里。春秋時秦、晉之疆，戰國爲秦、魏二國地。漢書：「自高陵以東皆魏分也。」始皇并天下爲内史地，項羽分爲塞國。漢初爲河上郡，尋復爲内史，景帝二年分爲左内史，武帝太初元年改爲左馮翊。後漢因之。三國魏爲馮翊郡，晉因之。後魏兼置華州，一作「西華州」，誤。西魏改曰同州，禹貢「漆、沮既從，灃水攸同」，言二水至斯同流入渭也，州因以名。而馮翊郡如故。隋初廢郡，煬帝復改州爲馮翊郡。唐亦曰同州，治馮翊縣。天寶初曰馮翊郡，乾元初復爲同州，志云：至德後置同州防禦長春宫使，州刺史領之。又升爲匡國軍，興元初改爲奉誠軍。尋并入河中節度，後復曰匡國軍。五代梁曰忠武軍，後唐復爲匡國軍。五代周顯德五年廢匡國軍。宋仍曰同州，亦曰定國軍。金曰安國軍。元亦爲同州，以州治馮翊縣省入。明初因之。編户三十九里。領縣五。今仍曰同州。

州前臨沙苑，後枕滸岡，左接平原，右帶沮水，又密邇河中，常爲孔道。春秋之季，秦、晉每角逐於河西。戰國時秦與魏人争河西地，既得河西，三晉之患日迫矣。史記：「梁哀王五年予秦河西地。正義：自華州北至同州，魏河西地也。」漢初自臨晉東渡河以争中原，東漢初鄧禹亦由此入關中。西魏時高歡自蒲津濟河至馮翊，華州刺史王羆堅守，曰：「此城是王羆冢，不可得也。」歡力攻不克，遂不能得志於西魏。北史：「宇文泰輔政多居同州，以地控關、河之會，齊人來侵，便於應接也。唐至德二載郭子儀自洛交引兵趨河東，分兵先取馮翊，河東遂翻城迎官軍。興元初李懷光以河中叛，官軍扼其同州，懷光遂不振。李晟曰：「河中去長安三百里，同州當其衝。」宋李永奇曰：「同州入南山，乃金人往來驛路。」蓋關中襟要，莫如同州矣。

馮翊廢縣，在州城南。春秋時芮國也，後爲秦所并。漢爲臨晉縣地，後魏始於此置華陰縣，西魏改爲武鄉縣，兼置武鄉郡。開皇初郡廢，大業初復改縣爲馮翊，自是常爲郡治。郡國志：「州所理城。」後魏永平三年刺史安定王元燮築。其東城，正光五年刺史穆弼築，西與大城通。其外城，西魏大統元年刺史王羆所築也。今州城正方，蓋唐時改築。周九里有奇，有門四。

元里城，在州東北。本魏邑也。史記魏世家：「文侯十六年伐秦，築臨晉、元里。惠王十七年與秦戰元里。」大事記：「周顯王五十五年，秦敗魏師於元里，取少梁。」孔氏曰：「元里在澄城縣界。」志云：州境有三曲城，亦名三業城，或云宇文周所置。○雒陰城，在州西北，戰國時魏文侯所築。史記魏世家：「文侯十七年攻秦，至鄭而還，築雒陰、合陽城。」城在洛水北也。括地志：「雒陰在同州西。」

黄堆山，在州西。唐廣德元年党項羌寇同州，郭子儀敗之於黄堆山是也。○鐵鎌山，志云：在州北二十五里沮水岸。土具黄白赤三色。其形如鎌，因名。

商原，州北三十五里。水經注：「洛水南經商原西，俗亦謂之滸原。原下有泉，水味鹹苦。」羊飲之肥而肉美，諺曰

「苦泉羊，洛水漿」，即此。通典曰：「商原亦謂之商顔。」

許原，州西北五十里。志云：沮水之滸也。漢志注：許原在洛水南。或曰非也，原蓋在洛水之西。西魏大統三年高歡自蒲津渡河攻馮翊，不克，乃涉洛軍於許原，即此。

洛水，在州西五里。自澄城縣流入境。唐開元十五年洛水壞同州城市及馮翊縣，漂居民二千餘家是也。又東南經蒲城縣東境流入朝邑縣界。州東有龍首渠，宇文周保定初所鑿，蓋導洛河以資灌溉處也。

赤岸澤，在州西南。志云：澤在長安北，同州南，道里適中之地。周主贇如同州，自應門至於赤岸澤，數十里間，旗旛相蔽。又隋大業三年自洛陽北巡，頓赤岸澤。唐玄宗時王毛仲掌羣牧，初綫得三千匹於赤岸澤是也。元和志：「貞觀中，自京師東赤岸澤移馬牧於秦、渭。」應門，後周時宫門名。

九龍泉，州東南十五里。出沙阜中，泉有九穴，會於一池，俗亦名鵝鴨池。孫愐曰：「九泉同流，故曰同州。」又州西北二十五里有龍泉洞，稱佳勝云。

紅善泉，州西南四十里，又十里爲蘇村泉，俱自平地湧出，流入渭河，州人資以灌溉。

興德宫，唐志：「在馮翊縣南三十二里。」本名忠武園，亦曰忠武寺。宇文泰與高歡戰於沙苑時，泰兵少，隱伏沙阜，以奇取勝。後於戰處建忠武寺，令騎士種柳各一株，數及七千，因呼爲忠武園。唐初舉義旗，將趨京師，軍次於此，武德初因建爲宫，屬家令宫寺。又同州宫，亦後周所置，宇文泰相魏恒居同州，後因置别宫於此。建德七年廢，大象初復置，二年復改爲成天宫。後廢。

沙苑，在州南十二里。一名沙阜。水經注：「洛水東經沙阜北。其阜東西八十里，南北三十里，俗名之曰沙苑。苑南則渭水經焉。」西魏大統四年，東魏高歡自蒲津濟河涉洛，軍於許原西，宇文泰自渭南造浮橋輕騎渡渭，至沙苑，距東魏軍六十里。歡引軍來會，李弼謂泰曰：「彼衆吾寡，不可平地置陣，此東十里有渭曲，可先據以待之。」泰從之，因背水東西爲陣，命將士偃戈葦中。歡至，其將斛律羌舉曰：「渭曲葦深土濘，無所用力，不如緩與相持，密分精鋭徑掩長安。」歡不從，欲縱火焚葦，又不果。及戰，歡大敗。又大統六年柔然渡河南侵，宇文泰召諸軍屯沙苑以備之。八年魏主狩於華陰，宇文泰帥諸將朝之，起萬壽殿於沙苑北，時馮翊縣曰華陰也。後周保定四年，宇文護會突厥伐齊，周主邕親勞軍於沙苑。唐至德二載，回紇葉護助唐復兩京，請留其兵於沙苑，自歸取馬，掃除范陽餘孽，上賜而遣之。興元元年，李懷光自河中遣其將閻晏寇同州，官軍敗之於沙苑。中和初河中帥王重榮討黄巢，屯於沙苑。三年李克用將李存貞敗黄巢兵於沙苑，克用遂進屯焉。光啓初田令孜召鄜延帥朱玫、鳳翔帥李昌符共屯沙苑，討河中王重榮。重榮濟河敗同州兵，又邀李克用兵，至，俱壁沙苑，大破鳳翔、鄜延之兵，進逼京師，天子出走。朱梁貞明六年，晉將李存審救同州，敗梁將，劉鄩退保華州羅文寨，存審攻之未克，乃謀曰：「獸窮則搏，不如開其走路，然後擊之。」因遣兵牧馬於沙苑，鄩等宵遯，追擊至渭水，又破之。元和郡國圖：「沙苑宜六畜，唐置沙苑監。」余靖曰：「唐沙苑監，即今之同州。」宋亦置監於此，慶曆五年羣牧言「沙苑監地萬一千四百六十餘頃」是也。俗謂之馬坊頭云。

車度鎮，在州西南，近長安北境。朱梁開平末，李茂貞遣温韜帥邠岐兵寇長安，朱温使同、華等鎮兵擊韜，敗之於車度是也。

李潤鎮，在州東北。北魏書：「李潤堡，少梁舊地，晉、芮錫壤，華州刺史嘗治焉。後徙州治馮翊古城，其地在馮翊東也。」晉太元十五年，故秦將魏揭飛攻後秦杏城，降將雷惡地亦攻李潤以應之。萇曰：「惡地智略非常，若南引揭飛，東結董成，得杏城、李潤而據之，長安東北非我有也。」乃擊殺揭飛，惡地降。其南又有邢望鎮，義熙十一年後秦姚泓初立，時姚宣鎮李潤，參軍韋宗説宣曰：「邢望險要，宜徙據之。此霸王之資也。」宣遂棄李潤鎮南保邢望，於是諸羌據李潤以叛，姚紹討破之，并殺宣。宋元嘉二十三年魏主燾擊叛胡至長安，既而還至洛水，分軍誅李潤叛羌是也。董成，屠各帥，時據北地。邢望鎮，括地志：「在李潤南四十里。」

故市。在州南。唐天復元年朱全忠引兵自河中渡河，下同州，旋自故市南渡渭，西趣赤水。此州境之故市也。赤水，見華州。

朝邑縣，州東三十里。東至山西蒲州五十里。古大荔戎國，漢爲臨晉縣地，後魏太和十一年於此置南五泉縣，屬澄城郡，西魏改爲朝邑縣，屬同州。隋因之。唐乾元三年改爲河西縣，屬河中府，大曆初復故，仍屬同州。今城周四里。編户八十二里。

臨晉城，在縣西南二里。本大荔國，或曰本晉邑，後屬魏。史記：「魏文侯十六年伐秦，築臨晉。後復入於秦。」秦紀：「惠文王後十二年與梁王會臨晉，武王元年復與魏惠王會臨晉，三年與韓襄王會臨晉。」亦曰應亭。昭襄王五年魏王來朝應亭，即臨晉也。秦取其地，嘗築高壘以臨晉國，因名。漢王初定三秦，自臨晉渡河而東。後復置縣，屬左馮翊。後漢因之，靈帝時封楊賜爲侯邑。晉以馮翊郡治臨晉，尋廢。後魏改置南五泉縣，西魏爲朝邑縣，隋、唐因之。唐史：「乾寧三年郊、岐、華三帥犯闕，李克用自河中而西，敗同州帥王行約於朝邑，行約棄同州走京師。」朱梁貞明六年河中帥朱友謙襲取同州歸晉，梁軍圍之，晉將李存審等赴救，自河中渡河軍於朝邑，即今縣也。

輔氏城，在縣西北十三里。春秋時晉邑。宣十五年，秦伐晉，次於輔氏，晉魏顆敗秦師於輔氏，獲杜回。呂相絕秦，所謂「我有輔氏之聚」者。又襄十一年，秦伐晉，濟自輔氏，戰於櫟，晉師敗績。或曰櫟在蒲州之北。又王城，在縣東三十步。左傳僖十五年：「晉陰飴生與秦伯盟於王城。」二十四年，晉侯潛會秦伯於王城。成十一年，秦、晉爲成，將盟於令狐。秦伯不肯涉河，次於王城，使史顆盟晉侯於河東。史記：「秦厲公二十六年，塹河旁，以兵二萬伐大荔，取其王城。」杜預曰：「王城，今名武鄉。」括地志：「王城即大荔戎城矣。」〔二〕又芮鄉，亦在縣東。後漢志注「文王時虞、芮爭田，此即芮國」云。括地志：「縣南三十里有南芮鄉、北芮鄉。」

懷德城，縣西南三十里。本秦邑，漢王還定三秦，賜周勃食邑懷德是也。尋置縣，屬左馮翊。晉廢。水經注：「城在渭水之北，沙苑之南。」世謂之高陽城，非也。

河西城，在縣東。舊唐書：「朝邑縣故屬同州，乾元初置河中府，割朝邑屬之。尋改爲河西縣，以鹽坊爲理所。」宋白云：「河西縣本唐朝邑縣地，上元初置河西縣，大曆三年復置朝邑縣，仍析朝邑五鄉并割河東三鄉依舊爲河西縣，縣境東西十四里。」貞元初，馬燧進軍至河西平李懷光是也。後復并入朝邑縣。杜佑曰「河西縣有長城，魏惠王所築以備秦者」，即此地矣。

香城，在縣東。姚秦時置。劉裕伐秦，王鎮惡帥水軍自河入渭趨長安，秦將姚難自香城引兵而西，鎮惡追之是也。胡氏曰：「香城在渭水之北，蒲津之口。」○沙苑城，在縣南十七里。志云：唐沙苑監城也，主豢養隴右牛羊諸畜，以供尚方之用。蓋地近沙苑，因置城於此。宋亦爲沙苑監，掌牧馬。金廢。

華原山，在縣西門外。志云：繞城西而北，以絶於河。又西南三里有紫陽山，蓋九嵕、荆山之脉曼衍而東，山其岡阜錯列處也。

强梁原，在縣治南。俗謂之朝坂，西魏以此名縣。郡國志：「長春宮在强梁原上。」蓋原本廣衍，縣治與故宮皆據其上。漢志：「懷德縣南有荆山，山下有强梁原，原即荆山北麓矣。」

黄河，縣東三十五里。自郃陽縣流入境，又南入華陰縣界。河之東岸即山西蒲州境也，亦曰蒲津，世謂之三河口。

洛水，在縣南。渭水自華州東北流會焉，同流入於黄河。左傳宣十五年：「晉侯禦秦兵於輔氏及雒。」史記「秦孝公十二年東地渡洛」，謂此。

通靈陂，縣北四十里。唐開元七年同州刺史姜師度派洛水以灌朝邑、河西二縣，又闕黄河以灌通靈陂，收棄地二千餘頃爲上田，置十餘屯是也。

苦泉，縣西北四十五里。水鹹苦，羊飲之而肥美，唐因置豐羊牧於泉側。唐書「永徽二年以同州苦泉牧地賜民」，即此。又縣有太白池，在縣西南四十里。

長春宮，在縣治西北。後周保定五年宇文護所築，初名晉城，建德二年置長春宮，七年廢，後復置。隋開皇中增構殿宇，十六年幸長春宮。大業十三年唐公淵自河東濟河至朝邑，舍於長春宮。唐武德二年使世民鎮焉。冬十月討劉武周，高祖至長春宮送之。貞觀十二年幸長春宮，明日畋於下邽。是年以同州刺史姜師度兼營田長春宮使。九年勑同、絳、蒲河東西沙苑田并收入長春宮。二十九年勑新豐、朝邑屯田，令長春宮使檢校。興元初李懷光將徐庭光軍於長春宮，渾瑊等自同州進攻，數爲所敗。貞元初馬燧、渾瑊破懷光兵於宮南，遂掘塹圍宮城，庭光猶復固守。既而馬燧與諸將謀曰：「長春宮不下，懷光不可得也。」乃輕騎徑造城下，詔降之。寶曆二年置内莊宅使，掌長春宮。五代初廢。

臨晉關，在縣東北黄河岸。亦曰蒲津城，渡河即蒲州也。春秋時謂之蒲關。隋末李淵自河東渡河，朝邑法曹靳孝謨以蒲津、中潬二城降。胡氏曰：「朝邑地當蒲津橋西，故有蒲津城；梁大河爲橋，故有中潬城。」今詳見山西重險蒲津。

罌浮渡，在縣東北六十里黄河岸側。漢初韓信擊魏，魏王豹盛兵蒲阪以塞臨晉，信伏兵從夏陽以木罌渡軍，襲安邑道，蓋出於此。或謂之臨晉渡。

洛水橋。在縣西洛水上。宋元嘉二十三年北魏主燾討叛胡蓋吴等，自東雍州南如汾陰，濟河至洛水橋是也。東雍州即今山西絳州。

郃陽縣，州東北百二十里。東北至韓城縣九十里。古莘國地。洽，水名也，故詩曰「在洽之陽。」其後流絶，故去水加邑。戰國時魏文侯築合陽城。漢七年代王喜棄國自歸，赦爲郃陽侯。後復置郃陽縣，屬左馮翊，以在郃水之陽也。

郃讀合。魏、晉因之。後魏仍爲郃陽縣，太和中屬華山郡。後周屬澄城郡。隋屬馮翊郡。唐初屬西韓州，貞觀八年州廢，縣屬同州。貞元以後常以神策軍分屯於此，翊衛近畿也。五代梁屬河中府。後唐復舊，宋因之。金貞祐三年改屬禎州，尋復舊。元亦嘗屬禎州，後復屬同州。今城周八里有奇。編户七十里。

莘城，在縣南二十里。古莘國，伊尹耕於有莘之野。又周散宜生爲文王求有莘氏美女以獻紂。應劭曰「莘國在洽之陽」，即此城也。武王母太姒爲莘國女，詩曰「纘女惟莘」，是矣。縣道記：「郃陽城，魏文侯築，古莘國地。」○劉仲城，在縣東北。水經注：「徐水自梁山東南流逕劉仲城北，又東南入河。」是也。漢高帝時匈奴攻代，代王劉仲棄國走還洛陽，廢爲郃陽侯，築城居此。杜佑曰：「河西縣有劉仲城。」

河西城，縣東四十里。唐武德三年分郃陽縣置，并置西韓州治此。八年州移治韓城，以縣屬焉。貞觀八年改屬同州，乾元三年改爲夏陽縣，屬河中府，尋還屬同州。中和二年李克用討黄巢，自夏陽濟河，軍於同州是也。宋熙寧四年省爲夏陽鎮，仍屬郃陽縣。

梁山，縣西北四十里。與韓城縣接界，今詳見韓城縣。又乳羅山，在縣南三十里。

黄河，縣東南四十里。自韓城流入，又南入朝邑縣境。其地有飛浮山，與黄河相爲浮没，因名。

瀵水，在縣南，東流注於河。爾雅「瀵水大出尾下」，郭璞注云：「在河東汾陰縣，馮翊、郃陽亦如之，相去數里，夾河中渚上又有之，源皆潛通。」今縣有鯉瀵、東里瀵、王村瀵、勃池瀵、夏陽瀵，皆濱河，平地湧出，其大如輪。後没入河，惟縣東南四十里夏陽村有白泉、温泉、灰泉以資灌溉，或以爲即瀵水也。一統志：「瀵水有三，一在臨晉，一在同州，一在郃陽，源皆潛通。」又縣西北三十里舊有郃水，源出梁山，東南流入於河。郃一作「洽」。今亦見山西臨晉縣。

刳首水，在縣東南。水經注：「瀵水在郃陽城南，與刳首水相近。」左傳文七年：「晉敗秦師於令狐，至於刳首。」杜預曰：「令狐在河東，刳首坑在郃陽也。」

姚武壁，在縣東北。水經注：「河水東南逕劉仲城北，又逕姚武壁南。」十六國春秋：「苻堅司馬姚萇爲慕容泓所敗，懼罪奔渭北，西州豪傑率衆歸之，萇乃潛號於此，築城曰姚武壁。」是也。通典：河西縣西北有姚武壁、伏鹿壁，竝險固。

焦離堡，在縣東二十五里。唐德宗貞元初，馬燧等既招降長春宮之軍，因進逼李懷光於河中，至焦離堡，其將尉珪帥衆降，遂進軍河西，蓋堡近廢河西城也。

茶峪渡。在縣東河西故城南，南去罍浮渡里許，通山西榮河縣界。志云：縣東五十里有康莊渡，亦黄河津濟處。

韓城縣，州東北二百二十里。西北至延安府宜川縣二百三十里，西南至澄城縣百里。古韓國，晉爲少梁邑，秦更名夏陽。漢爲夏陽縣，屬左馮翊。後漢因之。晉屬馮翊郡，後魏屬華山郡。東魏天平四年嘗置河西郡治此。隋爲韓城縣，屬同州。唐武德七年改屬西韓州，八年移西韓州治此。貞觀八年州廢，縣仍屬同州。五代梁改屬河中府，後唐復舊。宋因之。金貞祐三年升爲禎州。元至元初州罷，復曰韓城縣。尋復置禎州，八年復罷。今城周四里有奇。編户五十里。

古韓城，縣南十八里。周韓侯國也，後入於晉。春秋韓武子事晉獻公，封於韓原，蓋邑於此。宋白曰：「韓城縣西南三里有夏陽城，即韓國故城。」恐悮。

少梁城，縣南二十二里。周梁國也。左傳僖十九年「梁伯好土功，民罷而弗堪，秦穆公取之」，即此。文十年，晉伐秦，取少梁。魏世家：「文侯六年，城少梁。梁惠王九年，與秦戰少梁，虜我將公孫痤。」秦紀：「秦取魏少梁。」是也。惠文王十七年更名曰夏陽，漢因置夏陽縣。後漢初鄧禹平河東，自汾陽渡河入夏陽。永和五年以南匈奴寇亂，徙上郡治夏陽。漢夏陽蓋治於此。後漢永元二年封竇瓌爲夏陽侯。一統志以爲夏陽在郃陽，悮也。宋白曰：「少梁城，隋開皇中分郃陽置韓城縣，後遷今治。」

繁龐城，在縣東南。本秦邑。史記：「魏文侯十三年，使子擊圍繁龐。」梁惠王九年，秦敗我於少梁，取龐，即繁龐矣。又籍姑城，括地志：「在韓城縣北三十五里。」史記：「秦靈公六年，晉城少梁，秦擊之。十二年，城籍姑，即此。」

梁山，縣南十九里，與郃陽縣接界。或以此爲呂梁山。禹貢：「治梁及岐。」詩：「奕奕梁山。」春秋成五年：「梁山崩，壅河三日不流，晉侯以傳召伯宗。」爾雅：「梁山，晉之望。」呂氏春秋：「呂梁未鑿，河出孟門之上。」水經注：「河水又南經梁山原。」是也。唐十道志：「關内道名山曰梁山。」

龍門山，縣東北八十里，與山西河津縣分界。北魏志：「梁山北有龍門山，故龍門亦兼梁山之稱。」隋大業十三年李淵遣王長諧等自梁山濟，營於河西以待大軍，即龍門也。詳見名山。

韓原，縣東南二十里。左傳僖十五年：「晉侯與秦戰於韓原，秦獲晉侯以歸處也。」或曰故韓原當在河東，今山西芮城縣河北故城有韓亭，即秦、晉戰處。○高門原，在縣南二十里。水經注：「河水經高門原，層阜相承，秀出雲表，俗謂之馬門原。」又曰三周山，即爾雅「三成爲崑崙丘」也。山下水際有二石室云。

黄河，縣東五十里。自延安府宜川縣流入境，歷龍門口而下。有禹門渡，通山西河津縣。寰宇記：「龍門山北有河口，略似龍門而不能通。相傳鯀治水時所鑿，績用弗成，今名錯開河。」

瀵水，在縣南十里。亦名崌谷水，東南流入於黄河。又有芝川，在縣南二十三里，亦東流入河。其地有芝川鎮，司馬遷墓在焉。

華池，在縣東南。水經注：「在夏陽城西北四里，池方三百六十步，河水又東南逕於華池也。」

龍門關。在縣東北龍門山。後周時所立，最爲險阨。或云關之下即禹門渡。

澄城縣，州北百二十里。北至鄜州洛川縣二百五十三里，西南至華州蒲城縣百十里。春秋時晉北徵地，後屬秦。漢置徵縣，屬左馮翊。徵讀懲，後訛爲澄。後漢省。北魏太平真君七年置澄城郡，治澄城縣。隋罷郡，以縣屬同州。唐因之。五代梁屬河中府，後唐復舊。今城周三里。編户六十四里。

北徵城，縣南二十二里。左傳文十年「秦伐晉，取北徵」，即此。漢因置徵縣，後魏改置澄城縣，遷於今縣治。唐史：「廣德二年党項寇同州，郭子儀遣其將李國臣大破之於澄城北。」永泰初吐蕃寇同州引還，同華帥周智光邀敗之於澄城北是也。

新城，在縣東北二十里。亦曰新里。左傳僖十八年：「梁伯益其國而不能實也，名曰新里，秦取之。」文四年，晉侯伐秦，圍邧、新城，即此矣。志云：縣有杜平鄉，秦孝公五年與魏惠王會於杜平。又漢昌平侯灌嬰食邑於杜平鄉是也。○長寧城，在縣南。唐初置，貞觀八年省入澄城縣。

壺梯山，縣北五十里。階級層峻，有似懸梯。一名石樓山。又十里爲將軍山，秦封白起武安君於此，因名。又十里爲武帝山，相傳漢武幸梁山時經此。

雲門谷，縣西北七十里。谷口似門，水氣雲蒸，因名。又西北十里爲風谷山，有洞穴出風。又北爲界頭山，與延安府洛川縣接界。

臨高原，縣南五十里。宋李顯忠初仕金，知同州，密圖南歸，繇漢村經臨高原是也。原有龍泉，味甘如醴。

洛河，在縣西二十里。自白水縣流入，又南入同州境。志云：縣西南有洛河渡，路通蒲城縣境。

甘泉水，在縣西三里。志云：出縣西匱谷中。其水澄潔，或謂之澄水，俗呼爲官泉。水經注：「縣有温泉三，皆西注於洛。」

乾坑，在縣西南三十里，又西南接蒲城縣界。今詳見蒲城縣。

親鄰寨。通志云：「在縣北二十里。」元末李思齊命將築寨，爲戍守處。伏龍府，在縣南五十里。唐置府兵於此。

白水縣，州西北百二十里。東至澄城縣五十里，西至富平縣五十里。春秋時爲彭衙地，秦文公時置白水縣，即此。漢爲衙縣地，亦爲粟邑縣地，晉省衙縣入粟邑，後魏省粟邑縣入澄城。太和二年又分置白水郡及縣。隋廢郡，以縣屬同州。唐永泰初党項掠白水，東侵蒲津是也。宋仍舊屬同州。今縣有舊城，周四里。嘉靖三十二年增築新城於東北隅，共環五里。編户二十八里。

彭衙城，縣東北六十里。左傳文二年：「秦、晉戰於彭衙，秦師敗績。」史記：「秦武公元年，伐彭戲氏。」正義曰：「彭戲，戎號也，即彭衙。」漢置衙縣，屬左馮翊。後漢初鄧禹破更始將公乘歙於衙，即此。永初五年以上郡羌亂，寄理衙縣，永建四年復舊。晉省。戲，許宜反。或曰縣有汪城，春秋文二年「晉伐秦取汪及彭衙」者。一云汪在澄城縣境。

粟邑城，縣西北二十八里。漢置縣，屬左馮翊，後漢永元中封耿夔爲侯邑。後省，永元九年復置。晉因之。大興初劉曜討靳準於平陽，既而西屯粟邑，即此。後魏廢。唐武德二年分櫟陽置平陵縣，明年改粟邑縣，貞觀八年廢爲粟邑鎮，屬櫟陽縣。○姚谷城，在縣東。本澄城縣地，後魏太和二年析置姚谷縣，屬白水郡，隋省。

秦山，縣西北五十里。連亘綿遠，道通鄜、延、環、慶。其斷處爲暗門，最險隘。又有太神山，在縣西七十里。

黄龍山，在縣東北五十里。其相近者有陽武山，上有倉頡冢。地形志姚谷縣有黄崖山，白水縣有五龍山，蓋二山俱在縣界，峰巒相接，因訛曰黄龍山。

洛水，在縣東三十里。自富平縣流入，又南入澄城縣境。水經注：「沮水東經粟邑故縣北。」是也。今縣東北三十里有馬家渡，即洛水津濟處。又縣東南有石川河渡，亦謂之粟邑渡，即洛水下流也。

白水，縣西三十里。源出同官縣，合諸水東流入洛。志云：縣南臨白水，故秦以名縣。又柳谷水，在縣東北。一名彭衙水，下流注於洛水。又有鐵牛水，在縣北三十里，亦東流入洛。

馬蓮灘鎮。縣北五十里。或曰其地在馬蘭山麓，因名，後訛爲馬蓮也。今有馬蓮灘巡司，爲戍守處。

耀州，府北百八十里。東至同州二百里，西至乾州一百八十里，北至延安府鄜州三百九十里。

秦爲内史地，漢爲左馮翊地，魏、晉時屬北地郡。魏收曰：「魏文帝分馮翊之祋祤置北地郡。晉北地郡治泥陽，即故祋祤也。」後魏置北雍州，西魏改宜州，又置北地郡，尋改爲通川郡。開皇初郡廢，大業初州廢，以其地屬京兆郡。唐武德初復置宜州，八年幸宜州，即此。貞觀十七年省入雍州，天授二年復置宜州於雲陽，大足初罷。天祐初李茂貞僭置耀州及義勝軍。五代史：「梁開平五年置。」胡氏曰：「初置茂州，又改耀州。」五代梁貞明初改曰崇州、静勝軍，後唐復曰耀州，而改軍爲順義軍。宋初因之，開寶五年曰感義軍，太平興國初又改爲感德軍。金仍爲耀州，元因之，以州治華原縣省入。明亦曰耀州。編户十八里。領縣一。今仍曰耀州。

州面憑大阜，北負高原，漆水東經，沮流西繞，控鄜、坊之道，聯同、華之援，所以厚長安之肩背，爲邠、岐之指臂者也。

祋祤廢縣，在州治東北一里。漢景帝二年置縣，屬左馮翊。顔師古曰：「祋讀丁活反，又丁外反。祤讀詡。蓋兵禱之名。」後漢初縣廢，永元九年復置。永康初東羌先零圍祋祤，即此。魏以泥陽縣寄治祋祤，因置北地郡，而改縣曰泥陽。建興三年劉曜圍北地太守麴昌於泥陽，尋爲所陷。元魏亦曰泥陽縣，仍屬北地郡，隋開皇六年又改爲華原縣。唐初爲宜州治，貞元十七年州廢，〔三〕縣屬京兆。二十二年畋於華原，遂幸玉華宮是也。天祐初爲耀州治。後因之。元省。今州城周六里有奇，門四。

土門山，州東南四里。積土兩崖，中豁如門，行者經其中。志云：富平縣東北七十里有土門山，蓋與州接境。○磬玉山，在州東五里。出青石，可爲磬。唐天寶中採爲樂器，而泗濱之石遂廢。山陽有石洞，其頂五峰對峙，亦曰五臺山。又東五里曰鑑山，年豐則山有光可鑑，耀州之名以此。

牛耳山，州西北十八里。以兩山東西分，若牛耳也。州西北六十里又有木門山，山阪相去各三里許，有上、中、下之稱。今阪存而門堙。

沮水，在州西門外。自延安府鄜州宜君縣流入境，至城南三里之鸛鵲谷與漆水會，流入三原、富平縣境，亦謂之石川河。

漆水，在州東門外。自同官縣流入境，又南合於沮水。志云：州北有通城渠、煙霧渠、甘家渠、越城渠、水磨渠，皆引沮水爲之；又有漆渠、退灘渠，則漆水所置也。宋熙寧七年，知耀州閻光國募民治漆水堤，即此。

清水，州西三十五里。自邠州淳化縣流入州界，又南流入三原縣界。宋建炎中，金人犯延安，侵丹州，又渡清水河破潼關。或曰金人所渡者同州之沮河也。又州西北有濁谷河、澗谷河，下流俱注於清水。

强公渠，在州西南。唐書：「華原無水，雍州司士參軍强循教民鑿渠以浸田，一方利之，號曰强公渠。」

步壽宮，在州城北步壽原上。志云：漢神雀二年建步壽宮〔四〕在今城東三里。唐武德五年獵於步壽原，是也。又唐長安二年建永安宫，在今城南五里。

玉女堡。在州西北。其地有玉女山，因名。又北十里爲桃兒堡，州西北七十里爲天活堡，皆險阻，相傳後周時置。

志云：今州治南有順義驛。

同官縣，州北七十五里。北至鄜州宜君縣九十里，東南至同州二百里。漢祋祤縣地，晉爲瀕陽縣地，苻秦置銅官護軍，以川爲名。後魏太平真君七年改爲縣，屬北地郡。後周改曰同官縣，屬宜州。隋屬京兆郡。唐初亦屬宜州，貞觀十七年州廢，改屬京兆府。五代梁屬同州，後唐屬耀州。今縣城周四里。編户二十二里。

銅官城，在縣東北一里。苻秦置同官護軍，在今縣西南一里。晉太元九年姚萇攻新平，使其將姚穆守同官川是也。後魏改置縣，後周建德四年移縣於此。志云：縣西南舊城，今爲濟陽寨。有土城高數丈，與縣相爲犄角，元末張良弼遣其將所築。又長安志：「同官縣城周一里，無城壁，西北倚虎踞山，本名金山。有漢弩臺二，一在山北，一在山南，各去城一里。又有亭子泉、柏榆泉流遶其下。」

女華山，縣北三十里，高峰秀出。又有女回山，在縣北四十里，高聳亦甲於羣山。

馬蘭山，縣東北五十里。晉元康六年馬蘭羌、盧水胡反，攻殺北地太守張損，郡尉張光戍馬蘭山，以百餘人力戰得全。又咸和九年後趙將郭敖等擊北羌王薄句大等於北地、馮翊，破之。句大奔馬蘭山，敖乘勝追擊，爲羌所敗。志云：北地有馬蘭山，羌居其中，謂之馬蘭羌。邑志云：山在縣北二十里。其山連延綿亘，接同州白水縣界。

石盤山，在縣北。魏收志銅官縣有石盤山。晉建興三年劉曜攻北地太守麴昌，麴允來救，潰還，曜追敗之於磻石谷，允奔還靈武。礌石谷或即石盤山也。又北魏孝文時，北地民支酉聚衆起兵於石山，進至濁谷向長安。石山即石盤山矣。濁谷水，見耀州。

神水峽，縣東北六十里。石崖峻削，道從石峽中行，至爲險阻，舊設金鏁關巡司。宋建炎三年金人循渭東還，其支軍入鄜延攻康定，王庶急遣兵斷河橋，又令劉延亮屯神水峽扼其歸路，金人遂去。明嘉靖三十年撫臣張珩議以鄜州南下省城，金鎖關至爲衝要，宜築城戍守，以防套寇突犯。從之。康定，即今延安府鄜州。

同官川，在縣東北五十里。縣東有雄川、烏泥川，縣西有雷平川，又有盤川水出馬蘭山，流入於烏泥川，俱匯於同官川而爲漆水，南入耀州界。唐神龍元年同官縣水溢，漂居民五百餘家。大和三年同官暴水，漂没二百餘家，即同官諸川矣。

安公谷水，在縣南。流入耀州境，下流合於沮水。晉太元九年苻堅擊姚萇於趙氏塢，萇軍中無井，秦人塞安公谷，堰同官川水以困之，萇軍中恟懼，會大雨，軍復振，即此。

金鏁關，在神水峽内。道里險阻，舊爲戍守要地，今有巡司。

趙氏塢。在縣北，近安公谷同官水。姚萇屯北地，苻堅擊之於趙氏塢。義熙十一年姚秦北地太守毛雍據趙氏塢以叛，姚紹討擒之，即此。○黄堡鎮，在縣南三十里，一名黄堡寨；又縣北三十里有西梁堡，東北十五里有南古寨；皆前代據險守禦處。志云：縣治東北有漆水驛。

乾州，府西北百八十里。西至鳳翔府二百里，東至耀州百八十里，北至邠州百五十里。

秦内史地，漢屬左馮翊，晉屬扶風郡，後魏屬咸陽郡，隋屬京兆郡。唐初屬雍州，天寶初屬京兆郡，乾符初增置乾州，以地在長安之乾隅也。乾寧初置威勝節度。五代梁因之，後唐亦曰乾州，屬鳳翔府。宋熙寧五年州廢，政和七年復置，明年改爲醴州。金復故，元因之。明亦曰乾州，以州治奉天縣省入。編户二十七里。領縣二。今仍曰乾州。

州九嵕諸山列峙西北，涇、渭二水縈帶東南，控長安之近郊，當鳳翔之孔道。唐德宗保奉天，卒却朱泚之逼，蓋北通邠、涇之甲騎，南集梁、洋之轉輸，奉天守而賊之鋒鋭不能越京城數百里間矣。用兵所以貴於勢險而節短也。

奉天廢縣，在州治東。漢爲池陽縣地，後魏爲寧夷縣地，〔五〕隋爲醴泉縣地，唐初因之。高宗葬梁山，謂之乾陵。文明元年因析醴泉、好畤等地置縣，曰奉天，以奉陵寢。寶應初党項寇奉天，即此。建中初從術士桑道茂言，增築奉天城。及朱泚之亂，果幸焉。貞元中命神策軍分屯近城，此爲奉天鎮，乾符初始爲州治。宋、元因之，明初省。今州城周九里有奇，門四。

好畤廢縣，在州東南四十里。自古以雍州爲神明之奥，故立畤以郊上帝，諸神祠皆聚焉。好畤蓋秦文公時作，所謂「雍東有好畤」者也。漢王定三秦，敗雍王章邯於好畤，後因置縣，屬右扶風。後漢初封耿弇爲侯邑，後廢。晉永安初雍州刺史劉沈自新平討河間王顒，敗顒將虞夔於好畤，即此。後魏太和十一年改置莫西縣，〔六〕屬武功郡。隋開皇十八年又改爲好畤縣，大業三年廢入上宜縣。唐武德二年復分醴泉縣置好畤縣，屬雍州。四年獵於好畤。

貞觀二十年改置上宜縣，旋復曰好畤。上元三年党項寇好畤。興元初李懷光叛屯好畤，掠涇陽、三原、富平。貞元中以神策軍分屯近畿，此爲好畤鎮。五代周縣廢。杜佑曰：「漢好畤城在唐城南十三里，有隋太子莊陵城。」志云：「好畤廢縣在州東七里。」似悞。○上宜廢縣，在州西。隋開皇十七年置，唐貞觀八年廢入岐陽縣。二十一年省好畤、岐陽而置上宜於好畤，尋復故。岐陽，見鳳翔府岐山縣。

梁山，州西北五里。山勢紆迴，接扶風、岐山二縣之境。周太王去邠遷岐，踰梁山是也。秦置梁山宮。始皇三十五年幸梁山宮，從山上見丞相車騎，即此。晉元康七年氐帥齊萬年作亂，屯梁山，有衆七萬。唐高宗葬其上，名曰乾陵。廣德初吐蕃自奉天犯長安。明年僕固懷恩以吐蕃逼奉天，郭子儀陳于乾陵之南，敵引却。陵有柏樹成行，遮護陵寢，謂之柏城。建中四年朱泚攻奉天，將軍高重捷與戰於梁山之隅，破之。寰宇記：「乾陵周八十一里。」又有僖宗靖陵，在州東北十五里，與乾陵相接，中隔豹谷，蓋山環峙於州北境也。○五峰山，在州東北五十里。有五峰竝峙，志以爲梁山之别阜。

莫谷，在州北三里。亦曰漠谷。踰梁山而南，多取道於此。朱泚圍奉天，靈武、鹽夏及渭北兵入援，詔議道所從出，渾瑊曰：「漠谷道險狹，不若自乾陵北過，附柏城而行，營於城東北雞子堆，與城中犄角，且分賊勢。」不聽，詔援兵自漠谷進，爲賊所邀，皆敗還。又天復二年，汴將康懷貞擊敗鳳翔將李繼昭於此。五代梁開平二年，岐兵攻雍州，梁將劉知俊，破之於幕谷，即漠谷也。

莫水，在州西南三十里。亦曰漠谷水，源出永壽縣界高泉山，流入州西北境，又西南流入武功縣界亦名武水，下流入於渭水。

甘谷水，州東北二十里。源自永壽縣溫秀嶺流入州境，又流入醴泉縣界合於涇水。又有武亭水，西北自鳳翔府麟遊縣界流入，經州西四十里入武功縣界。

魯店，在州東南，當咸陽陳濤斜之西北。唐建中四年李懷光敗朱泚於魯店，解奉天之圍。詔引軍屯便橋，刻期取長安。懷光怏怏，留魯店二日乃行，即此也。

赤沙烽。在州境。唐永泰元年吐蕃、回紇入犯，至奉天，圍涇陽，郭子儀命渾瑊出奉天，大戰赤沙烽，斬獲甚衆。

武功縣，州西南六十里。東至興平縣五十里，西北至鳳翔府扶風縣五十里。古邰國也，后稷封此。秦孝公始置武功縣，漢因之，屬右扶風。後漢初廢入郿縣，永元八年復置。晉屬始平郡。後魏并入美陽縣，太和十一年置武功郡。後周天和初築武功城以置軍士，建德中郡省，尋復置武功縣，屬雍州。隋大業初屬京兆郡，義寧初置稷州，旋廢。唐武德三年復置稷州，貞觀七年廢。天授二年復置，大足元年又廢，以縣屬雍州。後唐改屬鳳翔府，尋還屬京兆。宋政和八年割屬醴州。金大定二十九年改爲武亭縣，仍屬乾州。元復曰武功。今縣城周三里有奇。編户十六里。

斄城，縣西南二十二里。斄讀曰邰，即后稷所封。秦孝公置斄縣，漢初曹參攻斄是也。後亦曰斄縣，屬右扶風，後漢省。志云：武功舊治渭川南郿縣境，後漢移治古斄城，今亦曰武功城，後周建德三年始移武功縣於今治。唐中和初黄巢入長安，夏綏帥拓跋思恭討之，軍於武功。又天復初李茂貞等劫遷車駕於鳳翔，朱全忠自長安而西，茂貞遣將符道昭屯武功以拒之，爲全忠將康懷貞所敗。即今縣也。邑志：古斄城在今縣南八里。

美陽城，在縣西北二十五里。秦孝公所置縣，漢屬右扶風，後漢永元中改封耿秉爲侯邑。或謂之美陽關，以其地當控扼之要也。永初二年羌寇三輔，梁瑾擊之，轉戰於武功之美陽關。五年以羌亂移安定郡，寄理美陽。中平二年張温屯美陽，與羣盜邊章等相持，章尋敗走。晉仍屬扶風郡，後魏屬武功郡，後周建德三年縣廢。括地志：「美陽城亦曰太王城，亦曰周城，太王避狄時所居也。」杜佑曰：「美陽治中水鄉，城西即中亭川。」一統志：城在縣西七里。似悮。

太白山，縣西南九十里。亦謂之太乙山。五經要義「武功有太乙山，一名終南」，蓋終南南山之總名也。張衡西京賦云「終南、太乙」是，則非一山矣。山接郿縣及盩厔縣界，北去長安三百里，故俗云「武功太白，去天三百。」六典：「關内道名山曰太白。」柳宗元云：「其地寒，冰雪積之，未嘗已。」又南十里爲武功山，杜彦達曰：「太白南連武功，最爲秀桀，冬夏積雪，望之皓然，故云太白也。軍行山下，不得鳴鼓角，鳴則風雨暴至。」上有洞，道書以爲第十一洞天。又山半有横雲如瀑布則澍雨，諺云「南山瀑布，非朝即暮」是也。晉永興三年，東海王越等遣兵西迎車駕於關中，敗河間王顒軍於霸水，顒單馬走入太白山，即此。

惇物山，縣東南二百里。禹貢云「終南、惇物」，即此山也。漢志注：「縣東有垂山，古文以爲敦物。」孔氏曰：「敦物即太華山。」似悮。○分水嶺，在縣南，界盩厔、郿縣之境。胡氏曰：「分水嶺與沈嶺、衙嶺爲三嶺。」蜀漢延熙五年費禕據三嶺以截曹爽軍後，即此三嶺云。

雍原，在故美陽城旁。或謂之周原，太王所居也。又謂之西原，唐至德二載駕幸鳳翔，使王思禮軍武功，別將郭英乂分軍屯武功東原，王難得屯西原，爲賊將安守忠所敗。又興元初渾瑊自興元至斜谷，拔武功。既而泚將韓旻來攻，武功復降於旻。瑊戰不利，收兵登西原。胡氏曰：「東原在武功縣東，西原在縣西，地高平可屯兵。」或以爲諸葛武侯駐師處，悮也。志云：今縣城半附雍原之麓，循原又列十二城。洪武九年長興侯從弟都督忠奉詔屯戍於此，以控制關内，因增築諸城，至今猶存。長興侯，耿炳文也。又雍原之北有岡，曰鳳岡。○三時原，在縣西南二十里，西接鳳翔府扶風縣界。隋文帝葬此，謂之泰陵。

渭水，在縣西南二十里。自郿縣流入，又東入盩厔縣境。水經注：「渭水又東逕武功故城北。」是也。○漆水，在縣城東。自鳳翔府扶風縣流入境，南合漳水以入於渭。詩云「自土沮、漆」，謂此漆水也。又浴水，在縣北。出乾州梁山，南流入境。康海曰：「關西人讀浴若於，與沮相近，蓋沮水之訛也。」漆水經縣，蓋北受沮水，南受漳水而入渭。

武水，在縣西二十里，即莫谷水。自乾州流入界，合縣境羣川而入于渭。○高望川水，在縣西二十二里，流合武水。志云：高望川有高望亭，唐武后行宫在焉。或云中宗築以望乾陵。

漳水，在縣西南十二里。一名白水，亦曰圍川水。源出鳳翔府岐山縣漳谷，經扶風縣界東流合武水，又南經美陽廢縣合中亭川水，又東合漆水以入於渭。唐武德七年獵於漳川，是也。○中亭川，在美陽故城西，武水、圍川水流合焉，東南流經縣南，又東合於武亭川。晉元康九年，孟觀大破氐衆於中亭，獲齊萬年，即此地也。

武亭川，在縣東十一里。自乾州流入境，合於武水。唐興元元年渾瑊與朱泚將韓旻争武功，瑊戰不利，登西原。會邠寧將曹子達以吐蕃兵至，因擊旻於武亭川，瑊進屯奉天。

六門堰，在縣西。水經注：「五泉渠西自扶風縣流入，經三時原，又有六門堰，西魏大統十三年置六斗門以節水。」唐史：「武功縣有六門堰，久廢，懿宗時李頻爲邑令，按故道，浚渠溉田，穀以大熟。」又宋史「熙寧五年提舉沈披乞復武功故迹六門堰於石渠南二百步，傍爲土洞，以木爲門，回改河流，溉田三百四十頃」，蓋妄爲大言也。

成國渠，在縣南。自鳳翔府郿縣流入，東會六門堰。志云：魏尚書僕射衛臻侵蜀時所開。又永豐渠，在縣境。唐志：「武功縣有永豐渠，又有普濟渠。」

清溝，在縣東五十里。唐至德初郭子儀進復西京，與賊戰於清溝，敗績，退保武功。時肅宗駐鳳翔，武功，鳳翔之蔽也。○良溝泉，在縣北十五里。永樂初泉湧於此，引以溉田，大爲民利。

慶善宮，在縣南十八里，南臨渭水。唐高祖舊第，太宗降誕之所。武德元年置武功宮，四年幸稷州及武功舊墅，六年改爲慶善宮。貞觀六年臨幸，讌羣臣賦詩。十六年校獵武功，幸慶善宮，自是數臨幸焉。後廢爲慈德寺。今没於渭。○高泉宮，在美陽故城中，秦宣太后宮也。

長寧驛，縣東三十五里。俗曰東扶風鎮，軍站也。成化中移置於縣東北。又有邰城驛，在今縣城東南，明初置。

壞鄉。在縣東南二十里。史記：「樊噲從擊秦軍騎壞東。」又曹參傳：「參圍好畤，取壞鄉，擊三秦軍壞東及高櫟，破之。」正義：「今武功縣東南有高壞坊，故壞鄉也。」高櫟與壞鄉近，俱村邑名。

永壽縣，州北九十里。西北至邠州七十里，東南至醴泉縣一百十里。漢漆縣地，後魏置廣壽縣，後周曰永壽縣，隋省入豳州新平縣。唐武德三年於永壽原復置永壽縣，屬邠州，神龍初改屬雍州，景龍初還屬邠州。廣德二年僕固懷恩以吐蕃、回紇自朔方南犯，軍於永壽。又乾寧二年邠寧兵犯闕，李克用入援，進軍渭橋，遣其將李存貞爲前鋒，拔永壽是也。宋改屬乾州，金屬邠州，元復屬乾州。今縣城周五里。編户十一里。

温秀城，在縣東南，接醴泉縣界。其地有温宿嶺，漢温宿國人内附，田牧於此，因名。西魏時置温秀護軍。唐武德初分醴泉縣置温秀縣，四年縣屬泉州，貞觀初州廢，還屬雍州，八年復省入醴泉。○右扶風城，在縣東南四十里。或云後漢時右扶風嘗治此。通典：「姚興將齊難故城在縣西，其南西北三面陡峻。」又有南豳故城，後魏所置，四面亦皆險絶。

高泉山，縣北三十里。莫谷水發源於此。本名安陽泉，南流經莫谷曰莫谷水。

岪山，縣西南九十里。山特高峭。漢志「好時縣有岪山」，即此也。師古曰：「岪，丘毁反。」又有明月山，在縣西南八十里。上有種金坪，相傳漢婁敬所居。○温秀嶺，在縣南，亦曰温宿。甘谷水出於此，流入乾州界。

涇水，縣東五十里。自邠州境流入，又南流入醴泉縣界。○錦川河，在縣西南。川出石如錦，因名。源自鳳翔府麟遊縣來，經縣境高泉山水流合焉，又南流爲莫谷水。

吕公渠，在縣北五里。邑無井泉，難於遠汲，宋吕大防爲令，行近境得泉二，欲導之入城，而地勢高下有差，乃用考工置水法準之，旬日間疏爲渠，至今賴焉。

梁山宫，在縣南八十里。秦始皇建，宫城皆文石，亦名織錦城。始皇遊梁山宫，即此。括地志：「宫西去好時縣十二里，北至梁山九里，俗因名爲望山宫。」

莫營關，在縣西南。後魏所置，爲扼險之所。又穆陵關，在縣南四里。宋建。○蕎店，在縣南十五里，爲往來之要道。又縣北三十里有底窖鋪，路達邠州。志云：縣有永安驛及土副巡司，俱明初置。

麻亭。在縣北。唐廣德二年郭子儀拒回紇、吐蕃軍於乾陵南，敵退，使李懷光追至麻亭而還是也。通志：「今縣治即故麻亭鎮，元至正四年徙縣於此。」

邠州，府西北三百五十里。西北至平凉府涇州百五十里，西南至鳳翔府百六十里，北至慶陽府寧州百四十三里。

古西戎地，後公劉居此，爲豳國。秦屬内史，漢爲右扶風、安定、北地三郡地。後漢因之，興平元年分安定、扶風置新平郡，治漆縣。魏、晉因之。後魏亦曰新平郡。西魏置南豳州，今慶陽府寧州爲北豳州。尋曰豳州。北豳州廢，故止曰豳州。後周及隋因之。煬帝初州廢，改屬北地郡，義寧二年復置新平郡。唐復曰豳州，開元十三年改豳曰邠。以豳與幽相類也。天寶初曰新平郡，乾元初復爲邠州，中和中爲静難軍治。宋仍曰邠州，亦曰新平郡、静難軍。金、元因之。明初改屬西安府，以州治新平縣省入。編户十七里。領縣三。今仍曰邠州。

州涇水北遶，邠巖南峙，依山爲城，地勢雄壯。志云：州城東西皆有河，北注於涇，而城西南爲紫微山，險固可恃。唐太宗初立，突厥自涇州入寇，南至便橋，既盟而退。太宗曰：「若命諸軍伏於豳州以邀其前，而大軍躡其後，覆之如反掌耳。」天寶後以邠寧爲重鎮，常屯重兵於此以遏寇衝。蓋厚涇原之形援，固畿輔之籓衛，州實南北襟要也。

新平廢縣，在州治西。漢漆縣也，屬右扶風。後漢建武六年遣耿弇等繇隴道伐蜀，爲隗囂將王元所敗，諸將下隴，帝令耿弇軍漆。八年帝征隗囂，軍至漆，馬援聚米爲山谷處也。建安中置新平郡治此，晉以後因之。太元九年姚萇攻秦新平，久之乃克，悉阬其民。既而苻登取之，置兗州於此，尋復降於姚萇。後魏改置白土縣，亦爲新平郡治，西魏爲豳州治，隋開皇四年改爲新平縣。唐、宋因之，明初廢。今州城周五里，有門四。

白土廢縣，在州西南。宋白曰：「姚萇之亂，新平屠廢，〔七〕後魏於縣西南置白土縣，隋開皇中移入州治」云。○豳州舊城，在州城南。又州東北有豳亭，州東五十里有豳谷。一統志：邠州有古公城，今爲古公鄉。

邠山，在州治南，城垣所依也。又紫微山，在城西南隅，連跨外郭。上有宋、金時屯兵砦，或謂之邠巖，一名安定巖。或曰山麓有五龍阪，唐初太宗禦突厥於豳州，突厥奄至城西，陳於五龍阪，太宗却之是也。○壽山，在州城南。四面崒嵂，其頂平曠，有茂林修竹之勝。

白土原，在州東北。後魏因以名縣。其北又有東陽原。

涇水，在州西北二十里。有高渠渡，其上流自長武縣會汭水流入境，又東南流經州東五里有北渡，又東南流經淳化縣西南而南入永壽縣界。志云：州東三十里有大峪河、南河，西十里有水簾河、洪龍河，皆引水灌田，流注於涇。

白土川，在州西南九里。東北流經白土原及東陽原之西，又東北注於涇水。或謂之漆水。又狼乳溝，在州南二里。相傳后稷棄於此，有狼乳之，因名。

清溪，在州西南三十五里。接鳳翔府麟遊縣界，下流合麟遊水，又東南流入於渭水。溪流湛徹，故名。今堙。宋紹興中金人自鳳翔轉犯邠州，宋將田晟帥兵拒之於清溪，金人引却，即此。

通塞鎮，在州北。唐置。中和元年鎮將朱玫起兵討黃巢，誅巢邠寧帥王玫於通塞鎮，即此。○永定壘，在州北。有二。志云：唐太宗討薛舉時置。

胡空堡。在州西南。空，苻秦將也。其西又有徐嵩堡。秦敗，二人皆築壘自守，堡因以名。晉太元九年姚萇殺苻堅，葬於二壘之間。既而苻登改葬堅，二壘皆降於登。十二年登據胡空堡，戎夏歸之者十餘萬。後秦將姚方成尋拔徐嵩壘，嵩死之。後魏主燾延和二年，平凉休屠金崖等與安定鎮將延普相攻，崖等攻普不克，退屯胡空谷，魏主遣將陸俟擊擒之是也。○桃奴堡，在胡空堡東。又有帛蒲堡。桃奴、帛蒲皆屠各姓名，築堡於此。晉太元十九年苻登自雍攻二堡，拔之。志云：今州治西有新平驛，又州境有宜禄驛，皆往來所經也。

淳化縣，在州東百里。東北至鄜州中部縣百三十里。漢馮翊郡之雲陽縣地，宋淳化四年始析縣之黎陽鎮置淳化縣，屬耀州，金改屬邠州。今縣城周四里有奇。編户三十三里。

雲陵城，縣北二十里。漢昭帝母鉤弋夫人葬此。始元中置爲陵邑，屬左馮翊，元始四年爲王莽所廢。舊志：雲陵在甘泉山。又云雲陵在茂陵東，蓋縣本雲陽縣地也。

甘泉山，在縣東北九十里，與涇陽縣接界。又縣東南二十五里即仲山也。詳見涇陽縣。

黄嶔山，縣東南五十里。唐初稽胡犯宜君，竇軌敗之於黃嶔山。又山下有地名黃丘，晉永嘉末賈疋敗劉曜於黃丘，即此。

涇水，縣西南六十五里。自邠州流入境，南入乾州永壽縣界。又縣西北四十里有姜源水，南流入於涇水。○清水，在縣東。源出三水縣石門山，又東南經黄嶔山西南流入耀州界。

黄嶔水，在縣東南。志曰：源出石門山黄嶔谷，東南注宜君水，宜君水即沮水，〔八〕以逕鄜州宜君縣而名。

金源堡。通志：「在縣西四十里。」堡立涇水中，四面斗絶，上有洞窟數十，蓋昔人避亂之所。

三水縣，州東北七十里。南至乾州永壽縣百里。本漢縣，屬安定郡，晉廢。後魏移置縣於此，屬新平郡。西魏時又置恒州，州尋廢。隋仍曰三水縣，屬豳州，大業初州廢，縣屬北地郡。唐仍屬邠州，宋因之，元併入淳化縣。明成化十四年復置縣。城周五里有奇。編户十一里。

栒邑城，縣東北二十五里。本秦邑，漢初酈商破雍將周類軍於栒邑，即此。漢置縣，屬右扶風。建武二年鄧禹入關，引兵北至栒邑。六年隗囂反，敗諸將於隴坻。光武使耿弇軍漆，祭遵軍汧，馮異軍栒邑。異軍未至，囂乘勝發兵下隴，遣其將行巡取栒邑。異急引軍據之，曰「賊若得栒邑，三輔動揺矣」，即此城也。晉仍爲栒邑縣，屬新平郡，後廢。○古豳城，在縣西三十里。相傳公劉始都於此。後漢志栒邑有豳鄉，有劉邑，皆以公劉得名。

翠屏山，在縣治南。亦謂之豳山，今城據其上。又雞阜山，在縣東北二里。又縣東七里舊有肖塔山，縣西北十五里又有白虎山，以峭拔得名。

馬嶺山，在縣西。一名箭筈嶺，或曰即長城嶺也。朱梁開平三年，岐王李茂貞遣降將劉知俊圍靈州。梁遣將康懷貞等克慶州，遊兵至涇州之境。知俊釋靈州之圍，引兵還。梁亦急召懷貞等還，至三水，知俊遣兵據險邀之，懷貞等力戰僅免。薛史曰：「知俊邀擊懷貞等於邠州之長城嶺。」是也。又縣有羅川谷，宋白曰：「以三泉竝流而名。」

石門山，縣東南六十里，南入淳化縣界。岡巒糾紛，干霄秀出，頂上石巖容數百人。甘泉賦「封巒石闕，施靡延屬」，謂此也。或云唐石門縣蓋以山名。今兩山壁立，其狀如門。史記：「秦獻公二十二年與晉戰於石門。」疑即此地云。今有石門巡司。

官家洞，縣東三十里。峭壁三百尺，下臨汃水，高下各數十窟，可容數百人，中有二井，蓋避兵之險絕者。沿川上下數十里處處有之，惟官家洞爲最著。

三水河，在縣城東南。一名汃水。源出宜君縣，西流入縣界，又西南入於涇水。志云：縣境有羅川水，以三泉竝流而名。三泉者，縣東二里有玉泉，縣南三里爲稍泉，自高山湧出，縣北爲白馬泉，合流爲一河，故曰三水河，亦曰羅川水云。

梁渠川，在縣北二十里。又北十里有支唐川，有灌溉之利。又萬壽湫，亦在縣北二十里。唐大曆八年因風雷而成，民資以灌溉。

龍泉鎮。在縣東北。唐乾寧二年李克用攻王行瑜於梨園寨，行瑜求救於鳳翔帥李茂貞，茂貞遣兵屯龍泉鎮，而自將三萬人屯咸陽之旁。既而行瑜復以精甲五千守龍泉寨，克用攻拔之，行瑜走入邠州。金志縣有清泉鎮，當即龍泉矣。○半川府，在縣北十五里，唐府兵之一也。

長武縣，州西北八十里。西北至平凉府涇州七十里。漢北地郡鶉觚縣地，後漢屬安定郡，魏、晉因之。後魏熙平二年分置東陰盤縣，廢帝初改爲宜禄縣，以南臨宜禄川而名。後周廢入鶉觚縣。唐貞觀二年析豳之新平、涇之保定、靈臺復置宜禄縣，屬邠州，宋、金因之，元廢。明萬曆十一年於舊宜禄城置縣，曰長武縣。城周五里。編户十二里。

宜禄城，在縣東南。舊縣治此。唐廣德二年僕固懷恩以吐蕃、回紇逼邠州，前軍至宜禄，邠寧節度白孝德敗吐蕃於宜禄是也。後徙今治，元省入邠州爲宜禄鎮。九域志：「宜禄在邠州西六十里。」

長武城，在縣西北。唐大曆初郭子儀命李懷光築長武城，據原首，臨涇水，俯瞰通道，扼吐蕃南寇之路。七年吐蕃入犯，渾瑊破之於此，自是常屯兵以防秋。十二年吐蕃寇長武，郭子儀遣將拒却之。貞元三年吐蕃入長武城，又城故原州而屯之，因出神策軍分屯近畿，此爲長武鎮。元和初高崇文爲長武城使，以城控扼要害，練卒五千，常如寇至是也。五代時爲長武鎮，宋初因之。咸平四年升爲縣，屬涇州。五年省爲砦。景祐中范仲淹奏遣宋良領蕃、漢軍馬往涇州長武寨把隘。大觀二年復置長武縣。金因之。元併入涇州，仍爲長武砦。宋白曰：「長武鎮近鳳翔府麟遊縣界，西去涇州四十里。」一統志：「涇州東七十里有長武寨。」今爲縣境。

高摭城，在縣北五里。或曰即後魏之廢淺水縣也。唐初薛舉寇涇州，進逼高摭，遊兵至於邠、岐。劉文静等陳於高摭西南，舉潛師掩其後，戰於淺水原，文静大敗，舉遂拔高摭。繼而世民破薛仁杲于高摭，遂追敗之涇州是也。新唐志寧州定平縣有高摭城，蓋本屬寧州境内。

静山，縣南十五里。又南五里爲宜山、峻山，前後皆有川河遶之。○黑虎山，在縣東四十里。黑水河遶其下，流入涇水。

鶉觚原，縣北五里，因鶉觚縣而名。宋元嘉七年，北魏將古弼敗夏主定於安定，定走鶉觚原，爲方陳以自固。魏主燾就圍之，斷其水草，人馬飢渴，數日，定潰圍西走上邽，魏兵因乘勝取安定。亦曰淺水原，原東爲高摭城。唐初薛仁杲寇涇州，世民拒之至高摭。仁杲使其將宗羅睺迎戰，世民堅壁不出。相拒六十餘日，世民乃使梁實營於淺水原以誘之。羅睺力攻，實據險不下。數日又遣龐玉陳於原南出賊右，戰方亟，世民自原北出賊不意，賊潰走。追至折摭城，據涇水臨之，仁杲懼，遂降。折摭城即涇州東北十四里之薛舉城也。

黄蓓原，縣北百里，接平凉府涇州界。蓓音倍。黄蓓，草名也，以草名原。唐大曆八年吐蕃寇涇、邠二州，郭子儀遣渾瑊戰於宜禄。瑊登黄蓓原望敵，命據險布拒馬以備之。諸將不用命，敗績。

涇水，縣北二十里。自涇州流入合汭水，又東南流入邠州界。○黑水河，在縣東四十里。其上源出慶陽府太白山，自寧州東南流入縣境，至黑虎山下入於涇水。

芮水，在縣北。水經注：「汭水經宜禄川亦名宜禄水，過淺水原，又東合於涇水。」唐初隴州刺史韋達擊薛仁杲於宜禄川，敗之，即此。

窑店。在縣西三十里，與涇州分界。有巡司戍守。志云：本名宜禄巡司，萬曆十一年改。又亭口鎮，在縣東四十里。金志宜禄縣有亭口鎮是也。

校勘記

〔一〕水經至一山而異名也　「水經」下宜有「注」字。此綜合水經洛水注引古籍異名，而酈道元並無以九山爲一之意。

〔二〕括地志王城即大荔戎城矣　史記卷五秦本紀正義引括地志作「同州東三十里朝邑縣東三十步故王城。大荔近王城邑」，與此有異。

〔三〕貞元十七年州廢　舊唐志卷三八、新唐志卷三七並云宜州廢於貞觀十七年，此「貞元」乃「貞觀」之訛。本書同卷同官縣下即云「貞觀十七年州廢」，可證。

〔四〕漢神雀二年建步壽宫　按漢代諸帝無年號爲「神雀」者，此當是漢宣帝年號「神爵」之訛。

〔五〕後魏爲寧夷縣　「寧夷縣」，底本原作「寧尼縣」，今據鄒本及後魏志卷一〇六下、隋志卷二九、舊唐志卷三八改。

〔六〕後魏太和十一年改置莫西縣　「莫」，底本原作「漢」，鄒本作「漠」。後魏志卷一〇六下原亦作「漢」，今中華書局標點本魏書已改作「莫」，其校勘記云：「『莫西』，諸本莫作漢。温校：『隋志作莫西。』寰宇記：『莫谷水，源出高泉山……後魏於水西置縣，因名莫西。』此『漢』字當是『莫』字之誤。楊守敬隋書地理志考證卷一京兆上宜縣『有舊莫西縣』條云：『考魏書江悦之傳，宣武帝時封士孫天與爲莫西男，則當以作莫西爲是。』按此縣又見寰宇記卷三一乾州好畤，亦作莫西，

『漢』字訛，今改正。」今據改。

〔七〕新平屠廢　「屠」，底本原作「唐」，今據職本改。

〔八〕宜君水即沮水　底本原脱「宜」字，今據職本、鄒本補。

讀史方輿紀要卷五十五

陝西四

鳳翔府，東至西安府乾州二百里，南至漢中府六百三十里，西至鞏昌府秦州五百里，西北至平凉府二百六十里，東北至慶陽府三百五十里，自府治至布政司三百四十里，至京師三千二百里。

禹貢雍州地，周曰岐州，春秋時爲秦地。秦德公元年初居雍、雍蓋秦都也，至獻公始移居櫟陽。始皇并天下，爲内史地。漢初爲雍國，二年更名中地郡，九年復爲内史，景帝二年分爲主爵中尉，六年更名都尉，武帝太初元年改爲右扶風。後漢因之。獻帝起居注：「中平六年省扶風都尉置漢安郡，領雍、隃麋、杜陽、陳倉、汧五縣。」三國魏爲扶風郡。晉因之，志云：漢右扶風治槐里，在今西安府興平縣界。晉郡治池陽，在今西安府三原縣界。惠帝初改曰秦國。晉太康十年封子柬爲秦王，因置國於此。後魏置平秦郡，尋又置岐州。魏收志：「太延二年置平秦郡，太和十一年置岐州，治雍城鎮。」鎮蓋在郡城東。西魏改郡曰岐陽，而州如故。隋開皇三年郡廢，大業初改州爲扶風郡。唐仍曰岐州，天寶初亦曰扶風郡，至德初改爲鳳翔郡，明年又升爲府，時改置西京於此，爲五都之一。尋復爲鳳翔節度使。五代因之。唐末爲李茂貞所據，五代唐同光初始内附，仍爲鳳翔軍。漢乾祐初鎮帥王景崇附蜀，蜀改爲岐陽軍，既而漢復取之。宋仍曰鳳翔府。亦曰扶風郡、鳳翔軍節度。金皇統二年改軍名曰天興，尋復故。金志：「大定十九年改天興軍曰鳳翔，二十七年兼置鳳翔路總管府於此。」元曰鳳翔路。明初復爲鳳翔府。領州一，縣七。今仍曰鳳翔府。

府居四山之中，志云：府境四圍皆有高山，而中實坦平。春秋時謂之故雍，四面積高爲雍也。五水之會，五水，汧、渭、漆、岐、雍也。志云：府境自大散關以北達於岐、雍，夾渭川南北岸沃野千里，所謂秦川也。隴關西阻，益門南扼，當關中之心膂，爲長安之右輔。周太王遷岐而肇基王迹，秦德公居雍而寖以盛强，漢高自漢中出陳倉定三秦而帝業以成，光武略定扶風遂以削平隴、蜀也。在曹魏時，扶風尤爲重鎮，往往繕兵儲粟以阻巴、蜀之口。雖諸葛武侯之用兵，不能越陳倉及郿而與魏爭。自晉以後，梁、雍多事，得失輕重恒在扶風。迄南北朝之季，要未有岐州被禍而關、隴諸鎮得以晏然者。唐天寶之禍，鳳翔克全，卒爲收復兩京之本。肅宗因建西都，與太原、江陵並爲陪輔。又其時吐蕃恣横，薦食河、隴，保固西陲，亦惟恃鳳翔。歷朱泚、黄巢之亂，鳳翔皆能首攖賊鋒，東收京邑，南固蜀口。唐之末也，李茂貞實擅有岐州，糾合叛帥，肆其披猖。朱温乘之，遂易唐祚。然計關中諸鎮，其後亡者亦惟茂貞耳。王建以全蜀之力，屢爭鳳翔而不能得也。後唐莊宗既并鳳翔，命將南下，蜀遂以亡。終五代之世，凡兩川有事，必先鳳翔，豈非制馭梁、益，鳳翔爲綰轂之口歟？南宋富平之敗，鳳翔不保，女真列屯置戍於此，宋雖屢戰，卒不能越散關而北。及蒙古入鳳翔，東取京兆，而女貞危迫；又南窺漢中，而宋亦岌岌矣。元末李思齊守鳳翔以拒蜀，明師入關即西向鳳翔，思齊北走，於是南收漢、沔，蜀人遂不能固其藩籬也。說者曰：繇隴坂而東至鳳翔則控京兆之咽喉，繇大散而北出鳳翔則絶秦川之要膂。若其西上秦、隴，守險阻以攻瑕擣虚，南下梁、洋，席富饒以出奇制勝，可耕可屯，宜戰宜守，規關中者此其先資也，宋祁曰：「岐州地形險阻，原田肥美，物産富饒，自昔興王之地。」而可置得失於度外歟？

鳳翔縣，附郭。本召穆公采邑，春秋時之故雍也。秦置雍縣，漢初曹參攻雍，即此。後漢亦曰雍縣，屬右扶風。魏、晉時屬扶風郡。後魏太延二年爲平秦郡治，隋爲扶風郡治。唐至德二載改今名，仍析置天興縣。寶應元年省鳳翔入天興。宋因之。金大定十九年復爲鳳翔縣。今編户四十里。

雍城，在府城南。括地志：「雍縣南七里有故雍城。」秦德公元年初居雍城大鄭宫是也。漢改置雍縣於今治。唐曰鳳翔縣，又析置天興縣，而省鳳翔入焉。金又改天興爲鳳翔。舊鳳翔縣治在府治東偏，今在府治西。志云：郡城舊有東西二關城。後唐應順初潞王從珂舉兵鳳翔，陝西諸道兵討之，大集城下，克其東、西關城，既而軍亂，相率歸從珂。後漢乾祐初王景崇以鳳翔附蜀，趙暉擊之，敗景崇兵，取其西關城是也。今郡城周十二里有奇，門四，非復唐、宋故城矣。

杜陽城，府北九十里。漢縣，屬右扶風。師古曰：「綿之詩『自土、沮、漆』，齊詩作『自杜』，言公劉避狄而來居杜與漆、沮之地。」漢因置杜陽縣，後漢初省。永和二年復置，晉廢。詩譜云：「周原在岐山陽，屬杜陽界，地形險阻，而原田肥美。」是也。勝覽：「今隴州吴山縣東四十五里有文王故城，蓋即漢之杜陽城。」又岐山縣東二十里亦有杜陽城云。

虢城，九域志：「在府南三十五里。」亦曰虢國城，周文王弟虢仲初封此，是爲西虢。平王東遷，始徙於上陽，爲北虢。或曰非也，蓋虢仲之采邑，支子所封。漢置虢縣，屬右扶風，後漢初并入雍縣。後魏太延中置武都郡治此。西魏又置洛邑縣於武都城西，後周復置朔州，尋廢州，隋初又廢郡。大業三年改洛邑爲虢縣，貞觀八年省入岐山縣。天授二年復置。天復二年李茂貞劫車駕幸鳳翔，朱全忠討之，軍於虢縣，茂貞出擊，大敗，全忠遂進軍鳳翔城下是也。宋亦爲虢縣，金因之，元省入寶鷄。一統志云：「虢縣城在寶鷄東六十里。」

召城，杜預曰：「在雍縣東南，亦曰召亭。」水經注：「雍水又東經召亭南。」孔穎達曰：「西周時召公采邑也。春秋時周、召二公别於東都受采。」京相璠云：「召亭在周城南五十里。」魏收志雍縣有故周城，蓋召城亦在境内也。又括地志：「周公城在岐山縣北九里，邵公城在岐山縣西南十里。」一統志「召亭在岐山縣西八里，今名邵公邨，蓋昔爲雍縣境内」云。○乾歸城，在府西四十二里，志以爲乞伏乾歸所築也。又有横水城，在府東南三十里。後魏太平真君六年置横水縣，屬平秦郡，西魏時廢。

杜陽山，府東北二十五里。山北有杜陽谷，唐武德七年岐州刺史柴紹破突厥於杜陽谷，即此。又有老君坡，杜水所出。○雍山，在府西北三十里。雍水所出，秦因以名縣。又西北五里有靈山。又有雞冠山，在府北三十里云。

五里坡，在府西。宋建炎三年熙河將張嚴追擊金兵及鳳翔境上，至五里坡，金將婁室伏兵坡下，嚴遇伏敗死。

石鼓原，府南二十里。舊有石鼓十，紀周宣王田獵之事，唐鳳翔守鄭餘慶遷置孔廟中，宋大觀中致之辟雍，後入保和殿，元移置燕之太學。今原旁一名石鼓鎮。一統志：「寶雞縣南二十里有石鼓山。」

五畤原，括地志：「在雍縣南。」漢郊祀志：「秦襄公自以爲主少昊之神，初作西畤，祀白帝；後十四年，當秦文公十一年又作鄜畤，郊祀白帝。自未作鄜畤而雍旁故有吴陽武畤，雍東有好畤，皆廢無祀。秦宣公四年作密畤於渭南，祭青帝。後二百五十年，當秦靈公四年，於吴陽作上畤，祭黄帝；作下畤，祭炎帝。秦獻公作畦畤於櫟陽而祀白帝。漢高二年又立黑帝祠，名曰北畤。所謂五畤者，鄜、密、吴陽上、下、北也。」一云五畤原在吴山之陽。又志云：縣南二十里有西畤，五十里有五丈原。

雍水，在府北。源出雍山。東流經扶風縣界，又東合漆水入渭水。

横水，府東南三十里。亦謂之横渠，東南流至郿縣界入於渭，俗呼爲夜叉河。唐天復二年，朱全忠引兵赴鳳翔，其前軍自郿縣趨寶雞，至石鼻，又前至横渠，軍於鳳翔城南十里是也。又有鄧水，出府北二十里之黄花谷，下流合於横水。

東湖，在府城東。雍、渭二水所溢，稱城東之勝。

高泉渠，在廢虢縣東北十里。唐志：「如意元年開，引渭水入縣城。」又西北爲昇原渠，入寶雞縣界。

玉泉，在府治西北五里，引以溉田。又有靈泉，在府東北十里。志云：府東二里有塔寺泉，府東北二十里有虎跑泉，俱南流入渭，有灌溉之利。

橐泉宮，在府城内東南隅。本名蘄年宮，秦惠公所居，孝公更名橐泉。漢志注：橐泉，孝公所起；祈年，惠公所起。是有二宮也。又始皇時亦曰祈年宮。九年，嫪毐將攻祈年宮爲亂。劉向曰：「秦穆公葬雍橐泉宮祈年觀下。」酈道元曰：「祈年宮即橐泉宮，亦名胡城也。」郡志：秦穆公葬其地，後人因以此建祈年觀云。○岐陽宮，在府城内。或曰後周時置，周主邕屢如岐陽是也。志云：隋開皇六年建。今縣治東北有岐陽驛。

太和關，在府東五十里。唐至德二年肅宗駐鳳翔，遣諸將屯武功，敗績。賊游兵至太和關，鳳翔大震。今廢。

東安鎮。在府西。五代唐清泰初，蜀人出大散關收階、成之地，詔鳳翔益兵守東安鎮以備之。或曰鎮在寶雞縣西南。○野人塢，在府東南十餘里。相傳即秦穆公失馬岐下，野人得而食之處。

岐山縣，府東五十里。東北至西安府邠州百二十里。古岐周地，漢爲雍縣地，後周置三龍縣，屬岐州。隋移縣治岐山南，改爲岐山縣。今城周五里有奇。編户二十九里。

岐山舊縣，在今縣東北。後周割涇州鶉觚縣地置三龍縣，其地近邠州長武縣界。隋開皇十六年移縣於岐山南，因改今名。大業九年又移治於今治東北八里岐山麓，唐武德初復移岐陽縣界之張堡壘，七年又移於龍尾驛城，貞觀八年移治於石猪驛南，即今治也。今縣治東北有岐周驛。

岐陽廢縣，在縣東北五十里。唐貞觀七年析扶風、岐山二縣置，以其地在岐山南。周太王居岐之陽，即此處也。二十二年縣廢，永徽五年復置，元和二年又廢。宋爲岐陽鎮。

岐山，在縣東北十里。山有兩岐，故名。禹貢：「導岍及岐。」又周太王去邠遷岐，詩所謂「率西水滸，至於岐下」，又云「彼徂矣岐，有夷之行」者也。傳云：「周之興也，鸑鷟鳴於岐山。」又成王有岐陽之蒐，宣王亦大獵岐陽。幽王三年三川竭，岐山崩。呂氏春秋：「岐山，九山之一也。」後漢建初七年幸岐山。西魏大統十三年宇文泰從魏主狩於岐陽。魏主廓三年，以岐陽之地封宇文覺爲周公。周主邕數如岐陽。蓋皆主岐山而言也。唐貞觀十六年校獵於岐陽，後亦數臨幸焉。河圖云：「岐山在崑崙東南，爲地乳。」地志：「岐山亦曰天柱山，其峰高峻，狀若柱然。」六典：「關内道名山曰岐山。」俗名鳳凰堆。山之南周原在焉，即太王所居，詩所云「周原膴膴」者也。志云：原東西橫亘，肥美寬平，在今縣東北四十里。

五將山，在縣北三十里，亘扶風、醴泉縣界。晉太元十年慕容冲圍逼長安，城中饑困，苻堅以讖文有云「帝出五將久長得」，乃曰：「吾出隴收兵，運糧以給長安。」遂奔五將山。姚萇遣將吴忠執之以歸，幽於新平者是也。又一名武將山云。

石橋山，在縣南五十里，清水所逕。其東連五丈原，與郿縣接界。又南二十里即南山也，東亘藍田，西抵大散。蘇軾云：「南山連大散。」是矣。

梁山，縣東北五十里，又東連西安府乾州界。其最高處爲箭筈嶺。朱梁貞明六年蜀將陳彦威出散關，敗岐兵於箭筈嶺。又三龍山，在梁山西。宇文周置三龍縣，蓋以山名。

龍尾坡，縣東二十里。舊有龍尾堡，晉義熙十一年夏赫連建入後秦之新平，姚弼與戰於龍尾堡，擒之。唐武德七年移岐山縣治於龍尾驛城。中和元年鳳翔節度使鄭畋敗黃巢兵於龍尾坡。又邠寧將朱玫屯興平，黃巢遣將王播圍之，玫退屯奉天及龍尾坡是也。

渭水，在縣南三十五里。自寶雞縣東流入縣界，又東南入扶風縣境。○岐水，在縣西北四十五里。自麟遊縣西南流經縣界，一名䜌水，東南至扶風縣界入於漆水。

漳水，在縣東北六里。志云：其地有漳谷，漳水出焉，一名白水，南流入扶風縣界。縣東北三十里又有龍川水，亦流合於漳水。

城南河，縣南三里。自寶雞縣流入，亦謂之璜河。志以爲磻溪下流也，即太公垂釣處。東南流十里有睢河匯流，名曰河交，又東南流入渭。○斜谷水，在縣南。志云：縣南百五十里有桃川，出大山中，東西四十里，南北三里，流爲斜谷水，經太白山斜谷關而北注於渭。一名石頭河。

金牙關。通志云：「在縣西南百里，亦南山隘道也。」又云：「縣南七十里有斜谷關。」今見郿縣。

寶鷄縣，府西南九十里。東至郿縣百里，西北至隴州百七十里。秦置陳倉縣，漢因之，屬右扶風。三國魏亦曰陳倉縣，以爲重鎮。晉屬扶風郡，後縣廢。苻秦置苑川縣，後魏移置苑川縣於故陳倉城中。西魏復曰陳倉縣。後周置顯州，尋州縣俱廢。隋開皇十八年復置陳倉縣，屬岐州。唐初因之，至德二載改爲鳳翔縣，旋改曰寶鷄縣。今縣城周二里有奇。編户四十四里。

陳倉城，在縣東北二十里。有二城相連。上城，秦文公築。城内有羽陽宫，志以爲秦武王所起。漢初韓信勸王東出陳倉，還定三秦，王從之，遂敗雍王章邯兵於陳倉，引軍北出。後漢中平五年皇甫嵩敗涼州羣賊王國等於陳倉。又興平二年樊稠敗韓遂，追至陳倉。此上城也。下城，曹魏將郝昭所築。三國志：「魏太和二年曹真以諸葛亮懲於祁山，後必出陳倉，乃使將軍郝昭守陳倉，治其城。既而亮果引兵出散關，圍陳倉，昭拒守，亮攻圍二十餘日不能克。又正元二年漢將姜維出隴西，陳泰軍陳倉，進敗維於狄道。」此下城也。晉大興二年晉王保使其將楊蔓等據陳倉，劉曜攻拔之。永和十年桓温伐苻秦，至藍田，涼將王擢自上邽攻陳倉以應温。義熙十二年仇池楊盛遣兵擊秦，至陳倉，秦將斂曼嵬擊却之。此兼上下兩城言之也。隋移縣於今治，雍、梁有事，縣輒當其衝要。

苑川城，在縣東十五里。其城本在今靖遠衛界，晉咸和初隴西鮮卑乞伏述延據苑川是也。苻堅嘗僑置苑川縣於此，後魏移置於陳倉故城。正光末蕭寶寅擊秦州賊莫折天生，破苑川，即故陳倉城也。或以此爲西秦所都之苑川，悮。

桃虢城，在縣東五十里。古虢君之支屬也。史記「秦昭公十一年滅小虢」，即此地矣。今有桃、虢二城，相距十餘里，俗亦謂之桃虢川。唐廣德二年李抱玉討南山羣盜，遣別將李崇客自洋州入，大破賊帥高玉於桃虢川，賊走城固是也。城固，今漢中屬縣。○三交城，在縣西三十里。志云：魏司馬懿與武侯相持於此，因築是城。晉建元二年涼州將張瓘攻後趙將王擢於三交城，或以爲即此城也。苻秦嘗置武都郡於此。

石鼻城，在縣東北三十里。諸葛武侯所築。水經注：「汧水對城，〔一〕諸葛武侯與郝昭相禦處也。」唐光啓二年李克用等入長安，上幸鳳翔。宦官田令孜劫上幸寶雞，又劫上發寶雞，留禁兵守石鼻爲後拒。邠寧叛將朱玫引兵追乘輿，圍寶雞，石鼻軍潰，攻遂長驅攻散關。天復二年李茂貞劫駕駐鳳翔。朱全忠引兵赴援，其前軍自郿縣趨寶雞，至石鼻，又前至横渠，軍於鳳翔城南十里。蘇氏曰：「寶雞縣汧水北有武城鎮，即武侯所築石鼻城。」俗謂之石鼻寨，亦曰靈壁，又爲石壁。宋紹興十年金人犯石壁寨，吴璘遣將姚仲破走之。時金人於扶風築城，仲又攻拔之，復敗撒離喝於百通坊，由是金人不敢度隴。祝穆曰：「石鼻寨，行人自北入蜀者，至此漸入山，自蜀趨洛者，至此漸出山，故蘇軾詩云『北客初來試新險，蜀人從此送殘山』也。」

益門城，縣西南十五里。元末李思齊築以備川蜀。城西據益門山，因名。明初徐達收漢中，自長安引兵屯益門，遣傅友德南出褒斜是也。今爲益門鎮，向設巡司戍守。○姜水城，在縣南七里。城南有姜水，相傳神農氏妃有喬氏所居。

益門山，在益門城西。山巖險阻，有事梁、益者必取道於此，故曰益門。元末設城屯軍，爲據守要地。

陳倉山，縣東南四十里。一名雞峰山，上有石類山雞。漢郊祀志：「秦文公獲若石於陳坂祀之，其神來，聲殷殷如野雞夜雊，因命曰陳寶祠。」唐易縣名爲寶雞，以此。○青峰山，在縣東南八十里。峰巒蒼翠，因名。又石樓山，在縣東南百二十里，以岡巒層峙名也。

大散嶺，縣西南五十二里。唐光啓二年，上自寶鷄幸興元，使王建負傳國璽從登大散嶺是也。大散關置於此。胡氏曰：「嶺在梁泉縣松陵堡南。」蓋舊爲漢中府鳳縣地。○大蟲嶺，在縣東。宋紹興十年吴璘、楊政與金將撒離喝夾渭而軍，璘置軍大蟲嶺，撒離喝覘之曰：「善戰者立於不敗之地，此難與争。」遂引去。志云：縣東北十里有西平原，原旁即大蟲嶺。

和尚原，縣西南三十五里，當大散之東。宋紹興元年吴玠自富平之敗，收散卒保和尚原，積粟繕兵，立栅爲死守之計。或勸玠退屯漢中，以扼蜀口，玠曰：「吾保此，敵決不敢越我而進，是乃所以保蜀也。」既而金將没立自鳳翔，烏魯折合自階、成，出散關，約日會和尚原。階、成兵先至，陳北山，山路狹多石，敵捨馬步鬭，遂敗去。鳳翔兵方攻箭筈關，玠復遣將擊敗之，兩軍終不得合。兀朮會諸帥兵造浮梁跨渭，自寶雞結連珠營，壘石爲城，夾澗相拒，進薄和尚原，玠與弟璘復出奇擊之。度其困且走，設伏於神坌以待之，〔三〕兀朮僅以身免。神坌在縣南三十餘里，亦險隘處也。又八角原，在縣西二十里。其形八角，因名。又城東南三十里有八魚原。

箕谷，在縣東南四十里。蜀漢建興六年，諸葛武侯以大兵出祁山，揚聲由斜谷道取郿，使趙雲、鄧芝爲疑兵據箕谷是也。有箕谷水出焉。又温水谷，亦在縣東南四十里。温水出焉，北流入渭。

渭河，在縣南一里。渭河橋跨其上。自隴州流入境，又東北入岐山縣界。舊有橋頭寨，宋紹興中吴璘遣將彭青敗金人於此。

汧河，縣東三十里。自汧陽縣流入境，經城北至此合於渭。志曰：縣居汧、渭之間。是也。後魏永安三年爾朱天光擊万俟醜奴，至岐州，停軍牧馬於汧、渭間，宣言俟秋凉進師，即此處。

箕谷水，在縣東南。出箕谷中，北流入渭。又有洛谷水，在縣東南二十里。出南山，亦北入於渭。又有清澗水，出縣西南六十里煎茶平山，東北流入於渭。

綏陽溪，在縣東南五十里。通釋云：溪上承斜水，北界陳倉入渭。諸葛武侯與兄瑾書曰：「有綏陽小谷，雖山崖絶重，谿水縱横，難用行軍，昔邏候往來要道通入，〔三〕今使前軍斫治此道以向陳倉，足以扳連賊勢，使不得分兵東行是也。」

磻溪，在縣東南八十里。有磻溪谷，巖谷深邃，磻溪石及石室在焉，太公垂釣處也。北流入岐山縣南爲璜河，入於渭水。吕氏春秋：「太公釣於兹泉。」酈道元曰：「磻溪中有石泉曰兹泉，積水爲潭，即太公釣處。今謂之丸谷」云。

昇原渠，在縣東。唐志：「縣有昇原渠，引汧水注之，東至咸陽，垂拱初開運岐、隴木入京城。」又咸通三年復開昇原渠，引渭水注焉，通長安故城是也。

玉女潭，縣西南二十五里。五代漢乾祐初，蜀將安思謙敗漢兵於此，進屯模壁。潭蓋當往來之道。

大散關，在縣西南大散嶺上。自古南北之險要也，向設巡司戍守。詳重險。○二里關，在縣西南四十里高嶺上。峀崒盤折，長亘二里，因名。亦有巡司戍守。又金牙關，在縣東南百二十里，路入大散關。

模壁寨，在縣西南七里。漢乾祐初鳳翔帥王景崇以鳳翔附蜀，蜀遣山南西道節度使安思謙救之，思謙屯右界，漢兵屯寶雞。思謙遣别將趨模壁，設伏於竹林，乃壓寶鷄而陳，誘漢兵敗之，遂破寶雞。既而蜀兵退，漢兵復入寶雞。思謙退屯渭水，漢益兵戍寶雞。思謙畏之，退屯鳳州，復屯散關，破漢兵於玉女潭。漢兵尋食盡引還，思謙因進屯模壁是也。右界，胡氏曰：「即寶雞西界，爲蜀、漢分疆之處。」

潘氏堡，在縣東北四十餘里。唐光啓三年田令孜劫上自鳳翔幸寶雞，邠寧帥朱玫、鳳翔帥李昌符叛附於河中帥王重榮等，共引兵追乘輿，敗神策將楊晟於潘氏，鉦鼓聞於行宫，即此。

遵塗驛，舊置於石鼻城中，亦名石鼻驛。唐光啓二年嗣襄王煴從上南幸，有疾留遵塗驛，爲邠寧叛帥朱玫所得，與俱還鳳翔。尋奉煴權監軍國事，盟百官於石鼻驛。

東河橋驛。在今縣南六十里。又六十里爲漢中府鳳縣之草涼樓驛，南去鳳縣六十里。○虢川鎮，在縣東南百二十里，向有巡司戍守。志云：今縣治東有陳倉驛。

扶風縣，府東百十里。東至乾州武功縣五十里，北至涇州靈臺縣二百里。周之岐陽也，漢爲美陽縣地，晉及後魏因之，後周縣廢。唐武德三年分岐山縣置圍川縣，取湋川爲名，俗訛爲圍也。四年縣隸稷州。貞觀初改曰扶風，屬岐州。今縣城周四里。編户三十三里。

飛鳳山，在縣南一里。以形勢騫翥而名。又茂陵山，在縣東北三十里，林壑秀美。志云：漢末馬超嘗居於此。

三時原，在縣南三十里。原高五十丈，東連武功縣界。志云：秦文公作鄜畤，宣公作密畤，靈公作吴陽上畤，皆近此原，因名。

渭河，縣西南二十里。自寶雞岐山縣境東流經此，又東南入郿縣境。○漆河，在城東一里。自普潤廢縣東南之漆溪流入縣界，雍水自鳳翔縣境東流合焉，又東流經此，有漆水橋跨其上，下流入武功縣界南合湋水以入於渭。郭璞云：「漆水源出岐山，此蓋太王遷岐所渡之漆也。」

湋河，在城南。亦曰圍川。自岐山縣湋谷流經此，又東入武功縣界。一名白水。漢溝洫志：湋渠引諸川，溉田萬餘頃。是也。

棫陽宮，在縣東北三十里。漢志注：「秦始皇所起。」或曰秦穆公時建。漢文帝後二年幸棫陽宮，即此。棫讀域。

百通坊。在縣西南。宋紹興十年姚仲與金將撒離喝戰於百通坊，敗之，敵還走鳳翔。○杏林鎮，在縣西二十里。其地多杏，亦曰杏林古驛。旁有萬楊池，以池旁有楊柳萬株而名。志云：萬楊池亦在縣西二十里。又鳳泉驛，在今縣治東。

郿縣，府東南百四十里。東北至乾州武功縣七十里。本秦縣，漢屬右扶風，右輔都尉治此，後漢因之。晉仍屬扶風郡。後魏改置平陽縣，屬武都郡。西魏改曰郿城，後周廢入周城縣。隋開皇十八年改周城爲渭濱縣，屬岐州。大業二年改爲郿縣，義寧二年置郿城郡。唐初改爲郇州，武德三年州廢，以縣屬稷州，七年改屬岐州。宋屬鳳翔府。金初因之，貞祐四年改屬恒州。元升縣爲郿州，至元初復爲郿縣，屬京兆府。明初改今屬。縣城周二里有奇。編户十八里。

郿城，在縣東北十五里渭水之北。通典曰：「秦文公所營邑也，漢郿縣治此。」後漢初平中，董卓封郿侯，因據城之北阜築塢，高厚皆七尺，積穀徙金寶於其中，謂之萬歲塢。卓敗塢尋毁。蜀漢建興六年諸葛武侯伐魏，揚聲由斜谷道取郿縣，魏主遣曹真軍郿以拒之。晉義熙十三年，夏主勃勃據雍，進掠郿城，秦姚紹擊却之。後魏廢，以其地爲平陽縣。志云：郿塢在今縣東北十六里，故址猶存。

平陽城，在縣西四十六里。括地志：「岐山縣有平陽鄉，鄉内有平陽聚，秦武公居平陽封宫。」是也。秦紀：「寧公二年徙居平陽。」又帝王世紀曰：「秦出公徙平陽。」漢爲郿縣地，後魏太平真君六年改置平陽縣，屬武都郡，以郿縣併入焉。西魏改曰郿城縣。金志郿縣有平陽鎮，即此。又周城廢縣，即今縣治也。魏太平真君六年置周城縣，屬平秦郡。本在今岐山縣境，後周省，尋復改置於今治，而以郿城縣省入，隋因置郿縣於此。

鳳泉城，在縣東南三十里。隋義寧二年析郿縣地置，屬郿城郡。唐武德元年屬郇州，三年改屬稷州，貞觀八年縣廢。舊有鳳泉宫，在城內，亦隋開皇中置。又有温泉，在太白山下，所謂鳳泉湯也。唐永徽五年幸鳳泉湯，開元中亦數臨幸焉。○斜城，在縣西渭水南，以南當斜谷而名。城北去渭水里許，宇文周保定中築。置雲州於此，建德中廢。

武功故城，在縣東四十里。水經注：「渭水東經武功故城北，南對太白山。」是也。漢縣治此，武侯與吴步騭書，云「五丈原在武功西十里」，又云「馬冢在武功東十餘里」，指此武功也。

衙嶺山，縣西南三十里。褒水出其南，斜水出其北，雍、梁之間稱爲阻隘，俗謂之馬鞍山。志云：縣東十里有秦王嶺，縣西十里有響璫坡，左右映帶，爲一縣之勝。

太白山，縣東南四十里，東連武功縣界。有金星洞，天寶八年改爲嘉祥洞。距洞五里有温泉，即鳳泉湯也。太白山，詳見乾州武功縣。

五丈原，在縣西三十里渭水南。原西接岐山界，東連武功界。諸葛武侯與步騭書「原在武功西十里」是也。蜀漢建興十二年，武侯伐魏，由斜谷至郿，軍於渭水南。司馬懿曰：「亮若出武功依山而東，誠爲可憂，若西上五丈原，諸將無事矣。」亮果屯於五丈原。晉永和七年，司馬勳自南鄭引兵出五丈原，苻健拒却之。吕氏曰：「原高平曠遠，實行軍者必争之地也。」

積石原，在縣西渭水北。亦曰北原，南距五丈原二十五里。武侯伐魏至郿，屯於五丈原。魏將郭淮曰：「亮必争北原，宜先據之。」議者不以爲然。淮曰：「亮若跨渭登原，連兵北山，隔絶隴道，摇蕩民彝，非國之利也」。司馬懿遂使淮屯北原，武侯争之不得上。一統志：「積石原在縣西南五里。」又縣有東原。唐志：「郿縣東原先有興平軍，至德二載因置爲節鎮。」或云即武功之東原。

斜谷，在縣西南三十里，南入漢中之道。後周建德初周主如斜谷，集長安以西都督以上，頒賜有差是也。今有斜谷關，詳見漢中府。

渭水，在縣北三里。自扶風縣東南流入縣境，又東入武功縣界。蜀漢建興中武侯至郿，軍渭南，司馬懿引軍渡渭，背水爲壘以拒之。漢志注：「斜水出衙嶺山，至郿入渭。」渭水又東逕馬塚北，武侯與步騭書：「馬塚在武功東十餘里，有高勢，攻之不便，是以留耳。」又後魏永安三年，高平賊万俟醜奴將尉遲菩薩自武功南渡渭，拔圍趣柵，復還渭北。賀拔岳以輕騎挑戰，自渭南隔水與賊語，稍引而東，至水淺可涉處，即馳馬東出。賊以爲走，渡渭追之。岳倚横岡設伏，賊半渡岡東，岳還兵邀擊，悉破降之。所謂横岡，疑即馬塚云。

斜水，在縣西南三十里。出衙嶺山，經斜谷北，過五丈原東北流入渭。其入渭處近武功故城，亦曰武功水。武侯表云「臣遣虎步監孟琰據武功水東，司馬懿因水長攻琰營，臣作竹橋越水射之，橋成馳去」是也。又有褒水，亦出衙嶺山東，流入沔。○清湫水，在縣東二十五里。出太白山，北流入渭。又有清水，出斜谷中，北入於渭。

成國渠，在縣東。三國志：「魏青龍元年司馬懿開成國渠，自陳倉至槐里築臨晉陂，引汧水溉舄鹵之地三千餘頃。」元和志「在郿縣東北九里，首受渭水溉田，經武功縣東北至上林入蒙籠渠」云。通志：「縣西南三十里有孔公渠，金明昌八年郿令孔天監導斜谷口水經縣城東，以資一邑汲溉。」年久渠淤，景泰二年典史高瑄復開，至今通利。

橫渠，在縣西北，即橫水下流也。自鳳翔縣流入縣界，東南流合於渭水。○青遠泉，在縣東北十里。又有柿林、紅崖諸泉，俱爲灌溉之利。

安仁宮，在縣治東。隋開皇十五年置行宮十二所，自京師以達於仁壽宮，此其一也。唐貞觀十八年自九成宮還至安仁宮，即此。後廢。

斜谷關，在縣西南斜谷口。詳見漢中褒斜道。○圍趣栅，在縣東南。南北朝時置栅於此。後魏永安中高平賊万俟醜奴圍岐州，分遣將尉遲菩薩等自武功南渡渭，攻圍趣栅拔之，即此。

新羅堡。在縣東南。晉太元十五年，姚萇攻秦扶風太守齊益男於新羅堡，克之。時扶風郡蓋寄治於此。○清湫鎮，在縣東二十里。元置鎮於此，以近清湫水而名。又橫渠鎮，在縣東北五十里。以橫水所經而名。宋儒張子所居。

汧陽縣，府西七十里。西至隴州九十里。漢隃麋縣地，〔四〕晉省。後周置汧陽郡及縣，以在汧水之陽而名。郡尋廢，縣屬隴州。隋因之，大業初改屬扶風郡。唐仍屬隴州，宋、元因之。明嘉靖四十年改屬府。今縣城周三里有奇。編户一十三里。

汧陽故城，在縣西十八里。本西魏馬牢城，後周置縣於此，唐因之。五代梁貞明六年，蜀將王宗儔等攻隴州，李茂貞自將屯汧陽以拒之。漢乾祐初王景崇以鳳翔降蜀，漢遣趙暉等救之，〔五〕蜀遣秦州帥韓保貞出汧陽以分漢兵勢，即此。宋徙縣於今縣西五里，明嘉靖二十六年以水患，又移今治。○臨汧城，在故城西北隅。唐大和元年築。志云：鳳翔右袞涇原，地平少巖險，吐蕃數入爲患。王承元帥鳳翔，據勝地爲障，置兵戍守，詔號臨汧城是也。旋廢。

隃麋城，縣東三十里。漢縣，屬右扶風。後漢初封耿況爲侯邑。晉廢。永嘉六年南安赤亭羌姚弋仲東徙隃麋，即故城也。太和三年秦苻雙、苻武以上邽、安定叛，引兵進至隃麋。元魏時縣廢。

卧虎山，縣治東二里。以山巖蹲峙而名。又東十三里有龍泉山，泉出其下。又馬鞍山，在縣東北三十里。

箭括嶺，在縣南十里。舊有箭括關。「括」亦作「筈」。五代梁貞明六年，蜀大舉攻岐，分遣王宗儔等攻隴州，別將陳彥威出散關，敗岐兵於箭筈嶺。漢乾祐初王景崇以鳳翔叛附蜀，蜀將安思謙自散關應援，遣軍擊漢箭筈等寨，破之。宋紹興初金將没立郎君自鳳翔攻箭筈關，吴玠遣將擊退之。蓋其地與散關互相形援，亦隴、蜀襟要處也。

汧水，在縣南一里。自隴州流入，又東南入寶雞界。○暉川，在縣西。流經縣城南，又東南注於汧水。

隃麋澤，在縣東八里。漢以此名縣。又天池溝，在縣東五十里。水流不涸，因名。其下流俱入於汧水。

安化鎮。在縣西。九域志汧陽有安化鎮，唐廣德以後置以禦吐蕃。又安都寨，在縣南，近箭筈嶺。五代漢乾祐初，蜀將安思謙出散關應援鳳翔，遣軍擊破漢之箭筈、安都寨是也。

麟遊縣，府東北百二十里。南至扶風縣百里，東南至乾州武功縣百二十里。漢杜陽縣地，隋義寧元年於仁壽宫置鳳棲郡及麟遊縣，二年更曰麟遊郡。唐武德初改爲麟州，貞觀初州廢，以縣屬岐州。今縣城周九里。編户十七里。

普潤城，縣西百二十里。漢漆縣地，有鐵官。今城西有小城，蓋置鐵官處。隋大業初置縣，屬扶風郡。唐初屬麟州，貞觀初改屬岐州，乾元以後嘗置隴右軍於此。貞元中又以神策軍屯守，謂之普潤鎮。元和初改軍名曰保義。宋仍爲普潤縣，屬鳳翔府，金因之，元省。宋白曰：「隋於細川谷置普潤縣，蓋以杜、漆、岐三水灌溉民田，爲利甚溥，因爲縣名也。唐因之。上元初鳳翔節度崔光遠破党項於普潤。大曆九年吐蕃寇隴州普潤，鳳翔節度李抱玉禦却之。貞元十年秦州刺史嘗寄治於此。」

天臺山，在縣西五里唐九成宫之西。其西相連者曰鳴鳳山。又有谷曰冷泉谷，貞觀三年白鹿見於此。又石臼山，在縣南十五里。上有清泉，渟泓不竭。○吴雙山，在縣南十里。有四峰雙峙，俗呼爲吴重山。志云：山南去扶風縣五十里。

麟遊水，在縣治南。源出縣西，爲招賢川，東南流入於渭。○漆溪，在縣南。流出廢普潤縣東，下流爲漆水。

杜水，在縣西南。源出鳳翔縣杜陽山，東北流入縣境，亦曰杜陽川，又東流會於漆水。志云「杜水出普潤廢縣東南」，蓋杜水流經縣境川流始盛也。又岐水，志云：亦出普潤縣東南，一名䜌水，東南流入岐山縣境，下流亦合於漆水。

仁壽宫，在縣西五里。隋開皇十三年作，十五年成，最爲宏麗，屢臨幸焉。義寧元年宫廢，置鳳棲郡於此。二年於宫中獲白麟，因曰麟遊郡。唐貞觀五年修仁壽宫，更名九成，自是屢臨幸。永徽二年改名萬年宫。五年幸萬年宫，時山水衝溢入宫，至寢殿，衛士有溺死者。自後亦數幸焉。乾封二年復曰九成。有醴泉在宫中，唐太宗避暑時，是泉湧出。味如醴云。唐志：「開成元年暴雨，水壞九成宫。」是也。○永安宫，在縣西三十里。唐貞觀八年置宫於此，乾封以後廢。

甘露坊。唐馬坊也。先置於九成苑外。又有保樂坊，本隋石臼馬坊，唐麟德間改爲保樂，尋又徙保樂於甘露坊。

○石窯鎮，在縣西一百五十里。今有石窯巡司，爲戍守處。

附見

鳳翔守禦千户所。在府城内。洪武二年建衛，四年改爲所。

隴州，府西一百八十里。南至漢中府鳳縣二百五十里，西至鞏昌府秦州二百五十里，北至平凉府二百八十里。

周岐、隴地，秦爲内史地，漢屬右扶風，魏、晉屬扶風郡。後魏屬武都郡，太延中所增置郡也。孝昌初置東秦州。時秦州陷於莫折天生。西魏因之，兼置隴東郡，尋改東秦州曰隴州。廢帝三年改，因山爲名。後周省入岐州，尋復置。隋開皇三年郡廢，煬帝初州廢，屬扶風郡。義寧二年仍置隴東郡。唐復改爲隴州，天寶初曰汧陽郡，乾元初復故。宋亦曰隴州，金、元因之。明初仍爲隴州，以州治汧源縣省入。編户十八里。領縣一。今仍曰隴州。

州扼隴坻之險，控秦、鳳之衝，爲關中重鎮。隗囂憑此以窺三輔，曹魏據此以保秦、隴。劉曜竊長安，引兵争隴上；石虎規氐、羌，分兵屯汧、隴。唐至德以後藉以扼吐蕃；宋建炎以後，西南諸將與女真角逐之道也。

汧源廢縣，在州治東南。秦置汧縣，漢因之，屬右扶風。括地志：「故汧城在今州南三里。」世紀：「秦襄公二年徙居於汧，漢因置汧縣。」後漢建武六年伐隗囂，使祭遵軍汧，遵破囂將王元於此。七年囂復令別將下隴，攻祭遵於汧，遵拒却之。十年復討隗囂，幸汧是也。晉仍屬扶風郡，永昌初陳安復據上邽拒劉曜，遣兵襲汧拔之。太元十九年苻秦故將竇衡復叛姚秦，敗奔汧川，即汧縣也。後魏曰汧城縣，孝昌三年東秦州刺史潘義淵以汧城降賊。西魏曰汧陰縣，爲隴東郡治。後又改曰杜陽，後周復曰汧陰。開皇三年郡廢，五年改縣曰汧源，屬隴州。大業三年州廢，仍屬扶風郡。唐爲隴州治。貞元二年李晟帥鳳翔，遣將王佖伏兵於汧城以敗吐蕃是也。宋仍爲隴州治。明初省。今州城周五里有奇，門四。

郁夷城，在州西五十里。漢縣，屬右扶風。顏師古曰：「詩『周道倭遲』，韓詩以爲『郁夷』，即此城也。」後漢建武二年赤眉自隴底大掠而東，時鄧禹屯長安，遣兵擊之於郁夷，爲所敗。縣尋廢。志云：郁夷當汧之源，大寧關之口，晉嘗於此置隴關縣。

南由城，州東南百二十里。本漢汧縣地，後魏置縣，屬武都郡，西魏廢爲南由鎮。後周復置縣，隋因之，屬隴州。唐武德初於此置含州，四年州廢，縣復屬隴州。大中六年隴州防禦使薛逵請改築安戎關，鈐轄往來。又云：「當界有南由路，亦是要衝，舊有水關，請准前把捉。」從之。唐末縣并入吴山縣。

吴山城，州東南百三十里。漢隃麋縣地，有長蛇水。北魏主濬和平四年，命長安鎮將陸真城長蛇鎮是也。西魏改爲長蛇縣，隋開皇末廢。唐貞觀初復置爲吴山縣，治槐衙堡。上元初移治龍盤城，屬隴州。宋因之，金省爲吴山鎮。又州有龍黎城，晉永和九年凉張重華遣兵伐秦苻雄，大敗之於龍黎。胡氏曰：「新唐書志吴山縣有龍盤府、龍盤城，龍黎疑即龍盤也。」又秦城，在州東南二十五里。或以爲非子所封之邑。

隴安城，州南百二十里。本唐汧陽縣地，宋開寶三年析汧陽縣地置隴安縣，金初廢爲隴安寨，泰和八年復爲縣，元省入汧源縣，今爲隴安巡司。又永信城，在州西。唐志「貞元十三年鳳翔節度使邢君牙築永信城於隴州汧源縣之平戎川」，即此。○回城，在州西北四十里。後漢志注「汧縣有回城，亦名回中，即來歙開道處」云。

隴山，州西北六十里，即隴坂也。又小隴山，在州西八十里。一名關山，以近隴關而名也。山長八十里，路通臨鞏，爲秦、鳳要害。其頂即分水嶺。今詳見名山隴坻。

岍山，在州西四十里。漢志注：「吴山，古文以爲岍山。」孔穎達曰：「岍山東連岐岫，西接隴岡，汧水所出焉。」禹貢「導岍及岐」，謂此山也。亦謂之吴嶽山，蓋山有三名矣。唐六典：「隴右名山曰秦嶺。」晁氏以爲秦嶺即岍山。宋九域志隴安縣西南有秦嶺。今隴安廢縣北二十里有西秦山，或亦以爲秦嶺。

嶽山，州南八十里。周禮職方：「雍州山曰嶽。」史記封禪書：「華西名山有嶽山、吴嶽。」水經注：「吴山五峰霞舉，疊秀雲天，崩巒傾倒，危巔相捍，俗語謂之虞山。」唐六典：「關内道名山曰吴山。」亦謂之西鎮山。有五峰，曰鎮西，曰大賢，曰靈應，曰會仙，曰望輦，於諸山中最爲秀異。頂有龍湫。蓋吴山與嶽山岡隴相接，或謂之一山矣。其實吴山在州西，而嶽山在州南也。又天井山，州南百里。山巔有井，雖旱不涸，因名。

龍盤山，在吳山廢縣東南七里。山蜿蜒曲折，爲一州之勝。又金門山，在州南百四十里。其山如門，渭水經焉。○景福山，州西北百五十里。一名龍門山，有鳳爪、朝元、定心三峰，又有龍門洞，稱爲奇勝。

白環谷，在州西南，白環水出焉。宋紹興中置白環堡於此。嘉定十年金將完顏賨規川、蜀，破白環堡，進追黄牛堡，宋將劉雄遂棄大散關遁。黄牛堡，見漢中府鳳縣。

方山原，州西南二百里，東西長四十里。晉隆安初武都氐屠飛、啖鐵等叛殺隴東太守姚回，屯據方山，姚興遣姚紹討斬之，即此原也。宋紹興中吳玠與金人戰於此。又楊政嘗知方山原軍，儲芻粟於其中。宋會要：「紹興十一年割地界金，金人求商州及和尚、方山二原，許之，於是遂以大散關爲界。」

渭水，在州南百四十里。自秦州清水縣東南流繞隴坂南麓而經州境，又東入寶雞縣界。○汧水，在州治西南。源出岍山，東流經汧陽縣界，又東南入寶雞縣境注於渭水。

汭水，在城西北。源出弦蒲藪，東北流入平凉府華亭縣界。周禮職方「其川涇、汭」，詩「芮鞫之即」，韓詩以爲汭阮，〔六〕顏師古曰：「阮鞠同，即汭水也。」○弦蒲藪，在州西四十里。周禮職方：「雍州，其澤藪曰弦蒲。」漢志注：「汧縣有蒲谷鄉弦中谷，即古之弦蒲藪。」今有蒲谷鎮，是其地也。

魚龍川，在州西。源出小隴山，下流合於汧水。唐貞觀四年，大獵於魚龍川是也。宋紹興中金人栅魚龍川口，楊政率精兵却破之。

長蛇川，在吳山廢縣。川流委曲，如長蛇然。後魏因以名縣。水經注：「渭水東與楚水合，世謂之長蛇水。」○五節堰，在州境。唐志：「隴州汧源縣有五節堰，引隴州水通漕，〔七〕武德八年水部郎中姜行本開，後廢。」又金泉，在州西四十一里。一名白龍泉。其水東北注於汧。

回中宫，州西北百二十里。秦建。始皇二十七年巡隴西，過回中。漢文帝十四年匈奴入蕭關，使奇兵燒回中宫。武帝元封四年幸雍，通回中道，遂北出蕭關，自是數幸焉。天漢二年行幸東海，還幸回中。後漢建武七年，來歙將二千餘人伐山開道，從番須、回中徑襲略陽是也。又三良宫，與回中宫相近。志云：亦秦時所建。

大震關，在州西七十里。亦曰隴關，亦曰故關，故關大寨巡司置於此。又有安戎關，在州西四十里。亦曰安夷關，亦曰新關。詳附見名山隴坻。

石嘴關，在州西八十里。成化中馬文升言：「隴州至秦州清水縣二百五十里，别無驛站可宿次，石嘴關地多盗，請移西安府興平縣西四十里之長寧驛及咸義巡司於此，以便行旅。」從之。又西四十里爲清水縣之盤龍鋪，乃踰隴之要道也。通志：「長寧驛在州西百二十里。」

番須口，在州西北。舊爲隴山之口。東漢初赤眉上隴，爲隗囂所敗，至陽城入番須，中逢大雪，多凍死。既而漢將來歙伐隗囂，從番須、回中徑襲略陽是也。陽城，見平凉府華亭縣。

咸宜鎮，在州西北八十里。朱梁貞明六年，蜀主衍遣將王宗儔等伐岐，出故關，壁於咸宜，遂入良原。胡氏曰：「咸宜在汧源縣界。」良原，今見涇州靈臺縣。○金兜堡，在州西北四十里。志云：宋置。

馬頰社。在廢隴安縣之孝感鄉。社内有鑄錢監舊址。又香泉巡司，在州南百五十里，通志作「隴安巡司」。

校勘記

〔一〕汧水對城　水經渭水注作「汧水對亮城」，此脱「亮」字。

〔二〕設伏於神坌以待之　「神坌」，底本原作「神岔」，今據職本及宋史卷三六六吴玠傳改。

〔三〕昔邏候往來要道通入　「昔」、「入」，底本原作「者」、「人」，今據水經渭水注改。

〔四〕漢隃麋縣地　「麋」，底本原作「麇」，今據鄒本及漢志卷二八上改。

〔五〕漢遣趙暉等救之　「救」，當作「擊」。事見通鑑卷二八八後漢紀三。

〔六〕汭阬　「阬」，底本原作「阸」，今據鄒本改。下「阬鞫」同。漢志卷二八上引詩及師古注原亦誤作「阸」，今中華書局標點本已訂正爲「阬」。

〔七〕引隴州水通漕　新唐志卷三七作「引隴川水通漕」，本書誤「川」爲「州」。

讀史方輿紀要卷五十六

陝西五

漢中府，東至湖廣鄖陽府一千一百六十里，南至四川巴州四百六十里，西南至四川廣元縣朝天嶺四百九十五里，北至鳳翔府六百三十里，自府治至布政司九百六十里，至京師三千五百三十里。

禹貢梁州之地，春秋時爲蜀地，戰國初屬秦，後爲楚地，楚衰又屬於秦。秦置漢中郡，漢因之。漢高祖初爲漢王，都南鄭，即此。後漢初入於公孫述，更始二年封宗室嘉爲漢中王，既而公孫述有其地。尋討平之，仍爲漢中郡。後漢末張魯據其地，改漢中曰漢寧。魏武征漢中，走張魯，復爲漢中郡。旋入於蜀漢，分置梁州治焉。魏末平蜀，亦曰漢中郡，仍置梁州。晉因之，後没於李蜀。桓温平蜀，復置梁州，旋陷於苻秦，其後復得之。晉義熙初氐王楊盛據漢中，梁州寄治魏興。九年乃治苞中，亦謂之南城。宋元嘉十一年復治南鄭。歷宋、齊至梁皆爲重鎮。梁天監三年没於後魏，大同初復得其地。梁置南梁州於普安，今四川劍州也。亦謂南鄭曰北梁州。及元帝末又陷於西魏，亦置梁州及漢中郡。後周改曰漢川郡。隋初郡廢而州如故，煬帝廢州復爲漢川郡。唐初亦曰梁州，武德初置梁州總管府，七年改爲都督府，自是督府恒置於此。開元十三年改爲褒州，二十年復故。開元二十一年分置山南西道，治梁州，上元以後山南西道節度亦治於此。天寶初亦曰漢中郡，乾元初復爲梁州。興元初德宗以朱泚之亂狩於梁、洋，升爲興元府。唐末没於王建，建改山南西道曰天義軍，尋復故。後唐同光中收復，清泰初没於孟知祥。宋平蜀，升爲興元府。亦曰漢中郡及山南西道節度。元爲興元路，元末爲明玉珍所據。明洪武三年定梁、益，爲漢中府。領州二，縣十四。今仍曰漢中府。升興安州直隸，領縣六。

府北瞰關中，南蔽巴、蜀，東達襄、鄧，西控秦、隴，形勢最重。春秋以來屬楚，秦紀：「孝公元年楚自漢中南有巴、黔中。」故楚爲最强，秦不能難也。秦惠文君十三年攻漢中，取地六百里，置漢中郡，而楚始見陵於秦矣。蘇代曰：「漢中之甲乘船出於巴，乘夏水下漢。」此言秦之能爲楚禍也。齊湣王遺楚懷王書曰：「王欺於張儀，亡地漢中。」李斯曰：「惠王用張儀之計，南取漢中。」漢中誠重地矣。蘇秦亦言秦西有巴、蜀、漢中之利。沛公自武關入秦，酈商別將攻郇關，見洵陽縣。西定漢中。及項羽分王諸侯，以沛公王巴、蜀，都南鄭，分關中地王秦三降將以距塞漢。漢王怒，蕭何曰：「漢中語曰『天漢』，其稱甚美。願王漢中，收用巴、蜀，還定三秦，天下可圖也。」及韓信勸王東出陳倉定三秦，而帝業遂基於此。公孫述之據蜀也，亦北有漢中，窺伺秦、隴。其下荆邯説述曰：「宜令延岑出漢中，定三輔，天水、隴西，拱手自服。」其後張魯據此，憑險自雄。閻圃曰：「漢川財富土沃，四面險固。」是也。曹操之取漢中也，司馬懿曰：「今克漢中，益州震動，進兵臨之，勢必瓦解。」操不聽，師還。法正言於劉備曰：「操定漢中，不因此時以圖巴、蜀，乃留軍屯守，今舉衆往討，必可克之。克之之日，廣農積穀，觀釁伺隙，上可以傾覆寇敵，尊獎王室，中可以蠶食雍、凉，廣拓境土，下可以固守要害。爲持久之計，不可失也。」備即引兵争漢中，斬其守將夏侯淵。操聞之，從長安出斜谷，軍遮要以臨漢中。遮要，胡氏曰：「操以斜谷道險，恐爲備所要截，先以軍遮要害處也。」或以爲地名。備斂衆拒險以待之，曰：「曹公雖來，無能爲也。我必有漢川矣。」於是以漢中爲重鎮，終漢之世，魏延、蔣琬及姜維相繼屯守。又漢建興五年，丞相亮率諸軍北駐漢中。孔璋曰：「漢中地形險固，四嶽、三塗皆不及也。」黄權曰：「若失漢中，則三巴不振。」楊洪曰：「漢中，益州咽喉，若無漢中，是無蜀也。」是故巴、蜀有難，漢中輒没。三國志：「初，昭烈留魏延鎮漢中，皆實兵諸圍以禦外敵，敵若來攻，使不得入。後皆承此制。」姜維以爲：「諸圍適可禦敵，不獲大利。不若斂兵聚穀，退就漢、樂二城，聽敵入平，重關頭鎮守以捍之。敵攻關不克，野無散穀，千里運糧，自然疲乏。引退之日，然後諸城並出搏之，此殄敵之術也。」後主從之。及鍾會來侵，遂平行至漢中，繇維自棄其險也。李雄據蜀，亦兼漢中。苻堅之强也，亦南取漢中入成都。自宋、齊及梁皆以漢中鄰接氐、戎，常爲重鎮。及西魏承梁之弊，宇文泰使達奚武入南鄭，盡收劍北地，而劍南亦旋入於魏。

隋李延壽曰：「南鄭要險，爲成都之喉嗌。」唐定長安，遂遣兵入散關取漢中，而巴、蜀風靡矣。及興元初，以朱泚、李懷光相繼煽亂，駕幸梁州。時山南地薄民貧，糧用頗窘，議西幸成都。山南西道節度使嚴震言於上曰：「山南地接京畿，李晟方圖收復，藉大軍以爲聲援；若幸西川，則晟未有收復之期也。」李晟亦表言：「陛下駐蹕漢中，所以繫億兆之心，成滅賊之勢；若規小捨大，遷都岷、峨，則士庶失望，雖有猛將謀臣，無所施矣。」上乃止。歐陽詹曰：「漢中居秦之坤，爲蜀之艮，連高夾深，九州之險也。」李吉甫曰：「漢中者，巴、蜀之捍蔽。」自開元以後，山南西道嘗治此，用以北援關中，南通蜀口。蓋自天寶南巡以迄廣明西狩，漢中皆爲中頓。王建竊據益州，盡并山南之地，與關、隴爲敵。五代梁乾化元年李茂貞遣劉知俊等侵蜀，敗蜀兵，圍蜀將王宗侃於安遠。見沔縣。唐道襲保興元，衆欲棄城遁，道襲曰：「無興元則無安遠，利州遂爲敵境矣。吾必以死守之。」既而岐兵敗退。及郭崇韜自漢中南下，席捲兩川。孟知祥乘李從珂之亂并有山南，後又浸淫及於秦、鳳。五代周顯德二年取其秦、鳳、階、成四州，宋遂因爲平蜀之本。乾德二年王全斌自鳳州而進，先平漢中，蜀不可保矣。宋之南也，張浚請治兵於興元以圖中原，上疏言：「漢中形勝之地，前控六路之師，後據兩川之粟，左通荆、襄之財，右出秦、隴之馬，號令中原，必基於此。謹積粟理財，以待巡幸。」趙開曰：「漢中之地，後可據而安，前可恃而進。」牟子才曰：「漢中前瞰米倉，後蔽石穴，左接華陽、黑水之壤，右通陰平、秦、隴之墟，黄權以爲蜀之根本，楊洪以爲蜀之咽喉者，此也。」紹定三年蒙古攻金，取鳳翔，降人李昌國言於蒙古曰：「金人遷汴，所恃者潼關、黄河耳。若出寶雞侵漢中，不一月可達唐、鄧，如此則大事集矣。」蒙古從之，遂入大散，破鳳州，陷梁、洋，出饒風，見西鄉縣。浮漢而東，金因以亡。繼又略沔、利諸州，以重兵屯戍，宋遂亡川蜀之半。明初大軍定關中，徐達下秦州，遂南出略陽入沔州，而分遣將繇鳳翔入連雲棧，合攻興元克之，蓋所以制蜀之肩背也。近者山南羣盜縱横其間，而雍、豫、荆、梁交受其病矣。志曰：漢中入關中之道有三，〔一〕而入蜀中之道有二。所謂入關中之道三者，一曰褒斜道，二曰儻駱道，三曰子午道也。所謂入蜀中之道二者，一曰金牛道，二曰米倉關道也。今繇關中以趨漢中，繇漢中以趨蜀中者謂之「棧道」。其北道即古之褒斜，南道即古之金牛。而子午、儻駱以及米倉之道，用之者或鮮矣。

褒斜道，今之北棧。南口曰褒，在褒城縣北十里；北口曰斜，在鳳翔府郿縣西南三十里。總計川、陝相通之道，〔二〕舊志：大散關南至梁州五百里而近，由梁州出褒斜至長安九百三十三里，驛路千二百二十三里。谷長四百七十里，昔秦惠王取蜀之道也。十三州志：「昔蜀王從車數千餘，獵於褒谷。秦惠王怪而問之，遺蜀王金一筐。蜀實筐以土以報秦王。秦王怒，因以滅蜀。」漢王就封南鄭，張良送至褒中。

後漢初平二年劉焉牧益州，以張魯爲督義司馬，使掩殺漢中太守，斷絶斜谷閣道。建安二十二年先主争漢中，曹操出斜谷以臨漢中，不克既還，數言南鄭爲天獄，中斜谷道爲五百里石穴耳。言其深險也。蜀漢建興五年武侯將伐魏，使諸軍運米集於斜谷口，治斜谷邸閣。魏延曰：「願假延奇兵五千，直從褒中出，循秦嶺而東，當子午谷而北，不出十日可到長安。魏人聞延奄至，必棄城走。比東方合聚，尚二十餘日，而公從斜谷來，亦足以達。如此則一舉而咸陽以西可定矣。」武侯不用，乃揚聲繇斜谷道取郿，魏使曹真屯郿谷以拒之。八年魏曹真欲繇斜谷侵漢，陳羣曰：「斜谷阻險，轉運有鈔襲之虞。」是也。十二年武侯作木牛流馬，復運米集斜谷口，治邸閣，率大衆出斜谷至郿，軍於渭水南。既而武侯卒，楊儀等整軍而還，入谷然後發喪。魏延不受命，引兵先據南谷口逆擊儀等，兵敗走死。景曜六年魏鍾會分從斜谷、駱谷、子午谷趨漢中。魏景元五年司馬昭以檻車徵鄧艾，命鍾會進軍成都，又遣賈充將兵入斜谷。時鍾會謀以蜀叛，欲使姜維將五萬人出斜谷爲前驅，不果。晉太元七年桓冲遣楊亮等攻蜀，亮乘勝進攻涪城，苻堅遣張蚝等馳救，蚝出斜谷，亮遂引還。齊建武二年，魏元英攻梁州，還入斜谷，會天大雨，士卒截竹貯米，執炬火於馬上炊之。是時齊梁州刺史蕭懿遣人誘説仇池諸氐，使起兵斷英運道及歸路。英轉戰而前，乃還仇池。後魏正始四年，開斜谷舊道以達梁州。胡氏曰：「漢高祖爲漢王，從杜南入斜谷，杜南，見長安縣。張良送至褒中，意此即斜谷舊道。諸葛亮聲言繇斜谷取郿，非杜南舊道也。以事勢言之，承平時自長安入蜀，其取道就平易。南北分争，塞故道而開新路，以依險阻。今魏欲就平易以通梁、益，故復開舊道也。」據北魏太原王遠石門銘序謂：「此門漢永平中所穿，湮塞久之，至此復開。」則所開者即今褒谷中道也。石門，見褒城縣。西魏末，宇文泰使崔猷開梁、漢舊路，猷因開通車路，鑿山堙谷五百餘里，至於梁州，亦即褒斜道矣。唐興元初以朱泚、李懷光之亂，車駕幸梁州。時李楚琳帥鳳翔，帝頗疑之。楚琳先是賊，殺主帥，叛附朱泚。陸贄曰：「今勤王之師悉在畿内，急宣速告，晷刻是争。商嶺則道迂且遥，駱谷復爲盗所扼，僅通王命，惟在褒斜。若又阻艱南北，遂將夐絶，願厚加撫循。」從之。既而渾瑊率諸軍自斜谷出，拔武功，屯奉天。時李楚琳遣軍從瑊拔武功。元和初劉闢據西川叛，詔高崇文等討之。崇文出斜谷，李元奕出駱谷，共趨梓州。五代梁乾化初，岐王李茂貞遣將劉知俊等侵蜀，圍安遠軍，蜀將王宗弼救安遠，及知俊戰於斜谷，敗之。此斜谷當即褒谷，斜谷去安遠甚遠，史以褒、斜相通互言之耳。或曰蓋在斜谷道中也。既而蜀敗岐兵於安遠，引兵還，蜀將唐道襲先伏兵於斜谷邀擊，又敗之。自此以後，斜谷道廢，多以散關爲南北之衝。又禹貢梁州貢道曰「逾于沔，入于渭」，釋之者曰：沔、渭之間有褒、斜二水，褒南通沔，斜北通渭，其間絶水百餘里，故言「逾」言「入」也。地志：「褒、斜二水竝出衙嶺山，見鳳翔府郿縣。斜水北至郿入渭，褒水南至南鄭入沔。」祝氏云：「褒水出太白山。」大約褒之流長而斜之流短。河渠書：「武帝時人有上書欲通褒斜道及漕事，下御史大夫張湯。湯問之，言：『抵蜀從故道，顏師古曰：「故道即今鳳縣。」故道多阪，回遠。今穿褒斜道，少阪，近四百里，而褒水通沔，斜水通渭，皆可以行船漕。漕從南陽上沔入褒，褒絶水至斜，間百餘里以車轉，從斜下渭。如此，漢中穀可致，而山東從沔無限，便於底柱之漕。且褒斜材木竹箭之饒，擬於巴、蜀。』天子以爲然，拜湯子卬爲漢中守，發數萬人作褒斜道五百餘里，道果近便，而水湍石，不可漕。」然則褒斜之道，禹貢發之，而漢始成之，大約宜於陸不宜於水。今南褒北斜，兩谷高峻，中間褒水所經，曹操所言「五百里石穴耳」。水經注：「褒水歷故棧道下谷，俗謂之『千梁無柱』。」張良送高祖至褒中，説之以燒絶棧道，備盜兵且示項羽無東意。蓋棧道秦時已有之，所謂范睢相秦，棧道千里通於蜀、漢者也。漢高燒絶棧道，因别開西路，從故道北出以襲陳倉，而棧道遂廢。武帝時復治之。後漢順帝延光四年即位，按延光安帝年號，順帝蓋即位於延光之四年也。詔益州刺史罷子午道通褒斜路，蓋修棧道也。諸葛武侯與兄瑾書：「前趙子龍退軍燒壞赤崖以北閣道，緣谷一百餘里，其閣梁一頭入山腹，其一頭立柱於水中。即褒水中。今水大而急，不得安柱，此其窮極，不可强也。」武侯出師，屢修斜谷邸閣。及卒於五丈原，魏延先退而焚之。其後按舊修路，悉無復水中柱。逕涉之人，浮梁震動，無不摇心而眩目矣。李文子曰：「自襃城縣北襃谷至鳳州界一百五十里，始通斜谷。谷中襃水之所經，皆穴山架木而行。」漢中志：「襃斜谷中宋時有棧閣二千九百八十九間，元時有板閣二千八百九十二間，歷代製作，增損不定。明因故址修造，約爲棧閣二千二百七十五間，統名之曰連雲棧，陸贄所云『緣側徑於嶺嵒，綴危棧於絶壁』者也。」襃中志：「洪武二十五年，命普定侯監督軍夫，增損歷代舊路，開通修建，起自襃城縣。計雞頭棧八十五間，有巡司戍守。一名雞頭關，關旁有大小石洞。北橋棧三間。石嘴七盤棧九十二間，今亦曰七盤棧閣。河底七盤下橋棧一十五間，獨架橋棧一百四十二間。倚雲棧五十一間，今亦曰響水灘棧閣。石佛灣棧八十五間，今亦曰盤雲塢棧閣。堡子鋪棧六十間。飛石崖棧二百八十間，今曰老君崖橋閣。關王碥棧二百二十間，東雲棧九十二間，石碑口棧十間。十二眼棧八十間，今亦曰白石崖棧閣。青橋鋪棧三間，今亦曰古碑橋。曲檻橋六十間，今亦曰黄草山棧閣。馬橋鋪棧十間，今亦曰青橋棧。順平棧三十四間，今亦曰馬道關棧閣。逍遥棧五間，今曰青橋。登空棧八十六間，今曰老君崖閣。三岔鋪橋三間，今曰馬道南橋。河底棧二十六間，今曰浴馬澤棧閣。長亭鋪棧三十八間，今曰甜竹碥棧閣。半坡棧五十八間，今曰上天橋。燕子碥棧六十一間，今曰燕子棧。滴水橋百二十一間，今曰火燒碥棧閣。武曲鋪棧二間，今曰南橋。鳴玉棧二十六間，今曰簸箕碥棧閣。虎頭關棧三十八間，盤虎棧一百一十五間。青雲棧三十六間，今曰臈魚棧。碧霄棧四十五間，焦崖鋪橋四間。黑龍灣棧七十一間，今曰武曲灣棧閣。飛仙關二十三間，今曰武曲關北棧閣。黑龍棧十間，今曰石溝橋。小灣棧二十三間，今曰八里關棧閣。雲門棧十二間，今日武關北橋。登坡棧五十間，今日新開嶺棧。轉灣邊山崖子棧八十五間，今日安山灣棧閣。青陽棧十五間，今日青水棧。共二千二百七十五間也。」又輿程記：「陝西棧道長四百二十里。自鳳縣北草凉樓驛爲入棧道之始，六十里至鳳縣，有梁山驛，又六十里至三岔驛，又七十里至松林驛，又南六十里至褒城縣之安山驛，又六十里爲馬道驛，又五十二里至雞頭關，關南八里即褒城縣，有開山驛，自縣而東五十里爲漢中府，自縣而南五十里爲黄沙驛，至此路始平，又爲出棧道之始矣。又四十里而至沔縣，有順政驛。自縣而西又金牛道之始也。」自鳳縣至褒城皆大山，緣坡嶺行，有缺處，以木續之成，道如橋然，所謂棧道也。其間喬木夾道，行者遇夜或宿於嵒穴間，出褒城地始平。

儻駱道：南口曰儻，在洋縣北三十里；北口曰駱，在西安府盩厔縣西南百二十里。有駱谷關。九域志：「駱谷關至洋州五百餘里。」通典：「漢中至長安取駱谷路凡六百五十二里。」谷長四百二十里，其中路屈曲八十里，凡八十四盤。漢延熙七年魏曹爽來侵，諸軍入駱谷三百餘里，不得前，牛馬轉運死略盡，引還。費禕進據三嶺以截爽，三嶺，一曰沉嶺，見盩厔縣；一曰衙嶺，見郿縣；一曰分水嶺，見武功縣。胡氏曰：「自駱谷出扶風，間以終南山，其間有三嶺也。」一云駱谷有三嶺關。爽失亡甚衆。二十年姜維引兵出駱谷，至沉嶺，魏鄧艾拒却之。景曜六年，鍾會分兵從駱谷趨漢中。晉永和五年，梁州刺史司馬勳出駱谷，破趙長城戍，壁於懸鈎。俱見盩厔縣。義熙六年桓玄餘黨桓石綏等因盧循入寇，起兵洛口，亦作「駱口」。襲據西城。見興安州。唐武德七年開駱谷道通梁州。興元初德宗繇駱谷幸興元，李懷光遣將孟保等據南山邀車駕，保等不欲行，至盩厔復帥衆而東，縱兵散掠，繇是百官從行者皆得入駱谷。自是關中多故，朝廷每繇駱谷而南，以其道之近且便也。元和初高崇文討劉闢於西川，分遣李元奕出駱谷。廣明初黄巢入關，僖宗亦趨駱谷幸興元。宋白曰：「自興元東北至長安，取駱谷路，不過六百五十二里，是往來之道莫便於駱谷也。而五季以來，駱谷漸成荒塞，何歟？」水經注：「漢水經儻城南與駱谷水合，水北出洛谷，谷北通長安，其水南流注於漢水。」

子午道，今新開。〔三〕南口曰午，在洋縣東百六十里；北口曰子，在西安府南百里。有子午關，見長安縣。通典：「漢中入長安取子午谷路，凡八百四十一里。」谷長六百六十里，或曰即古蝕中也。蝕讀力。項羽封沛公爲漢王，都南鄭。漢王之國，從杜南入蝕中，去輒燒絶棧道，蓋即此。漢元始五年王莽通子午道，從杜陵直絶南山逕漢中。後漢順帝初，詔罷子午道，通褒斜路。蜀漢建興六年，魏延願假奇兵五千，當子午而北。八年魏曹真請繇斜谷伐漢，諸將或繇子午谷，或繇武都入，皆不能達。景曜六年魏鍾會分兵繇子午谷入漢中。晉永和十年桓温伐秦，遣梁州刺史司馬勳出子午谷向長安。齊永明十一年後魏主宏南寇，遣其將拓跋幹分道出子午谷。顔師古曰：「舊子午道在金州安康縣界。」子，北方也；午，南方也；道通南北，因名子午。安康與長安地界南北相對，故顔氏謂舊道出於此也。蕭梁時將軍王神念以緣山避水，橋梁百數，多有毀壞，乃別開乾路，即今道也。西魏大統末，宇文泰遣達奚武將兵取漢中，別將王雄出子午谷攻上津。上津，今湖廣屬縣。或以爲據此則仍是舊道，蓋從洋縣分道而東。安康今之漢陰，與洋縣本相近也。唐天寶中涪州貢生荔枝，取西鄉驛入子午谷，不三日至長安。五代漢初晉昌帥晉昌即今西安府。趙匡贊附於蜀，蜀遣將李廷珪出子午谷應援。匡贊旋變計歸朝，廷珪將至長安，欲歸，漢將王景崇邀敗之於子午谷。宋嘉定十三年，四川宣撫司安丙遣諸將分道出師，興元將陳立出大散關，統制田冒出子午谷，尋引却。志云：子午水出子午谷中，亦南流注於漢。華陽記：「子午、駱谷、褒谷竝爲漢中北道之險，而駱谷尤近，故唐世長安有事，每從此幸興元。」至於從來用兵，其三道竝出者，鍾會而外，不多見也。洋州志：「州之要地有三，置關有八。要地者，褒谷、駱谷、子午谷也。八關者，白椒、水桐、碓水、蒻嶺、三嶺、重陽、華陽并青銼寨爲八也。」三嶺關在駱谷中，即蜀費禕邀擊曹爽處。宋又於谷口置石佛堡，子午谷口置陽嶺寨，西城縣置渭門、分水等砦，皆稱備禦要地，而近時所重惟在褒斜。

金牛道，今之南棧。〔四〕自沔縣而西南至四川劍州屬保寧府。之大劍關口，皆謂之金牛道，即秦惠王入蜀之路也。華陽國志：「秦惠王欲伐蜀，患山道險阸，乃作五石牛，言能糞金，以給蜀。蜀王負力而貪，令五丁開道引之，秦因使張儀、司馬錯隨而滅之，因謂之金牛道，亦曰石牛道。」考十三州志、水經注、輿地廣記皆祖是說，夫金牛之名，傳訛已久。薛瑄有云：「梁州舊禹跡，謬以五丁傳。」諒矣。自秦以後，繇漢中至蜀者，必取途於此，所謂蜀之喉嗌也。鍾會下關城，趨劍閣，即是道也。歷南北戰爭以迄金、元角逐，蜀中有難，則金牛數百里間皆爲戰場。明初太祖命傅友德伐明昇，諭之曰：「蜀人聞我西伐，必北阻金牛，宜出其意外，直擣階、文。」蓋金牛入蜀之正道，陰平入蜀之間道。間道必自階、文，而正道則在漢中也。今自褒城縣至朝天嶺共四百四十里。輿程記：「自褒城西南九十里而至沔縣，又六十里爲青陽驛，又四十里爲金牛驛。其相近者有五丁峽，亦曰金牛峽。又七十里爲寧羌州，州北十里有柏林驛，州南四十里爲黃霸驛，驛南有七盤關，爲川、陝分界處。又六十里爲神宣驛，又七十里至朝天嶺，嶺有朝天驛，計程共四百四十里。又南至廣元縣六十里。」繇金牛而南至朝天嶺，嶺地最高，繇嶺而西則自劍閣趨綿、漢以達於成都，繇嶺而南則自保寧趨潼川以達於成都。記云：自朝天嶺西南至劍門一百六十五里，自劍閣至成都六百三十里，自朝天嶺至保寧三百六十里，自保寧至成都六百九十里。保寧迂而劍閣捷，故劍閣最爲衝要。

米倉道：自南鄭而南，循山嶺達於四川保寧府之巴州爲米倉道。後漢建安二十年，曹操擊張魯，魯聞陽平已陷，乃奔南山，入巴中。賈耽曰：「興元之南有道通於巴州，路皆險峻，中間有米倉山，在南鄭西南百四十里。又有孤雲山，行者必三日始達於嶺，所謂『孤雲兩角，去天一握』也。」孤雲兩角，或謂二山名，或云孤雲山有兩峰對峙耳。米倉南臨中巴，巴州在三巴之中，謂之中巴。北瞰興元，實爲孔道。是時張郃守漢中，亦由此入巴中，進軍宕渠之蒙盪石，見四川渠縣之八濛山。爲張飛所敗而還。自是由漢中入三巴者恒取道於此。五代梁乾化元年，岐王李茂貞遣劉知俊侵蜀，圍王宗侃於安遠，遣使求救於蜀主，自中巴間行至泥溪。泥溪，見四川昭化縣。宋開禧二年吴曦叛，引金人入鳳州。興元帥程松亟趨米倉山，由中巴遁入閬州，復順流趨重慶。紹定四年蒙古入洋州，分遣其將莫哥自洋州趨米倉。蓋自興元達巴州不過五百里，達巴州則墊江以北墊江，見四川合州。盡皆震動，而閬中危難在肘腋間矣。通典：「自洋州東南至通州七百三十九里。」通州，今四川夔州府之達州，蓋入蜀非一路也。夫漢中關川、陝之安危，立國於南北者所必争也，而地利可不知哉？

南鄭縣，附郭。周時爲褒國地。及周衰，鄭桓公歿於犬戎，其民南奔居此，因曰南鄭。秦厲共公二十六年城南鄭。躁公二年南鄭反，惠公二年伐蜀取南鄭，秦厲公城之。沛公封漢中，初都此。後爲南鄭縣，東漢始爲郡治，後州郡皆治焉。今編户五里。

漢中城，在府城東北二里，相傳即秦厲公所築。秦紀：「厲共公二年，蜀人來賂。躁公二年，南鄭反。」蓋本蜀地，厲公時屬秦，後復叛入於蜀也。水經注：「南鄭故褒之附庸，周顯王世蜀有褒、漢之地，至六國楚人兼之，懷王衰弱，秦略取焉。周赧王二年，〔五〕秦惠王置漢中郡，因水而名。漢王都南鄭，其大城周四十里，城内有小城，南憑北結環雉，〔六〕金墉漆井，皆漢所修築，地沃川險。晉咸康中梁州刺史司馬勳斷小城東面三分之一以爲南鄭縣治，自宋、齊、魏咸相仍焉。又南有漢陰城，相傳呂后所居。」勝覽：「隋大業中徙郡於故城，西南臨漢水，即今郡治也。」一云今城宋嘉定十二年所置，明正德五年甃以磚石，萬曆以後增修，天啓元年拓城東北角百餘丈。今城周九里有奇，門四。

白雲城，在府東北。西魏時置縣，隋大業初廢。唐武德三年復置白雲縣，九年廢入城固縣。寰宇記云：「南鄭城，西魏改爲光義縣，隋復舊。」未知所據。○曹操城，在府北十七里。志云：蜀先主取漢中，操馳救，軍遮要以臨漢中，即此城也。

下桃城，在府東。南北朝時戍守處。宋元嘉十一年，氐王楊難當據漢中，梁州刺史蕭思話遣將蕭承之等拔黄金戍，難當將趙温棄梁州城退保小城，其黨薛健等亦退保下桃城。既而復攻圍黄金戍，不能拔，因燒營走據大桃，承之等追擊之至南城。志云：南鄭有下桃城。又有大桃城，近褒中。黄金戍，見洋縣。

漢山，在府南二十里。四峰八面，北距漢水，南接巴山。山頂有池，冬夏不竭，名曰天池，池水流入於沔。又龍岡山，在府西十里。華陽國志：「龍岡北臨漢水，南帶廉津。」是也。

立石山，府西南三十里。其山東連青銼，西接金華。志云：青銼山在府西南五十里。山多杉檜，頂有一石如銼。金華山，在府南七十里。巍峰環繞，旁有數泉，合爲一池。○黄牛山，在府西南五十里。山下爲黄牛川。十道記：「此川有再熟之稻，土人重之。」又旱山，在府西南六十五里。山高聳，雲起即雨，旱歲人以爲望，因名。一名崒山。其南又有一峰特出，爲玉京山。

七峰山，府北五十里。峰巒峭拔，其數有七，因名。又天臺山，在府西北七十里。頂平如臺，郡治坐其岡脉。有飛泉數百尺，匯爲深淵，號佛子潭。

巴嶺山，在府西南一百九里。亦曰大巴山。其山延綿深廣，中包孤雲、兩角、米倉諸山，南接四川巴州之小巴山。亦見四川巴州。○籠蓋山，在府西南八十里。志云：山之南麓與巴山相接，老渚河源出於此。

米倉山，在府西南百四十里，牟子才云「漢中前瞰米倉」是也；又孤雲山，在米倉西，志云「山在褒城縣南百二十里，亦曰兩角山」；皆南達巴中之道也。見前米倉道。

梁州山，府東南百八十里。其西與孤雲、兩角山相接，大山四圍，中三十里甚平曠，相傳爲古梁州治。○仙臺山，在府南百九十里。上有古城三面。其山高聳不可登，一名玉女山。

赤崖，在府城西北。亦曰赤岸。武侯屯漢中，置赤岸庫以儲軍資。又與兄瑾書曰「前趙子龍退軍燒壞赤崖以北閣道」，又云「頃大水暴出，赤崖以南橋閣悉壞，時趙子龍與鄧伯苗一戍赤崖屯田，一戍赤崖口，但得緣崖與伯苗相聞而已」，即此也。建興十二年武侯卒於五丈原，楊儀等整軍入谷，司馬懿追至赤岸，不及而還。○武鄉谷，在城北門內。志云：蜀漢封丞相亮爲武鄉侯，蓋邑於此。梁州記：「武鄉谷在南鄭縣東北三十里。」十道志云：「在縣南。」

漢江，在府城南三里。志云：漢水出嶓縣嶓冢山，亦曰漾水，東南流合沔水。其沔水出略陽縣東狼谷中，即嶓冢之別源也。亦曰沮水，以初出沮洳然，故名。南流經褒城縣南，又東南至南鄭而合漾水。詳大川漢水及川瀆異同。

廉水，在府城西南四里。梁州記：「水出大巴山北密谷中，流經南鄭縣西龍岡山下，又北至褒城縣境入于漢。」今府南十五里有楊村堰，又南五里爲鹿頭堰，又南五里爲石梯堰，俱引廉水以溉田。○老渚河，在府城南。源出籠蓋山，東北流注於漢。

襃水，在府西北三十七里。自鳳縣歷襃城縣流入界，入于漢水。今府西十里有沙堰，西北十五里有羊頭堰，又西北十里有廣通堰，皆引襃水以溉田。

涔水，在府南。水經注：「源出旱山，東北流至城固縣境入于漢水，亦謂之黄水。」今城南二十里有老溪堰，又南十里有紅花堰，俱引涔水而成。

青石關，在府南九十里。宋置。今有巡司戍守。

厄水戍。在府境。晉建興初梁州賊楊虎擊刺史張光，屯於厄水，蓋其地臨水爲險云。

襃城縣，府西北四十五里。北至鳳縣三百十里。古襃國，周幽王得襃姒於此。秦爲襃縣，漢曰襃中，以地在襃谷中也。魏、晉因之，晉義熙中改爲苞中縣，宋省。後魏永平初於此置襃中郡及縣，梁大同初郡廢。隋初曰襃内縣，開皇九年改爲襃城，〔七〕義寧三年復曰襃中。唐貞觀三年又改爲襃城縣。今縣城周三里。編户二里。

苞中城，在今縣南。漢曰襃中。後漢永昌四年滇零羌寇襃中，漢中太守鄭勤移屯於襃中是也。晉義熙中改曰苞中。沈約曰：「譙縱滅梁，州還治漢中之苞中縣。」縣在南鄭西南，亦謂之南城。宋初因之。元嘉十年仇池氏楊難當南寇，刺史甄法護爲所攻，南城失守。明年刺史蕭思話遣蕭承之追擊難當將趙温至南城，尋又遣行參軍王靈濟出洋川，攻難當將趙英於南城，拔之。以南城焚毁不可復固，乃移治南鄭是也。後魏永平初復置襃中縣於此，隋、唐爲褒城縣治。志云：舊褒城治縣南十里打鍾村，宋嘉泰中徙治於山河堰東南五里，後又移今治。又有古褒國城，在今縣東三里駱駝坪，中有褒姒井。

萬石城，在縣東南。水經注：「漢水東逕萬石城下，城在高原上，原高十餘丈，四面臨卑，形若覆瓮。城南過水爲阻，西北並帶漢水。」其城宿是流雜聚居，故世亦謂之流雜城，蓋晉、宋間築。又三交城，在縣東北。水經注：「褒水東南逕三交城。城在三水之會，一水北出長安，一水西北出仇池，一水東北出太白山，是城取名焉。」

武鄉城，在縣西十七里。後魏延昌初置武鄉縣，屬褒中郡，後周廢。又縣西南有廉水城，亦後魏延昌中置縣，屬褒中郡，梁大同中廢。宋紹興四年亦置廉水縣，屬興元府，嘉定中廢。一統志：「宋置廉水縣，在今府南五十里。」

連城山，縣北六里。山有十二堡相連屬，因名。中有池廣二畝，相傳漢王所鑿，亦名漢王山。又東北五里同鼎山，以漢王、雞翁與此山鼎峙而名。○雞翁山，在縣東北二十里。志云：山有石峰臨黑龍江，突起如雞冠狀。

箕山，縣北十五里。山有秦王獵池及丙穴、道人谷。或云箕山之谷亦謂之箕谷，谷口有石如門，曰石門，廣二步，深八步，高一丈，相傳蜀五丁所鑿。漢高通之以避子午之阨，爲漢中入蜀之險蔽，左思蜀都賦云「阻以石門」者也。水經注：「褒水又東南得丙水，水上承丙穴，出嘉魚，左思稱『嘉魚出於丙穴，良木攢於褒谷』者也。褒水又東歷小石門，門穿山通道六丈有餘，漢永平中司隸校尉犍爲楊厥所開也。」○牛頭山，在縣西北二十五里，以形似名。其上雲覆如笠即雨，亦名戴笠山。下有靈液泉。

中梁山，在縣南三十里。以其鎮梁州之中，故名。山有泉注鶴騰崖下，曰鶴騰泉。南鄭志：「鶴騰山在南鄭縣西南四十里，蓋與此山相接也。鶴騰崖之水北注於沔水。」

黄草山，縣北四十里。有黄草坪，即連雲棧諸山也。青橋驛設焉。又馬道山，在縣北九十里。馬道水出焉，注於褒水。又有馬道驛。舊有橋曰樊橋，相傳樊噲所創云。詳見前褒斜道。〇四州山，在縣北百三十里。山高聳，登其頂望見古褒、沔、洋、鳳四州，因名。

褒谷，縣東北十里，出連雲棧直抵斜谷之道也。亦謂之南谷，所謂「南口曰褒」也。蜀漢建興十二年魏延先據南谷口，楊儀等奉武侯之喪還，延逆擊儀，延軍皆散，遂走死。〇七盤嶺，在縣北十三里。自北南上，盤迴七轉，由此入連雲棧。詳見前褒斜道。

沔水，在縣南四里。自寧羌州流入境，又東南入南鄭縣界。〇華陽水，在縣西二十五里。源出牛頭山，南流入沔水。今縣西南七十里有鐵爐堰，引華陽水溉田處也。又有章溪水，出南鄭縣境仙臺山，亦北流入漢水。今縣西南九十里有龍河堰，即章溪引流處。

褒水，在縣城東。自鳳縣流入境，一名黑龍江，又名紫金水。水經注：「褒水西北出衙嶺山，東南逕大石門，歷故棧道下谷，又東南逕三交城，又東南得丙穴水，又東南歷小石門，又南經褒縣故城東南流入漢。」勝覽云：「褒水出太白山，流經鳳縣，南出褒谷入漢江。」按水經注所云大石門者，當即斜谷之口，而小石門在箕山，近褒谷口，所謂褒水歷大、小石門者也。又馬道湖，在縣北九十里。南入褒水，源出馬道山，因名。

廉水，在縣南三十里。自南鄭縣流入境，經中梁山下入于漢水。志云：縣南八十里有流珠堰，引水六十四里，分水門七，導餘波入之，以溉境内之田。又縣西南百二十里有龍潭堰，引流而東分爲馬湖堰、野雞堰、馬嶺堰以溉田，皆廉水所注也。

讓水，在縣西南百三十里，一名遜水。志云：遜水承廉水下流溉田之餘，東南流至古廉水城側。范柏年謂宋明帝：「臣鄉有廉泉、讓水。」是也。朱梁乾化元年李茂貞圍蜀安遠軍，蜀將王宗鐬等馳救，壁於廉、讓之間，即此。安遠軍，見沔縣。

沙水，在縣北，源出縣西北七十里之雲霧山，東北流入於褒水。又青橋水，在青橋驛北，亦西南流入於褒水。○石溝水，在縣北百五十里。歷武曲棧閣旁，至武岡驛棧而東注於褒水。又臘魚潭，在縣北百十里。今有臘魚棧閣，下流亦入褒水。

山河堰，在今縣南二里。横截黑龍江，起自漢相國蕭何，而曹參成之。宋紹興二十二年，利州東路帥臣楊庚奏稱：「褒斜谷口舊有六堰，灌溉民田。靖康之亂，民力不能修葺，夏月暴水衝壞堰身，請設法修治。」乾道四年宣撫使王炎言：「山河堰世傳漢蕭、曹所作，嘉祐中提舉史照上堰法，獲降勅書，刻石堰上。中興以來，堰事荒廢。今委知興元府吴拱修復，盡修六堰，濬大小渠六十有五，凡溉南鄭、褒城田二十三萬三千畝有奇。」賜詔獎諭是也。今城東南六里曰金華堰，金華上遊曰高堰，下流曰舞珠堰、大小斜堰，縣南五里爲第三堰，皆引褒水之流，即六堰舊址矣。

雞頭關，縣北八里。關口有大石，狀如雞頭。自此入連雲棧，最爲險峻。近代賊犯漢中，官軍斷棧道守雞頭關，賊不得前。志云：縣北十里有雞頭關巡司。○漢陽關，在縣西北二十里。劉昭曰：「褒谷西北有陽平關。」諸家因之。杜佑曰：「漢置陽平關於此。」又縣西有甘泉關，杜佑云：「在牛頭山北，隋置。」

虎頭關，縣北二百里，今爲虎頭關棧；其北爲飛仙關，今爲武曲關棧；皆自褒谷達鳳縣之路。詳見前。

黄沙戍，縣南五十里。水經注：「漢水南有五丈溪，溪水側有黄沙屯。」蜀漢建興九年丞相亮圍祁山，十年勸農於黄沙，作木牛流馬，即此地也。今爲黄沙驛，棧道至此始出險就平。

馬盤寨。在縣西北。唐天復二年王建將王宗播攻興元，取金牛、黑水、西縣、褒城四寨，又攻馬盤寨，克之，即此。○青橋驛，在縣北五十里。又北四十里爲馬道驛。志云：縣南二十五里小柏鄉有褒城驛故址。

城固縣，府東七十里。東南至洋縣六十里。漢縣，屬漢中郡，後皆因之。唐初曰唐固，貞觀二年復曰城固，寶應初奴剌、党項寇城固，即此。今縣城周七里。編户十里。

城固舊城，志云：在縣東八里。舊有南北二城：北城，漢縣治也；南城，蜀漢將劉封所築。又建興七年武侯築樂城於城固。景曜二年姜維議令諸圍皆斂兵退就漢、樂二城，從之，命監軍王含守樂城。六年魏鍾會來伐，分兵圍二城，會徑過西趣陽安關。魏景元二年司馬昭西至長安，遣賈充將兵徑入斜谷，屯樂城，慮鍾會爲變也。志云：樂城在今縣西十八里，或曰即故南城。華陽國志：「蜀以城固爲樂城縣。」是也。晉時縣治北城，永嘉初秦州流民鄧定等據城固，寇掠漢中，蜀李雄遣軍應之，梁州將吏皆棄城走。後魏移縣於婿鄉，始爲今治。

漢陽城，在縣西北三十里。後魏延昌初析南鄭、城固二縣地置，屬漢中郡，後周廢。魏收志漢陽有胡城。漢張騫使西域還，與胡妻居此，因名。今城在縣西四十里。○扁鵲城，在縣西南四十里。相傳扁鵲曾居此。又城冢記：縣東十里有漢王城，高十餘丈，南北二百步，東西三百步。其東五里有韓信臺。」

斗山，縣西北二十里。道書：山有五穴，通崑崙、長安、武當、青城、隴山云。明初下漢中，明昇遣將來攻，徐達馳援，屯益門鎮，遣傅友德徑趨黑龍江，夜襲木槽關，攻斗山砦，燃炬山上，蜀兵夜遁。益門鎮，見鳳翔府寶雞縣。○天池山，在縣南三十里。上有大池，四時不涸。

三嵎山，在縣西北四十里。有三峰高聳，如覆鼎足。又縣北五十里有九真山，道家以爲太白山，長六百里，與三嵎山相接。王日休云：「黑水出興元城固縣西北太白山，南流入漢。」是也。○馬盤山，在縣北百二十里。有上清、中清、下清三溪，俱流入于壻水。

通關山，縣北百三十里。水經注謂之通關勢山。山高百餘丈。舊有城方五里。濬塹三重。高祖北定三秦，蕭何守漢中，欲修北道以通關中，故名爲通關勢。志云：今縣北三十里有赤土坡，或以此爲赤崖。

漢水，在縣南。自南鄭而東，經胡城南，又東注南、北二城之間入洋縣界。

壻水，縣東北六里。水經注：城固城北臨壻水。是也。一名左谷水，一名智水。壻古作「聟」，訛爲「智」也。源出府西北二十八里之聽山，東流入洋縣界，下流入於漢水。今縣西北二十五里有五門堰，又西北五里有百丈堰、高堰，皆引壻水溉田。

黑水，在縣西北百里。水經注：黑水出北山，南流入漢。北山，王日休以爲即縣北太白山也。或云褒水一名黑龍江，縣西北接褒城界，此即黑龍江矣。武侯牋云「朝發南鄭，暮宿黑水」，北魏元英曰「據襄陽之城，斷黑水之路」，皆謂此也。唐置黑水砦，光啓二年田令孜劫上幸興元，遣神策使王建帥兵戍三泉，晉暉等屯黑水，修棧道以通往來。天復二年西川將王宗播攻興元，破黑水、褒城等寨。是黑水即褒水矣。

南沙河，在縣西南三十五里。今縣西南四十里有盤龍堰，引南沙河之水；又縣西北四十里有北沙河，引流爲鄒公堰；又縣西三十五里有横渠堰，亦引北沙河以溉田；其下流皆入于漢水。又小沙河，在縣南十里，引流爲承河堰，流合於南沙河。

樊噲臺。在縣北五里。水經注：「湑水徑樊噲臺南，臺高五六丈，上容百許人；又東南逕城固城北，水北有韓信臺，高十餘丈，上亦容百許人，即高祖置壇拜信處。」志悞以樊噲臺爲樊噲城。又縣西北二十五里有木槽關，建置未詳。

洋縣，府東南百二十里。北至西安府盩厔縣五百七十里，南至四川達州四百三十里。漢城固縣地，後魏延昌三年分置興勢縣，屬晉昌郡，西魏又置儻城郡。隋初郡廢，以縣屬洋州，大業初州廢，縣屬漢川郡。唐初屬洋州，貞觀二十三年改爲興道縣。其後移洋州治此，光啓三年升爲武定軍節度。宋亦曰洋州，景祐四年改軍名曰武康。元仍爲洋州，以附郭興道縣省入。明初改爲洋縣。今城周七里。編户十里。

興道廢縣，在縣治東。晉置縣，屬漢中郡，後廢。後魏改置興勢縣，在今縣東北八里。後移今治。唐復曰興道，天寶十五載移洋州治此。孟蜀改洋州曰源州。宋仍曰洋州。胡氏曰：「源州蜀所置，旋廢。」五代史：「後蜀潘仁嗣爲武定節度使，源、壁等州觀察營田處置等使。又周顯德二年攻秦、鳳，後蜀將孟貽業駐軍平利，爲褒、源之援。」褒謂興元也，褒、源蓋相近矣。舊洋州記：「州東連襄、漢，南蔽巴、蜀，要地有三，置關有八。」三要、八關，見前子午道。

真符廢縣，縣東六十里。唐開元十八年析興道縣置華陽縣，屬洋州。天寶七載改屬京兆，八載以鑿山得玉冊，改曰真符。十一載改屬洋川郡。其治舊爲桑平店，北去盩厔四百四十里。宋末兵廢，元復置，尋併入洋州。○龍亭廢縣，在縣東十八里。本漢亭名，後漢元光二年蔡倫封龍亭侯是也。後魏時置龍亭縣，又置晉昌郡治焉。後周郡縣俱廢，以近龍亭山而名。

黄金廢縣，在縣東南百六十里。西魏時置，隋屬漢川郡，唐屬洋州，宋乾德四年并入真符縣。一統志：「在縣東八十五里黄金谷。」悮。○白公城，在縣境。相傳白起守漢中，築此以控制蠻獠云。

興勢山，縣北二十里。亦曰興勢阪。山形如盆，外甚險，中有大谷。漢建安二十四年先主於興勢作營，其後武侯嘗屯戍於此，爲蜀漢之重鎮。延熙五年魏曹爽侵漢中，王平使劉敏多張旗幟，彌亘百餘里，爽不得進，司馬懿貽書曰：「興勢至險，蜀已先據，若進不得戰，退見邀絶，覆軍必矣。」爽懼，引還。後魏置興勢縣，以此山爲名。杜佑曰：「後魏置儻城郡於此。」因自然隴勢，爲盤道以上，數里始及門，最爲險固。○雞子山，在縣南五里，下瞰漢江。

龍亭山，縣東二十里。志云：龍亭山乃入子午谷之口，其山阪赭色，亦名赤阪。蜀漢建興八年，魏曹真繇子午谷，司馬懿繇西城漢水侵漢，武侯次於城固赤阪以待之。蓋兩道竝進，此爲總會之地也。

石錐山，縣北六十里。山最高，頂石如錐。或云青錐寨蓋設於此。又百畝山，在故黄金縣西。志云：山有黄金谷，黄金水出焉，南流入漢水。

太白山，縣東北五百里。太白即終南之别名也。蓋漢中與鳳翔、西安皆倚山爲險，關中謂之南山，漢中謂之北山。通志云：「太白在縣北四十五里。」悮。又酆都山，志云：在縣西北二十五里，爲秦嶺之脉。

黄金谷，在縣東八十五里。古諺云：「山川險阻，黄金、子午。」亦謂之黄金山。有黄金峭，漢置戍於此。張魯築城守之，南接漢川，北枕右道，險固之極，曰張魯城，亦曰關城。蜀漢延熙五年，曹爽侵漢，自駱谷入漢中，諸將以兵少不敵，時蔣琬屯涪，欲待涪兵至共擊之。王平曰：「漢中至涪垂千里，賊若得關，便爲深禍。今先遣軍據興勢，平爲後拒，若賊分向黄金，平帥千人下自臨之，比爾間涪軍亦至，此計之得也。」即帥兵據之，爽果敗却。後姜維議撤黄金、興勢諸圍屯戍，鍾會因得長驅入漢中也。又有鐵城戍，在黄金戍東。城在山上，極險峻。劉宋元嘉十一年氐王楊難當寇漢川，令其黨薛健據黄金山，姜寶據鐵城戍。宋梁州刺史蕭思話遣蕭承之攻拔鐵城戍。承之等進拔黄金戍而據之。難當遣其子和等悉力攻圍，敗走。水經注：「黄金戍傍山倚峭，嶮折七里，與鐵城相對。鐵城在山上，黄金在山下，山皆險峻，故以金鐵爲名。」杜佑曰：「黄金戍在黄金縣西北八十里。」

子午谷，胡氏曰：「在縣東百六十里。」寰宇記：「縣東龍亭山由此入子午道。」是也。又儻谷，在縣北三十里，即駱谷之南口也。俱詳見前子午、儻駱道。

青谷，在縣東北。晉寧康初秦苻堅使將王統等出漢川，梁州刺史楊亮拒敵於青谷，敗績，漢中陷於秦。亦謂之清水谷。唐開元中置華陽縣，天寶中開青水谷路，得玉册，即故清谷矣。又篔簹谷，在縣西北五里。谷多竹，因名。

漢水，在縣南一里。自城固縣流入，又東經西鄉縣境。唐至德初，帝軍於彭原，第五琦請以江、淮租庸市輕貨泝江、漢而上至洋川，令漢中王瑀陸運至扶風以助軍，蓋漢水自洋川而西灘磧多阻也。志云：縣東里許漢江中有飲馬灘，每子午時潮響如雷。又十里爲上濤、下濤，俱作雷聲。又五里爲鴛鴦灘，以江濆亂石錯起相對而名。又三里爲石門灘。

西水，在縣東五十里。水經注：「漢水東逕石門灘東會西水。水北出秦嶺西谷，南歷重山，有寒泉水出縣東北寒泉山，西流合焉，又南注於漢水。」或誤爲西水，宋元嘉十一年氐王楊難當將趙温等攻宋將蕭坦於鐵城戍，坦擊破之，温退保西水，即西水也。今縣東三十里有高原堰，引西水溉田。○金水河，一統志云：「在縣東百里。源出秦嶺，流經黄金谷，又南流入於漢水。」

壻水，在縣西北。自城固縣流經此，東迴南轉而入于漢。今縣西六十里有楊壩堰，縣西北七里有苧溪堰，縣西十五里有五郎堰，又西五里曰二郎堰，皆引壻水溉田。又有益水，亦在縣西。志云：水源出北山益谷，南流入漢。

灙水，在縣西。亦曰駱谷水，水經注：「洛谷水出洛谷中，南流合於灙水，西南注于漢江。洛與駱通。一統志：「灙水出縣北之石鎚山。」今縣北五里有斜堰，又西北五里有土門堰，又北五里有灙濆堰，皆引灙水而成。

明月池，在縣西北，接城固縣界。水經注：「壻水東經七女冢，冢夾水羅布如七星然。水北有七女池，池東有明月池，狀如偃月，皆相通注，謂之張良渠，蓋良所開。」又百順池，在縣西二十二里，溉田五百餘頃。

磬險戍，在縣西境。東晉寧康元年，梁州刺史楊亮遣其子廣襲仇池，爲苻秦梁州刺史楊安所敗，亮懼退守磬險，即此。○洛口戍，在縣東。晉義熙六年桓玄餘黨桓石綏因盧循入寇，起兵洛口，自稱荆州刺史。胡氏曰：「洛谷水南流注漢，所謂洛口也。」

堉水驛。在縣西北。唐廣明元年僖宗避黄巢之亂，自駱谷幸興元，至堉水。九域志洋州興道縣有堉水鎮。

西鄉縣，府東南二百二十里。東至石泉縣二百十里。漢城固縣地，蜀漢置南鄉縣，晉改西鄉縣，屬漢中郡，宋、齊因之。西魏改豐寧縣，尋又置洋州及洋川郡。隋開皇初郡廢，大業初州廢，縣復曰西鄉，屬漢川郡。唐初復置洋州，天寶初亦曰洋川郡，乾元初復故，尋移治興道縣，而以西鄉爲屬邑。宋因之，端平中縣廢。元復置，仍屬興元路。今縣城周三里有奇。編户五里。

洋源城，在縣南二十里。唐武德七年析西鄉縣置，屬洋州，寶曆初廢。又定遠城，志云：在縣治南，後漢班超封邑也。亦曰平西城。晉志西鄉縣治平西城。宋元嘉十年仇池楊難當寇漢中，梁州刺史甄法護棄城奔洋州之西城，蓋即西鄉城也。

木馬城，在縣南。宋白曰：「梁大同間於巴嶺側立東巴州，治木馬縣。」蓋在此。又縣西有懷昌城，隋志：「西魏置懷昌郡，後周廢爲懷昌縣，大業初省。」

皂軍山，縣南十五里。相傳張飛曾屯軍於此。又縣北十里爲清涼山，山南五里有清涼川，唐德宗興元初以朱泚之亂幸梁、洋，山南節度使嚴震具軍容迎謁於清涼川是也。

巴山，縣南六十里，西接四川巴州界，即南鄭之大巴嶺也。今有大巴山巡司，在縣東南三百里。○金竹山，在縣南三百五十里。山多金竹，因名。

饒風嶺，在縣東北百六十里漢江北，饒風關在焉。宋紹興三年金撒離喝欲窺蜀，以吴璘扼和尚原，不得逞，乃自商於搗上津，陷金州，長驅趨洋、漢。劉子羽時鎮興元，亟命將田晟守饒風關，又召吴玠入援。玠自河池日夜驅三百里至饒風，以黄柑遺敵。敵大驚，遂攻關，不能克，乃更募死士由間道自祖溪關入，繞出玠後，乘高以瞰饒風。諸軍不支，遂潰。敵入洋州，陷興元。紹定四年蒙古拖雷入大散，破鳳州，陷梁、洋，出饒風浮漢而東，攻金人於汴。饒風者，梁州東面之險也。

陽都坂，在縣西北。水經注：「蒢水南經陽都坂東，坂自上及下盤折一十九曲，西連寒泉嶺。」漢中記：「自西城涉黄金峭、寒泉嶺、陽都坂，皆峻崿百重，絶壁萬尋者也。」

漢水，在縣北。自洋縣流經縣界，又東入石泉縣界。水經注：「漢水又東會洋水，川流漫闊，廣幾里許。」

洋水，在縣東二十里。出縣東南三百五十里之星子山，西北流合木馬河。木馬河在縣南，一名馬源水，源出巴山，東北流合於洋水注於漢江。志云：縣西南三十里有金厢堰，分渠二十五；又有空渠堰，分渠二；又五渠堰，在縣南三里，分渠五；官莊堰，在縣南二里，分渠二；皆洋水之支流也。縣南十五里又有西龍溪堰，又南十里爲東龍溪堰。縣西又有平地堰，地名西峽。又西南有驚軍壩、洋溪河、高川河、高頭壩、長嶺岡、黄池塘、羅家坪、阿羅關塘等堰凡八處，皆陸續開修，引水溉田處也。

七十二渡河，在縣南五十里。源出金竹山，其流縈迴可渡者凡七十二處，亦流入於洋水。

蓧水，在縣西北。水經注：「漢水過黄金谷南，又東得蘧蓧溪口，溪出長安西南之就谷，南流經巴溪戍西，又南逕陽都坂東而南注於漢，謂之蓧水口。」胡氏謂即後魏除口戍，悮也。

子午水，縣東百二十里。出子午谷，南流入漢水。今有子午鎮巡司，在縣東北百八十里。

饒風關。見前饒風嶺。關北四十里又有祖溪關，即金人攻饒風之間道也。○鹽場關，在縣東南二百里，有巡司戍守。

鳳縣，府西北三百八十里。北至鳳翔府二百六十里，西至鞏昌府成縣二百七十里。漢武都郡之故道縣，東晉時爲仇池氏所據，後魏置梁泉縣及固道郡於此，又置南岐州。西魏改郡曰歸真，後周廢郡，改州爲鳳州。〔八〕隋大業初改爲河池郡。唐復爲鳳州，天寶初亦曰河池郡，乾元初復爲鳳州，唐末置感義軍，尋廢。朱梁貞明初王建置武興軍，後唐長興三年軍廢。五代周顯德二年後蜀置威武軍。宋復曰鳳州。元以附郭梁泉縣省入。明初改州爲縣。今城周四里有奇。編户六里。

故道城，即今縣治。志云：邑有蠻夷曰道。漢王從故道出陳倉，定三秦，又曹參攻故道是也。後漢亦屬武都郡，魏、晉因之，後爲仇池氏所據。後魏初置凉泉縣，尋改曰梁泉，歷代皆爲州郡治。後唐同光三年郭崇韜等伐蜀，入散關，議先取鳳州，因其糧以圖蜀，乃倍道而進，會鳳州來降，喜曰：「平蜀必矣。」宋仍曰梁泉縣，元省。志云：鳳州北連大散，南出褒斜，秦、楚之要膂也。

黄花城，在縣北六十里。漢故道縣地，唐武德四年分梁泉縣置，以黄花川爲名，寶曆中廢。有黄花谷，五代周顯德二年王景敗蜀兵於此。

威武城，在縣東北六十里。五代梁貞明初，蜀王建置城於此，爲戍守之地。五年蜀將王宗播伐岐，入大散關而還，分兵戍威武城。六年蜀將王宗儔等分道出散關故關伐岐，尋還，王宗宴等分屯威武城。後唐同光三年伐蜀，前鋒李紹琛攻威武城，城降。周顯德二年遣王景等伐蜀，入散關，攻秦、鳳諸州鎮，戰於威武城，不利，即此。○龍安城，在縣西。隋志：「西魏有龍安、商樂二縣，後周廢。」又漢王城，志云：在縣南四十里，漢高嘗屯兵於此，城因以名。

九峰山，縣東北五里。有九峰攢聚。又御愛山，在縣東北三十里。韋莊載入蜀記：「僖宗西幸，嘗愛其雄秀，因名。」○鳳凰山，在縣東五里。縣以此名。又縣南十里有南岐山，洞壑頗勝。

武都山，在縣南六十里。山有谷，産雄黄。又紫柏山，在縣東南七十里。山有七十二洞，稱爲幽勝。○板閘谷，在縣北百里。宋開禧二年金人窺大散關，由板閘谷遶出關後是也。

嘉陵江，在縣北一里。自鳳翔府寶雞縣界流入境，又西流入徽州兩當縣界。有羊乳灘，湍激可畏。詳見四川大川嘉陵。○褒水，在縣東南。出城固縣之北山，曲折流入縣境，經褒谷中入褒城縣界，亦謂之紫金水。

紅崖河，縣西四十五里。出縣西北山谷中，歷兩當縣界流入嘉陵江。又野羊河，在縣南七十里。出紫柏山，亦流入於嘉陵江。

大散水，在縣東五里。出大散關，流經縣西南入於嘉陵江，亦謂之故道水。又有黄花川，亦在縣東。水經注：「大散關水流入黄華川，是爲黄華水也。」志云：縣東之水爲斜谷河、紫金水，縣西之水爲小峪河、紅崖河，縣南之水爲東溝河、野羊河，其流俱注於嘉陵。

利民堤，在縣西。又有磑子堰，志云：宋祥符二年置。○涼泉，在縣西二十里。西流與嘉陵江合。後魏以此名縣，尋改梁泉。涼與梁古通用也。

大散關，在縣東北百二十五里，與鳳翔府寶雞縣分界。關傍舊有松陵堡，屬縣境，置戍於此，與關城爲脣齒。今松陵堡已廢，惟縣南百二十里有松林驛，爲往來通道。詳見前重險散關。○清風關，在縣東百五十里，有巡司戍守。又縣南百二十里有留壩巡司。

仙人關，在縣南百二十里，近略陽縣界。宋紹興三年金人入興元，吴玠守仙人關，自西縣間道會劉子羽於三泉，子羽留玠共守，玠曰：「關外蜀門户，不可輕棄。」復往守于仙人關。紹興四年玠與弟璘破金人於此。端平二年曹友聞却蒙古將汪世顯於大安，遂引兵扼仙人關。一統志：「仙人關路分左右：自成州經天水出皂郊堡直抵秦州，此左出之路；自兩當趨鳳縣直出鳳翔大散關至和尚原，此右出之路也。」

武休關，在縣西南百餘里。宋紹興三年金將撒離喝自金、洋入興元，劉子羽拒之於三泉，乃由斜谷北去，子羽謀邀之於武休，不及。嘉定十二年金人敗宋將吴政於黄牛堡，乘勝攻武休關，守將遁去，金人遂破興元，又破大安軍，連破洋州。紹定四年蒙古拖雷入大散關破鳳州，一軍徑趨華陽屠洋州，一軍攻武休關生山，截焦崖，出武休東南，遂圍興元軍，民散走死於沙窩者數十萬。焦崖，今棧道名。

馬嶺關，縣西三十五里。亦曰馬嶺寨。五代周顯德二年，遣將王景等入散關攻蜀秦州，蜀將李廷珪遣別將據馬嶺寨，即此。又縣西有畫眉關。志云：縣境大散、仙人、武休、馬嶺、畫眉等關，皆當秦、蜀之交，爲褒斜要路。○橫山寨，在縣西北。吴玠敗金人於仙人關，賊宵遁。玠遣將張彦劫橫山砦，王俊伏河池扼其歸路，又敗之。

黄牛堡，縣西北百五十里，近鞏昌徽州及鳳翔隴州界。五代周顯德二年王景攻蜀，入散關，拔黄牛等寨。宋紹興三十年金人大舉入寇，徒單合喜扼大散關，遊騎攻黄牛堡。守將李彦告急。吴璘馳至殺金坪，駐青野原援黄牛，又遣別將彭青至寶雞渭河，夜劫橋頭寨破之，金人引却。嘉定十一年金人入西和、階、成州，復犯大散關，守將劉雄遁去；又犯黄牛堡，興元都統吴政拒却之，進軍大散關。十二年吴政及金人戰於黄牛堡，死之，金人乘勝攻武休關是也。橋頭寨，見鳳翔寶雞縣。

回車戍，縣南百六十里。梁太清中西魏將楊寬由陳倉取回車戍，入斜谷關，即此。○罝口戍，在縣西南。宋開禧二年興州將毋思以重兵守大散關，時吴曦叛降金，聞金兵至，因撤驀關之戍，金人由板閘谷遶出關後，思孤軍不能支，遂陷。曦退屯罝口，旋還興州。或曰罝口在略陽北，亦作「沮口」。

唐倉鎮，在縣北三十里。周顯德二年王景等伐蜀，進至威武城，蜀將李廷珪遣別將據馬嶺寨，又遣兵出斜谷屯白澗，又分兵出鳳州北唐倉鎮及黄華谷，絶周糧道。景遣兵抵黄花，又分兵趨唐倉扼蜀歸路，旋敗蜀兵於黄花。蜀兵奔唐倉，周兵又敗之，於是馬嶺、白澗兵皆潰，廷珪等退保青泥嶺，蜀人以秦州降。其斜谷援兵亦潰，成、階二州皆降。志云：白澗鎮在縣東北，即是時蜀將李廷珪分兵屯戍處。

固鎮，縣西百二十里，當略陽青泥嶺之東北，亦近鞏昌府徽州東界。九域志河池縣有固鎮，是也。五代梁乾化四年，蜀興州將王宗鐸攻李茂貞階州及固鎮，破細沙等十一寨，又破長城關等四寨。貞明元年王宗翰侵岐，出青泥嶺克固鎮，與李茂貞秦州兵戰於宜陽川。石晉開運末，時契丹入汴，蜀將李繼勳等乘間攻固鎮拔之，進攻鳳州不克，退保固鎮。李昊曰：「賊若復據固鎮，則興州道絶，不復能救秦州矣。請遣兵急攻鳳州。」既而蜀將漢韶復攻鳳州，軍固鎮，分兵拒散關以絶北軍援路，鳳州尋降於蜀。周顯德二年王景圍鳳州，別將韓通分兵城固鎮以絶蜀之援兵，遂克之。薛居正五代史：「鳳州固鎮之地，周顯德六年升爲雄遠軍。」蓋是時初定秦、鳳、階、成四州，置軍以扼蜀人之衝也。泥陽川，見鞏昌府成縣。

土門隘，在縣西南。一統志：「自青岡平墖過武休山砦，甚險峻，元汪世顯取蜀道經此。」又漢中野録云：「斜谷、榆林、寶家、石樓、西谷、梁州山、土地埡、羊城，凡八隘，皆稱險阨。」〇桑平鋪，輿程記曰：「在縣南百里，此爲古陳倉道。」

長橋。在縣東北。宋開禧三年楊巨源引兵復大散關，與金人戰於鳳州之長橋是也。〇草涼樓驛，在縣東北六十里。唐玄宗西幸嘗駐蹕於此。又東北六十里爲東河橋驛，入寶雞縣界。又三岔驛，在縣南七十里，又南六十里即松林驛也。餘見前褒斜道。

附見

漢中衛。在府城內。洪武四年建，領千户所五。

寧羌州，府西三百里。西至鞏昌府成縣二百五十里，西南至四川廣元縣二百里，東北至鳳縣六百里。

古白馬氏、羌之地，漢爲武都郡沮縣地，晉亦爲武都郡地。後爲楊茂搜所據，劉宋討平之。後魏時屬東益州盤頭郡，尋廢。後周爲長擧縣地，屬華陽郡。劉宋時郡寄理州下，未有實土。今見下沔縣及略陽縣。隋大業初屬順政郡，唐亦爲興州長擧縣地，宋因之。明初爲沔縣地，置寧羌衛於此。成化二十二年改置寧羌州。編户四里。領縣二。今仍曰寧羌州。

州北控褒斜，南衛蜀口，自秦、楚相争，州境已爲孔道。歷漢、魏至今，未有梁、益有事而金牛得免於驛騷者也。蘇氏曰：「大散以南，劍門以北，中間幾及千里。山谷紛糾，險阨相錯。自古惟漢高出陳倉，鄧艾走陰平，深得用兵之意。若角材衡力，争勝於尺寸間，未爲良策矣。」

金牛廢縣，州東北七十里。漢葭萌縣地，屬廣漢郡，唐初爲綿谷縣地，武德二年析置金牛縣，屬褒州，八年州廢屬梁州，寶曆初廢爲金牛鎮。天復二年西川將王宗播攻興元，破金牛、黑水、西縣、褒城四砦。又朱梁乾化初岐兵圍安遠，蜀將王宗弼等赴救，敗岐兵於金牛。宋亦爲金牛鎮，紹興三年撒離喝入洋州，陷興元，至金牛鎮，四川大震。薛居正曰：「三泉縣東六十里有金牛鎮。」一統志：「金牛廢縣在褒城縣西百八十里，今爲金牛驛。」州城，明洪武十三年所築衛城也，成化中改爲州治，嘉靖二十五年增修，萬曆二十三年重葺。城四里有奇，有門四。

白水城，在州西南。漢縣，屬廣漢郡，後漢因之。蜀漢炎興初魏鍾會入陽平關，姜維自陰平退趣白水，遇廖化、張翼等合兵守劍閣是也。晉仍曰白水縣，屬梓潼郡，安帝時立白水郡。劉宋因之。元嘉十二年爲仇池楊難當所據，十九年裴方明討之，克其白水城，遂平仇池。泰始中以白水郡授仇池楊元和，其後楊氏嘗爲郡守。西魏郡廢，又以白水縣并入平興縣。平興，今見四川昭化縣。

嶓冢山，在州東北四十里。即禹貢之嶓冢也，漢水出焉。見前名山嶓冢。○冠山在州城南。舊志：州西有白馬山，山下爲羊鹿坪，州治憑焉。今州城亦曰白馬城也。又有月山，在州東一里。

魚鼈山，在州東南。宋紹定四年蒙古拖雷入漢中，分兩軍：東軍屯於興元、洋州之間以趨饒風關；西軍由别路入沔州，取大安軍路，開魚鼈山，撤屋爲筏，渡嘉陵江入關堡，竝江趨葭萌，略地至西水縣，破城寨百四十而還。西水城，今見四川閬中縣。志云：州東南二十五里有龍首山，本名馬面山，弘治十一年以山巔崔岸如龍首，敕改今名。州東南七十里有天池山，上有池，或以爲即魚鼈山也。又有龍洞山，在州西南四十里。

五丁山，州北三十里。其峽曰五丁峽，亦曰金牛峽，相傳即秦作五石牛紿蜀，蜀令開道引之處也。一統志：「金牛峽在沔縣西百七十里。」

天臺嶺，志云：在州東五十里。其山高而頂平，因名。嶺下有鐵鎖橋。

漾水，即漢水也。出嶓冢山下，東流入褒城縣境。先主斬夏侯淵，欲渡漢水攻陽平關，魏人議依水爲陳，郭淮曰：「不如遠水爲陳，引而致之，渡而後擊之。」備疑不敢渡，即此處也。又沮水，亦在州東，自略陽縣流入境，合於漾水。

西漢水，在州東。源出秦州嶓冢山，歷西和、成縣至略陽縣西南，又南經州東而合於嘉陵江。詳附見大川漢水。○嘉陵江，亦在州東。自略陽縣南流，經州界合西漢水，又南入四川廣元縣境。

白水，在州西。自略陽縣流入，又西南入鞏昌府階州境。志云：白水源出洮州衛西傾山，下流至四川昭化縣北合於嘉陵江。其在州境者亦曰葭萌水，水有津關，即所謂白水關也。宋元嘉十一年梁州刺史蕭思話擊敗氐王楊難當之衆，悉收漢中故城，置戍於葭萌水，即白水矣。今州西三十里有澗縈遶城下，〔九〕或以爲即白水之支流云。

濜水，在州東北七十里。水經注「源發武都氐中，南流遶張魯城東，又南過陽平關西而南入沔，謂之濜口」云。

陽平關，州東北九十里。亦曰陽安關，或謂之關城，西北隔濜水，對張魯城。水經注：「張魯城因即峭嶺，周迴五里，東臨濬水谷，〔一〇〕杳然百尋，西北二面連峰接崖，莫究其極，從南爲盤道，登陟二里有餘。庾仲雍以山爲白馬塞，東對白馬城，名陽平關是也。關城西帶濜水，南面沔川，城側二水之交，亦曰濜口城。」建安二十年曹操征張魯，魯使弟衛拒關堅守，橫山築城十里餘。操初聞陽平城下南北山相遠不可守，及至陽平，不如所聞，攻山上諸屯，皆峻絶難登，既不時拔，士卒傷損者多，軍食又盡，意欲拔軍截山而還，會前軍夜迷，悮入張衛别營，衛軍驚潰，乃拔之。晉孫資所云「魏武陽平之役，危而後濟」者也。二十二年先主取漢中，屯陽平，與夏侯淵相拒，法正曰：「魚復與關頭，實爲益州禍福之門。」建興五年武侯討魏至漢中，屯於沔北陽平、石馬。後主時謂之陽安關。景曜五年鍾會謀蜀，姜維表請護陽安關口，後主不聽。既而聞魏兵且至，乃遣張翼等詣陽安關口，爲諸圍外助。未及至關，會徑自洛口入，分兵圍漢、樂二城，徑趨陽安關口，下其城是也。自晉以後謂之濜口城。義熙二年仇池氐王楊盛遣其將苻宣等入漢中，秦梁州别駕吕瑩起兵應宣，刺史王敏攻瑩，瑩求援於盛，盛遣軍臨濜口，敏退屯武興。宋白曰：「劉宋時嘗僑立華陽郡於濜口城，其後皆謂之白馬城。」齊建元元年李烏奴叛入白水氐，依氐王楊文弘，引氐兵寇梁州，陷白馬戍，梁州刺史王玄邈擊却之。二年李烏奴復寇梁州，梁、南秦二州刺史崔慧景發梁州兵與益州兵覆背擊之，烏奴敗保武興。永明十年武興氐王楊集始寇漢中，至白馬，梁州刺史陰智伯遣軍主桓盧奴等擊破之。梁天監四年梁州長史夏侯道遷以漢中叛降魏，白馬戍主尹天寶引兵擊之，圍南鄭，敗死。五年武興氐楊集義圍魏關城，魏將傅豎眼擊破之，進克武興。杜佑曰：「關城在西縣西四十里。」一統志：「關在褒城縣西百八十里，今爲陽平驛。」驛後又有雞鳴山，相傳昔人屯兵於此，敵兵潛至，雞鳴乃覺。又傍有擊鼓山，亦因敵至擊鼓拒敵而名。近代賊營寧羌，官軍討之，至沔縣，賊由陽平關過河趨寧昌，陷兩當、鳳縣，即此。

白水關，在州西南九十里，接四川昭化縣界。章懷太子賢曰：「關在金牛縣西。」杜佑以爲在縣南也。東北去關城一百八十里。胡氏曰：「漢陽西縣有白水關，廣漢郡白水縣亦有白水關，自源徂流，同一白水也，故皆以白水爲名。」後漢建武六年詔隗囂從天水伐蜀，囂上言「白水險阻，棧閣敗絶」，即此。建安十六年劉璋使楊懷、高沛戍白水關，先主屯葭萌，令督白水軍。既而先主紿斬懷、沛，勒兵至關頭，并其兵，遂進據涪城。魏景元四年諸葛緒追姜維於陰平橋頭不及，還向白水與鍾會合。晉太寧初成李雄遣其將李琀等出白水，李壽等出陰平，擊仇池楊難敵，琀等敗没。梁天監十四年任大洪破魏東洛、除口二戍，進圍白水關城，魏益州刺史傅豎眼遣將姜喜擊走之。十五年魏傅豎眼去益州，晉壽降於梁，巴西、梓潼二郡太守張齊敗魏兵於葭萌，進圍武興。魏復使傅豎眼還益州，入武興，張齊退還白水，數侵魏之葭萌，傅豎眼復遣將擊取之。既而齊襲攻白水，魏梓潼太守荀金龍時領關城戍主，會疾，其妻劉氏帥民拒守，井在城外，爲梁兵所據，會天大雨，救亦至，梁兵引却。王氏曰：「白水，蜀口要地也。」吳賀邵嘗言:「劉氏據三關之險,守重山之固。」張萱漢南紀:「蜀有陽平關、白水關、江關,是爲三關。」宋史:「理宗寶慶元年蒙古破關外諸隘,至武、階,四川制置使鄭損棄沔州遁,於是三關不守,宋將曹友聞救却之。」此三關,謂仙人、陽平、白水也。漢中西面之險,以三關爲最。近代賊渡利州河,犯陽平、白水關,土人拒之,賊東走奉節。白水之固,於今爲烈矣。涪城,見四川綿州。江關、奉節,見四川夔州府。

百牢關,在州西南。隋開皇中置,以蜀路險,號曰百牢也。或曰其地有百牢谷,因名。又州東有猪屋關,州西有牢固關、七盤關,州北有略陽關,志云:皆秦、蜀要衝之地。

除口戍。在州東。梁天監十四年,任大洪破魏東洛、除口二戍,進圍關城,魏將傅豎眼遣兵敗之乃還。水經注:「漢水西南逕關城北,有除水出西北除溪,東南流入於漢。」除口戍當置於此。漢水,西漢水也。東洛,見四川昭化縣。○黄壩驛,在州西五十里。通志:「陽平驛在州西北八十里。」似悮。

沔縣,州東北百九十里。東南至府城百二十里。漢爲漢中郡之沔陽縣,〔二〕後漢因之。曹魏末嘗爲梁州治,晉仍爲沔陽縣,屬漢中郡,後没於楊茂搜。劉宋取其地,復爲沔陽縣,齊因之。後魏時縣屬華陽郡,西魏屬興州。隋廢沔陽入西縣,屬梁州,唐、宋因之。元至元二十年置鐸水縣,遷沔州治焉,尋省縣入州。明初又改州爲縣,屬漢中府,成化中改今屬。城周一里有奇。編户五里。

沔陽城,縣西南三十里。舊志云:在西縣東南十六里。漢縣治此,隋省。水經注:「沔水東經沔陽故城,相傳蕭何所築。後漢建安二十四年先主北定漢中,始立壇即漢王位於此。其城南臨漢水,北帶通逵,南面崩水三分之一,是漢時故城又在今縣南漢水濱矣。是城蓋宋、齊間所置也。」郡國縣道記：「先主置武興督於沔陽城。」○華陽城，在縣東南四十里。後魏析沔陽縣地置，華陽郡亦治焉。隋志：「梁嘗置華州於此，西魏俱廢入沔陽縣。」

西縣城，在縣西四十里。本沔陽縣地，亦曰白馬城，以旁有白馬山，山石如馬，望之逼真也。郡國縣道記：「西縣本名白馬城，亦謂之濜口城。」蓋誤爲白馬關城矣。晉永和二年桓温平蜀，以蜀、漢流人立晉昌郡，說者謂治於白馬城。宋元嘉十一年氐王楊難當襲梁州，破白馬，獲晉昌太守張範是也。後魏置嶓冢縣，屬華陽郡，俗仍名白馬城。西魏廢帝欽元年，達奚武攻漢中，梁武陵王紀遣將楊乾運援之，至劍北，奚武大破之於白馬。隋大業三年改爲西縣，屬漢川郡。唐武德二年於縣置褒州，八年州廢，縣屬梁州。天復二年王建攻興元，其將王宗播克西縣寨，尋取興元，使王宗綰城西縣，號曰安遠軍。朱梁乾化初，岐兵圍蜀將王宗侃於安遠，不克而還。貞明六年蜀主衍北巡，次安遠城，遣軍伐岐，尋自安遠引還。後唐平蜀，仍曰西縣。宋因之，仍屬興元府。紹興三年金人入洋州，吴玠保西縣是也。元初改屬沔州，尋省。九域志：「西縣東至興元府百里，西南至利州三百九里。」

西樂城，在今縣西南。水經注：「沔水東逕沔陽故城南，又東逕西樂城北。城在沔陽東山上，周三十里，甚險固。城側有谷謂之容裘谷，道通益州。山多羣獠，武侯築此以爲防遏，即漢、樂二城之一也。」三國志：「建興七年丞相亮徙府營於南山下原上，築漢城於沔陽，樂城於城固。」此即漢城也。對樂城而言，故曰西樂。景曜二年護軍蔣斌守漢城，六年魏鍾會來伐，分兵圍之，引軍徑進，遂入陽安關。又晉寧康初，梁州刺史楊亮守西樂城，爲苻堅所敗。杜佑曰：「西樂城在西縣西南。」水經注以爲在沔陽東山上，似悮。又蜀漢延熙中姜維請建西安、建威、武衛、石門、武城、建昌、臨遠諸圍戍，其城皆在今階、成、鳳、沔間云。○石馬城，在縣東二十里。蜀漢建興五年，武侯伐魏至漢中，屯于沔北陽平、石馬，此即石馬城。或以爲諸葛壘，亦曰諸葛城，隋置白馬鎮於此。

三泉城，在縣西南七十里。唐置。舊唐書：「武德四年分利州綿谷縣置南安州，領三泉、嘉平二縣。八年廢南安州及嘉平縣，以三泉屬利州。天寶元年改屬梁州，移治沙溪之東，即今城也。」續通典：「三泉縣在興元府西南二百十里，本後魏正始中分葭萌縣置，以界内三泉山爲名。」唐光啓二年幸興元，邠寧、鳳翔等軍逼車駕，遣神策軍使王建帥步兵戍三泉。天復二年昭宗幸鳳翔，王建引兵趨鳳翔，山南西道節度使李繼密遣兵戍三泉以拒之，爲西川將王宗播所敗。後唐同光三年伐蜀，前鋒李紹琛大敗蜀兵於三泉，遂兼行趨利州。宋乾德三年王全斌伐蜀，别將史進德敗蜀兵於三泉砦。蜀既平，以三泉爲蜀道之口，命直隸京師。至道二年建爲大安軍，旋廢。紹興三年復置大安軍。是年金人入洋州，劉子羽焚興元退保三泉。嘉定十二年金人破大安軍及洋州，都統張威遣石宣邀擊金人于大安軍，大破之。端平二年蒙古將汪世顯擣大安，曹友聞擊却之。三年蒙古陷興元，曹友聞方扼仙人關，四川制置使趙彦呐檄友聞控制大安以保蜀口，及戰，敗，蒙古遂長驅入蜀，一月之間利州、潼川、成都三路悉見傾陷。元初爲大安州，至元二十年降爲縣，屬沔州。明初廢，今爲大安關。宋九域志：「興州東南至三泉縣一百四十五里，自三泉西至利州一百八十九里，又三泉西至陽平關二十里。」寰宇記：「城東門外瀕江石上有三泉品列，縣因以名。」

嶓冢山，縣西百二十里，與寧羌州接界。又縣西九十里有普明山，東接金堆，西連嶓冢，大安水出焉。

烽燧山，在縣治西。昔嘗置烽燧于山上。又縣治北一里有卧龍山。○鐵山，在縣北五里。山出鐵。志云：宋姚仲置寨于此，以拒金人。又劉子羽曰：「川口有鐵山、棧道之險。」謂此也。按兀朮攻仙人關，自鐵山鑿崖開道。又吳曦以階、成、和、鳳四州降金，表鐵山爲界。似山當在略陽境内，非此鐵山也。

定軍山，縣東南十里。有兩峰對峙。漢建安二十三年先主取漢中，與夏侯淵相拒於陽平關。久之，先主自陽平南渡沔水，緣山稍前營於定軍山。淵引軍來争，先主使黄忠乘高下擊，遂斬淵。諸葛武侯葬於此山下，有武侯督軍壇。又有八陣圖在山之東麓，所謂高平舊壘也，遺址僅存。宋紹興三年金人陷洋州，逼興元，劉子羽邀吳玠同守定軍山，即此。華陽國志云：「定軍山北臨沔水。」○武興山，在縣東北十五里。蜀漢置武興督，蓋以山名。一統志：「山南臨漢江，古武興郡蓋治此。」恐誤。名勝志：「武興山在略陽城西一里，峰巒秀出，竹柏蔚然。」

龍門山，在縣西南六十里。舊志：山南去廢大安軍城十里。懸崖環合，溪壑交流，有雞冠隘、龍尾坡諸險。宋端平三年蒙古陷興元，四川制置使趙彦吶檄曹友聞守大安軍。友聞遣弟萬等上雞冠隘，多張旗幟，示敵堅守。友聞選精騎夜渡江，往流溪設伏，約内外夾擊。蒙古兵至，萬出戰。友聞帥所部兵馳至隘下，入龍尾頭，萬亦出隘口與友聞會。會大風雨，敵以鐵騎衝突，兩軍悉没，敵遂長驅入蜀矣。江即漢江，在大安城東。流溪，漢江東之小溪也。○潭毒山，在縣西八十五里。或以爲即宋紹興二年劉子羽所守之潭毒山也。今見四川廣元縣。

白崖，在縣西北。舊志云：在大安軍東北八十里。宋元嘉十九年魏取仇池，既而仇池楊文德復叛據白崖，即此處。又石頂原，在縣南三十里。宋時置關於此，最爲險要。○百丈坡，在縣東北二十里。輿程記：「由鳳縣南百里桑平鋪而入，至此而出，路長二百里，爲古陳倉道。」漢高祖出故道襲陳倉，蓋由此。今荒塞。

漢水，在縣南十里。自寧羌州境流入縣界，又東流入褒城縣境。亦曰漾水。其別源曰沮水，自略陽縣流經縣西三十里，又東南流合於漢水。

大安水，在縣西九十里。源出普明山，又東南流經廢大安城西而入于漢江。又容裘水，在縣西南。水經注：「源自巴嶺，西北流逕西樂城東而注于漢水。」

黄沙水，在縣東四十里。有天分堰，引水溉田。志云：黄沙水源出縣東北四十里之雲濛山，下流入於漢。又有養家河，在縣南二十里。或曰漾水之支流也。今縣南三十里爲白崖堰，又南五里爲馬家堰，縣東南三十里又有石燕子堰，俱引以溉田。又舊州河，在縣北二十五里，引爲石刺塔堰；又羅村河，在縣西南百九十里，引爲羅村堰；俱有灌溉之利。

黄牛川，在縣西。朱梁乾化初岐兵圍安遠，蜀將王宗弼等赴救，敗岐兵於金牛，又敗之於黄牛川，進至城下，與城中兵夾擊之，岐兵解圍遁去。又龍尾灘，在縣西南。志云：大安軍龍尾灘，由鳳州入閬州之道也。宋開禧中四川帥安丙殺楊巨源於此，蓋即龍尾坡矣。

明珠曲，在縣西。或曰西縣城旁有白馬河，其上流爲龍門溝，南流入於漢水，水所折旋處有明珠曲、梟口之名。朱梁乾化元年岐兵圍蜀安遠軍，蜀將王宗鐬等救之，壁於廉、讓之間，與興元軍合擊岐兵，大破之於明珠曲，又破之於梟口是也。廉、讓二水，見褒城縣。

大安關，即故三泉縣也。以宋兼置大安軍而名。又石頂關，置於石頂原。二關皆爲控扼要地。志云：縣西百里爲金牛驛，蓋即州境之金牛廢縣矣。又順政驛，在今縣治西。

廣石戍，在縣西。先主謀取漢中，屯陽平關，魏將張郃屯廣石，先主攻之不克。既而夏侯淵敗没，郃自廣石引兵還陽平。廣石蓋與陽平關相近也。又石團寨，在縣西北。孟蜀時置寨，以守劍北。宋乾德二年，王全斌伐蜀，下興州，乘勝拔石團、魚關、白水等三十餘寨，別將敗蜀兵於三泉是也。○魚關寨，或曰近興州，宋紹興中貯錢帛於此以給軍。

魚孔隘。在縣西。宋淳祐三年蒙古破大安軍，宋將楊世安守魚孔隘，孤壘不降，詔即以世安知大安軍是也。又德勝堡，亦在故大安城西南。宋嘉熙中廣西恩州土酋田興龍敗蒙古兵於此。

略陽縣，州東北三百十里。東南至府城二百十里，西至鞏昌府成縣二百十五里。漢武都郡沮縣地，三國漢置武興督於此，晉仍爲沮縣地，晉惠帝時嘗爲楊茂搜所據。後魏太和中置南梁州於此，尋改爲東益州，治武興郡，又僑置略陽縣。梁大同十二年得其地，置武興蕃王國。西魏改爲興州，兼置順政郡，而改縣爲漢曲縣。隋初郡廢，開皇十八年改爲順政縣，大業初又改興州爲順政郡。唐復曰興州，天寶初亦曰順政郡，乾元初又爲興州。宋因之，紹興十四年爲利州西路治所，紹熙五年罷。〔三〕開禧三年吴曦叛，僞改興德府。曦誅，改曰沔州。慶元二年復爲利州西路治，嘉定三年又罷。十一年復置，端平三年兵亂廢。元移州治鐸水縣，而改州治順政縣爲略陽縣，仍屬沔州。明初改屬府，成化二十二年改今屬。縣城周四里。編户四里。

武興城，即今縣。元和志云：先主以地當衝要，置武興督守此。築城甚固，周圍五百許步，惟開西北一門，外有倉壘，三面周帀。自晉以後皆謂之武興城。義熙二年仇池楊盛略漢中，後秦梁州刺史王敏退屯武興。宋元嘉三年，仇池氐楊興平内附，梁、南秦二州刺史吉翰遣始平太守龐諮據武興，氐王楊玄遣弟難當來争，諮擊走之。昇明元年以楊文弘爲北秦州刺史，退治武興。齊建元二年晉壽民李烏奴叛，數寇梁州，爲州兵所敗，走保武興。既而梁、南秦二州刺史崔慧景遣長史裴叔保攻烏奴於武興，爲氐王楊文弘所拔。是年以楊難當之孫後起爲北秦州刺史、武都王，鎮武興。永明十年氐王楊集始以武興降魏，建武四年復來降。永元二年又叛降魏，魏仍使歸守武興。梁天監二年氐王楊紹先等始貳於魏，尋稱帝。五年魏克武興，執紹先，置武興鎮。尋改爲東益州，領武興等郡。十四年叛氐圍武興，魏南秦州刺史崔暹擊破之。大同初，紹先因魏亂，自洛陽逃還，復據武興。時梁克漢中，紹先子智慧表求歸國，詔即以爲東益州刺史。十二年仍附於梁，梁因置武興蕃王國授之。大寶二年西魏將達奚武取武興，滅楊氏，因改置興州及順政郡。隋、唐以來因之，柳宗元興州江運記所謂「崖谷峻絶，十里百折」者也。宋建炎四年張浚以富平之敗，退保興州。或請移治夔州，劉子羽曰：「四川全盛，敵欲入寇久矣。直以川口有鐵山、棧道之險，未敢遽窺耳。今不堅守，縱使深入，而吾假處夔峽，遂與關中聲援不相聞，進退失計，悔將何及？今留駐興州，外繫關中之望，内安全蜀之心，呼召諸將，收集散亡，分布險隘，堅壁固壘，庶幾有濟。」浚從之，於是蜀始可守。及開禧三年吴曦引金人入鳳州，以階、成、和、鳳四州畀之，表鐵山爲界。曦即興州爲行宫，改州爲興德府，稱蜀王。安丙等討平之，於是始改爲沔州。端平二年蒙古入犯，自鳳州至西縣擣西池谷，距沔九十里。既而自白水關入六股渠，距沔六十里。沔無城郭，依山爲阻，知州高稼力戰不能支，遂陷。蒙古將汪德臣因築城屯守。既又取利州城之，而蜀口之險盡入於敵矣。

長舉城，縣西百里。本漢沮縣地，後魏爲梁州華陽郡地，尋析置長舉縣及盤頭郡於此。正光五年秦州賊莫折念生遣其黨竇雙攻盤頭郡，東益州刺史魏子建遣將竇念祖擊破之。後周郡廢，縣屬順政郡。隋屬興州，唐因之。後唐同光二年伐蜀，前鋒將李紹琛等至長舉，其興州將以所部兵降是也。宋仍屬興州，元廢。

鳴水城，縣南百十里。漢沮縣地，後魏置落叢郡。魏收志落叢郡領武都、明水二縣，明水即鳴水矣。西魏改置落叢縣。隋開皇初郡廢，六年改縣曰厨谷，屬興州。八年又改曰鳴水。唐因之，寶歷初縣廢。

仇池城，在縣西北百六十里。隋志：「西魏置仇池縣，後改曰靈道，隋屬興州，大業初省入順政縣，又有修城廢縣，在縣西境。後魏太和中置郡，治平洛縣，西魏改縣曰廣長。後周郡廢，又以所屬下阪縣省入。隋仁壽初改爲修城縣，隋末廢。又柏樹廢縣，亦後魏置，屬修城郡，後周廢入廣長縣。」

玉女山，在縣治東南。山高千仞，多雲霞覆之，不見其巔。山多白石，修潔如人形，因名。縣西二里有堡子山，或以爲武興山也。又有八渡山，在縣北十五里。山下水流環繞，可渡凡八處，因名。

盤龍山，縣西五里。下有泉水，灣環如盤龍。上有磚浮圖。或以此爲龍門山。後魏太和中，以氐帥楊靈珍爲南梁州刺史，靈珍舉郡降齊，魏主詔李崇討之。崇自武、階槎山分道而東，表裏襲之。靈珍遣從弟建屯龍門，自率精勇萬人屯鷲峽，龍門之北數十里中伐樹塞路，鷲峽口聚擂石臨崖下之，以拒魏兵。崇命統軍慕容炬帥衆從他路入，夜襲龍門破之。崇自攻鷲峽，靈珍敗走，遂克武興。胡氏曰：「鷲峽在龍門之西南。」今亦見鞏昌府成縣。

大丙山，縣南三十里。山有丙穴。其相連者曰小丙山。志云：山在沔縣西北八十里，蓋與縣接界也。亦名大景、小景山，唐諱丙改曰景。又寒山，在縣南百里。山高聳，嘗有積雪覆其巔。○厨谷山，在縣南三百里。崖穴間嘗興雲霞，如厨爨之狀。

飛僊嶺，在縣東南四十里。上有閣道百餘間，即入蜀大路也。又分水嶺，在縣東南八十里。嶺下水流分東西，因名。或曰即水經注所云狼谷也，沮水出焉。

殺金嶺，縣西北百二十里。其旁地曰殺金坪，與鳳縣仙人關相近。宋紹興四年金兀术攻和尚原，時吴玠守仙人關，以其弟璘守和尚原，餽餉不繼，慮金人必復深入，且其地去蜀遠，命璘别營壘於僊人關右之地，名殺金坪，移兵守之。繼而兀术以步騎十萬破和尚原，進攻僊人關，自鐵山鑿崖開道，循嶺東下，玠以萬人守殺金坪以當其衝，璘自武階路入援，先以書抵玠，謂：「殺金坪之地闊遠，前陣散漫，後陣阻隘，宜益修第二隘，示必死戰，然後可以必勝。」玠從之，亟修第二隘，璘轉戰七晝夜始與玠會於仙人關，敵敗却。

青泥嶺，在縣西北百五十里。懸崖萬仞，上多雲雨，行者每逢泥淖。亦名泥公山。後魏太和中，南梁州刺史楊靈珍據泥公山，歸欵於齊，即此。五代梁乾化中，岐王李茂貞遣劉知俊等侵蜀，蜀將王宗侃等與戰於青泥嶺，蜀兵大敗，退保安遠。又貞明初蜀將王宗播攻岐，引兵出青泥嶺，克固鎮。周顯德二年王景伐蜀，蜀將李廷珪戰敗，自唐倉退保青泥嶺。宋乾德二年王全斌等伐蜀，會師於鳳州，取青泥關路入蜀界，蓋五代時蜀人置關於此以爲控扼也。固鎮、唐倉，俱見前鳳縣。

大唐峰，在縣東南。唐光啓二年邠寧叛帥朱玫遣將王行瑜逼車駕於興元，攻大散關。興鳳帥楊昇敗走，行瑜進屯鳳州，攻興州，昇復棄城遁。詔都將李鋋等屯大唐峰以拒之，邠軍敗，復取興州，進屯萬仞砦。○角弩谷，在縣東北。蕭齊建武二年魏將拓跋英等攻梁州，梁州刺史蕭懿遣將據角弩谷及白馬、沮水，立五栅以拒之，爲英所敗。今階州亦有角弩谷。

青野原，在縣北百四十里。宋紹興三年金人扼大散關，遊騎攻黄牛堡，吴璘自河池馳至殺金坪，駐青野原，分兵援黄牛堡，却之。紹定四年蒙古遣使速不罕來假道淮東以趨河南，至沔州青野原，爲統制張宣所殺。端平二年蒙古陷沔州，四川制置使趙彦呐自蜀口進屯青野原，蒙古圍之，利州帥曹友聞曰：「青野爲蜀咽喉，不可失也。」因馳救，敵引却。黄牛堡，見鳳縣。

沮水，在縣東。水經注：「沮水出沮縣東狼谷中，又東南流經沮水戍西而東南流注漢，亦曰沮口。」晉寧康初，梁州刺史楊亮遣其子廣襲仇池，爲秦將楊安所敗，沮水諸戍皆委城奔潰，蓋是時阻沮水列戍以備秦也。後魏延昌末，梁州刺史薛懷吉破叛氐於沮水，亦在縣境。今沮水流經縣南入沔縣境而合於漢水。

嘉陵江，在縣南一里。自徽州流入，又南入寧羌州境合於西漢水。唐元和中，山南節度使嚴勵自長舉縣西疏嘉陵江二百里，焚巨石沃醯以灌之，通漕饋成州戍卒是也。○犀牛江，在縣西北百二十里，即西漢水也。自鞏昌府成縣流入，下流合於嘉陵江。志云：縣東有黄坂水，又有南街水，其下流俱流注於嘉陵江。

白水江，在縣西百二十里。其上源自洮岷衛境東流經西和、成縣之境而入縣界，又南經寧羌州西折而西南入階州界，歷文縣及四川龍安府之境，復折而東至昭化縣入於嘉陵江。亦謂之葭萌水。蓋白水盤束山谷間，源流最爲紆遠云。今有白水巡司，置於縣西北百十里。

一百八渡河，在縣城東。自鞏昌府徽州界流入境，下流合嘉陵江。明初徐達下秦州，遂南出一百八渡河，由略陽入綿州是也。

乾渠，在縣北。舊五代史：「後唐長興中馮暉爲興州刺史，以乾渠爲理所。清泰初雄武帥張延朗圍蜀文州，蜀將李延厚將兵屯興州，遣別將救文州，延朗引還，秦將馮暉亦自乾渠歸鳳翔是也。」宋乾德二年王全斌伐蜀，前鋒收復乾渠渡，進克萬仞、燕子二砦。乾渠蓋往來要地也。

白玉關，在縣北八十里。一名九股樹。今有九股樹巡司置於此。又興城關，在縣西。唐志興州有興城關，是也。

萬仞砦，在縣北。唐光啓二年邠寧帥朱玫遣將王行瑜攻興州陷之，都將李鋋擊敗行瑜軍，復興州，進屯萬仞砦。宋乾德二年王全斌伐蜀，自鳳州從乾渠渡克萬仞、燕子二砦，遂下興州。

桑林戍，在縣南。志云：五代唐末興州所領有三泉、西縣、金牛、桑林等戍，清泰初興州刺史劉遂請悉集戍兵還洛，於是散關以南城鎮無復守禦，悉爲蜀人所有。〇合江倉，在縣治東。宋開禧中楊巨源監合江倉，起兵討叛帥吳曦，殺之。

附見

寧羌衛。在州城内。通志：「洪武二十九年置，轄千户所五。」又沔縣守禦右千户所，在縣治東。洪武中置，舊屬漢中衛，今屬寧羌衛。

興安州，府東南六百四十里。東至湖廣均州七百里，東南至湖廣鄖陽府五百二十里，南至四川夔州府九百五十四里，西南至夔州府達州一千一百里，北至西安府六百八十里，東北至商州六百二十里。

春秋時庸國地，帝王世紀云：「昔虞帝嘗居此，謂之姚墟。」亦曰潙汭，通典謂之嬀墟，在州治西北。戰國時屬楚。秦屬漢中郡，漢因之。東漢末置西城郡，曹魏改爲魏興郡，晉、宋、齊因之。宋、齊時有南上洛郡，皆寄治魏興。蕭子顯曰：「晉永嘉初蜀賊没漢中，刺史張光治魏興，自是每失漢中，刺史輒鎮魏興也。」梁天監四年僑置梁州於此，亦謂之北梁州。時漢中没於後魏也。尋復没於後魏，曰東梁州。大同初復得漢中，改爲南梁州。西魏又爲東梁州，兼置金城郡，永熙二年東梁州民夷作亂，討平之。尋改爲金州。以其地出金也。隋郡廢州存，大業初又改爲西城郡。唐復爲金州，天寶初曰安康郡，至德初曰漢南郡，乾元初復曰金州，大順二年置昭信軍。五代時入於蜀，改爲雄武軍。天祐二年王建得其地，旋失之，既而復取其地置雄武軍。孟蜀亦嘗置威勝軍於此。宋仍曰金州，亦曰安康郡、昭化軍。元因之，屬興元路，以州治西城縣省入。明仍爲金州，屬漢中府，萬曆十一年改曰興安州。編户四里。領縣六。今爲直隸興安州。

州東接襄、沔，南通巴、達，西連梁、洋，北控商、虢。戰國時蘇代言：「漢中之甲，乘船出於巴，乘夏水下漢。」今州北漢水東下鄖、襄是也。漢高入關，使酈商分軍出此，先定漢中。魏曹真欲繇斜谷侵漢，魏主詔司馬懿泝漢，中繇西城與真會漢中。漢蔣琬屯漢中，多作舟船，欲乘漢沔東下襲魏興、上庸以規中原。議者謂事若不捷，還路甚難，遂不果。唐李吉甫曰：「金州秦頭楚尾，爲一都會。」宋初伐蜀，劉光進遣將繇此襲夔州。建炎四年襄陽盜桑仲陷均、房，乘勢直搗金州。鎮撫使王彦曰：「張公方有事關、陝，若仲越金州而至梁、洋，則腹背受敵，大事去矣。」急勒兵擊却之。紹興三年金人謀窺蜀，以吴璘駐兵和尚原不得逞，乃以降將李彦駐秦州睨僊人關，以綴吴玠河池之師，復遣游騎出熙河以綴關師古，撒離喝遂自商於直搗上津，見湖廣鄖陽府。拔金州而西。蒙古之攻汴梁也，陷梁、洋，出饒風，見西鄉縣。繇金州浮漢而東，戰於唐、鄧間。夫金州襟帶漢江南北，其所繫顧不重歟？

西城廢縣，在州西南三里。漢置縣，爲漢中郡治。東漢移郡治南鄭，建安中置西城郡於此。魏爲魏興郡治，晉以後因之。宇文周省西城縣，隋初復置，開皇十八年改爲吉安縣，大業三年又改爲金川縣，十二年廢。義寧二年復置西城縣，爲金州治。唐、宋因之，元初廢。志云：州初治漢水北，去水不過百步，後移水南。明萬曆十一年大水城壞，參議劉致中疏請移治於故城之南原三里許，因易州名曰興安。今城周四里有奇，門四。

廣城廢縣，在州西。東晉時置，屬魏興郡，宋、齊因之，後周時廢。○晉興廢縣，在州東。沈約曰：「魏置平陽縣，屬魏興郡，晉太康中改曰晉興，爲郡治。宋仍屬魏興郡。」齊因之，後周廢。

魏山，州西南六里。東西南三面皆險絶，一面略通人行。晉太元三年吉挹爲魏興太守，苻堅將韋鍾攻之，挹控山爲壘，二年不下，其壘因名吉挹城是也。今州西五里爲西城山，漢江經其下。〇趙臺山，在州南二里。梁時漢水溢，人避於此。山嵯峨高聳若樓臺然，因名。州北五里又有牛山，高聳爲羣山之冠。

天柱山，州西五十里。懸崖壁立，秀出羣嶺，下有碧鈿、青碌諸洞二十餘處，唐、宋俱採取入貢，明始停閉。又有香溪洞，香溪水出焉，流至州南二十里，下流入於漢水。〇鳳凰山，在州西七十里。跨石泉、漢陰、紫陽三縣之境，綿亘三百餘里。志云：州北四十里有將軍山，亦以山勢雄桀而名。

漢水，在州北四里。自紫陽縣東北流入州境，又東流經洵陽、白河兩縣而入湖廣鄖陽府界。今城東一里有長春堰，築以禦漢水之泛溢。又有石梯渡，在州東三十里江濱。石崖連亘，過渡處鑿爲磴如梯，因名。

衡河，州西七十里。流合漢陰縣東之月川水，入於漢水，亦謂之恒河。今有千工堰，在州西北七十里，引恒河灌田三十里。又傅家河，在州北五十里。引流爲大積堰，居民資以灌溉，其下流亦南入漢江。

任河，在州西。志云：舊時有關戍守，曰任河關。又越河，在州西北十里。又州東八里有黄羊河，州西二十里有吉河，又有嵐河、洞河，與越河、任河俱流注於漢水。

歸安鎮。在州北。五代周顯德五年李玉自長安襲蜀歸安鎮，蜀兵據險邀之，敗没。胡氏曰：「在金州界。」〇水寨，舊在州城南。志云：漢水去州城百步，五代唐置水寨於此以備蜀。清泰初蜀將全師郁寇金州，拔水寨，防禦使馬全節拒却之。

平利縣，州東南九十里。南至四川大寧縣六百里。本漢長利縣地，屬漢中郡。晉分立上廉縣，屬上庸郡。宋置吉陽縣，屬新興郡，齊、梁因之。西魏改爲吉安縣，兼置吉安郡。隋郡縣俱廢入西城。唐置平利縣，屬金州。宋初廢爲鎮，尋復置縣，元省。明初復置縣。城舊周六里，今四里有奇。編户八里。

上廉城，在縣治東。晉太康初置，劉宋析置吉陽縣，齊復分置上廉縣，仍屬上庸郡。梁因之，西魏併入吉安。劉昫云：「縣本治於平利川，唐因以名縣。」五代周顯德二年伐蜀，攻秦、鳳二州，蜀將孟貽業駐軍平利爲褒源之援，即此。

豐利城，在縣東北百七十里。本漢長利縣地，晉爲錫縣地。劉宋析置豐陽縣，屬南上洛郡。齊因之，增置北上洛郡及北豐陽等縣。後魏時爲豐利縣，大同中置南上洛郡於此，西魏改爲豐利郡。後周廢郡，以縣屬上津郡。隋屬金州。唐初屬上州，貞觀十年改屬均州。宋省。○熊川廢縣在縣東，又有陽川廢縣，俱西魏時置，後周省入豐利縣。

女媧山，縣東三十里。崇巒羅列，形勢逶迤。舊有女媧祠，因名。下有灌溪河，西流入於漢水。○錫義山，在縣西六十里。又縣南三百里有化龍山，南接四川大寧縣界。

界溪河，在縣東。自湖廣竹山縣流入境。今縣東百二十里有石嘴、黄沙二堰，俱引界溪水以溉田。又秋河，在縣東南百五十里，有秋河堰，源自四川大寧縣流入；縣西南又有嵐河，自四川達州界流入，引流爲線口堰，在縣南九十里；其下流俱注於漢江。

鎮坪。志云：在縣東南二百里，有巡司戍守。通志：「縣東百三十里有九龍寨，寨後三里有九龍洞，因名。又東三十里有連線寨，途盤十五里至頂，三面壁立，下有連線洞。又東五十里有金雞寨，平地突起一山，周環有水。正德中官兵討賊嘗屯於此。」

石泉縣，州西二百八十里。西至西鄉縣二百十里。本漢西城縣地，蕭齊置安樂縣，又置晉昌郡於此。梁改曰永樂縣。西魏改郡曰魏昌，又改縣爲石泉縣。後周廢郡，以縣屬西城郡。隋屬金州。唐因之，聖曆初改爲武安縣，神龍初復故。大曆初省入漢陰，永貞二年復置。〔三〕宋仍屬金州。元廢，明初復置。今縣城周三里。編户八里。

魏寧廢縣，在縣西南。魏析石泉縣置，屬魏昌郡，後周仍省入石泉縣。

十八盤山，在縣南五里。高出雲表，曲盤十八始達於巔，因名。又太平山，在縣東九十里漢江南岸。山高峻，絶頂平曠。○池山，在縣北五十里。山頂有池，不溢不涸，謂之天池。

堰頭嶺，在縣東五里漢江南岸。下有灘曰堰灘。又東三十五里有馬嶺，亦高嶮，亘二十餘里。

漢江，在縣城南五十步。自西鄉縣流入，經城南稍折而東北，復折而東南流入漢陰縣界。縣城陡臨漢濆，境内諸水悉流入焉。今縣東五里有長安堰，引漢江溉田處也。又東二里有熨斗壩，舊於此堰漢水溉田，以形似名。今廢。

紅河，在縣北一里。源出縣北二十里之五攢嶺，兩岸沙石皆紅，因名。又有珍珠河，在縣西二里。亦出五攢嶺，流合紅水南入漢江。今縣西七里有七里堰，引珍珠水以溉田。○大壩河，在縣西北十里。源出秦嶺，由大壩峰南流，因名。今縣西十里有興仁堰，相近又有高田堰，俱引大壩河以溉田。又縣西有饒風河，自洋縣饒風嶺流入境，至縣西八里合於大壩河，並流注漢江。通志：「縣有饒風嶺巡司。」似悮。

遲河。縣東五十里。志云：河名遲者，以此河易漲而難消也。其流入漢水之處有巨石如蓬花，名蓬花石，舊設遲河巡司於此。○石泉，在縣治南。其水清冽，四時不竭，流入漢水，縣因以名。

洵陽縣，州東北百二十里。北至商州鎮安縣三百二十里。漢置旬陽縣，屬漢中郡，後漢省。晉太康四年復置，屬魏興郡，宋、齊因之。西魏始置洵陽郡，改旬爲洵。隋初郡廢，屬金州。唐武德初置洵州，七年州廢，仍屬金州。宋因之，元廢。明初復置。今縣城周三里有奇。編户十七里。

淯陽城，在縣東三十里。本洵陽縣地，晉於此置淯口戍，西魏大統中置淯陽郡，兼置淯陽縣，後周改爲長岡縣，既又改置黄土縣。隋初郡廢，縣屬金州。唐初仍爲黄土縣，天寶初復爲淯陽縣，寶曆中廢。○赤石廢縣，在縣北。西魏置。隋志：「開皇初并赤石、甲、臨江三縣入黄土縣。」〔一四〕又洵城廢縣，在縣西北。唐武德初分洵陽置洵城、驢川二縣，貞觀二年省驢川縣，八年省洵城縣。

伎陵城，縣西五十里。庾仲雍漢水記謂即木蘭塞，蜀軍救孟達之所也。曹魏太和元年孟達謀以新城歸蜀，司馬懿潛軍擊之，八日到其城下，吴、漢各遣將向西城安橋、木蘭塞以救達。水經注：「漢水東經西城縣故城南，又東經木蘭塞南，右岸有城名陵城，〔一五〕周圍數里，左岸壘石數十行，重疊數十里，中爲木蘭塞。」蓋吴軍向安橋，而蜀軍向木蘭也。安橋應在縣東南。胡氏引水經注云：「安陽西北有高橋溪口，旬水入漢之口也。安橋當在其下。」恐悮。

留停山，在縣治西。峭拔殊甚，行者登之輒爲留停，因名。志云：縣治憑高據阜，四面俱下，不便築鑿，惟縣治倉庫則繚以石墻，建六門，以北道所經也。又梁州記：「洵陽縣治有南山，其北山爲懸書崖，高五十丈。其東爲臨崖山，峰巒隱隱，環於縣治，東瞰漢江，北連鵲嶺。」

紫荆山，縣東南五十里。其南有深洞及石池，池旁有石蓮。又青山，在縣西南五十里。亦有洞，產碧鈿石。○羊山，志云：在縣北四十里。其山連絡千里，與終南、商顏岡脉相接。

當門山，縣東百五十里。有兩峰如門，因名。亦謂之穿崖，高可千仞。又東十里爲浮雲山，山高聳，遠望若浮雲。○水銀山，在縣東北二百四十里。山有洞，產水銀、硃砂。

漢江，在縣城南。自州境流入，又東入白河縣界，境内冷水、乾溪、乾祐諸水悉流入焉。

旬水，在縣治東。出商州鎮安縣南之洵山，有直水支流會焉，東流至縣東南入於漢水，謂之旬口。魏西城太守申儀以孟達之叛，引軍屯旬口是也。又縣西二十五里爲閭水，一名閭谷水，自平利縣北流入境，平頂水流注焉，北入漢水。又有緒水，源出縣東淯陽廢縣城西，下流亦入於漢水。

乾祐河，縣北百里。即鎮安縣之豐陽川也，下流合旬水達於漢江。志云：縣北百三十里有水田堰，縣北七十里有麻餅河堰，皆乾祐河之支渠也。又金河，在縣南百七十里，合山谷諸水北流入漢江。今縣南五十里有神河堰，又南二十里有金河堰，縣南百五十里爲七里關堰，皆引此水以溉田。○西岔河，在縣西北百五十里。今有西岔河堰，去縣百里；又有蜀河，在縣東北百十三里，有堰；下流俱入漢水。

旬關，在縣東。或曰即楚郇陽也。蘇秦謂楚北有郇陽，謂旬關矣。顏師古云：「旬關，漢中旬水上之關也。」沛公入關，酈商别將攻旬關，西定漢中，即此。○清風關，在縣北乾祐河之上，南宋時爲戍守之所。又有鶻嶺關，在縣東北，亦宋、金分界處也。志云：今縣東百四十里有閭關，置巡司戍守。又縣北百二十里有三岔巡司。

申口鎮。在縣界。舊爲戍守處。宋九域志洵陽縣東有申口鎮。唐寶應初襄鄧防禦使裴戎與山東節度來瑱相攻，爲瑱所敗，追擒之於申口，即此。

漢陰縣，州西百五十里。漢置安陽縣，屬漢中郡，後漢因之。建安六年分漢中之安陽置漢寧郡，以張魯爲漢寧太守。郡尋廢。晉改縣曰安康縣，屬魏興郡。宋末置安康郡於此，蕭齊因之。梁天監二年入於後魏，置東梁州治焉，後復入梁。大寶末没於西魏，置直州，又改安康爲寧都縣。隋初廢安康郡，大業初廢直州，復改寧都曰安康，屬西城郡。唐武德初置西安州，尋亦改爲直州。貞觀中州廢，縣屬金州，至德初改今名。宋因之，紹興初徙治新店。元省，明初復置。縣城周四里。編户七里。

安康廢縣，舊治在今縣北二十里。志云：縣西二十里有安陽故城，漢縣治也，晉移治於此，後魏爲東梁州治。西魏主欽初，宇文泰遣軍入南鄭，命王雄分軍取上津、魏興，東梁州刺史李遷哲以州降。未幾，安康人黄衆寶叛魏，攻魏興勢太守柳檜，進圍東梁州，王雄擊平之。東梁州治安康也，南宋始移縣於今治。又直城廢縣，在故縣城東。本東晉初戍守處，後魏置直城縣，爲金城郡治。梁普通六年北梁州刺史錫休儒等自魏興侵魏梁州，攻直城，不克而退。魏收志東梁州金城郡領直城縣，蓋郡縣寄治於安康郭下也。蕭詧置直州，蓋因城而名。

寧都廢縣，在縣東七十里。晉元帝以蜀、漢流民置寧都縣，屬晉昌郡。宋末改屬安康郡，齊因之。後魏亦曰寧都縣，屬魏明郡，西魏廢，尋改安康曰寧都。唐武德初復分安康置寧都、廣德二縣，屬西安州，尋屬直州，貞觀中省。

○漢陽城，在縣東三十五里。後魏置魏明郡，治漢陽城是也。後周廢。俗訛爲漢王城。

鳳凰山，縣南二十五里。俗稱龍子山，疊嶂十有二層。又雙乳山，在縣東五里。以兩峰並峙而名。○橫山，在縣西北五十里。又箭簳山，在縣東北百八十里。山産箭竹。

漢水，在縣西。自石泉縣南流經縣境，又南流入紫陽縣境。志云漢水在縣南八十里，蓋自紫陽縣東北流復經縣境，又東流入州界也。

直水，在故縣治西。志云：自商州鎮安縣西南境流入縣界。水經注：「直水北出子午谷巖下，其支流東注旬水，其正流東南逕直城西注於漢。」舊直城、直州，以此水名。

恒河，在縣東北二里。即州西北境之衡水也，西南流入縣界，縣東又有青泥水自北流合焉，並會於月河。○月河，在縣城西。源出縣東六十里之月嶺山，流經此南注於漢水。今城西有月河堰，即引月河溉田處也。又縣境以堰名者凡數十計，皆分引漢水及直河、恒河之流以溉田。

方山關，縣西三十二里。唐貞觀二年置關於此，北阻方山，南臨漢水，當東西驛路之衝。

激頭戍。在舊縣治西。水經注：「漢水逕黄金南，東歷敖頭，舊立倉儲之所也。傍山通道，水陸險湊，置戍於此，統領流雜。」宋元嘉十一年氐王楊難當陷漢中，宋將蕭承之自襄陽緣道收兵，進據激頭，難當焚掠漢中，引衆西還是也。

白河縣，州東三百七十里。東南至湖廣鄖陽府百二十里。本洵陽縣地，成化十二年析置，隸鄖陽府，尋改今屬。縣城周不及一里。編户八里。

鳳嶺，在縣城北。環繞西南，如鳳翥然，因名。

長沙平，在縣東。宋建炎四年襄陽盜桑仲陷均、房，直擣金州白土關，王彦遣將擊之，爲仲所敗。或勸彦避其鋒，彦不可，勒兵趨長沙平，阻水據山，設伏以待。仲敗走，追奔至白磧，遂復房州。白磧，在湖廣房縣界。

漢江，在縣北二里。自洵陽縣流入境，又東入湖廣鄖縣境。今城北有漢江渡，又有臨江橋跨江上。又縣東一里有白石河渡，又東十里有大黄灘渡，縣西六十里有月潭渡，又三十里有吴家渡，俱漢江津濟處也。

白石河，在縣南。有二源：一出縣東南九十里之漫營嶺，西北流；一出縣西南百二十里之椶溪嶺，流爲馬牀河，與大、小冷水河俱東北合於白石河，共注於漢江。

白土關。在縣東。舊爲州境之要隘。輿程記：「縣西四十里有夾河關。」

紫陽縣，州西南二百十五里。本漢陰縣地，正德七年置紫陽堡，明年升爲縣。城周四里。編户五里。

天馬山，在縣治南，以形似名。志云：縣治北有神峰嶺，木石巉巖，狀若屏風。又天城山在縣西，團螺山在縣西北，亦皆以形似名。○目連山，在縣東十里。又東十里曰三臺山。又有鷄鳴坡，在縣西六十里，高出雲霄。

漢江，在縣西五里。自漢陰縣南流入境，又東北流入漢陰縣界。志云：縣西一里有雙水渡，縣東十五里有中沙渡，皆漢江津渡處也。

五郎水。縣南五十里，北流入漢水。又縣南一里有任河，志云：源出四川大寧縣，亦北流入漢。又縣東南有汝河，縣西北有灌河、松河、小石河，俱流入於漢水。

附見

興安守禦千户所。在州城内。本金州守禦千户所，洪武中建，萬曆中改今名。

校勘記

〔一〕入關中之道有三　底本原脱「中」字，依下文「所謂入關中之道三者」補。

〔二〕褒斜道至總計川陝相通之道　底本原無「今之北棧」、「總計川、陝相通之道」十二字，今據敷本、鄒本補。

〔三〕今新開　此三字底本原無，今據敷本、鄒本補。

〔四〕今之南棧　此四字底本原無，今據敷本、鄒本補。

〔五〕周赧王二年秦惠文王置漢中郡　史記卷五秦本紀云：「十三年，庶長章擊楚於丹陽，虜其將屈匄，斬首八萬；又攻楚漢中，取地六百里，置漢中郡。」秦惠文王後元十三年當周赧王三年，非二年。史記卷一五六國年表記上述秦擊楚之事亦在周赧王三年，華陽國志卷三蜀志亦云：「周赧王三年，分蜀置漢中郡。」此作二年誤。水經沔水注云：「周赧王二年，秦惠王置漢中郡。」本書之誤當本之於此。

〔六〕南憑北結環雉　水經沔水注作「南憑津流，北結環雉」，此脱「津流」二字。

〔七〕開皇九年改爲褒城　隋志卷二九褒城縣下作仁壽九年改名，然仁壽只四年，無九年之説，而元和志卷二二、寰宇記卷一三三、輿地廣記卷三二均作仁壽元年改名，則隋志「九年」乃「元年」之訛。顧氏但見仁壽無九年，遂臆改爲「開皇九年」，誤也。

〔八〕後周廢郡改州爲鳳州　據周書卷二文帝紀，南岐州改爲鳳州在西魏廢帝三年，是時周未受禪，不得云後周改爲鳳州。元和志卷二二、舊唐志卷三九、寰宇記卷一三四、方輿勝覽卷六九並云西魏改爲鳳州，惟隋志卷二九作「後周改曰鳳州」，本書蓋因隋志而誤。

〔九〕今州西三十里有澗縈繞城下　「澗」，底本原作「泗」，今據鄒本改。

〔一〇〕東臨濬水谷　水經沔水注作「東臨濬谷」，無「水」字。

〔一一〕漢爲漢中郡之沔陽縣　「郡」，底本原作「府」，今據鄒本改。

〔一二〕紹熙五年罷　「紹熙」，底本原作「紹興」。按上文已云「紹興十四年爲利州西路治所」，此不當有「紹興五年」復出，宋志卷八九作「紹熙五年」，今據改。

〔一三〕永貞二年復置　舊唐志卷三九、新唐志卷四〇均云永貞元年復置，此有誤。

〔一四〕并赤石甲臨江三縣入黄土縣　隋志卷二九黄土縣下云：「西魏置淯陽郡。後周改郡，置縣曰長岡。後郡省入甲郡，置縣曰黄土，併赤石、甲、臨江三縣入焉。」楊守敬隋書地理志考證云：「甲郡，『甲』上疑脱『上』字。下『併赤石、甲、臨江三縣入焉』並同。」則此「甲縣」當作「上甲縣」。

〔一五〕右岸有城名陵城　水經沔水注作「右岸有城，名伎陵城」，此脱「伎」字。